FUNKO GURUMI

FUNKO GURUMI

Das INOFFIZIELLE Häkelbuch

einfache
Anleitungen zum
Sofort-Loshäkeln

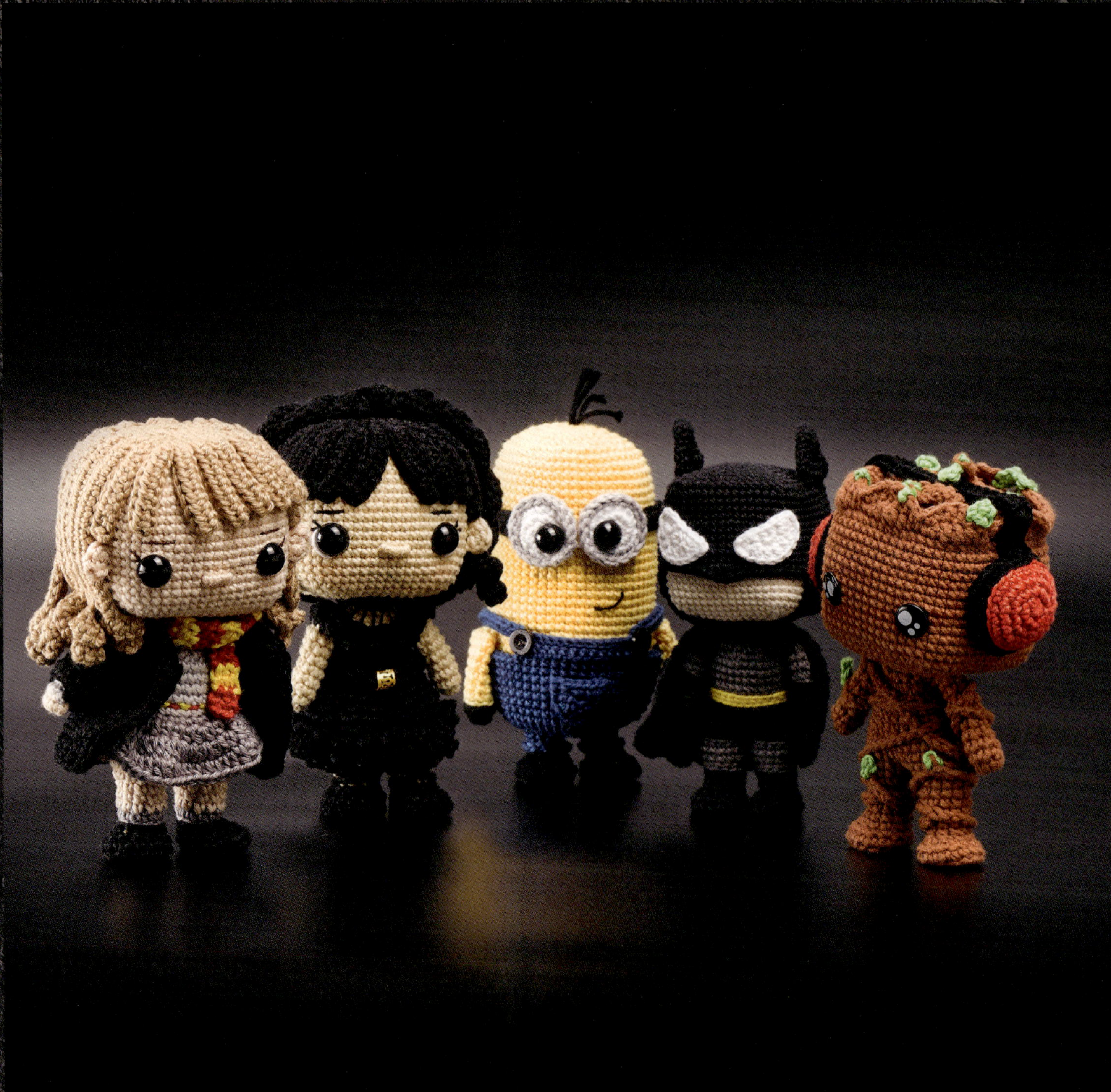

HALLO!

Herzlich willkommen in der faszinierenden Welt der kleinen Quadratschädel! Hier vereinen sich die charmanten Kultfiguren mit dem kreativen Handwerk des Häkelns zu einer einzigartigen Mischung. Ob als persönliches Geschenk für einen lieben Menschen oder als farbenfrohe Dekoration für dein eigenes Zuhause – die gehäkelten Charaktere wie der tapfere Zauberschüler, die magische Eisprinzessin, die gelben Helfer oder der coole Klempner verleihen jeder Sammlung einen kreativen Kick.

In diesem Buch findest du nicht nur die Grundlagen, die du brauchst, sondern auch ausführliche und bebilderte Anleitungen, wie du dein Funkogurumi zum Leben erwecken kannst. Sowohl für Anfänger:innen als auch Fortgeschrittene ist dieses Buch geeignet, da alle Schritte genau erklärt werden. Auch wenn du bisher wenig Erfahrung mit der Häkelnadel hast, kannst du die unverwechselbaren Quadratschädel im Handumdrehen selbst häkeln.

Wenn du doch einmal nicht weiterkommst, sind in der DigiBib Videos hinterlegt, die dir helfen. Es sind praktische Tipps und Tricks enthalten, zum Beispiel wie du es schaffst, dass deine Figur von selbst stehen bleibt oder wie der Kopf wirklich quadratisch bleibt und sich nicht verzieht.

Also ran an die Nadel und viel Spaß beim Häkeln!

Bianca Santos

Grundanleitungs-Videos in der TOPP Digitalen Bibliothek **online**
Die Videos für den perfekten Einstieg findest du in deiner Digitalen Bibliothek: **www.topp-kreativ.de/digibib**
Den Freischaltcode findest du im Impressum.

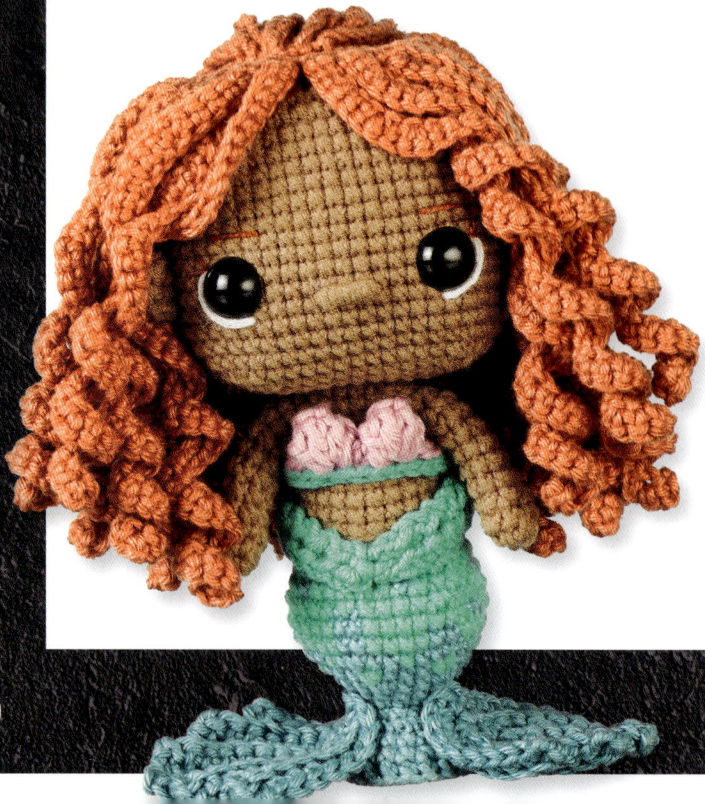

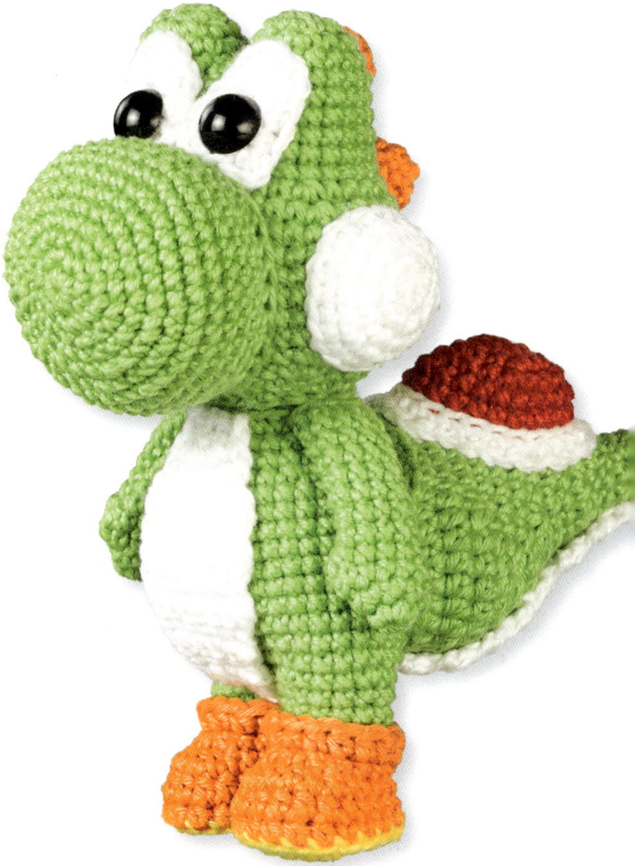

TAPFERER ZAUBERSCHÜLER

SCHWIERIGKEITSGRAD 2

GRÖSSE

14 cm

MATERIAL

- Schachenmayr Catania (LL 125 m/50 g) in Ivory (Fb 436), Schwarz (Fb 110), Anthrazit (Fb 429) und Rauchgrau (Fb 435), je 50 g, in Sonne (Fb 208) und Kirsche (Fb 424), Reste
- Stickgarn in Schwarz
- Häkelnadel 2,5 mm
- 2 Sicherheitsaugen in Schwarz, ø 12 mm
- Draht in Schwarz, ca. 1 m
- Maschenmarkierer
- Sekundenkleber
- Füllwatte
- Wollnadel
- Stecknadeln

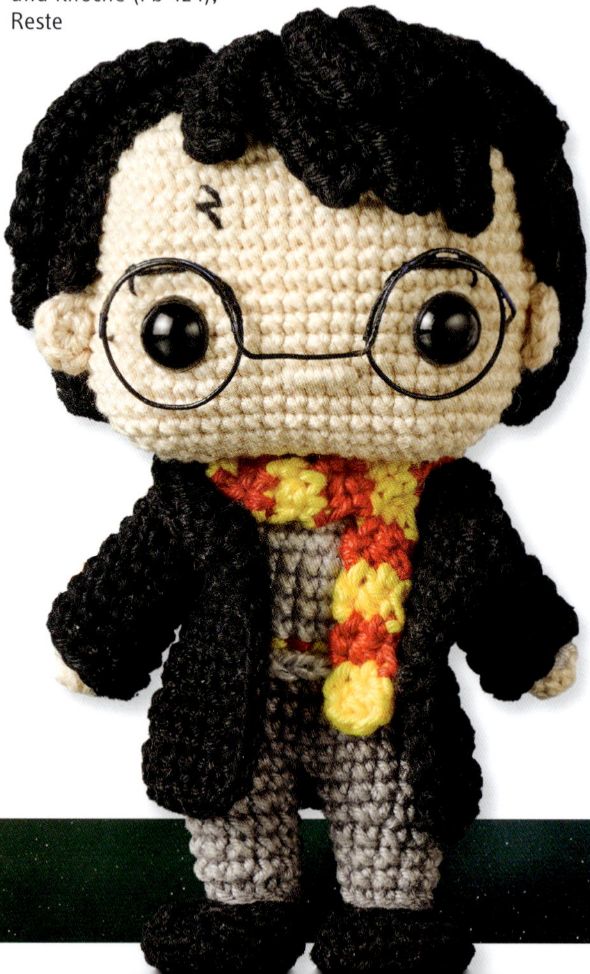

X-MUSTER

(verschränkte feste Maschen)

Die Figur wurde mit verschränkten fM im X-Muster gehäkelt, d. h. der Faden wird immer von oben (statt von unten) geholt. Selbstverständlich kannst du auch normale fM häkeln.

ANLEITUNG

Zunächst Kopf, Ohren, Arme und Beine häkeln. Dann die Beine verbinden, den Körper häkeln und die Arme aufnehmen. Weitere Details anfertigen. Anschließend den Kopf fertigstellen und mit dem Körper verbinden. Zum Schluss die Haare häkeln, am Kopf arrangieren und festkleben.

Sofern nicht anders erwähnt, in Spiral-Rd häkeln. Dafür den Beginn jeder Rd mit einem M-Markierer oder Kontrastgarn kennzeichnen.

KOPF

In Ivory einen Magic-Ring anfertigen.

1. Rd: 8 fM in den Ring häkeln (= 8 M).

2. Rd: Jede fM verdoppeln (= 16 M).

3. Rd: * 2 fM verdoppeln, 2 fM, ab * noch 3x wdh (= 24 fM).

4. Rd: 1 fM, 2 fM verdoppeln, * 4 fM, 2 fM verdoppeln, ab * noch 2x wdh, 3 fM (= 32 M).

5. Rd: 2 fM, 2 fM verdoppeln, * 6 fM, 2 fM verdoppeln, ab * noch 2x wdh, 4 fM (= 40 M).

6. Rd: 3 fM, 2 fM verdoppeln, * 8 fM, 2 fM verdoppeln, ab * noch 2x wdh, 5 fM (= 48 M).

7. Rd: 4 fM, 2 fM verdoppeln, * 10 fM, 2 fM verdoppeln, ab * noch 2x wdh, 6 fM (= 56 M).

8. Rd: 5 fM, 2 fM verdoppeln, * 12 fM, 2 fM verdoppeln, ab * noch 2x wdh, 7 fM (= 64 M).

9.–22. Rd: 64 fM.

23. Rd: 5 fM, 2x 2 fM zusammen abmaschen, * 12 fM, 2x 2 fM zusammen abmaschen, ab * noch 2x wdh, 7 fM (= 56 M).

24. Rd: 4 fM, 2x 2 fM zusammen abmaschen, * 10 fM, 2x 2 fM zusammen abmaschen, ab * noch 2x wdh, 6 fM (= 48 M).

Nun die Sicherheitsaugen zwischen der 17. und 18. Rd

mit 11 fM Abstand zueinander anbringen.
Den Kopf fest mit Füllwatte ausstopfen. Dafür aus Füllwatte kleine Watteböllchen formen und nach und nach in den Kopf stopfen. Wichtig ist, dass der Kopf würfelförmig und nicht rund wird.
25. Rd: 3 fM, 2x 2 fM zusammen abmaschen, * 8 fM, 2x 2 fM zusammen abmaschen, ab * noch 2x wdh, 5 fM (= 40 M).
26. Rd: 2 fM, 2x 2 fM zusammen abmaschen, * 6 fM, 2x 2 fM zusammen abmaschen, ab * noch 2x wdh, 4 fM (= 32 M).
27. Rd: 1 fM, 2x 2 fM zusammen abmaschen, * 4 fM, 2x 2 fM zusammen abmaschen, ab * noch 2x wdh, 3 fM (= 24 M).
28. Rd: * 2 fM, 2x 2 fM zusammen abmaschen, ab * noch 3x wdh (= 16 M).
Weiter mit Füllwatte ausstopfen.
29. Rd: * 2 fM, 2 fM zusammen abmaschen, ab * noch 3x wdh (= 12 M).
30.-34. Rd: 12 fM.
Faden lang abschneiden und durchziehen.

OHR (2x)

In Ivory einen Magic-Ring anfertigen.
1. Rd: 6 fM in den Ring häkeln.
Faden abschneiden und durchziehen.
Das 2. Ohr ebenso häkeln.

ARM (2x)

In Ivory einen Magic-Ring anfertigen:
1. Rd: 7 fM in den Ring häkeln.
2.-8. Rd (Rauchgrau): 7 fM.
Faden abschneiden und durchziehen.
Den 2. Arm ebenso häkeln.

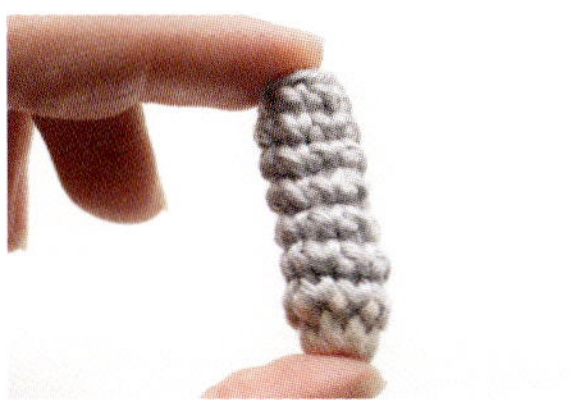

1. BEIN

In Schwarz einen Magic-Ring anfertigen.
1. Rd: 6 fM in den Ring häkeln.
2. Rd: Jede fM verdoppeln (= 12 M).
3. Rd: * 3 fM, 1 fM verdoppeln, ab * noch 2x wdh (= 15 M).
4. Rd: In die hinteren M-Glieder 15 fM.
5. Rd: 15 fM.
6. Rd: 5 fM, 2x 3 fM zusammen abmaschen, 4 fM (= 11 M).
7. Rd (Anthrazit): In die hinteren M-Glieder 11 Km.
8. Rd: In die hinteren M-Glieder 11 fM.
9.-10. Rd: 11 fM.
11. Rd: 10 fM, 1 fM verdoppeln (= 12 M).
12. Rd: * 3 fM, 1 fM verdoppeln, ab * noch 2x wdh (= 15 M).
13. Rd: 15 fM.
Faden abschneiden und durchziehen.

2. BEIN

Das 2. Bein wie das 1. Bein häkeln, jedoch zusätzlich in der 13. Rd 3 fM häkeln. Faden nicht abschneiden, sondern in Anthrazit die Beine wie folgt verbinden und weiter den Körper häkeln.

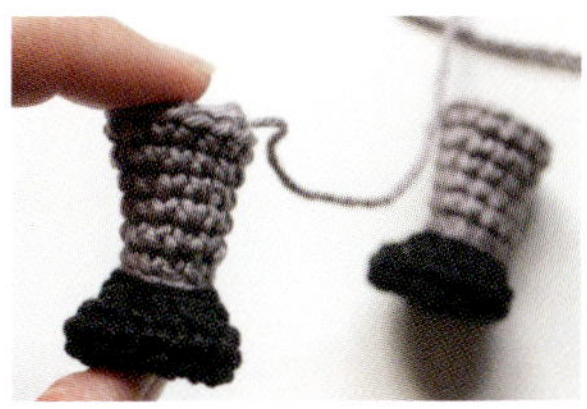

BEINE VERBINDEN

Verbinde die Beine nach der Anleitung von Seite 133 und wie folgt: Häkle 1 fM in die vorletzte M des 1. Beines. Dies wird nun die 1. fM der nächsten Rd sein, also der neue Rd-Anfang.
14. Rd: 15 fM (Aufnahme 1. Bein), 1 Km in dieselbe M, mit der du die Rd begonnen hast, 15 fM (= 2. Bein) (= 30 M).
15.-17. Rd: 30 fM.
18. Rd: * 3 fM, 2 fM zusammen abmaschen, ab * noch 5x wdh (= 24 M).
19.-22. Rd (Rauchgrau): 24 fM.
Damit deine Figur später stehen kann, die Füße leicht nach innen drücken, damit eine Rundung entsteht. Dann die Beine nur leicht mit Füllwatte ausstopfen.
Du solltest keinesfalls zu viel Füllwatte in die Füße stopfen, sonst kann die Figur nicht stehen.
23. Rd: 6 fM, 7 fM (Aufnahme 1. Arm), 12 fM, 7 fM (Aufnahme 2. Arm), 6 fM (= 38 M).
24. Rd: * 2 fM, 2 fM zusammen abmaschen, ab * noch 3x wdh, ** 2 fM zusammen abmaschen, ab ** noch 2x

wdh, *** 2 fM, 2 fM zusammen abmaschen, ab *** noch 3x wdh (= 27 M).
25. Rd: 27 fM.
26. Rd: * 1 fM, 2 fM zusammen abmaschen, ab * noch 8x wdh (= 18 M).
Weiter mit Füllwatte ausstopfen.
27. Rd (Ivory): In die hinteren M-Glieder arb, dabei immer 2 fM zusammen abmaschen (= 9 M).
28.-32. Rd: 9 fM.
Faden lang abschneiden und durchziehen. Weiter mit Füllwatte ausstopfen.

PULLOVER-UNTERKANTE

Schlinge zwischen der 18. und 19. Rd des Körpers in Rauchgrau an und häkle Km rund um den Körper.

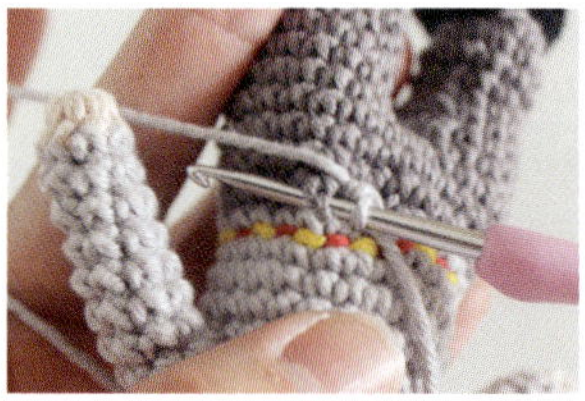

ZIERSTICHE

Sticke in Kirsche zwischen der 19. und 20. Rd rundum kleine Stiche. Mache das Gleiche in Sonne, aber über die Lücken.

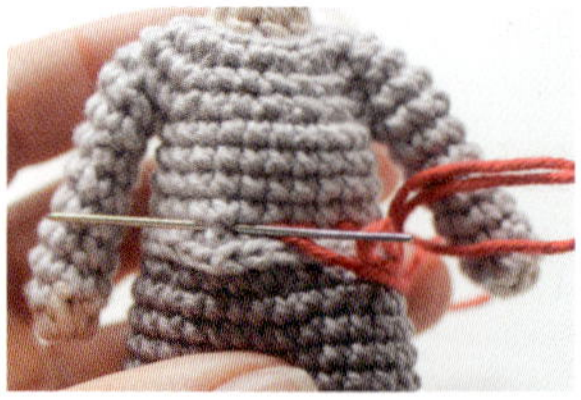

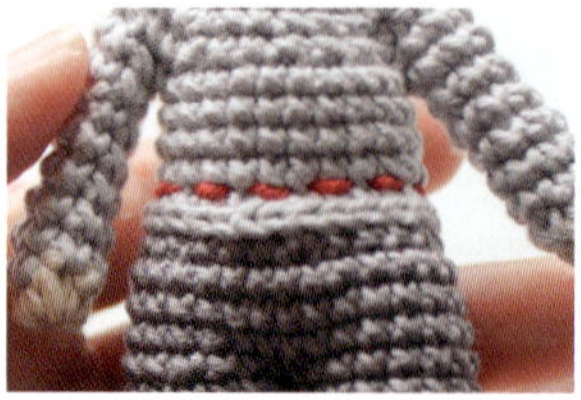

KOPF FERTIGSTELLEN

Sticke nach der Anleitung von Seite 134 eine Nase in Ivory sowie die Augenbrauen mit Stickgarn in Schwarz. Sticke die Narbe in Schwarz zwischen der 11. und 12. R über das rechte Auge. Nähe die Ohren an.

KOPF UND KÖRPER ZUSAMMENFÜGEN

Verbinde Kopf und Körper nach der Anleitung von Seite 135.

SCHAL

In Kirsche 3 Lm anschl.
1. R: Ab der 2. Lm ab Nd 2 fM häkeln.
Weiter in R häkeln. Am Ende jeder R mit 1 Lm wenden.
2. R: 2 fM.
3.-4. R (Sonne): 2 fM.
5.-32. R: Die 1.-4. R fortlaufend wdh.
Faden abschneiden und durchziehen.

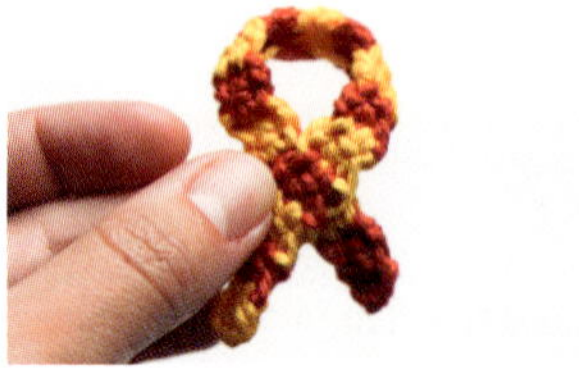

MANTEL

In Schwarz 26 Lm anschl.
1. R: 25 fM ab der 2. Lm (= 25 M).
Weiter in R häkeln, am Ende jeder R mit 1 Lm wenden.
2. R: 1 fM verdoppeln, 3 fM, 5 Lm, 4 fM überspringen (= Armloch), * 2 fM, 1 fM verdoppeln, ab * noch 2x wdh, 5 Lm, 4 fM überspringen (= Armloch), 3 fM, 1 fM verdoppeln (= 32 M).
3. R: 5 fM, * 1 fM, 2 fM zusammen abmaschen, ab * noch 1x wdh, 10 fM, ** 1 fM, 2 fM zusammen abmaschen, ab ** noch 1x wdh, 5 fM (= 28 M).
4. R: 5 fM, 2 fM zusammen abmaschen, 14 fM, 2 fM zusammen abmaschen, 5 fM (= 26 M).
5.-13.R: 26 fM.
Für die Umrandung an der kurzen Seite in den Rand 9 fM und 1 hStb arb. Dann 2 Stb in die Eck-M. Weiter für den Kragen 25 hStb entlang der oberen M häkeln. Wieder 2 Stb in die Eck-M. 1 hStb, 9 fM entlang der kurzen Seite und die Rd schließen. Faden abschneiden und durchziehen.

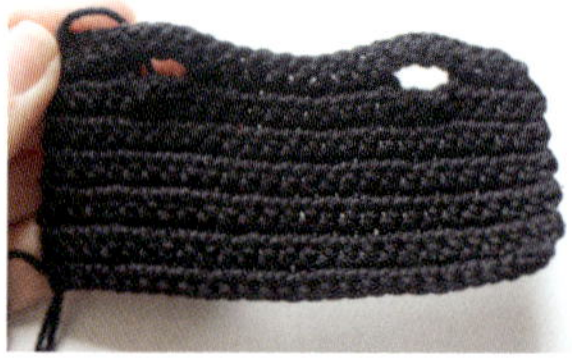

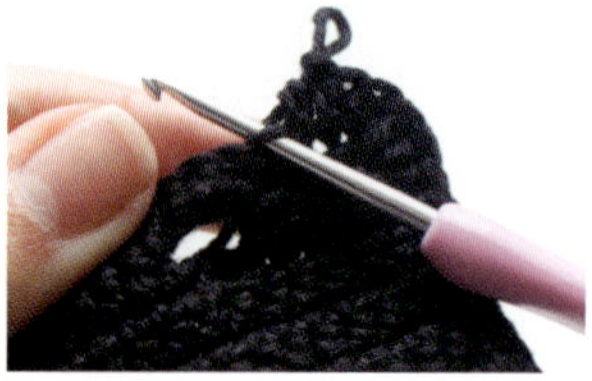

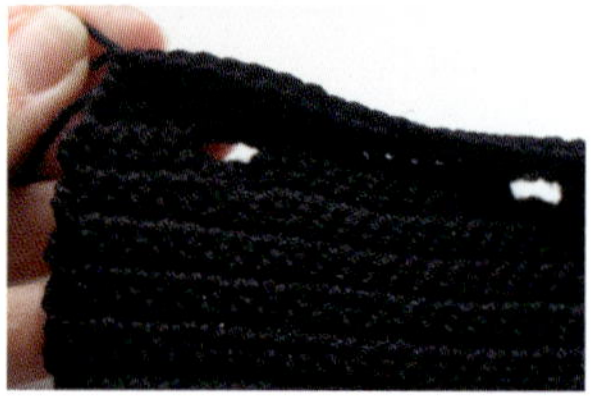

ÄRMEL (2x)

Am 1. Armloch in Schwarz mit 1 Lm anschlingen und 1 fM in dieselbe M häkeln (hier in Weiß dargestellt).
1.-7. Rd: 12 fM.
Faden abschneiden und durchziehen.
Den 2. Ärmel ebenso häkeln.

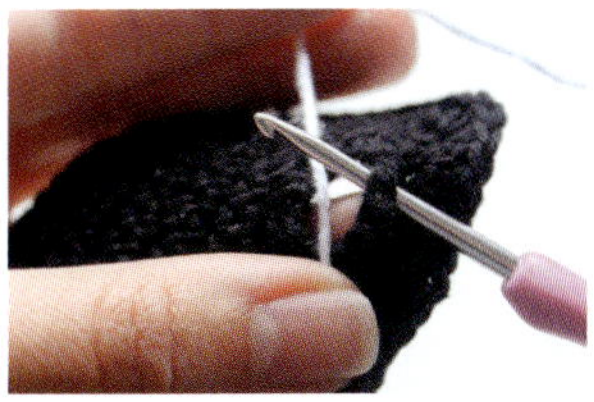

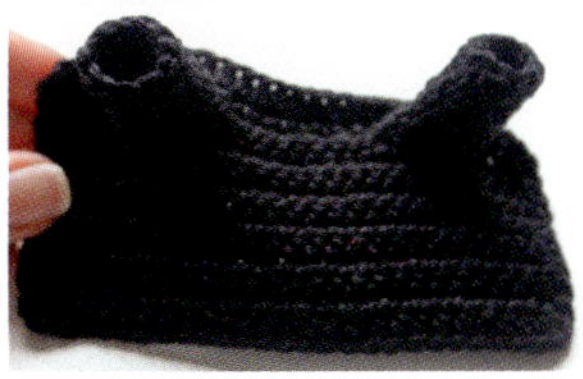

HAARE

In Schwarz einen Magic-Ring anfertigen.
1. Rd: 8 fM in den Ring häkeln.
2. Rd: Jede fM verdoppeln (= 16 M).
3. Rd: * 2 fM verdoppeln, 2 fM, ab * noch 3x wdh (= 24 M).
4. Rd: 1 fM, 2 fM verdoppeln, * 4 fM, 2 fM verdoppeln, ab * noch 2x wdh, 3 fM (= 32 M).
Nun Strähnen rundum in die 32 M der 4. Rd häkeln.

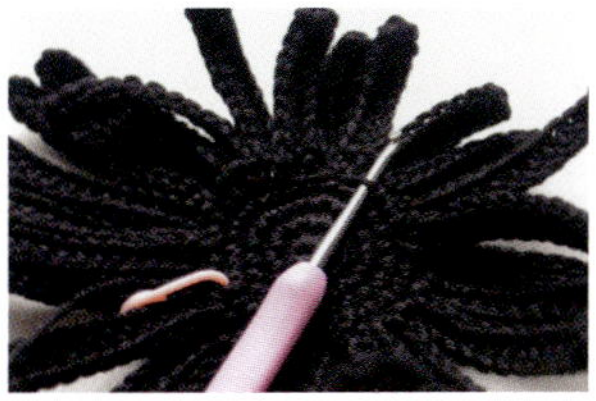

1.-15. Strähne: 15 Lm, 14 hStb ab der 2. Lm, 1 fM in die nächste M.
16. Strähne: 10 Lm, 9 hStb ab der 2. Lm, 1 fM in das vordere M-Glied der nächsten M.
17.-21. Strähne: Wie die 16. Strähne häkeln.
22. Strähne: 12 Lm, 11 fM ab der 2. Lm, 1 fM in die nächste M.
23. Strähne (= Lücke für Narbe): 1 fM in die nächste M.
24. Strähne: 14 Lm, 13 fM ab der 2. Lm, 1 fM in die nächste M.
25.-30. Strähne: 15 Lm, 14 hStb ab der 2. Lm, 1 fM in die nächste M.
1 Km in die nächste M.
Schlinge an einem hinteren MGlied wieder an und häkle weitere 4 Strähnen:
1.-4. Strähne: 12 Lm, 11 hStb ab der 2. Lm, 1 fM ins nächste hintere M-Glied.
Faden abschneiden und durchziehen.

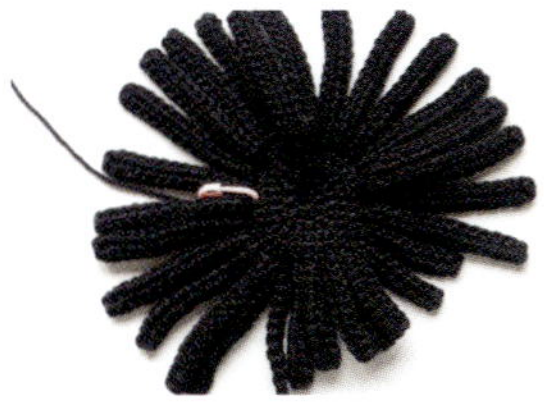

Platziere die Haare so auf dem Kopf, dass die linke Seite des Magic-Rings nach oben zeigt. Wichtig ist, dass der Anfang der Haarsträhnen an der linken Seite des Kopfes liegt.

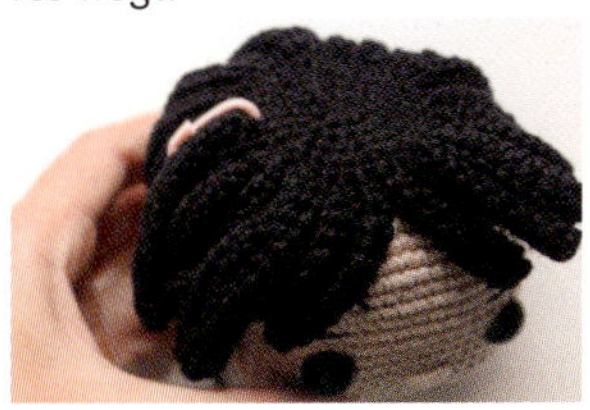

Die Haarsträhnen der vorderen M-Glieder sind die Stirnfransen der Figur und die Strähnen der hinteren M-Glieder liegen darunter. Der Freiraum für die Narbe auf der Stirn ist dort, wo du 1 fM ohne Haarsträhne gehäkelt hast.

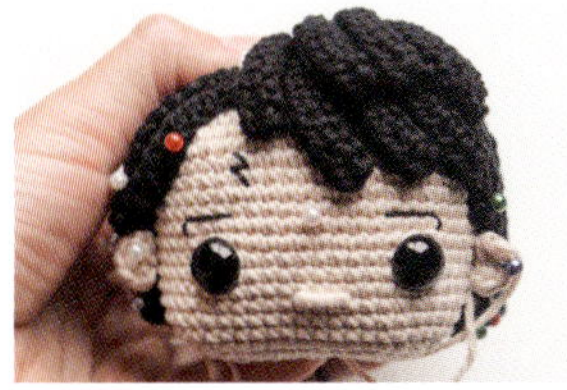

BRILLE

Nimm einen dicken runden Filzstift. Lass etwas Draht für den Bügel gerade, wickle den Draht 1x um den Stift.

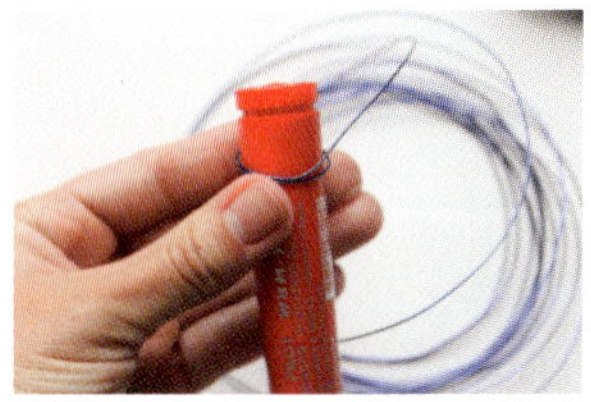

Forme dann den Nasenbügel, wickle den Draht noch 1x um den Stift und forme den 2. Seitenbügel.

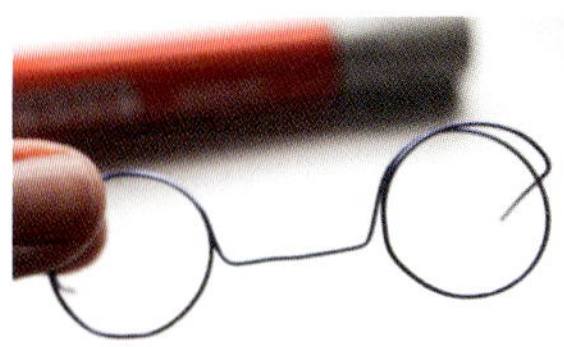

FERTIGSTELLEN

Alle Fäden vernähen. Ziehe der Figur den Mantel und den Schal an und setze ihr die Brille auf.

KLUGE HEXE

SCHWIERIGKEITSGRAD 2

GRÖSSE

14 cm

MATERIAL

- Schachenmayr Catania (LL 125 m/50 g) in Ivory (Fb 436), Sun-kissed (Fb 437), Schwarz (Fb 110), Anthrazit (Fb 429) und Rauchgrau (Fb 435), je 50 g, in Sonne (Fb 208), Kirsche (Fb 424) und Kaffee (Fb 162), Reste
- Häkelnadel 2,5 mm
- 2 Sicherheitsaugen in Schwarz, ø 12 mm
- Maschenmarkierer
- Sekundenkleber
- Füllwatte
- Wollnadel
- Stecknadeln

X-MUSTER

(verschränkte feste Maschen)
Die Figur wurde mit verschränkten fM im X-Muster gehäkelt, d. h. der Faden wird immer von oben (statt von unten) geholt. Selbstverständlich kannst du auch normale fM häkeln.

ANLEITUNG

Zunächst Kopf, Ohren, Arme und Beine häkeln. Dann die Beine verbinden, den Körper häkeln und die Arme aufnehmen. Weitere Details anfertigen. Anschließend den Kopf fertigstellen und mit dem Körper verbinden. Zum Schluss die Haare arrangieren und festkleben. Sofern nicht anders erwähnt, in Spiral-Rd häkeln. Dafür den Beginn jeder Rd mit einem M-Markierer oder Kontrastgarn kennzeichnen.

KOPF

In Ivory einen Magic-Ring anfertigen.

1. Rd: 8 fM in den Ring häkeln (= 8 M).

2. Rd: Jede fM verdoppeln (= 16 M).

3. Rd: * 2 fM verdoppeln, 2 fM, ab * noch 3x wdh (= 24 fM).

4. Rd: 1 fM, 2 fM verdoppeln, * 4 fM, 2 fM verdoppeln, ab * noch 2x wdh, 3 fM (= 32 M).

5. Rd: 2 fM, 2 fM verdoppeln, * 6 fM, 2 fM verdoppeln, ab * noch 2x wdh, 4 fM (= 40 M).

6. Rd: 3 fM, 2 fM verdoppeln, * 8 fM, 2 fM verdoppeln, ab * noch 2x wdh, 5 fM (= 48 M).

7. Rd: 4 fM, 2 fM verdoppeln, * 10 fM, 2 fM verdoppeln, ab * noch 2x wdh, 6 fM (= 56 M).

8. Rd: 5 fM, 2 fM verdoppeln, * 12 fM, 2 fM verdoppeln, ab * noch 2x wdh, 7 fM (= 64 M).

9.-22. Rd: 64 fM.

23. Rd: 5 fM, 2x 2 fM zusammen abmaschen, * 12 fM, 2x 2 fM zusammen abmaschen, ab * noch 2x wdh, 7 fM (= 56 M).

24. Rd: 4 fM, 2x 2 fM zusammen abmaschen, * 10 fM, 2x 2 fM zusammen abmaschen, ab * noch 2x wdh, 6 fM (= 48 M).

Nun die Sicherheitsaugen zwischen der 17. und 18. Rd mit 11 fM zueinander anbringen.

Den Kopf fest mit Füllwatte ausstopfen. Dafür aus Füllwatte kleine Watteböllchen formen und nach und nach in den Kopf stopfen. Wichtig ist, dass der Kopf würfelförmig und nicht rund wird.

25. Rd: 3 fM, 2x 2 fM zusammen abmaschen, * 8 fM, 2x 2 fM zusammen abmaschen, ab * noch 2x wdh, 5 fM (= 40 M).

26. Rd: 2 fM, 2x 2 fM zusammen abmaschen, * 6 fM, 2x 2 fM zusammen abmaschen, ab * noch 2x wdh, 4 fM (= 32 M).

27. Rd: 1 fM, 2x 2 fM zusammen abmaschen, * 4 fM, 2x 2 fM zusammen abmaschen, ab * noch 2x wdh, 3 fM (= 24 M).

28. Rd: * 2 fM, 2x 2 fM zusammen abmaschen, ab * noch 3x wdh (= 16 M).

Weiter mit Füllwatte ausstopfen.

29. Rd: * 2 fM, 2 fM zusammen abmaschen, ab * noch 3x wdh (= 12 M).

30.-34. Rd: 12 fM.

Faden lang abschneiden und durchziehen.

OHR (2x)

In Ivory einen Magic-Ring anfertigen.

1. Rd: 6 fM in den Ring häkeln.

Faden abschneiden und durchziehen.
Das 2. Ohr ebenso häkeln.

ARM (2x)

In Ivory einen Magic-Ring anfertigen:
1. Rd: 7 fM in den Ring häkeln.
2.-8. Rd (Rauchgrau): 7 fM.
Faden abschneiden und durchziehen.
Den 2. Arm ebenso häkeln.

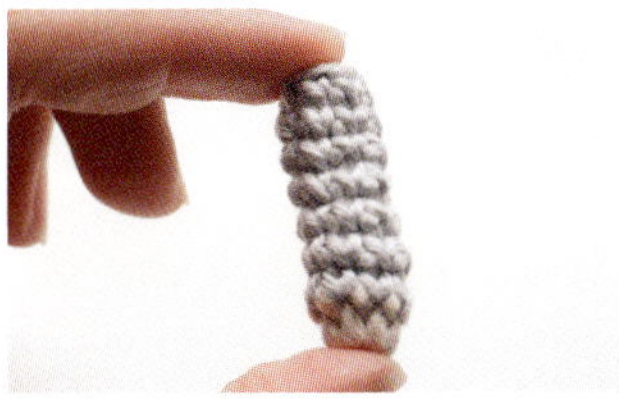

1. BEIN

In Schwarz einen Magic-Ring anfertigen.
1. Rd: 6 fM in den Ring häkeln.
2. Rd: Jede fM verdoppeln (= 12 M).
3. Rd: * 3 fM, 1 fM verdoppeln, ab * noch 2x wdh (= 15 M).
4. Rd: In die hinteren M-Glieder 15 fM.
5. Rd: 15 fM.
6. Rd: 5 fM, 2x 3 fM zusammen abmaschen, 4 fM (= 11 M).
7. Rd (Anthrazit): In die hinteren M-Glieder 11 Km.
8. Rd: In die hinteren M-Glieder 11 fM.
9. Rd (Ivory): 11 fM.
10. Rd: 11 fM.
11. Rd: 10 fM, 1 fM verdoppeln (= 12 M).
12. Rd: * 3 fM, 1 fM verdoppeln, ab * noch 2x wdh (= 15 M).
13. Rd: 15 fM.
Faden abschneiden und durchziehen.

2. BEIN

Das 2. Bein wie das 1. Bein häkeln, jedoch in der 13, Rd zusätzlich 3 fM häkeln. Faden nicht abschneiden, sondern in Anthrazit die Beine wie folgt verbinden und weiter den Körper häkeln.

KÖRPER

Verbinde die Beine nach der Anleitung von Seite 133 und wie folgt: Häkle 1 fM in die vorletzte M des 1. Beines. Dies wird nun die 1. fM der nächsten Rd sein, also der neue Rd-Anfang.
14. Rd: 15 fM (Aufnahme 1. Bein), 1 Km in dieselbe M, mit der du die Rd begonnen hast, 15 fM (= 2. Bein) (= 30 M).
15.-17. Rd: 30 fM.
18. Rd: * 3 fM, 2 fM zusammen abmaschen, ab * noch 5x wdh (= 24 M).
19. Rd (Rauchgrau): In die hinteren M-Glieder 24 fM.
20.-22. Rd: 24 fM.

Damit deine Figur später stehen kann, die Füße leicht nach innen drücken, damit eine Rundung entsteht. Dann die Beine nur leicht mit Füllwatte ausstopfen. Du solltest keinesfalls zu

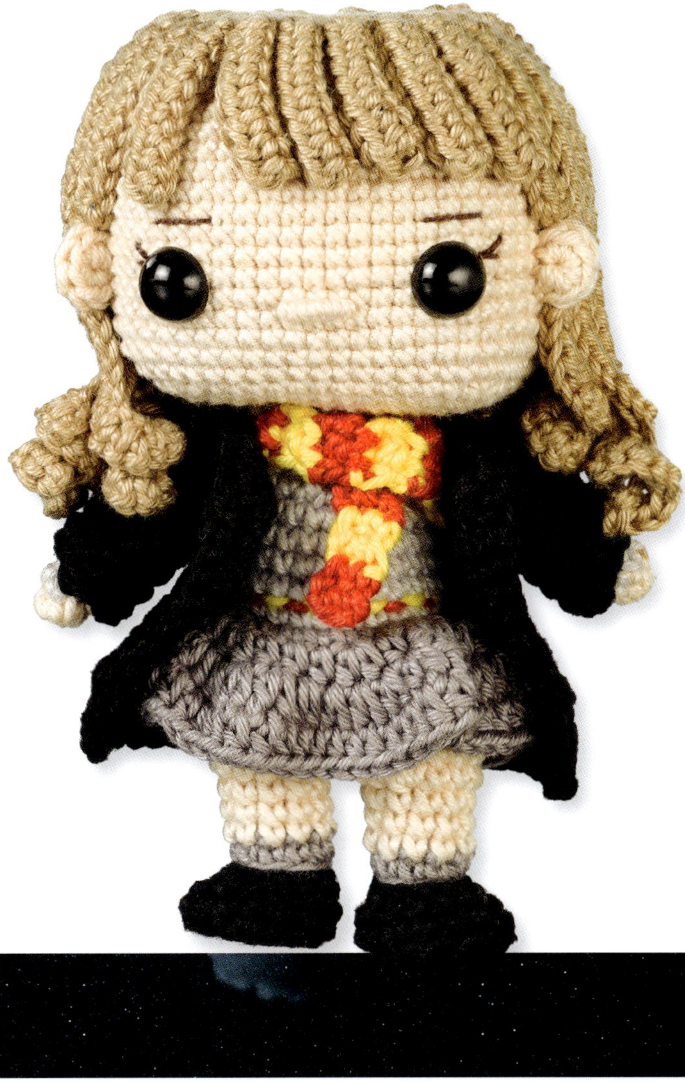

viel Füllwatte in die Füße stopfen, sonst kann die Figur nicht stehen.
23. Rd: 6 fM, 7 fM (Aufnahme 1. Arm), 12 fM, 7 fM (Aufnahme 2. Arm), 6 fM (= 38 M).
24. Rd: * 2 fM, 2 fM zusammen abmaschen, ab * noch 3x wdh, ** 2 fM zusammen abmaschen, ab ** noch 2x wdh, *** 2 fM, 2 fM zusammen abmaschen, ab *** noch 3x wdh (= 27 M).
25. Rd: 27 fM.
26. Rd: * 1 fM, 2 fM zusammen abmaschen, ab * noch 8x wdh (= 18 M).
Weiter mit Füllwatte ausstopfen.
27. Rd (Ivory): In die hinteren M-Glieder arb, dabei immer 2 fM zusammen abmaschen (= 9 M).
28.-32. Rd: 9 fM.
Faden lang abschneiden und durchziehen. Weiter mit Füllwatte ausstopfen.

ROCK

Drehe die Figur mit dem Hals nach unten. In ein vorderes M-Glied der 19. Rd einstechen. In Anthrazit 1 Lm arb und 1 fM in dasselbe M-Glied häkeln. Weiter in Spiral-Rd häkeln.
1. Rd: In die vorderen M-Glieder 24 fM.
2. Rd: * 3 hStb, 1 hStb verdoppeln, ab * noch 5x wdh (= 30 M).
3. Rd: Jedes hStb verdoppeln (= 60 M).
4. Rd: 60 hStb.
Faden abschneiden und durchziehen.

ZIERSTICHE

Sticke in Kirsche zwischen der 19. und 20. Rd rundum kleine Stiche. Mache das Gleiche in Sonne, aber über die Lücken.

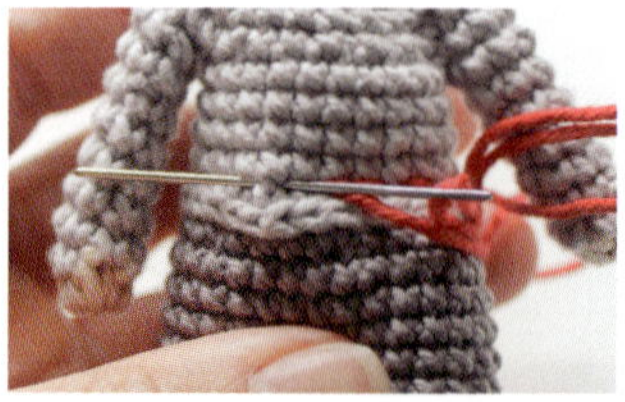

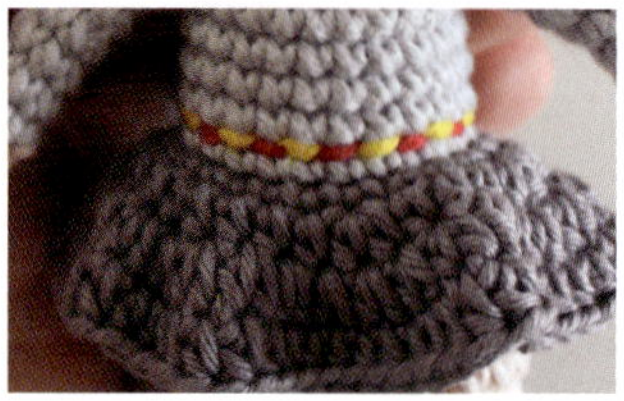

KOPF FERTIGSTELLEN

Sticke nach der Anleitung von Seite 134 eine Nase in Ivory sowie die Augenbrauen und Wimpern in Kaffee. Nähe die Ohren an.

KOPF UND KÖRPER ZUSAMMENFÜGEN

Verbinde Kopf und Körper nach der Anleitung von Seite 135.

SCHAL

In Kirsche 3 Lm anschl.
1. R: Ab der 2. Lm ab Nd 2 fM häkeln.
Weiter in R häkeln. Am Ende jeder R mit 1 Lm wenden.
2. R: 2 fM.
3.-4. R (Sonne): 2 fM.
5.-32. R: Die 1.-4. R fortlaufend wdh.
Faden abschneiden und durchziehen.

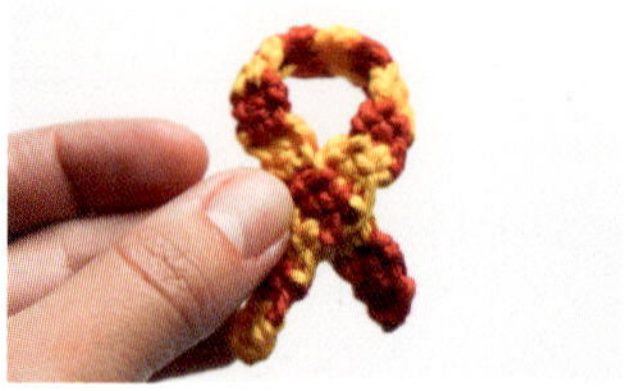

MANTEL

In Schwarz 26 Lm anschl. Weiter in R häkeln, am Ende jeder R mit 1 Lm wenden.
1. R: 25 fM ab der 2. Lm (= 25 M).
2. R: 1 fM verdoppeln, 3 fM, 5 Lm, 4 fM überspringen (= Armloch), * 2 fM, 1 fM verdoppeln, ab * noch 2x wdh, 5 Lm, 4 fM überspringen (= Armloch), 3 fM, 1 fM verdoppeln (= 32 M).
3. R: 5 fM, * 1 fM, 2 fM zusammen abmaschen, ab * noch 1x wdh, 10 fM, ** 1 fM, 2 fM zusammen abmaschen, ab ** noch 1x wdh, 5 fM (= 28 M).
4. R: 5 fM, 2 fM zusammen abmaschen, 14 fM, 2 fM zusammen abmaschen, 5 fM (= 26 M).
5.-13.R: 26 fM.
Für die Umrandung an der kurzen Seite in den Rand 9 fM und 1 hStb arb. Dann 2 Stb in die Eck-M. Weiter für den Kragen 25 hStb entlang der oberen M häkeln. Wieder 2 Stb in die Eck-M. 1 hStb, 9 fM entlang der kurzen Seite und die Rd schließen. Faden abschneiden und durchziehen.

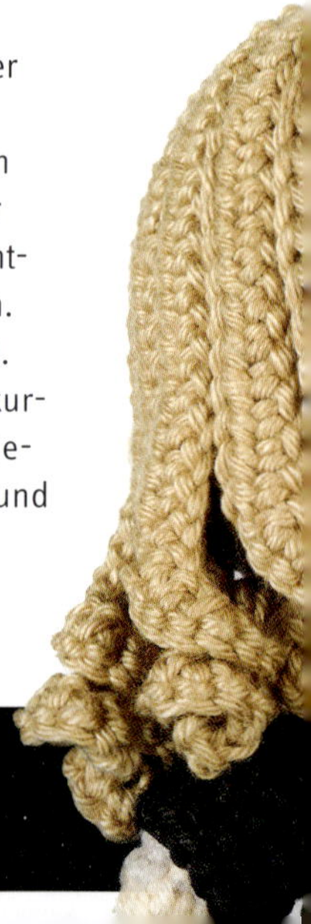

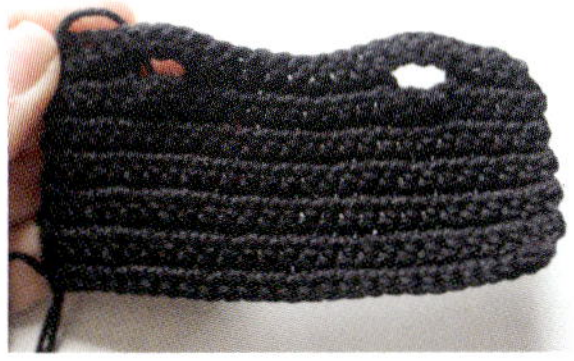

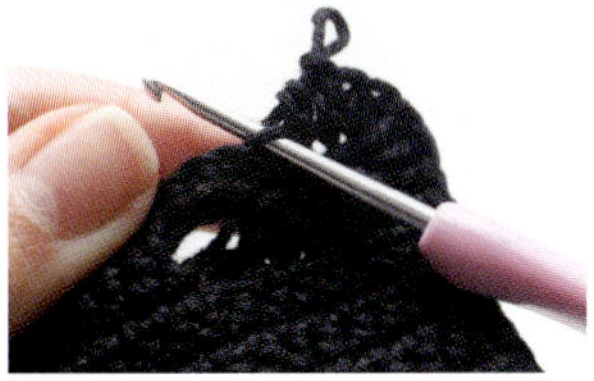

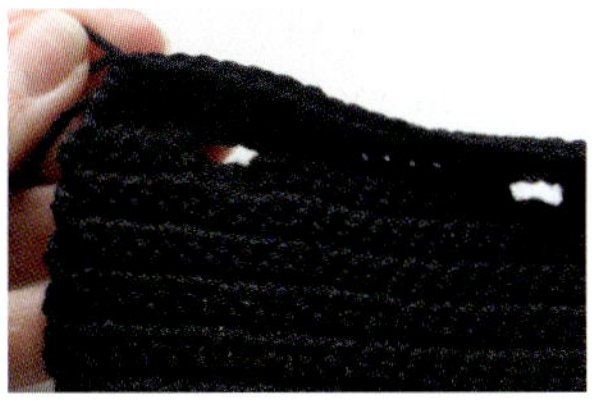

ÄRMEL (2x)

Am 1. Armloch in Schwarz mit 1 Lm anschlingen und 1 fM in dieselbe M häkeln (hier in Weiß dargestellt).

1.-7. Rd: 12 fM.

Faden abschneiden und durchziehen.

Den 2. Ärmel ebenso häkeln.

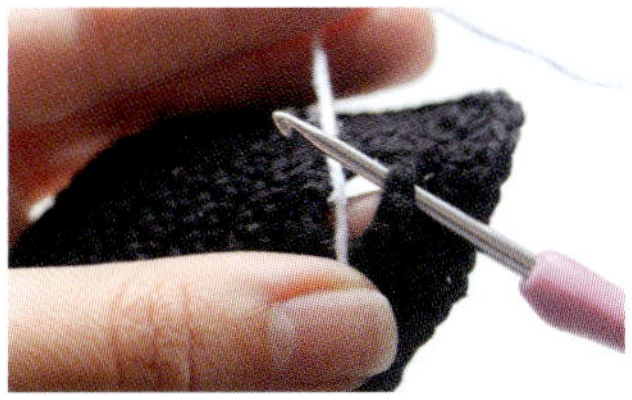

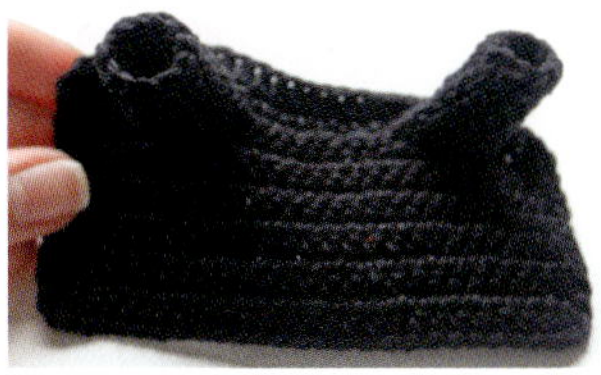

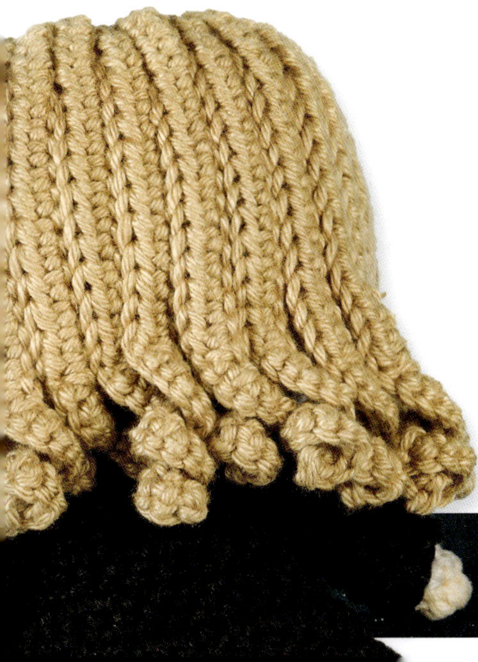

HAARE

In Sun-kissed einen Magic-Ring anfertigen.

1. Rd: 8 fM in den Ring häkeln.

2. Rd: Jede fM verdoppeln (= 16 M).

3. Rd: * 2 fM verdoppeln, 2 fM, ab * noch 3x wdh (= 24 M).

4. Rd: 1 fM, 2 fM verdoppeln, * 4 fM, 2 fM verdoppeln, ab * noch 2x wdh, 3 fM (= 32 M).

Nun Strähnen rundum in die 32 M der 4. Rd häkeln.

1.-17. Strähne: 26 Lm, 7 hStb verdoppeln ab der 2. Lm, 18 hStb, 1 fM in die nächste M.

18. Strähne: 11 Lm, 10 hStb ab der 2. Lm, 1 fM in die nächste M.

19. Strähne: 10 Lm, 9 hStb ab der 2. Lm, 1 fM in die nächste M.

20. Strähne: 1 fM.

21.-30. Strähne: Die 19.-20. Strähne noch 5x wdh.

31. Strähne: 11 Lm, 10 hStb ab der 2. Lm, 1 fM in die nächste M.

32. Strähne: 26 Lm, 7 hStb verdoppeln ab der 2. Lm, 18 hStb, 1 fM in die nächste M.

1 Km in die nächste M.

Faden abschneiden und durchziehen.

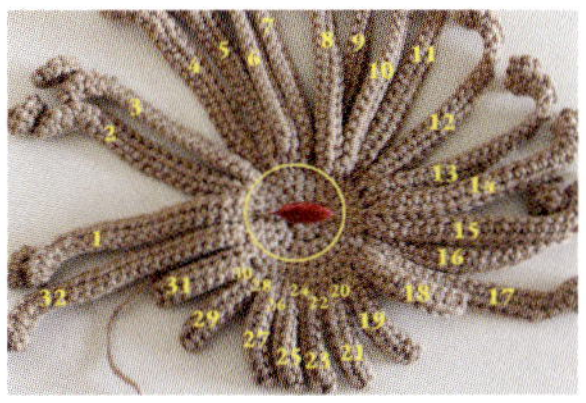

Platziere die Haare so auf dem Kopf, dass die linke Seite des Magic-Rings nach oben zeigt. Wichtig ist, dass der Anfang der Haarsträhnen an der linken Seite des Kopfes liegt. Der M-Markierer zeigt den Anfang der Haarsträhnen. Die Strähnen 19 bis 29 sind die Stirnfransen der Hexe, die Strähnen 18 und 31 sind jeweils über dem Ohr. Stecke Strähne für Strähne an den Kopf und wenn du zufrieden bist, klebe sie einzeln fest.

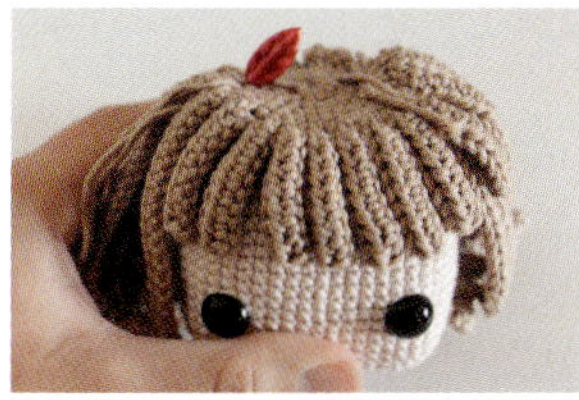

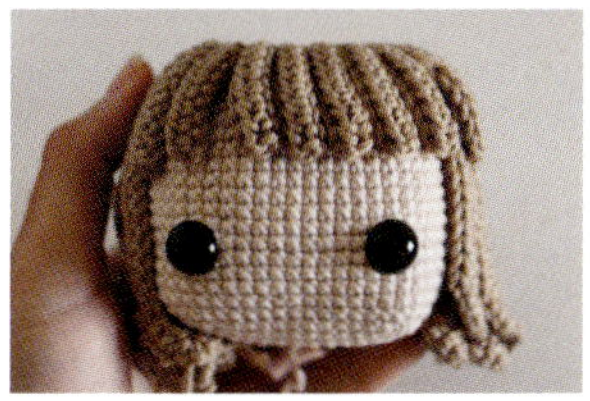

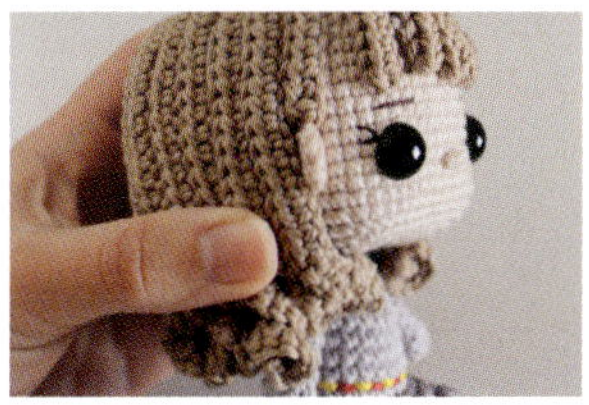

BESTER FREUND

SCHWIERIGKEITSGRAD 2

GRÖSSE

14 cm

MATERIAL

- Schachenmayr Catania (LL 125 m/50 g) in Ivory (Fb 436), Marsalarot (Fb 396), Schwarz (Fb 110), Anthrazit (Fb 429) und Rauchgrau (Fb 435), je 50 g, in Sonne (Fb 208) und Kirsche (Fb 424), Reste
- Häkelnadel 2,5 mm
- 2 Sicherheitsaugen in Schwarz, ø 12 mm
- Maschenmarkierer
- Sekundenkleber
- Füllwatte
- Wollnadel
- Stecknadeln

X-MUSTER

(verschränkte feste Maschen)

Die Figur wurde mit verschränkten fM im X-Muster gehäkelt, d.h. der Faden wird immer von oben (statt von unten) geholt. Selbstverständlich kannst du auch normale fM häkeln.

ANLEITUNG

Zunächst Kopf, Ohren,Arme und Beine häkeln. Dann die Beine verbinden, den Körper häkeln und die Arme aufnehmen. Weitere Details anfertigen. Anschließend den Kopf fertigstellen und mit dem Körper verbinden. Zum Schluss die Haare arrangieren und festkleben. Sofern nicht anders erwähnt, in Spiral-Rd häkeln. Dafür den Beginn jeder Rd mit einem M-Markierer oder Kontrastgarn kennzeichnen.

KOPF

In Ivory einen Magic-Ring anfertigen.

1. Rd: 8 fM in den Ring häkeln (= 8 M).

2. Rd: Jede fM verdoppeln (= 16 M).

3. Rd: * 2 fM verdoppeln, 2 fM, ab * noch 3x wdh (= 24 fM).

4. Rd: 1 fM, 2 fM verdoppeln, * 4 fM, 2 fM verdoppeln, ab * noch 2x wdh, 3 fM (= 32 M).

5. Rd: 2 fM, 2 fM verdoppeln, * 6 fM, 2 fM verdoppeln, ab * noch 2x wdh, 4 fM (= 40 M).

6. Rd: 3 fM, 2 fM verdoppeln, * 8 fM, 2 fM verdoppeln, ab * noch 2x wdh, 5 fM (= 48 M).

7. Rd: 4 fM, 2 fM verdoppeln, * 10 fM, 2 fM verdoppeln, ab * noch 2x wdh, 6 fM (= 56 M).

8. Rd: 5 fM, 2 fM verdoppeln, * 12 fM, 2 fM verdoppeln, ab * noch 2x wdh, 7 fM (= 64 M).

9.–22. Rd: 64 fM.

23. Rd: 5 fM, 2x 2 fM zusammen abmaschen, * 12 fM, 2x 2 fM zusammen abmaschen, ab * noch 2x wdh, 7 fM (= 56 M).

24. Rd: 4 fM, 2x 2 fM zusammen abmaschen, * 10 fM, 2x 2 fM zusammen abmaschen, ab * noch 2x wdh, 6 fM (= 48 M).

Nun die Sicherheitsaugen zwischen der 17. und 18. Rd mit 11 fM zueinander anbringen.

Den Kopf fest mit Füllwatte ausstopfen. Dafür aus Füllwatte kleine Watteböllchen formen und nach und nach in den Kopf stopfen. Wichtig ist, dass der Kopf würfelförmig und nicht rund wird.

25. Rd: 3 fM, 2x 2 fM zusammen abmaschen, * 8 fM, 2x 2 fM zusammen abmaschen, ab * noch 2x wdh, 5 fM (= 40 M).

26. Rd: 2 fM, 2x 2 fM zusammen abmaschen, * 6 fM, 2x

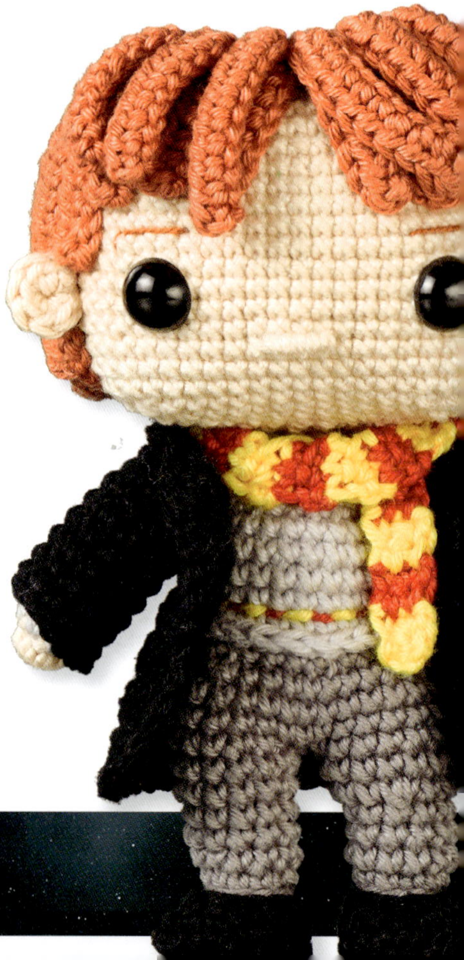

2 fM zusammen abmaschen, ab * noch 2x wdh, 4 fM (= 32 M).
27. Rd: 1 fM, 2x 2 fM zusammen abmaschen, * 4 fM, 2x 2 fM zusammen abmaschen, ab * noch 2x wdh, 3 fM (= 24 M).
28. Rd: * 2 fM, 2x 2 fM zusammen abmaschen, ab * noch 3x wdh (= 16 M).
Weiter mit Füllwatte ausstopfen.
29. Rd: * 2 fM, 2 fM zusammen abmaschen, ab * noch 3x wdh (= 12 M).
30.-34. Rd: 12 fM.
Faden lang abschneiden und durchziehen.

OHR (2x)

In Ivory einen Magic-Ring anfertigen.
1. Rd: 6 fM in den Ring häkeln.
Faden abschneiden und durchziehen.
Das 2. Ohr ebenso häkeln.

ARM (2x)

In Ivory einen Magic-Ring anfertigen:
1. Rd: 7 fM in den Ring häkeln.
2.-8. Rd (Rauchgrau): 7 fM.
Faden abschneiden und durchziehen.
Den 2. Arm ebenso häkeln.

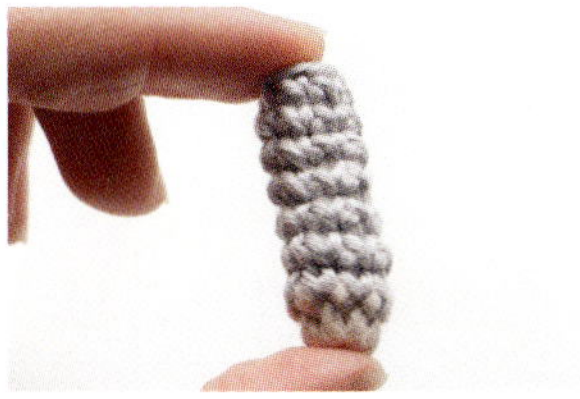

1. BEIN

In Schwarz einen Magic-Ring anfertigen.
1. Rd: 6 fM in den Ring häkeln.
2. Rd: Jede fM verdoppeln (= 12 M).
3. Rd: * 3 fM, 1 fM verdoppeln, ab * noch 2x wdh (= 15 M).
4. Rd: In die hinteren M-Glieder 15 fM.
5. Rd: 15 fM.
6. Rd: 5 fM, 2x 3 fM zusammen abmaschen, 4 fM (= 11 M).
7. Rd (Anthrazit): In die hinteren M-Glieder 11 Km.
8. Rd: In die hinteren M-Glieder 11 fM.
9.-10. Rd: 11 fM.
11. Rd: 10 fM, 1 fM verdoppeln (= 12 M).
12. Rd: * 3 fM, 1 fM verdoppeln, ab * noch 2x wdh (= 15 M).
13. Rd: 15 fM.
Faden abschneiden und durchziehen.

2. BEIN

Das 2. Bein wie das 1. Bein häkeln, jedoch zusätzlich 3 fM häkeln. Faden nicht abschneiden, sondern in Anthrazit die Beine wie folgt verbinden und weiter den Körper häkeln.

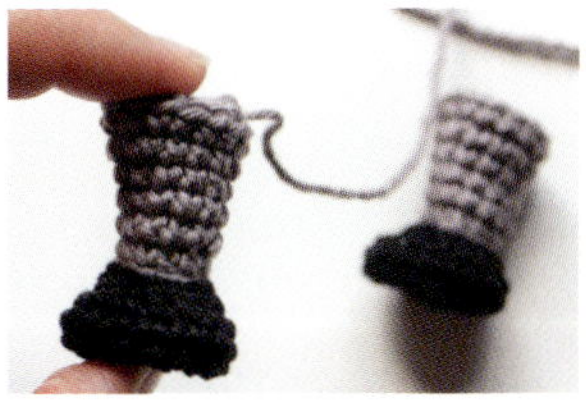

KÖRPER

Verbinde die Beine nach der Anleitung von Seite 133 und wie folgt: Häkle 1 fM in die vorletzte M des 1. Beines. Dies wird nun die 1. fM der nächsten Rd sein, also der neue Rd-Anfang.
14. Rd: 15 fM (Aufnahme 1. Bein), 1 Km in dieselbe M, mit der du die Rd begonnen hast, 15 fM (= 2. Bein) (= 30 M).
15.-17. Rd: 30 fM.
18. Rd: * 3 fM, 2 fM zusammen abmaschen, ab * noch 5x wdh (= 24 M).
19. (Rauchgrau): In die hinteren M-Glieder 24 fM.
20.-22. Rd: 24 fM.
Damit deine Figur später stehen kann, die Füße leicht nach innen drücken, damit eine Rundung entsteht. Dann die Beine nur leicht mit Füllwatte ausstopfen. Du solltest keinesfalls zu viel Füllwatte in die Füße stopfen, sonst kann die Figur nicht stehen.
23. Rd: 6 fM, 7 fM (Aufnahme 1. Arm), 12 fM, 7 fM (Aufnahme 2. Arm), 6 fM (= 38 M).
24. Rd: * 2 fM, 2 fM zusammen abmaschen, ab * noch 3x wdh, ** 2 fM zusammen abmaschen, ab ** noch 2x wdh, *** 2 fM, 2 fM zusammen abmaschen, ab *** noch 3x wdh (= 27 M).
25. Rd: 27 fM.
26. Rd: * 1 fM, 2 fM zusammen abmaschen, ab * noch 8x wdh (= 18 M).
Weiter mit Füllwatte ausstopfen.
27. Rd (Ivory): In die hinteren M-Glieder arb, dabei immer 2 fM zusammen abmaschen (= 9 M).
28.-32. Rd: 9 fM.

Faden lang abschneiden und durchziehen. Weiter mit Füllwatte ausstopfen.

PULLOVER-UNTERKANTE

Schlinge zwischen der 18. und 19. Rd des Körpers in Rauchgrau an und häkle Km rund um den Körper.

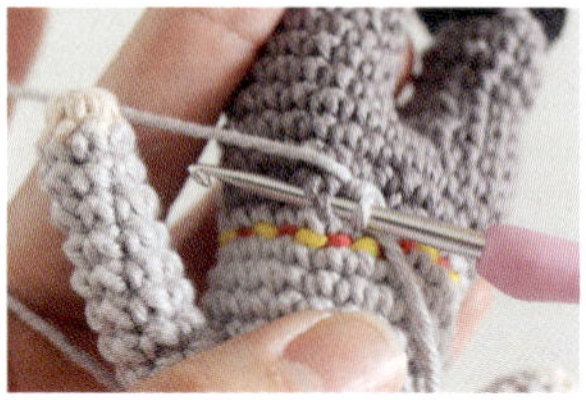

ZIERSTICHE

Sticke in Kirsche zwischen der 19. und 20. Rd rundum kleine Stiche. Mache das Gleiche in Sonne, aber über die Lücken.

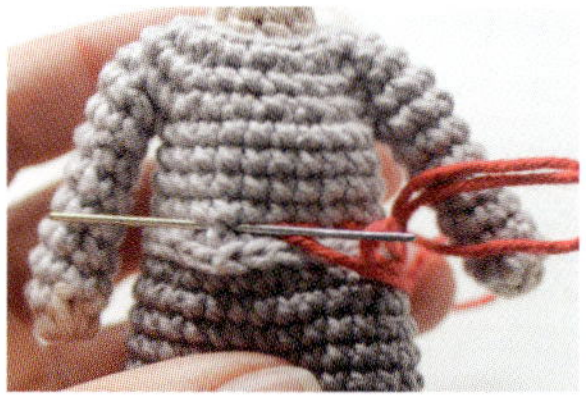

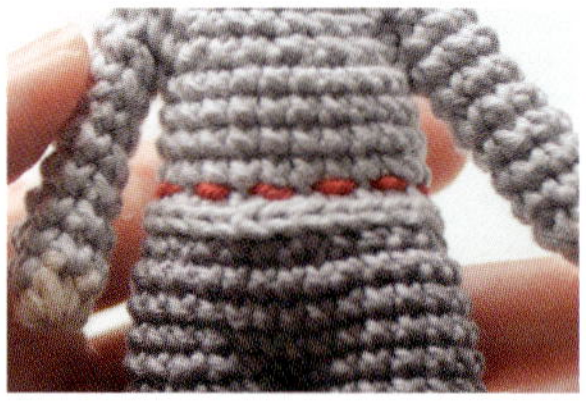

KOPF FERTIGSTELLEN

Sticke nach der Anleitung von Seite 134 eine Nase in Ivory sowie die Augenbrauen in Marsalarot. Nähe die Ohren an.

KOPF UND KÖRPER ZUSAMMENFÜGEN

Verbinde Kopf und Körper nach der Anleitung von Seite 135.

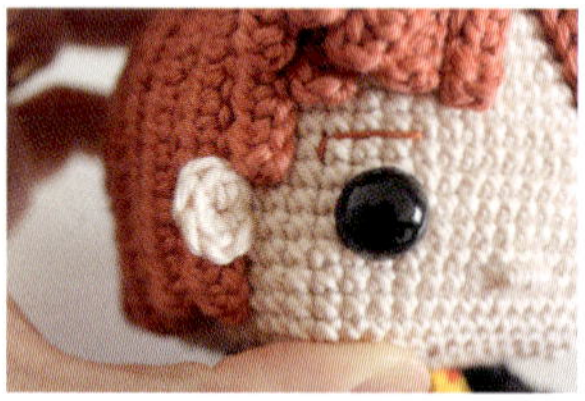

SCHAL

In Kirsche 3 Lm anschl.

1. R: Ab der 2. Lm ab Nd 2 fM häkeln.

Weiter in R häkeln. Am Ende jeder R mit 1 Lm wenden.

2. R: 2 fM.

3.-4. R (Sonne): 2 fM.

5.-32. R: Die 1.-4. R fortlaufend wdh.

Faden abschneiden und durchziehen.

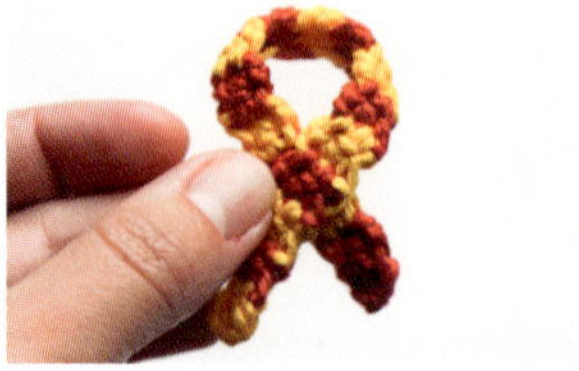

MANTEL

In Schwarz 26 Lm anschl. Weiter in R häkeln, am Ende jeder R mit 1 Lm wenden.

1. R: 25 fM ab der 2. Lm (= 25 M).

2. R: 1 fM verdoppeln, 3 fM, 5 Lm, 4 fM überspringen (= Armloch), * 2 fM, 1 fM verdoppeln, ab * noch 2x wdh, 5 Lm, 4 fM überspringen (= Armloch), 3 fM, 1 fM verdoppeln (= 32 M).

3. R: 5 fM, * 1 fM, 2 fM zusammen abmaschen, ab * noch 1x wdh, 10 fM, ** 1 fM, 2 fM zusammen abmaschen, ab ** noch 1x wdh, 5 fM (= 28 M).

4. R: 5 fM, 2 fM zusammen abmaschen, 14 fM, 2 fM zusammen abmaschen, 5 fM (= 26 M).

5.-13.R: 26 fM.

Für die Umrandung an der kurzen Seite in den Rand 9 fM und 1 hStb arb. Dann 2 Stb in die Eck-M. Weiter für den Kragen 25 hStb entlang der oberen M häkeln. Wieder 2 Stb in die Eck-M. 1 hStb, 9 fM entlang der kurzen Seite und die Rd schließen. Faden abschneiden und durchziehen.

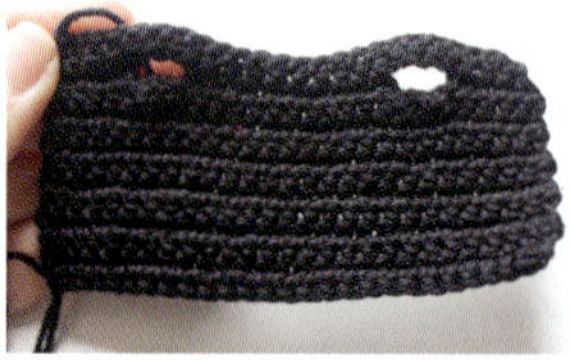

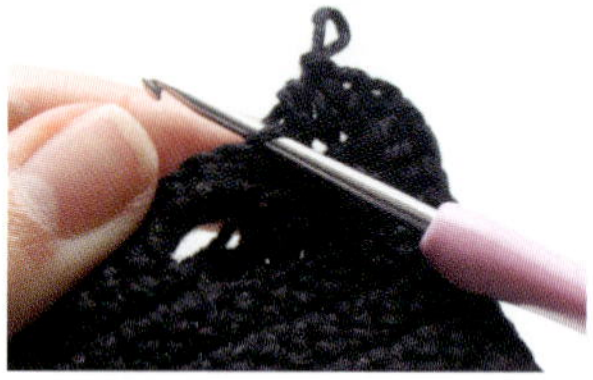

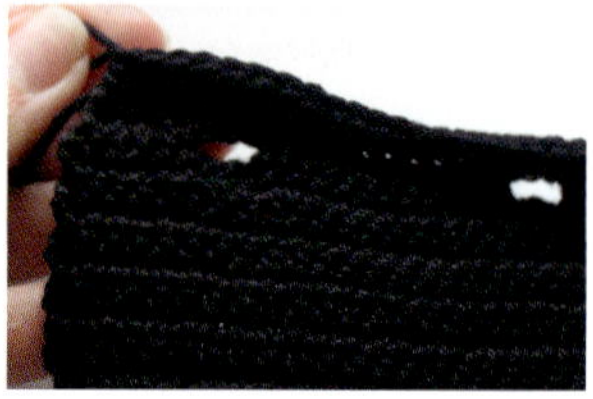

ÄRMEL (2x)

Am 1. Armloch in Schwarz mit 1 Lm anschlingen und 1 fM in dieselbe M häkeln (hier in Weiß dargestellt).

1.-7. Rd: 12 fM.

Faden abschneiden und durchziehen.

Den 2. Ärmel ebenso häkeln.

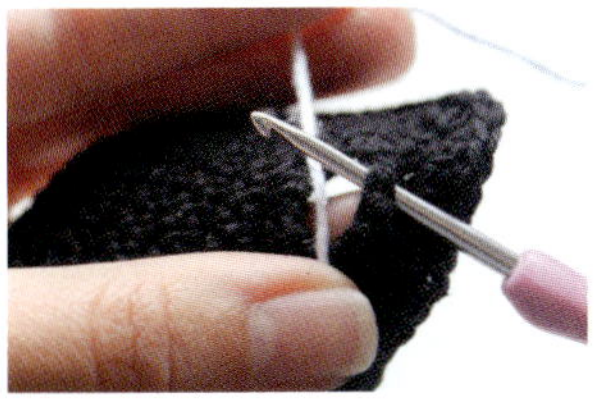

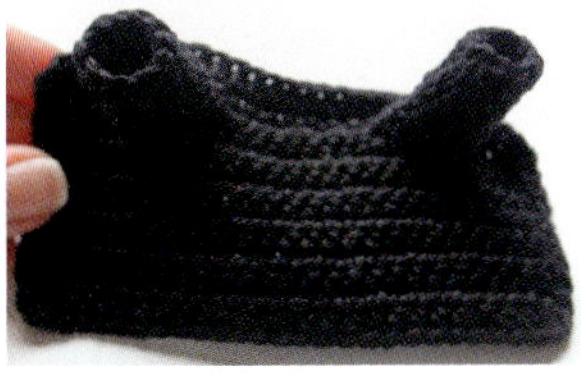

HAARE

In Marsalarot einen Magic-Ring anfertigen.

1. Rd: 8 fM in den Ring häkeln.

2. Rd: Jede fM verdoppeln (= 16 M).

3. Rd: * 2 fM verdoppeln, 2 fM, ab * noch 3x wdh (= 24 M).

4. Rd: 1 fM, 2 fM verdoppeln, * 4 fM, 2 fM verdoppeln, ab * noch 2x wdh, 3 fM (= 32 M).

Nun Strähnen rundum in die 32 M der 4. Rd häkeln.

Hinweis: Zur besseren Übersicht wird im Folgenden das Wort „Strähne" benutzt, obwohl einige Strähnen nur aus 1 fM bestehen, die als Abstand innerhalb der Frisur dienen.

1.-17. Strähne: 17 Lm, 16 hStb ab der 2. Lm, 1 fM in die nächste M.

18. Strähne: 11 Lm, 10 hStb ab der 2. Lm, 1 fM in die nächste M.

Markiere die nächste (= 19.) Strähne mit einem M-Markierer.

19. Strähne: 8 Lm, 7 hStb ab der 2. Lm, 1 fM ins nächste hintere M-Glied.

20. Strähne: 1 fM ins hintere M-Glied.

21. Strähne: 8 Lm, 7 hStb ab der 2. Lm, 1 fM ins nächste hintere M-Glied.

22. Strähne: 1 fM ins hintere M-Glied.

23. Strähne: 8 Lm, 7 hStb ab der 2. Lm, 1 fM ins nächste hintere M-Glied.

24. Strähne: 1 fM ins hintere M-Glied.

25. Strähne: 8 Lm, 7 hStb ab der 2. Lm, 1 fM ins nächste hintere M-Glied.

26. Strähne: 1 fM ins hintere M-Glied.

27. Strähne: 8 Lm, 7 hStb ab der 2. Lm, 1 fM ins nächste hintere M-Glied.

28. Strähne: 1 fM ins hintere M-Glied.

29. Strähne: 8 Lm, 7 hStb ab der 2. Lm, 1 fM ins nächste hintere M-Glied.

30. Strähne: 1 fM in die nächste M.

31. Strähne: 11 Lm, 10 hStb ab der 2. Lm, 1 fM in die nächste M.

32. Strähne: 17 Lm, 16 hStb ab der 2. Lm, 1 fM in die nächste M.

1 Km in die nächste M. M ab.

Stich die Häkelnd in das vordere M-Glied der markierten 19. Strähne und häkle weitere 6 Strähnen von rechts nach links in die vorderen M-Glieder (dazwischen werden Abstände mit 1 fM gearbeitet).

1. Strähne: 10 Lm, 9 fM ab der 2. Lm, 1 fM ins nächste vordere M-Glied. 1 fM.

2. Strähne: 11 Lm, 10 fM ab der 2. Lm, 1 fM ins nächste vordere M-Glied. 1 fM.

3. Strähne: 12 Lm, 11 fM ab der 2. Lm, 1 fM ins nächste vordere M-Glied. 1 fM.

4. Strähne: Wie die 3. Strähne häkeln.

5. Strähne: Wie die 2. Strähne häkeln.

6. Strähne: Wie die 1. Strähne häkeln.

Platziere die Haare so auf dem Kopf, dass die linke Seite des Magic-Rings nach oben zeigt. Der Anfang der Haarsträhnen liegt an der linken Seite des Kopfes. Der M-Markierer zeigt den Anfang der Haarsträhnen.

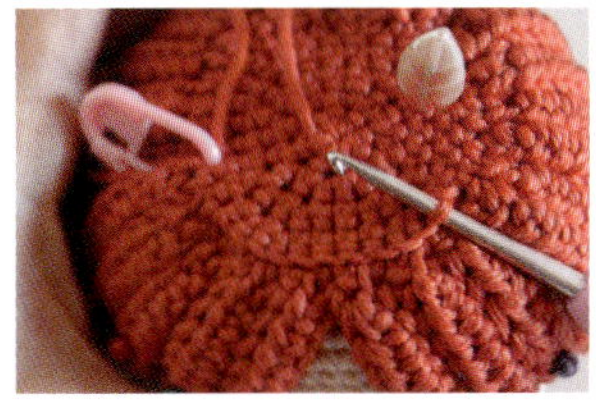

Die kurzen Haarsträhnen der vorderen M-Glieder sind die Stirnfransen, es sollten 3 rechts und 3 links liegen.

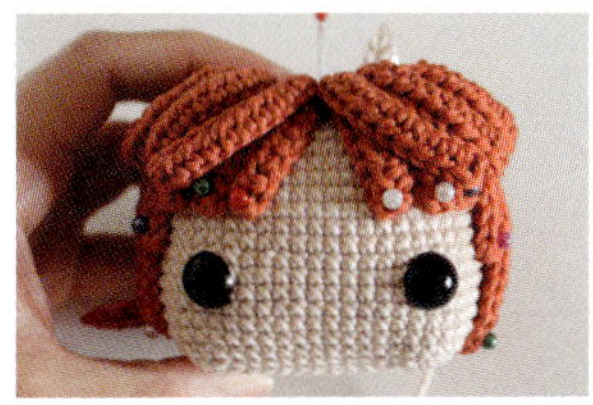

Die langen Haarsträhnen liegen darüber. Die Strähnen 18 und 31 liegen über dem Ohr. Stecke Strähne für Strähne an den Kopf und wenn du zufrieden bist, klebe sie einzeln an.

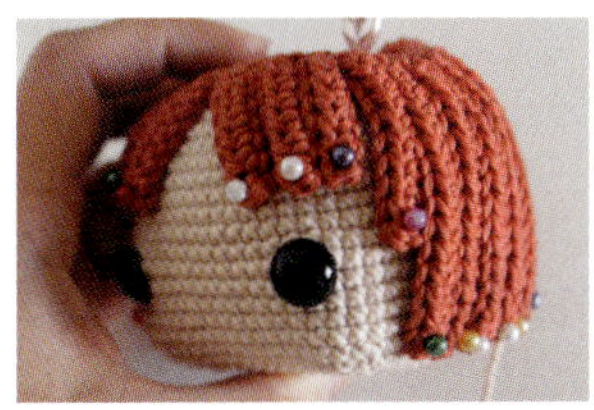

TREUE EULE

SCHWIERIGKEITSGRAD 1

GRÖSSE

8 cm

MATERIAL

- Schachenmayr Catania (LL 125 m/50 g) in Weiß (Fb 106), 50 g, in Sonne (Fb 208), Rest
- Anchor Freccia (LL 285 m/50 g) in Schwarz (Fb 403), Rest
- Häkelnadel 2,5 mm
- 2 Sicherheitsaugen in Schwarz, ø 10 mm
- Maschenmarkierer
- Sekundenkleber
- Füllwatte
- Wollnadel
- Stecknadeln

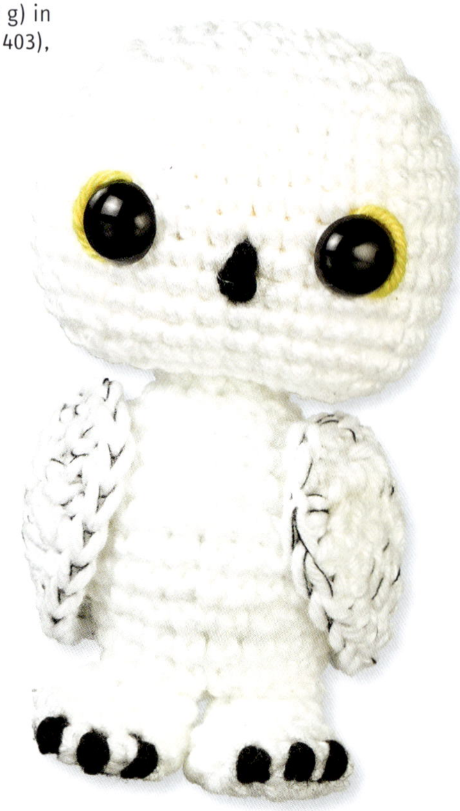

X-MUSTER

(verschränkte feste Maschen)

Die Figur wurde mit verschränkten fM im X-Muster gehäkelt, d. h. der Faden wird immer von oben (statt von unten) geholt. Selbstverständlich kannst du auch normale fM häkeln.

ANLEITUNG

Zunächst Kopf und Beine häkeln. Dann die Beine verbinden, den Körper häkeln und die Flügel anfertigen. Anschließend den Kopf fertigstellen und mit dem Körper verbinden.
Sofern nicht anders erwähnt, in Spiral-Rd häkeln. Dafür den Beginn jeder Rd mit einem M-Markierer oder Kontrastgarn kennzeichnen.

KOPF

In Weiß einen Magic-Ring anfertigen.
1. Rd: 8 fM in den Ring häkeln (= 8 M).
2. Rd: Jede fM verdoppeln (= 16 M).
3. Rd: * 2 fM verdoppeln, 2 fM, ab * noch 3x wdh (= 24 M).
4. Rd: 1 fM, 2 fM verdoppeln, * 4 fM, 2 fM verdoppeln, ab * noch 2x wdh, 3 fM (= 32 M).
5.–13. Rd: 32 fM.
14. Rd: 1 fM, 2x 2 fM zusammen abmaschen, * 4 fM, 2x 2 fM zusammen abmaschen, ab * noch 2x wdh, 3 fM (= 24 M).
Nun die Sicherheitsaugen zwischen der 10. und 11. Rd mit 6 fM zueinander anbringen.
Den Kopf fest mit Füllwatte ausstopfen. Dafür aus Füllwatte kleine Watteböllchen formen und nach und nach in den Kopf stopfen. Wichtig ist, dass der Kopf würfelförmig und nicht rund wird.
15. Rd: * 2 fM, 2x 2 fM zusammen abmaschen, ab * noch 3x wdh (= 16 M).
16. Rd: * 2 fM, 2 fM zusammen abmaschen, ab * noch 3x wdh (= 12 M).
Weiter mit Füllwatte ausstopfen.
17.–21. Rd: 12 fM.
Faden lang abschneiden und durchziehen.

1. BEIN

In Weiß einen Magic-Ring anfertigen.

1. Rd: 6 fM in den Ring häkeln.

2. Rd: Jede fM verdoppeln (= 12 M).

3. Rd: In die hinteren M-Glieder 12 fM.

4.Rd: 12 fM.

5. Rd: 3 fM, 2x 3 fM zusammen abmaschen, 3 fM (= 8 M).

Faden abschneiden und durchziehen.

2. BEIN

Das 2. Bein wie das 1. Bein häkeln, jedoch zusätzlich 1 fM häkeln. Faden nicht abschneiden, sondern in Weiß die Beine wie folgt verbinden und weiter den Körper häkeln.

KÖRPER

Verbinde die Beine nach der Anleitung von Seite 133 und wie folgt: Häkle 1 fM in die vorletzte M des 1. Beines. Dies wird nun die 1. fM der nächsten Rd sein, also der neue Rd-Anfang.

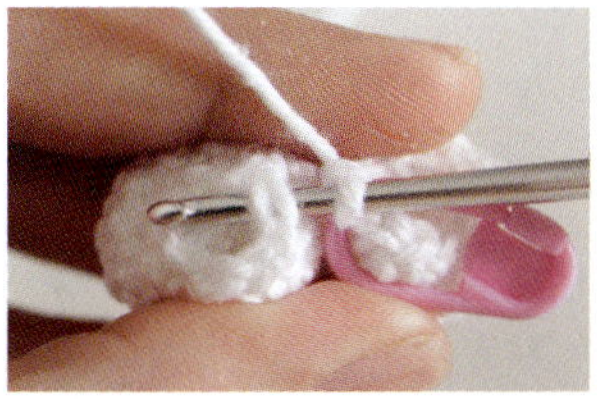

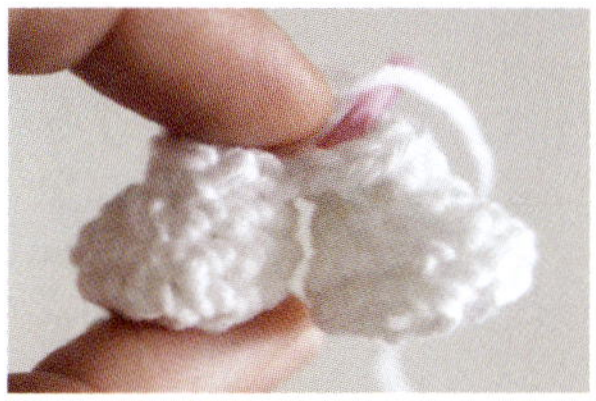

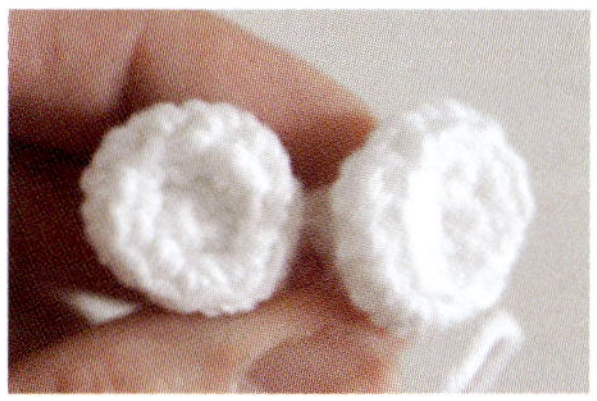

6. Rd: 8 fM, (Aufnahme 1. Bein), 1 Km in dieselbe M, mit der du die Rd begonnen hast, 8 fM (= 2. Bein) (= 16 M).

7. Rd: * 3 fM, 1 fM verdoppeln, ab * noch 3x wdh (= 20 M).

8. Rd: 20 fM.

9. Rd: In die vorderen M-Glieder arb: * 1 fM, 1 fM verdoppeln, ab * noch 9x wdh (= 30 M).

10.-13. Rd: 30 fM.

Damit deine Figur später stehen kann, die Füße leicht nach innen drücken, damit eine Rundung entsteht. Dann die Beine nur leicht mit Füllwatte ausstopfen. Du solltest keinesfalls zu viel Füllwatte in die Füße stopfen, sonst kann die Figur nicht stehen.

14. Rd: * 4 fM, 2 fM zusammen abmaschen, ab * noch 4x wdh (= 25 M).

15. Rd: * 3 fM, 2 fM zusammen abmaschen, ab * noch 4x wdh (= 20 M).

16. Rd: Immer 2 fM zusammen abmaschen, ab * noch 4x wdh (= 10 M).

Weiter mit Füllwatte ausstopfen.

17.-20. Rd: 10 fM.

21. Rd: Immer 2 fM zusammen abmaschen (= 5 M).

Faden abschneiden und durchziehen.

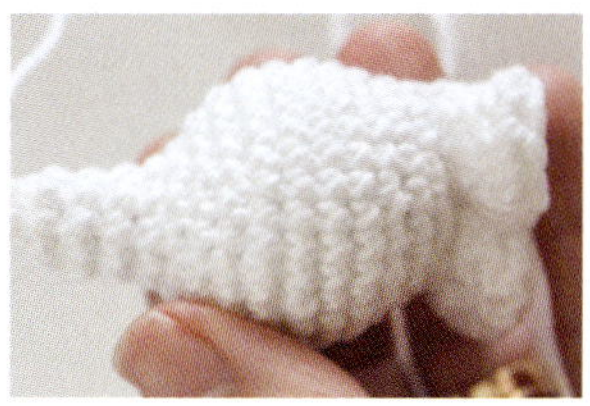

FLÜGEL (2x)

Mit doppeltem Faden in Weiß und Schwarz 10 Lm anschl.

1. Rd: 1 Dreifach-Stb in die 4. Lm ab Nd. Weiter 1 Dreifach-Stb, 2 Stb, 1 hStb, 1 fM, 3 fM in 1 M.

Auf der anderen Seite der Lm-Kette weiter: 1 fM, 1 hStb, 2 Stb, 2 Dreifach-Stb, 1 hStb. Mit 1 Km schließen.

2. Rd: 9 fM, 2 Lm, 1 Km in die 2. Lm ab Nd, 9 fM, 1 Km.

Faden abschneiden und durchziehen.

Den 2. Flügel ebenso häkeln.

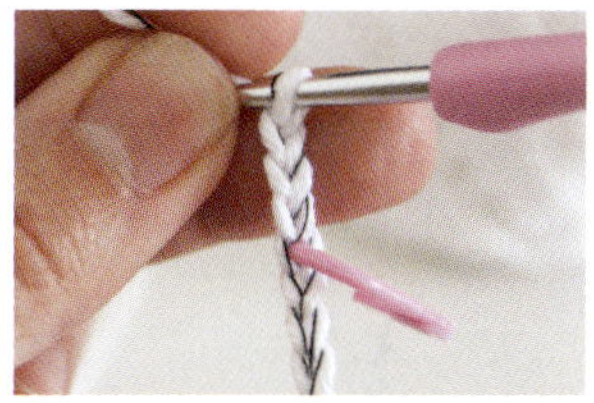

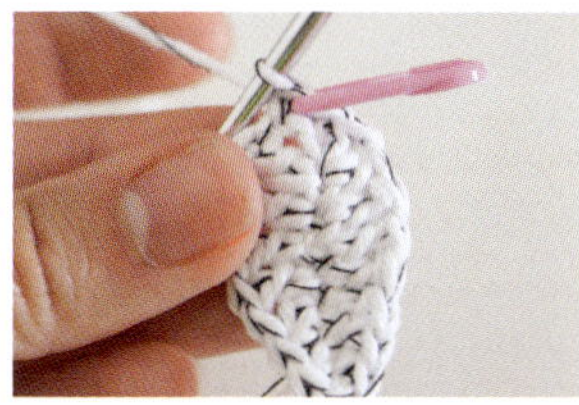

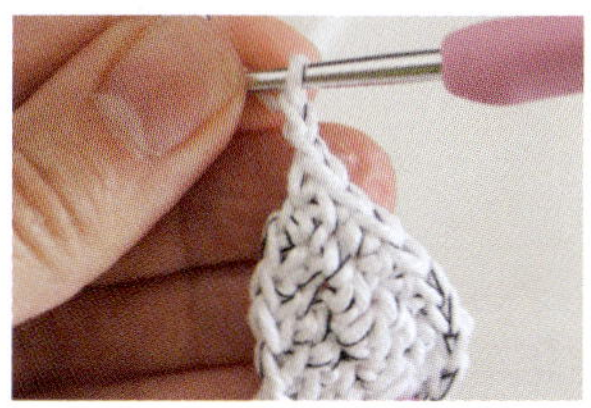

KOPF FERTIG-STELLEN

Sticke in Sonne die Augenkonturen in Form von Halbkreisen.

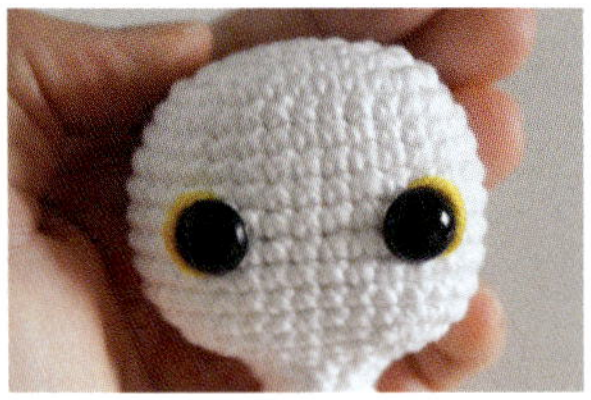

Sticke dann in Schwarz den Schnabel.
Stich die Wollnd senkrecht zwischen den Augen (2 M von den Augen entfernt) zwischen der 11. und 12. Rd ein. Stich 3x senkrecht über die fM und vernähe dann den Faden.

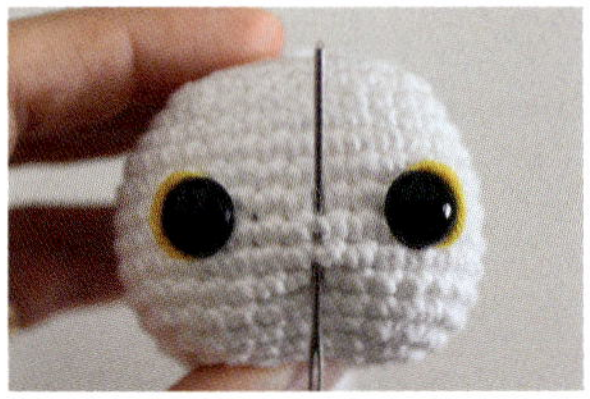

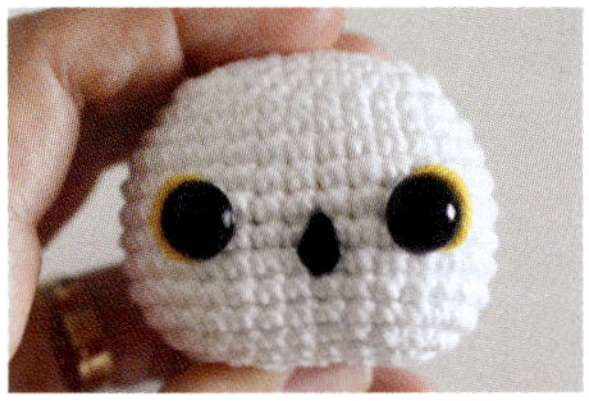

Stich mit einer Wollnd und schwarzem Garn in den Fuß. Stich etwa 2-3x senkrecht und vernähe den Faden. Zwischen den Krallen ist ein Abstand von 1 fM.

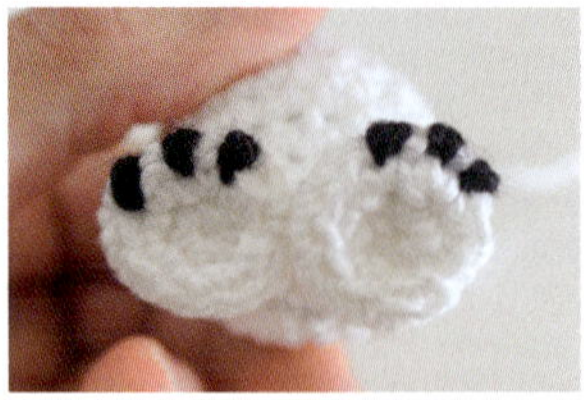

KOPF UND KÖRPER ZUSAMMENFÜGEN

Verbinde Kopf und Körper nach der Anleitung von Seite 135.

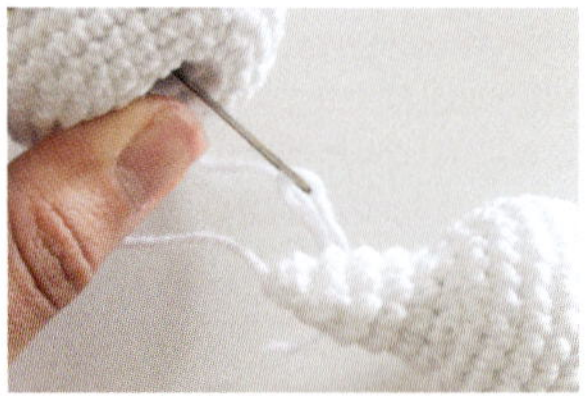

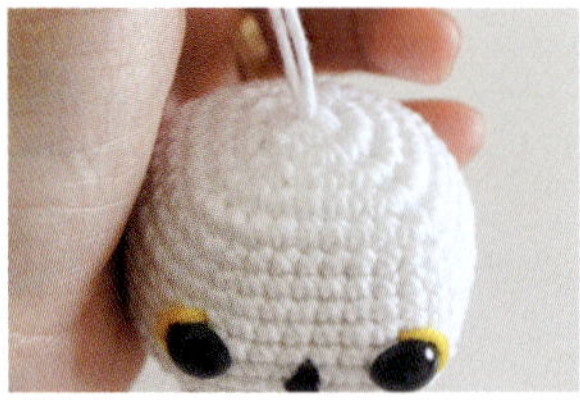

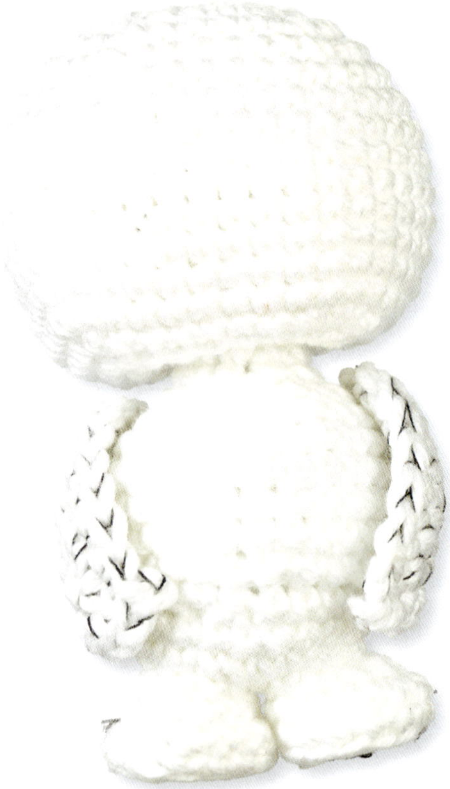

WEISER SCHULLEITER

SCHWIERIGKEITSGRAD 2

GRÖSSE

14 cm

MATERIAL

- Schachenmayr Catania (LL 125 m/50 g) in Ivory (Fb 436), Weiß (Fb 106), Nebel (Fb 434), Schwarz (Fb 110), Flieder (Fb 226) und Azalee (Fb 398), je 50 g, in Gold (Fb 249), Rest
- Häkelnadel 2,5 mm
- 2 Sicherheitsaugen in Schwarz, ø 12 mm
- Draht in Weiß oder Silber, ca. 1 m
- Maschenmarkierer
- Sekundenkleber
- Füllwatte
- Wollnadel
- Stecknadeln

X-MUSTER

(verschränkte feste Maschen)

Die Figur wurde mit verschränkten fM im X-Muster gehäkelt, d. h. der Faden wird immer von oben (statt von unten) geholt. Selbstverständlich kannst du auch normale fM häkeln.

ANLEITUNG

Zunächst Kopf, Ohren, Arme und Beine häkeln. Dann die Beine verbinden, den Körper häkeln und die Arme aufnehmen. Weitere Details anfertigen. Anschließend den Kopf fertigstellen und mit dem Körper verbinden. Zum Schluss die Haare häkeln, am Kopf arrangieren und festkleben.

Sofern nicht anders erwähnt, in Spiral-Rd häkeln. Dafür den Beginn jeder Rd mit einem M-Markierer oder Kontrastgarn kennzeichnen.

KOPF

In Ivory einen Magic-Ring anfertigen.

1. Rd: 8 fM in den Ring häkeln (= 8 M).

2. Rd: Jede fM verdoppeln (= 16 M).

3. Rd: * 2 fM verdoppeln, 2 fM, ab * noch 3x wdh (= 24 fM).

4. Rd: 1 fM, 2 fM verdoppeln, * 4 fM, 2 fM verdoppeln, ab * noch 2x wdh, 3 fM (= 32 M).

5. Rd: 2 fM, 2 fM verdoppeln, * 6 fM, 2 fM verdoppeln, ab * noch 2x wdh, 4 fM (= 40 M).

6. Rd: 3 fM, 2 fM verdoppeln, * 8 fM, 2 fM verdoppeln, ab * noch 2x wdh, 5 fM (= 48 M).

7. Rd: 4 fM, 2 fM verdoppeln, * 10 fM, 2 fM verdoppeln, ab * noch 2x wdh, 6 fM (= 56 M).

8. Rd: 5 fM, 2 fM verdoppeln, * 12 fM, 2 fM verdoppeln, ab * noch 2x wdh, 7 fM (= 64 M).

9.-22. Rd: 64 fM.

23. Rd: 5 fM, 2x 2 fM zusammen abmaschen, * 12 fM, 2x 2 fM zusammen abmaschen, ab * noch 2x wdh, 7 fM (= 56 M).

24. Rd: 4 fM, 2x 2 fM zusammen abmaschen, * 10 fM, 2x 2 fM zusammen abmaschen, ab * noch 2x wdh, 6 fM (= 48 M).

Nun die Sicherheitsaugen zwischen der 17. und 18. Rd mit 11 fM zueniander anbringen.

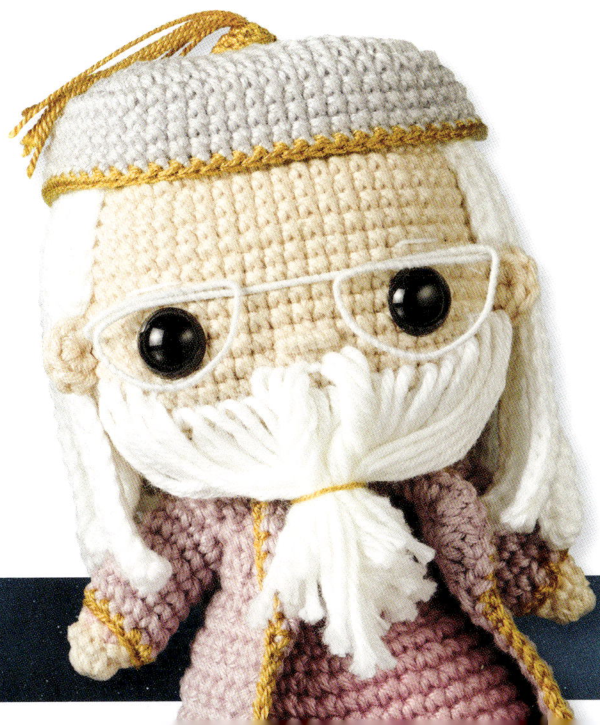

Den Kopf fest mit Füllwatte ausstopfen. Dafür aus Füllwatte kleine Watteböllchen formen und nach und nach in den Kopf stopfen. Wichtig ist, dass der Kopf würfelförmig und nicht rund wird.

25. Rd: 3 fM, 2x 2 fM zusammen abmaschen, * 8 fM, 2x 2 fM zusammen abmaschen, ab * noch 2x wdh, 5 fM (= 40 M).

26. Rd: 2 fM, 2x 2 fM zusammen abmaschen, * 6 fM, 2x 2 fM zusammen abmaschen, ab * noch 2x wdh, 4 fM (= 32 M).

27. Rd: 1 fM, 2x 2 fM zusammen abmaschen, * 4 fM, 2x 2 fM zusammen abmaschen, ab * noch 2x wdh, 3 fM (= 24 M).

28. Rd: * 2 fM, 2x 2 fM zusammen abmaschen, ab * noch 3x wdh (= 16 M).

Weiter mit Füllwatte ausstopfen.

29. Rd: * 2 fM, 2 fM zusammen abmaschen, ab * noch 3x wdh (= 12 M).

30.-34. Rd: 12 fM.

Faden lang abschneiden und durchziehen.

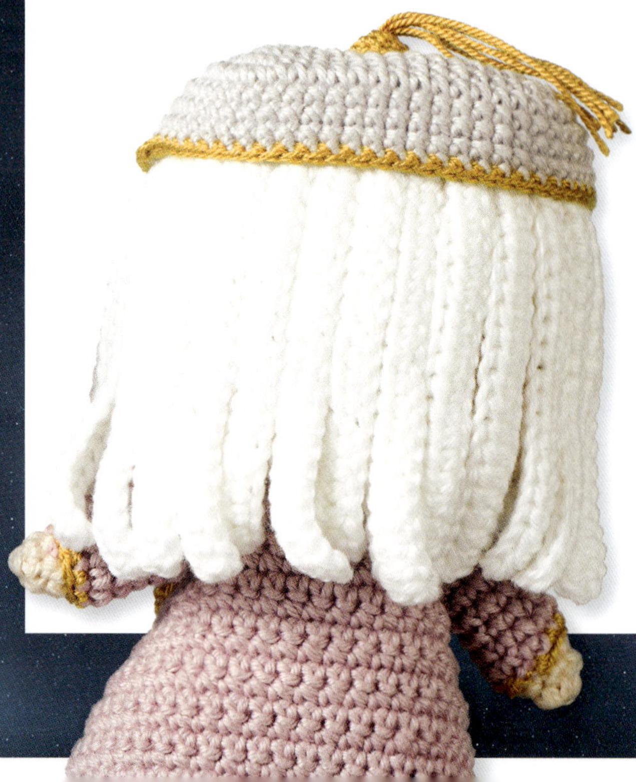

OHR (2x)

In Ivory einen Magic-Ring anfertigen.

1. Rd: 6 fM in den Ring häkeln.

Faden abschneiden und durchziehen.

Das 2. Ohr ebenso häkeln.

ARM (2x)

In Ivory einen Magic-Ring anfertigen:

1. Rd: 7 fM in den Ring häkeln.

2.-8. Rd (Flieder): 7 fM.

Faden abschneiden und durchziehen.

Den 2. Arm ebenso häkeln.

1. BEIN

In Schwarz einen Magic-Ring anfertigen.

1. Rd: 6 fM in den Ring häkeln.

2. Rd: Jede fM verdoppeln (= 12 M).

3. Rd: * 3 fM, 1 fM verdoppeln, ab * noch 2x wdh (= 15 M).

4. Rd: In die hinteren M-Glieder 15 fM.

5. Rd: 15 fM.

6. Rd: 5 fM, 2x 3 fM zusammen abmaschen, 4 fM (= 11 M).

7. Rd (Ivory): In die hinteren M-Glieder 11 fM.

8.-10. Rd: 11 fM.

11. Rd: 10 fM, 1 fM verdoppeln (= 12 M).

12. Rd: * 3 fM, 1 fM verdoppeln, ab * noch 2x wdh (= 15 M).

13. Rd: 15 fM.

Faden abschneiden und durchziehen.

2. BEIN

Das 2. Bein wie das 1. Bein häkeln, jedoch in der 13. Rd zusätzlich 3 fM häkeln. Faden nicht abschneiden, sondern in Flieder die Beine wie folgt verbinden und weiter den Körper häkeln.

KÖRPER

Verbinde die Beine nach der Anleitung von Seite 133 und wie folgt: Häkle 1 fM in die vorletzte M des 1. Beines. Dies wird nun die 1. fM der nächsten Rd sein, also der neue Rd-Anfang.

14. Rd: 15 fM (Aufnahme 1. Bein), 1 Km in dieselbe M, mit der du die Rd begonnen hast, 15 fM (2. Bein) (= 30 M).

15.-17. Rd: 30 fM.

18. Rd: * 3 fM, 2 fM zusammen abmaschen, ab * noch 5x wdh (= 24 M).

19. Rd: 24 fM.

20. Rd: In die hinteren M-Glieder 24 fM.
21.-23. Rd: 24 fM.
Damit deine Figur später stehen kann, die Füße leicht nach innen drücken, damit eine Rundung entsteht. Dann die Beine nur leicht mit Füllwatte ausstopfen. Du solltest keinesfalls zu viel Füllwatte in die Füße stopfen, sonst kann die Figur nicht stehen.
24. Rd: 6 fM, 7 fM (Aufnahme 1. Arm), 12 fM, 7 fM (Aufnahme 2. Arm), 6 fM (= 38 M).
25. Rd: * 2 fM, 2 fM zusammen abmaschen, ab * noch 3x wdh, ** 2 fM zusammen abmaschen, ab ** noch 2x wdh, *** 2 fM, 2 fM zusammen abmaschen, ab *** noch 3x wdh (= 27 M).
26. Rd: 27 fM.
Weiter mit Füllwatte ausstopfen.
27. Rd: * 1 fM, 2 fM zusammen abmaschen, ab * noch 8x wdh (= 18 M).
28. Rd (Ivory): In die hinteren M-Glieder arb: Immer 2 fM zusammen abmaschen (= 9 M).
29.-33. Rd: 9 fM.
Faden lang abschneiden und durchziehen. Weiter mit Füllwatte ausstopfen.

GEWANDROCK

Drehe die Figur mit dem Hals nach unten und schlinge in Azalee in einem vorderen M-Glied in der 20. Rd mit 1 Lm und 1 fM in dieselbe M an. Weiter in Spiral-Rd häkeln.
1. Rd: In die vorderen M-Glieder 24 fM.
2. Rd: * 3 fM, 1 fM verdoppeln, ab * noch 5x wdh (= 30 M).
3. Rd: * 4 fM, 1 fM verdoppeln, ab * noch 5x wdh (= 36 M).
4.-12. Rd: 36 fM.
Faden abschneiden und durchziehen.

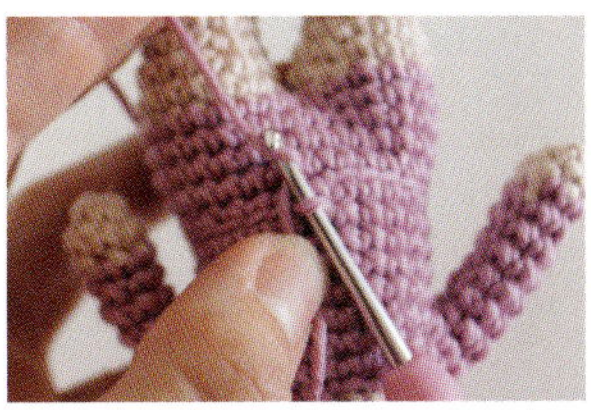

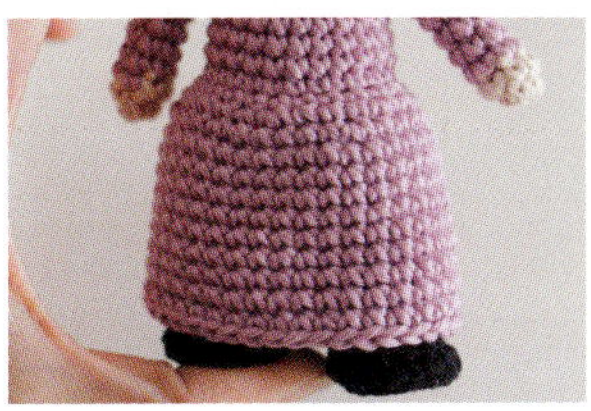

HUT

In Nebel einen Magic-Ring anfertigen.
1. Rd: 8 fM in den Ring häkeln.
2. Rd: Jede fM verdoppeln (= 16 M).
3. Rd: * 2 fM verdoppeln, 2 fM, ab * noch 3x wdh (= 24 M).
4. Rd: 1 fM, 2 fM verdoppeln, * 4 fM, 2 fM verdoppeln, ab * noch 2x wdh, 3 fM (= 32 M):
5. Rd: 2 fM, 2 fM verdoppeln, * 6 fM, 2 fM verdoppeln, ab * noch 2x wdh, 4 fM (= 40 M).
6. Rd: 3 fM, 2 fM verdoppeln, * 8 fM, 2 fM verdoppeln, ab * noch 2x wdh, 5 fM (= 48 M).
7. Rd: 4 fM, 2 fM verdoppeln, * 10 fM, 2 fM verdoppeln, ab * noch 2x wdh, 6 fM (= 56 M).
8. Rd: 5 fM, 2 fM verdoppeln, * 12 fM, 2 fM verdoppeln, ab * noch 2x wdh, 7 fM (= 64 M).
9.-12. Rd: 64 fM.
13. Rd (Gold): 64 fM.
Faden abschneiden und durchziehen.

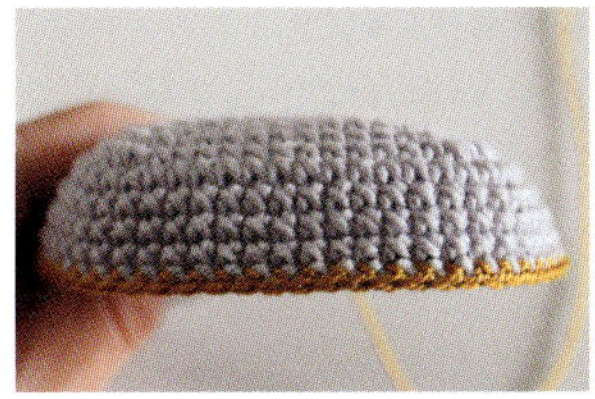

QUASTE

In Gold einen Magic-Ring anfertigen.
1. Rd: 6 fM in den Ring häkeln.
2. Rd: Jede fM verdoppeln (=12 M).
3. Rd: 12 fM.
Den Faden lang abschneiden und durchziehen.
Schneide ein paar goldene Fadenstränge zurecht und stich diese mit einer Garnnadel durch die Mitte des Magic-Rings. Verknote die Stränge miteinander – der Knoten wird in der Hutquaste versteckt.

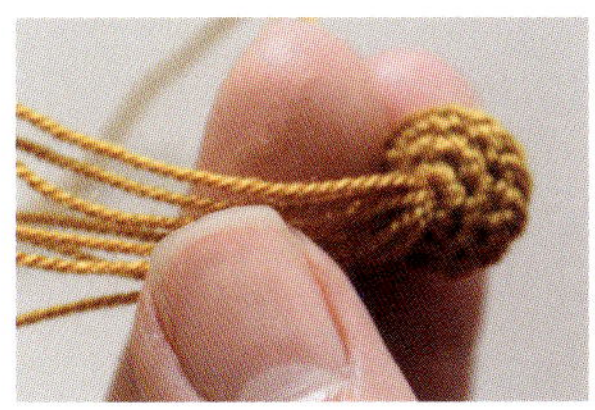

MANTEL

In Flieder 26 Lm anschl. Weiter in R häkeln, am Ende jeder R mit 1 Lm wenden.
1. R: 25 fM ab der 2. Lm (= 25 M).
2. R: 1 fM verdoppeln, 3 fM, 5 Lm, 4 fM überspringen (= Armloch), * 2 fM, 1 fM verdoppeln, ab * noch 2x wdh, 5 Lm, 4 fM überspringen (= Armloch), 3 fM, 1 fM verdoppeln (= 32 M).
3. R: 5 fM, * 1 fM, 2 fM zusammen abmaschen, ab * noch 1x wdh, 10 fM, ** 1 fM, 2 fM zusammen abmaschen, ab ** noch 1x wdh, 5 fM (= 28 M).
4.-10. R: 28 fM.
11. R: 1 fM verdoppeln, 26 fM, 1 fM verdoppeln (= 30 M).
12. R: 30 fM.
13. R: 1 fM verdoppeln, 28 fM, 1 fM verdoppeln (= 32 M).
14. R: 32 fM.
15. R: 1 fM verdoppeln, 30 fM, 1 fM verdoppeln (= 34 M).
16. R: 34 fM.
17. R: 1 fM verdoppeln, 32 fM, 1 fM verdoppeln (= 36 M).
18. R: 36 fM.
19. R: 1 fM verdoppeln, 34 fM, 1 fM verdoppeln (= 38 M).
20. R: 38 fM.
Für die Umrandung an der kurzen Seite in den Rand 15 fM und 2 hStb arb. Dann 2 Stb verdoppeln, 1 Stb. Weiter für den Kragen 25 hStb entlang der oberen M häkeln. Wieder an der kurzen Seite 1 Stb, dann 2 Stb verdoppeln, 2 hStb, 15 fM und die Rd schließen.
Zum Schluß in Gold 1 Rd fM rund um den Mantel häkeln. Faden abschneiden und durchziehen.

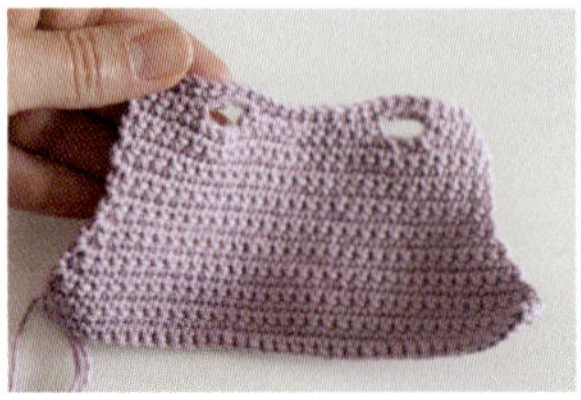

ÄRMEL (2x)

Am 1. Armloch in Flieder mit 1 Lm anschlingen und 1 fM in dieselbe M häkeln.
1.-7. Rd: 12 fM.
8. Rd (Gold): 12 fM.
Faden abschneiden und durchziehen.
Den 2. Ärmel ebenso häkeln.

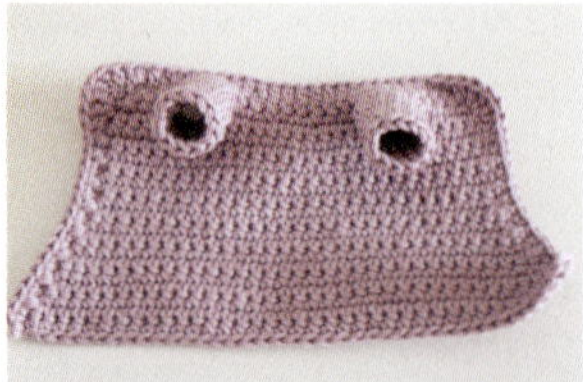

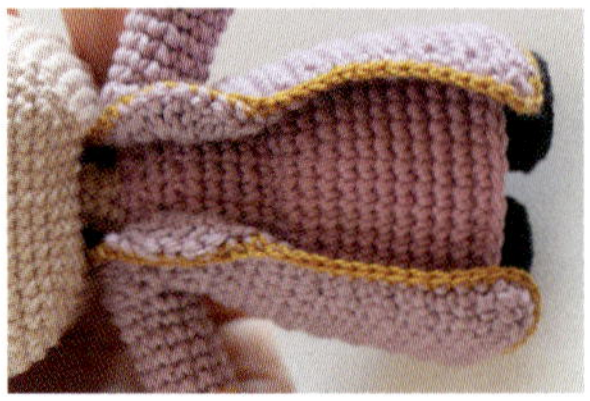

KOPF FERTIGSTELLEN

Sticke nach der Anleitung von Seite 134 eine Nase in Ivory sowie die Augenbrauen in Weiß. Nähe die Ohren und den Hut an.

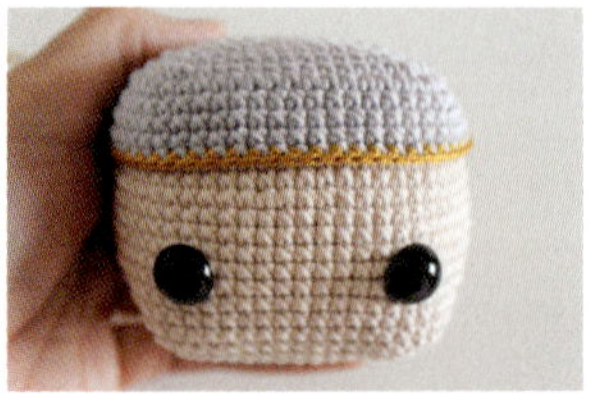

KOPF UND KÖRPER ZUSAMMENFÜGEN

Verbinde Kopf und Körper nach der Anleitung von Seite 135.

HAARE

In Weiß einen Magic-Ring anfertigen.
1. Rd: 8 fM in den Ring häkeln.
2. Rd: Jede fM verdoppeln (= 16 M).
3. Rd: * 2 fM verdoppeln, 2 fM, ab * noch 3x wdh (= 24 M).

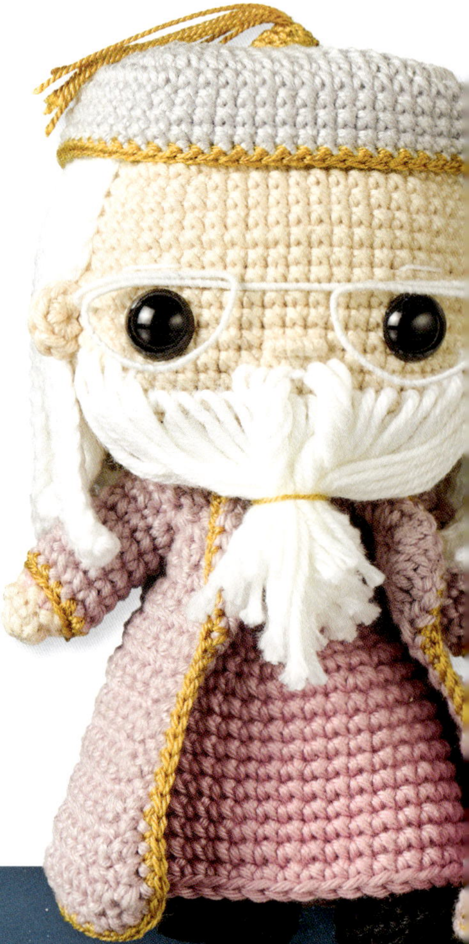

4. Rd: 1 fM, 2 fM verdoppeln, * 4 fM, 2 fM verdoppeln, ab * noch 2x wdh, 3 fM (= 32 M).
Nun 32 Strähnen rundum in die 32 M der 4. Rd häkeln.

Hinweis: Zur besseren Übersicht wird im Folgenden das Wort „Strähne“ benutzt, obwohl einige Strähnen nur aus 1 fM bestehen, die als Abstand innerhalb der Frisur dienen.

1.-18. Strähne: 24 Lm, 23 hStb ab der 2. Lm, 1 fM in die nächste M.
19. Strähne: 10 Lm, 9 hStb ab der 2. Lm, 1 fM in die nächste M.
20.-30. Strähne (= Stirnpartie): Je 1 fM.
31. Strähne: 10 Lm, 9 hStb ab der 2. Lm, 1 fM in die nächste M.
32. Strähne: 24 Lm, 23 hStb ab der 2. Lm, 1 fM in die nächste M.
1 Km in die nächste M.

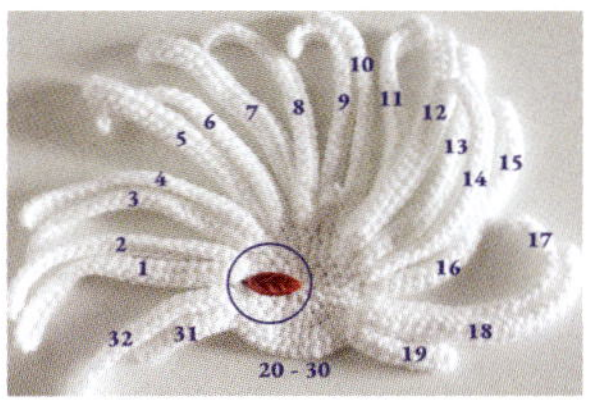

Platziere die Haare so auf dem Kopf, dass die linke Seite des Magic-Ringes nach oben zeigt. Der M-Markierer zeigt den Anfang der Haarsträhnen. Der Anfang der Haarsträhnen soll an der linken Seite des Kopfes liegen. Strähne 19 und 31 liegen genau über den Ohren. Stecke Strähne für Strähne mit Stecknadeln fest, positioniere die Haare so, bis du zufrieden bist und klebe sie dann einzeln an.

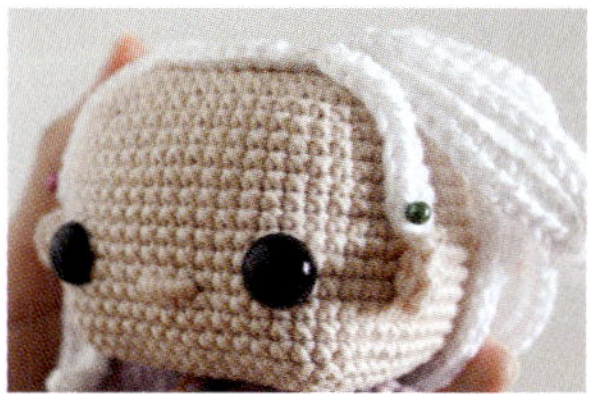

BART

Schneide etwa 15 cm lange weiße Garnstränge zurecht und knüpfe diese mit der Häkelnd wie folgt ein:
3 Stränge beidseitig zwischen Ohr und Auge. Je 1 Strang 1 Rd tiefer (20. Rd) schräg unter den Augen. Fülle die 21. Rd mit weißen Bartsträngen und knüpfe direkt unter der Nase 6 Fäden ein.

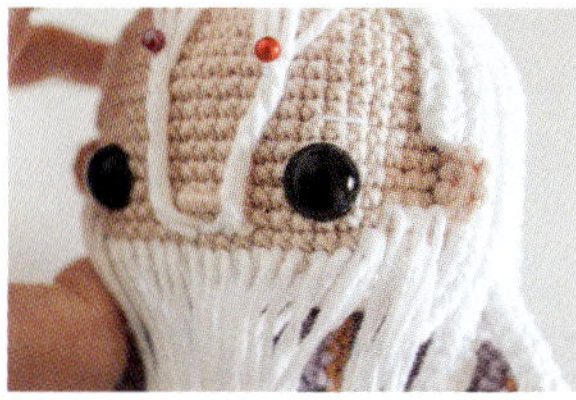

Zwirble daraus einen Bart.

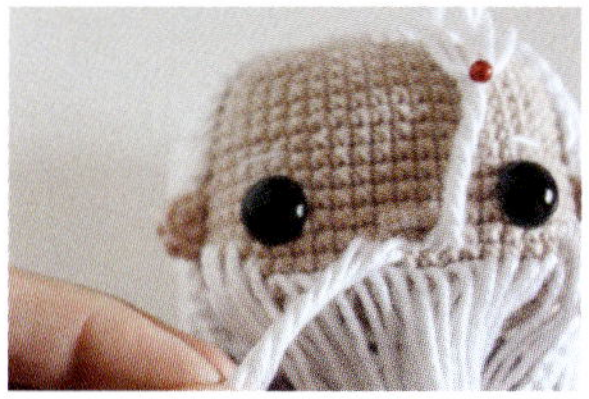

Schneide etwas goldenes Garn ab, um den Bart zusammenzubinden und trimme die Bartstränge zurecht.

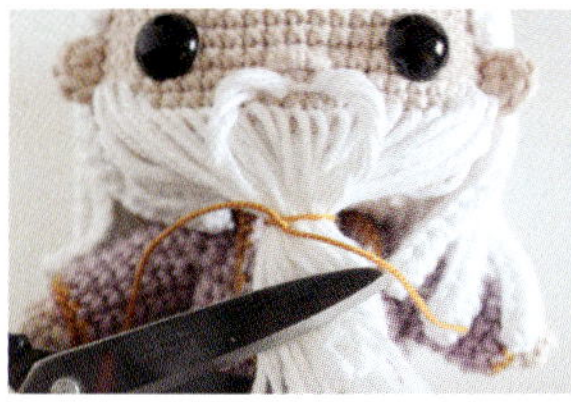

BRILLE

Nimm den Draht, lass etwas Draht für den Bügel gerade, forme das 1. Brillenglas etwas dreieckig oder oval, forme den Nasenbügel, forme das 2. Glas und lass für den 2. Seitenbügel etwas Draht gerade stehen.

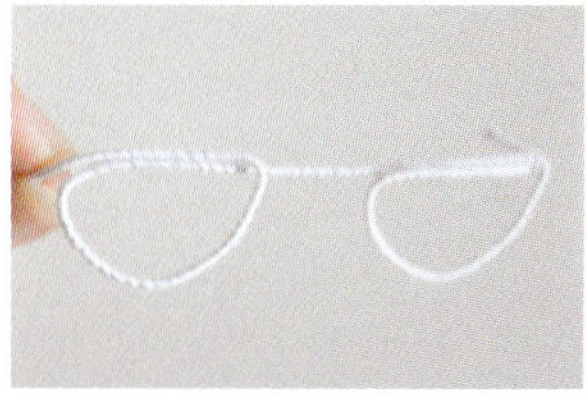

Zum Aufsetzen der Brille die Seitenbügel jeweils direkt neben dem Auge einstechen.

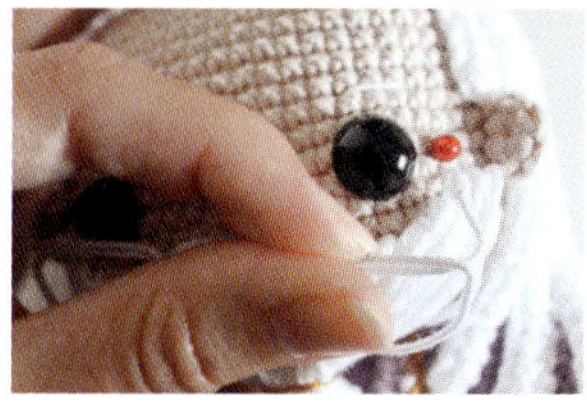

MAGISCHE EISPRINZESSIN

SCHWIERIGKEITSGRAD 2

GRÖSSE

14 cm

MATERIAL

- Schachenmayr Catania (LL 125 m/50 g) in Ivory (Fb 436), Vanille (Fb 403), Pfau (Fb 146) und Hellblau (Fb 173), je 50 g
- Stickgarn in Braun
- Häkelnadel 2,5 mm
- 2 Sicherheitsaugen in Schwarz, ø 12 mm
- Maschenmarkierer
- Sekundenkleber
- Füllwatte
- Wollnadel
- Stecknadeln

X-MUSTER

(verschränkte feste Maschen)

Die Figur wurde mit verschränkten fM im X-Muster gehäkelt, d. h. der Faden wird immer von oben (statt von unten) geholt. Selbstverständlich kannst du auch normale fM häkeln.

ANLEITUNG

Zunächst Kopf, Ohren, Arme und Beine häkeln. Dann die Beine verbinden, den Körper häkeln und die Arme aufnehmen. Weitere Details anfertigen. Anschließend den Kopf fertigstellen und mit dem Körper verbinden. Zum Schluss die Haare häkeln, am Kopf arrangieren und festkleben.
Sofern nicht anders erwähnt, in Spiral-Rd häkeln. Dafür den Beginn jeder Rd mit einem M-Markierer oder Kontrastgarn kennzeichnen.

KOPF

In Ivory einen Magic-Ring anfertigen.
1. Rd: 8 fM in den Ring häkeln (= 8 M).
2. Rd: Jede fM verdoppeln (= 16 M).
3. Rd: * 2 fM verdoppeln, 2 fM, ab * noch 3x wdh (= 24 M).
4. Rd: 1 fM, 2 fM verdoppeln, * 4 fM, 2 fM verdoppeln, ab * noch 2x wdh, 3 fM (= 32 M).
5. Rd: 2 fM, 2 fM verdoppeln, * 6 fM, 2 fM verdoppeln, ab * noch 2x wdh, 4 fM (= 40 M).
6. Rd: 3 fM, 2 fM verdoppeln, * 8 fM, 2 fM verdoppeln, ab * noch 2x wdh, 5 fM (= 48 M).
7. Rd: 4 fM, 2 fM verdoppeln, * 10 fM, 2 fM verdoppeln, ab * noch 2x wdh, 6 fM (= 56 M).
8. Rd: 5 fM, 2 fM verdoppeln, * 12 fM, 2 fM verdoppeln, ab * noch 2x wdh, 7 fM (= 64 M).
9.-22. Rd: 64 fM.
23. Rd: 5 fM, 2x 2 fM zusammen abmaschen, * 12 fM, 2x 2 fM zusammen abmaschen, ab * noch 2x wdh, 7 fM (= 56 M).
24. Rd: 4 fM, 2x 2 fM zusammen abmaschen, * 10 fM, 2x 2 fM zusammen abmaschen, ab * noch 2x wdh, 6 fM (= 48 M).
Nun die Sicherheitsaugen zwischen der 17. und 18. Rd mit 11 fM Abstand zueinander anbringen.
Den Kopf fest mit Füllwatte ausstopfen. Dafür aus Füllwatte kleine Wattebällchen formen und nach und nach in den Kopf stopfen. Wichtig ist, dass der Kopf würfelförmig und nicht rund wird.
25. Rd: 3 fM, 2x 2 fM zusammen abmaschen, * 8 fM, 2x 2 fM zusammen abmaschen, ab * noch 2x wdh, 5 fM (= 40 M).
26. Rd: 2 fM, 2x 2 fM zusammen abmaschen, * 6 fM, 2x 2 fM zusammen abmaschen, ab * noch 2x wdh, 4 fM (= 32 M).
27. Rd: 1 fM, 2x 2 fM zusammen abmaschen, * 4 fM, 2x 2 fM zusammen abmaschen, ab * noch 2x wdh, 3 fM (= 24 M).

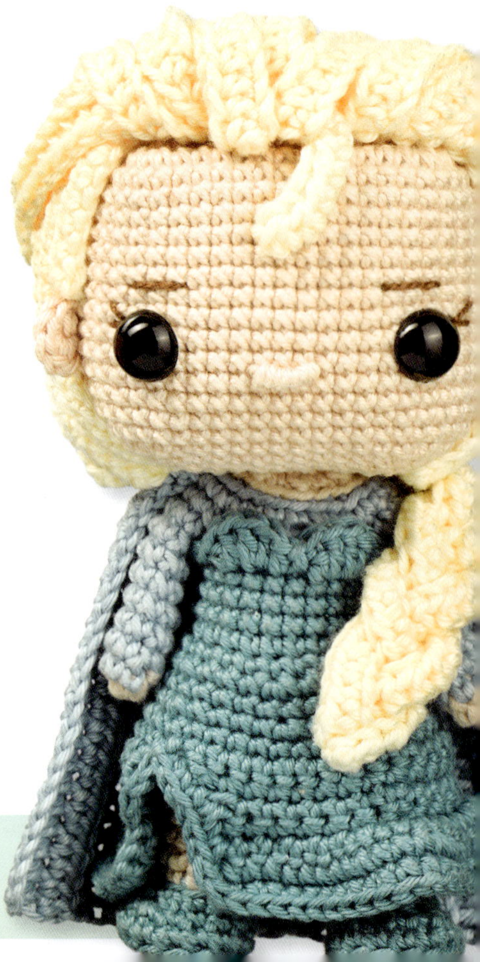

28. Rd: * 2 fM, 2x 2 fM zusammen abmaschen, ab * noch 3x wdh (= 16 M).
Weiter mit Füllwatte ausstopfen.
29. Rd: * 2 fM, 2 fM zusammen abmaschen, ab * noch 3x wdh (= 12 M).
30.-34. Rd: 12 fM.
Faden lang abschneiden und durchziehen.

OHR (2x)

In Ivory einen Magic-Ring anfertigen.
1. Rd: 6 fM in den Ring häkeln.
Faden abschneiden und durchziehen.
Das 2. Ohr ebenso häkeln.

ARM (2x)

In Ivory einen Magic-Ring anfertigen:
1. Rd: 7 fM in den Ring häkeln.
2. Rd (Hellblau): 7 fM.
3.-8. Rd: 7 fM.
Faden abschneiden und durchziehen.
Den 2. Arm ebenso häkeln.

1. BEIN

In Pfau einen Magic-Ring anfertigen.
1. Rd: 6 fM in den Ring häkeln.
2. Rd: Jede fM verdoppeln (= 12 M).
3. Rd: * 3 fM, 1 fM verdoppeln, ab * noch 2x wdh (= 15 M).
4. Rd: In die hinteren M-Glieder 15 fM.
5. Rd: 15 fM.
6. Rd: 5 fM, 2x 3 fM zusammen abmaschen, 4 fM (= 11 M).
7. Rd (Ivory): In die hinteren M-Glieder 11 fM.
8.-9. Rd: 11 fM.
10. Rd: 10 fM, 1 fM verdoppeln (= 12 M).
11. Rd: * 3 fM, 1 fM verdoppeln, ab * noch 2x wdh (= 15 M).
12. Rd: 15 fM.
Faden abschneiden und durchziehen.

2. BEIN

Das 2. Bein wie das 1. Bein häkeln, jedoch in der 12. Rd zusätzlich 3 fM häkeln. Faden nicht abschneiden, sondern in Pfau die Beine wie folgt verbinden und weiter den Körper häkeln.

BEINE VERBINDEN

Verbinde die Beine nach der Anleitung von Seite 133 und wie folgt: Häkle 1 fM in die vorletzte M des 1. Beines. Dies wird nun die 1. fM der nächsten Rd sein, also der neue Rd-Anfang.
13. Rd: 15 fM (Aufnahme 1. Bein), 1 Km in dieselbe M, mit der du die Rd begonnen hast, 15 fM (= 2. Bein) (= 30 M).
14.-16. Rd: 30 fM.
17. Rd: * 3 fM, 2 fM zusammen abmaschen, ab * noch 5x wdh (= 24 M).
18. Rd: 24 fM.
19. Rd: In die hinteren M-Glieder 24 fM.
20.-22. Rd: 24 fM.
Damit deine Figur später stehen kann, die Füße leicht nach innen drücken, damit eine Rundung entsteht. Dann die Beine nur leicht mit Füllwatte ausstopfen.
Du solltest keinesfalls zu viel Füllwatte in die Füße stopfen, sonst kann die Figur nicht stehen.
Nun die Arme wie folgt dazunehmen:
23. Rd (Hellblau): In die hinteren M-Glieder 6 fM, 7 fM (Aufnahme 1. Arm), 12 fM, 7 fM (Aufnahme 2. Arm), 6 fM (= 38 M).
24. Rd: * 2 fM, 2 fM zusammen abmaschen, ab * noch 3x wdh, ** 2 fM zusammen abmaschen, ab ** noch 2x wdh, *** 2 fM, 2 fM zusammen abmaschen, ab *** noch 3x wdh (= 27 M).
25. Rd: 27 fM.
Weiter mit Füllwatte ausstopfen.
26. Rd (Ivory): In die hinteren M-Glieder 27 Km.
27. Rd: In die hinteren M-Glieder * 1 fM, 2 fM zusammen abmaschen, ab * noch 8x wdh (= 18 M).
28. Rd: * 1 fM, 2 fM zusammen abmaschen, ab * noch 5x wdh (= 12 M).
29. Rd: * 2 fM, 2 fM zusammen abmaschen, ab * noch 2x wdh (= 9 M).
30.-33. Rd: 9 fM.
Faden lang abschneiden und durchziehen. Noch etwas ausstopfen.

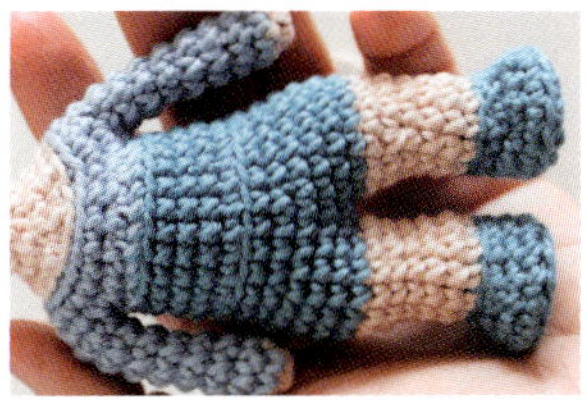

ROCK DES KLEIDES

Drehe den Körper mit dem Hals nach unten. In ein vorderes M-Glied der 19. Rd einstechen. In Pfau 1 Lm arb und 1 fM in dasselbe M-Glied häkeln.

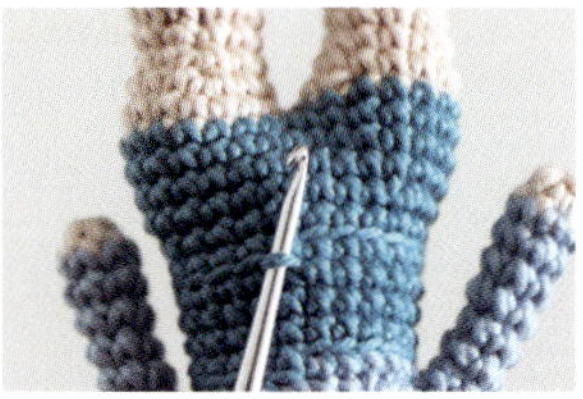

Weiter in Spiral-Rd häkeln.
1. Rd: In die vorderen M-Glieder 24 fM.
2. Rd: * 3 fM, 1 fM verdoppeln, ab * noch 5x wdh (= 30 M).
3. Rd: 30 fM.
4. Rd: 4 fM, 1 fM verdoppeln, ab * noch 5x wdh (= 36 M).
5. Rd: 36 fM. Häkle zusätzlich 12 fM und wende mit 1 Lm. Weiter in R häkeln, am Ende jeder R mit 1 Lm wenden. Das wird der seitliche Schlitz.
6. R: 36 fM.
7. R: 2 fM zusammen abmaschen, 32 fM, 2 fM zusammen abmaschen (= 34 M).
8. R: 2 fM zusammen abmaschen, 30 fM, 2 fM zusammen abmaschen (= 32 M).
9. R: * 6 fM, 2 fM zusammen abmaschen, ab * noch 3x (= 28 M).
10. R: 25 fM verdoppeln, 3 fM (= 53 M).
11. R: 53 fM.
Häkle 7 fM seitlich entlang des Schlitzes und 1 Km in die mittlere M, dann 7 fM entlang der anderen Seite des Schlitzes.

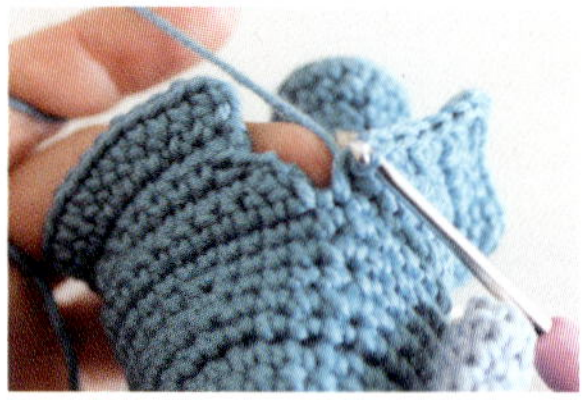

Nun folgt noch die 12. R.
12. R: 53 fM.
Faden abschneiden und durchziehen.

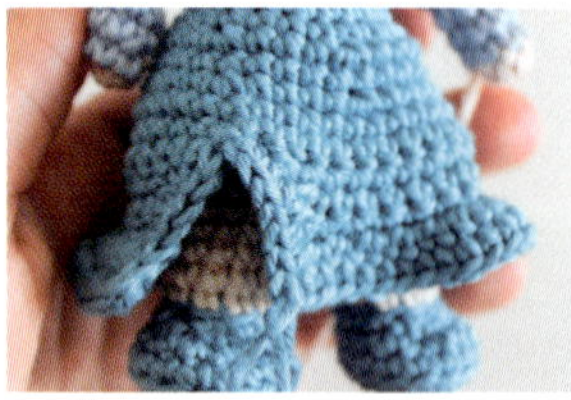

OBERTEIL DES KLEIDES

Stich in der 23. Rd des Körpers in der rückwärtigen Mitte in das vordere M-Glied ein und häkle in Pfau:
8 fM, 1 hStb, 2 Stb verdoppeln, 1 Km, 1 hStb, 2 Stb verdoppeln, 1 Km, 8 fM.

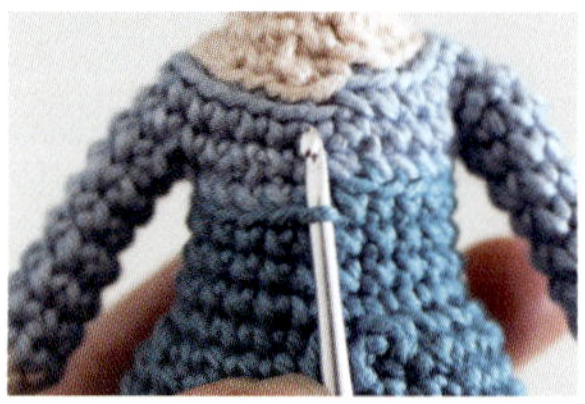

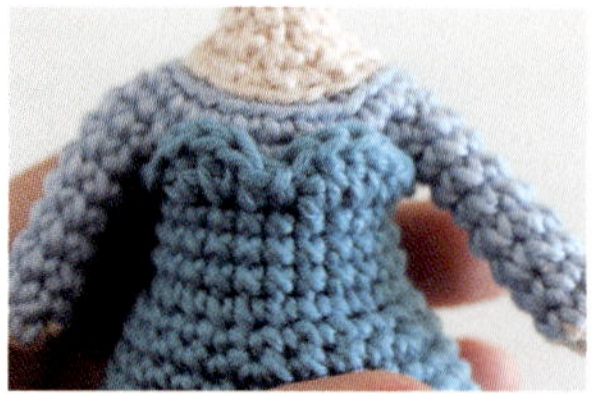

Faden abschneiden und durchziehen.

UMHANG

In Hellblau 21 Lm anschl.
1. R: Ab der 2. Lm ab Nd 20 hStb.
Weiter in R häkeln, am Ende jeder R mit 1 Lm wenden.
2.-16. R: 20 hStb.

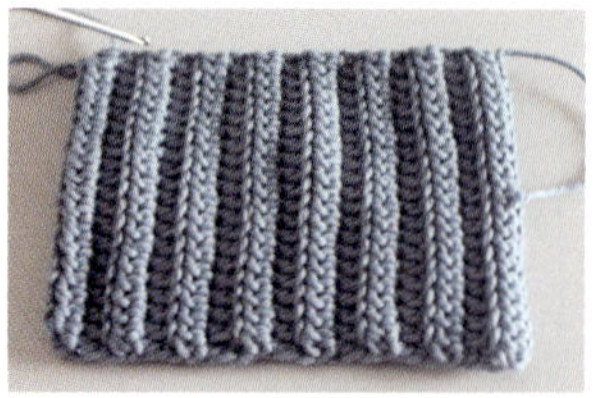

Nach der letzten R seitlich entlang des Umhangs 15 fM arb.

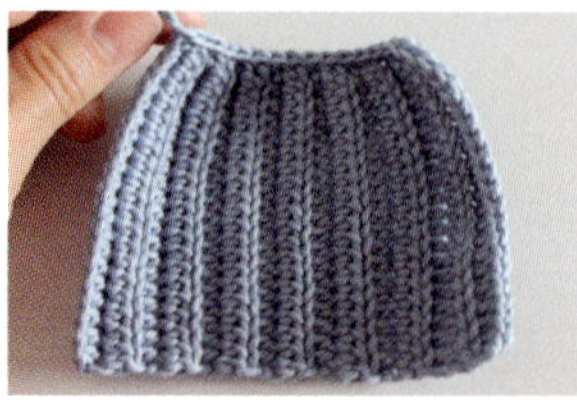

Faden lang abschneiden, durchziehen und in eine Wollnd fädeln. Den Umhang auf der Rückseite der Figur an die vorderen M-Glieder der 28. Rd annähen.

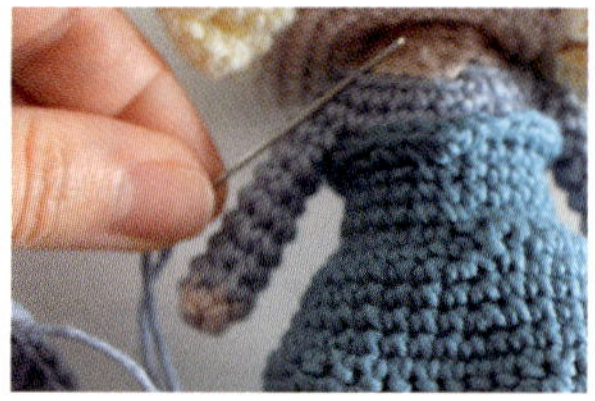

KOPF FERTIGSTELLEN

Sticke nach der Anleitung von Seite 134 eine Nase in Ivory sowie die Augenbrauen und Wimpern mit Stickgarn in Braun. Nähe die Ohren an.

KOPF UND KÖRPER ZUSAMMENFÜGEN

Verbinde Kopf und Körper nach der Anleitung von Seite 135.

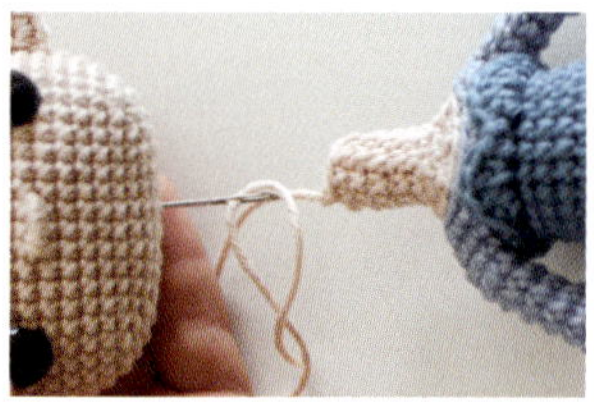

HAARE

In Vanille einen Magic-Ring anfertigen.

1. Rd: 8 fM in den Ring häkeln.

2. Rd: Jede fM verdoppeln (= 16 M).

3. Rd: * 2 fM verdoppeln, 2 fM, ab * noch 3x wdh (= 24 M).

4. Rd: 1 fM, 2 fM verdoppeln, * 4 fM, 2 fM verdoppeln, ab * noch 2x wdh, 3 fM (= 32 M).

Nun Strähnen rundum in die 32 M der 4. Rd häkeln.

1.-2. Strähne: 46 Lm, 45 hStb ab der 2. Lm ab Nd, 1 fM in die nächste M.

3.-5. Strähne: 18 Lm, 17 hStb ab der 2. Lm ab Nd, 1 fM in die nächste M.

6.-9. Strähne: 20 Lm, 19 hStb ab der 2. Lm ab Nd, 1 fM in die nächste M.

10. Strähne: 10 Lm, 9 hStb ab der 2. Lm ab Nd, 1 fM in die nächste M.

11.-12. Strähne: 15 Lm, 14 hStb ab der 2. Lm ab Nd, 1 fM in die nächste M.

13.-14. Strähne: 19 Lm, 18 hStb ab der 2. Lm ab Nd, 1 fM in die nächste M.

15. Strähne: 8 Lm, 7 hStb ab der 2. Lm ab Nd, 1 fM in die nächste M.

16.-20. Strähne: 19 Lm, 18 hStb ab der 2. Lm ab Nd, 1 fM in die nächste M.

21.-22. Strähne: 15 Lm, 14 hStb ab der 2. Lm ab Nd, 1 fM in die nächste M.

23. Strähne: 10 Lm, 9 hStb ab der 2. Lm ab Nd, 1 fM in die nächste M.

24.-28. Strähne: 20 Lm, 19 hStb ab der 2. Lm ab Nd, 1 fM in die nächste M.

29.-31. Strähne: 18 Lm, 17 hStb ab der 2. Lm ab Nd, 1 fM in die nächste M.

32. Strähne: 46 Lm, 45 hStb ab der 2. Lm ab Nd, 1 fM in die nächste M.

Platziere die Haare so am Kopf, dass die linke Seite des Magic-Rings nach oben zeigt.

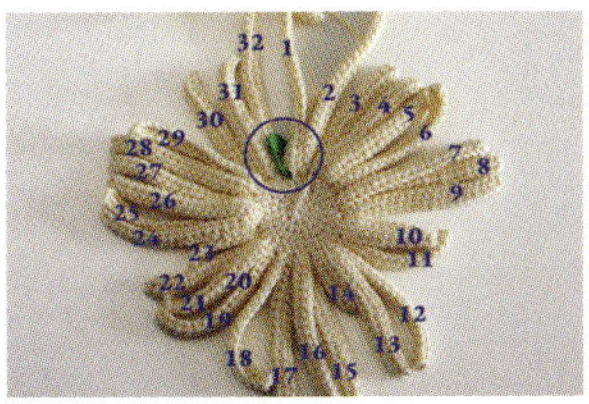

Der M-Markierer liegt an der Rückseite des Kopfes zwischen der 1. und 32. Haarsträhne. Er zeigt dir den Anfang der Strähnen. Strähne 10 und 23 liegen rechts und links direkt über den Ohren. Strähne 11, 12 und 13 sind an der rechten Seite des Kopfes, Strähne 20, 21 und 22 sind an der linken Seite des Kopfes. Strähne 14, 16, 17, 18 und 19 werden nach hinten gelegt. Strähne 15 bleibt auf der Stirn. Strähne 1 bis 9 und 24 bis 32 liegen hinter den Ohren nebeneinander am Kopf.

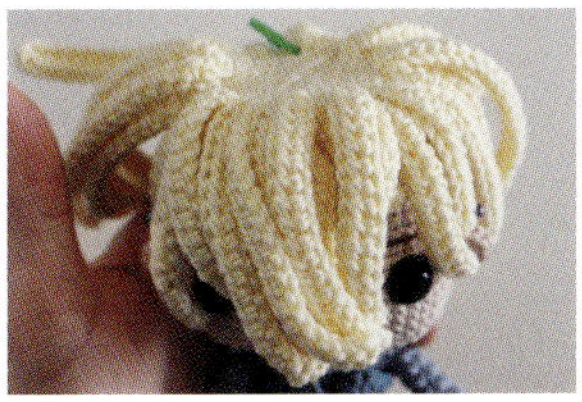

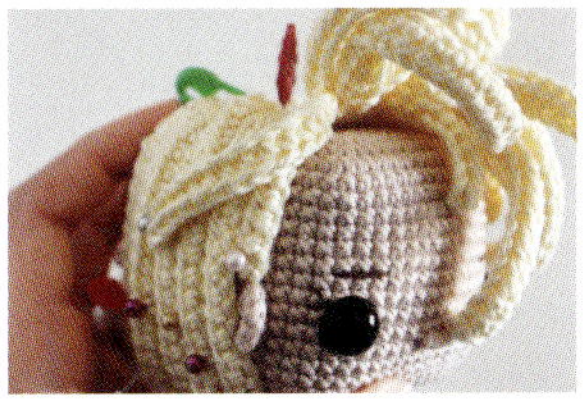

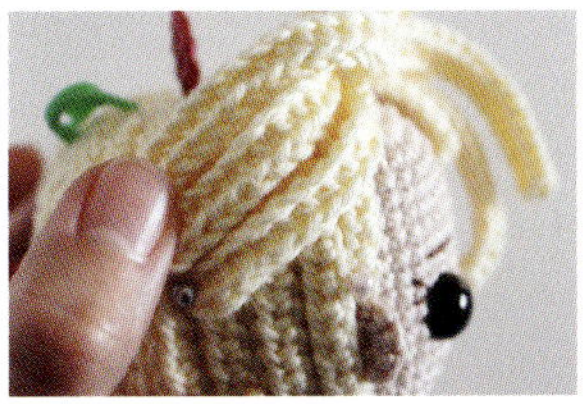

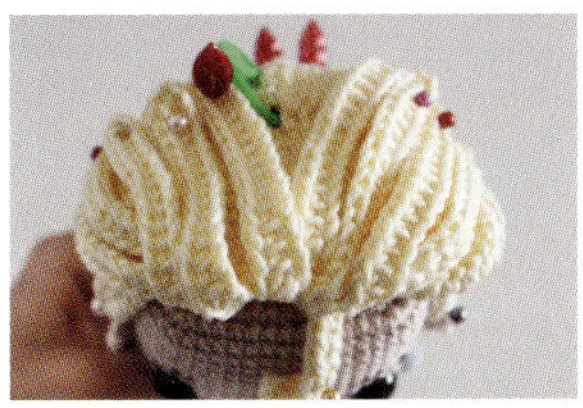

Befestige jede Strähne einzeln mit einer Stecknadel, bis dir die Position gefällt.

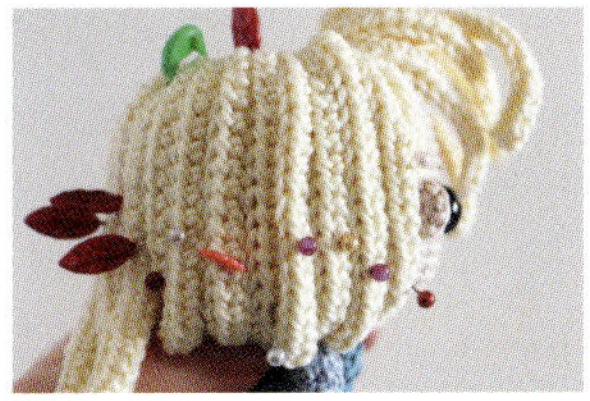

Strähne 1, 2 und 32 werden zu einem Zopf geflochten. Befestige sie am Kopf und flechte einen Zopf. Lege den Zopf nach vorne.

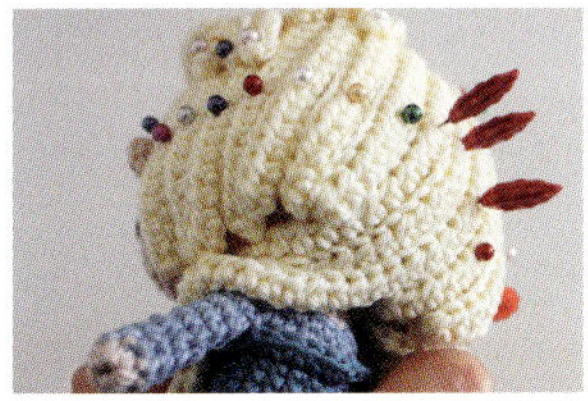

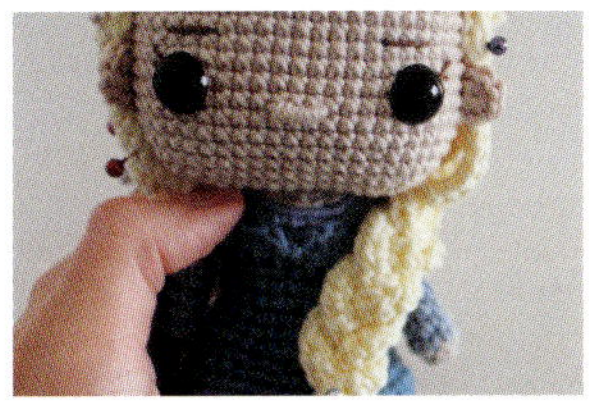

Wenn die Frisur fertig ist, klebst du die Strähnen an.

FURCHTLOSE SCHWESTER

SCHWIERIGKEITSGRAD 2

GRÖSSE

15 cm

MATERIAL

- Schachenmayr Catania (LL 125 m/50 g) in Ivory (Fb 436), Marsalarot (Fb 396), Phlox (Fb 282), Schwarz (Fb 110), Wolke (Fb 247) und Royal (Fb 201), je 50 g, in Gold (Fb 249), Rest
- Stickgarn in Terracotta
- Häkelnadel 2,5 mm
- 2 Sicherheitsaugen in Schwarz, ø 12 mm
- Maschenmarkierer
- Sekundenkleber
- Füllwatte
- Wollnadel
- Stecknadeln

X-MUSTER

(verschränkte feste Maschen)

Die Figur wurde mit verschränkten fM im X-Muster gehäkelt, d. h. der Faden wird immer von oben (statt von unten) geholt. Selbstverständlich kannst du auch normale fM häkeln.

ANLEITUNG

Zunächst Kopf, Ohren, Arme und Beine häkeln. Dann die Beine verbinden, den Körper häkeln und die Arme aufnehmen. Weitere Details anfertigen. Anschließend den Kopf fertigstellen und mit dem Körper verbinden. Zum Schluss die Haare arrangieren und festkleben. Sofern nicht anders erwähnt, in Spiral-Rd häkeln. Dafür den Beginn jeder Rd mit einem M-Markierer oder Kontrastgarn kennzeichnen.

KOPF

In Ivory einen Magic-Ring anfertigen.

1. Rd: 8 fM in den Ring häkeln (= 8 M).

2. Rd: Jede fM verdoppeln (= 16 M).

3. Rd: * 2 fM verdoppeln, 2 fM, ab * noch 3x wdh (= 24 fM).

4. Rd: 1 fM, 2 fM verdoppeln, * 4 fM, 2 fM verdoppeln, ab * noch 2x wdh, 3 fM (= 32 M).

5. Rd: 2 fM, 2 fM verdoppeln, * 6 fM, 2 fM verdoppeln, ab * noch 2x wdh, 4 fM (= 40 M).

6. Rd: 3 fM, 2 fM verdoppeln, * 8 fM, 2 fM verdoppeln, ab * noch 2x wdh, 5 fM (= 48 M).

7. Rd: 4 fM, 2 fM verdoppeln, * 10 fM, 2 fM verdoppeln, ab * noch 2x wdh, 6 fM (= 56 M).

8. Rd: 5 fM, 2 fM verdoppeln, * 12 fM, 2 fM verdoppeln, ab * noch 2x wdh, 7 fM (= 64 M).

9.–22. Rd: 64 fM.

23. Rd: 5 fM, 2x 2 fM zusammen abmaschen, * 12 fM, 2x 2 fM zusammen abmaschen, ab * noch 2x wdh, 7 fM (= 56 M).

24. Rd: 4 fM, 2x 2 fM zusammen abmaschen, * 10 fM, 2x 2 fM zusammen abmaschen, ab * noch 2x wdh, 6 fM (= 48 M).

Nun die Sicherheitsaugen zwischen der 17. und 18. Rd mit 11 fM zueinander anbringen.

Den Kopf fest mit Füllwatte ausstopfen. Dafür aus Füllwatte kleine Watteböllchen formen und nach und nach in den Kopf stopfen. Wichtig ist, dass der Kopf würfelförmig und nicht rund wird.

25. Rd: 3 fM, 2x 2 fM zusammen abmaschen, * 8 fM, 2x 2 fM zusammen abmaschen, ab * noch 2x wdh, 5 fM (= 40 M).

26. Rd: 2 fM, 2x 2 fM zusammen abmaschen, * 6 fM, 2x 2 fM zusammen abmaschen, ab * noch 2x wdh, 4 fM (= 32 M).

27. Rd: 1 fM, 2x 2 fM zusammen abmaschen, * 4 fM, 2x 2 fM zusammen abmaschen, ab * noch 2x wdh, 3 fM (= 24 M).

28. Rd: * 2 fM, 2x 2 fM zusammen abmaschen, ab * noch 3x wdh (= 16 M).

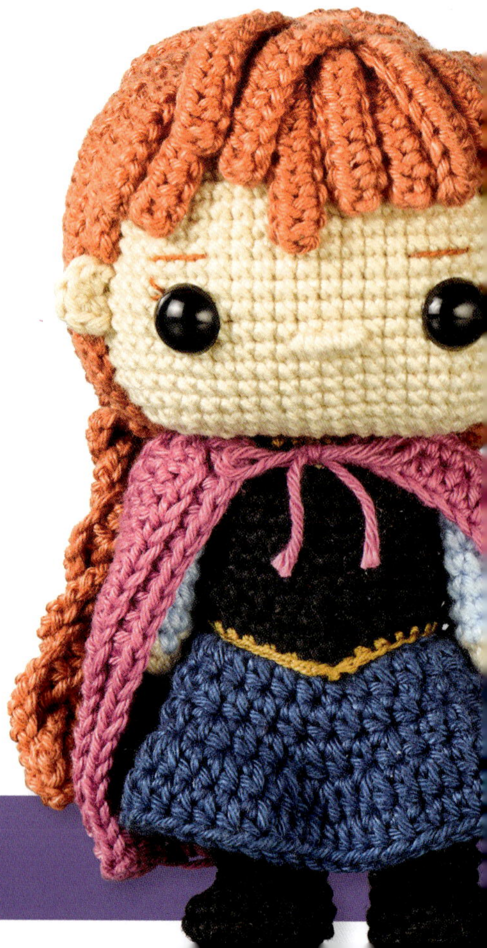

Weiter mit Füllwatte ausstopfen.
29. Rd: * 2 fM, 2 fM zusammen abmaschen, ab * noch 3x wdh (= 12 M).
30.-34. Rd: 12 fM.
Faden lang abschneiden und durchziehen.

OHR (2x)
In Ivory einen Magic-Ring anfertigen.
1. Rd: 6 fM in den Ring häkeln.
Faden abschneiden und durchziehen.
Das 2. Ohr ebenso häkeln.

ARM (2x)
In Ivory einen Magic-Ring anfertigen:
1. Rd: 7 fM in den Ring häkeln.
2.-8. Rd (Wolke): 7 fM.
Faden abschneiden und durchziehen.
Den 2. Arm ebenso häkeln.

1. BEIN
In Schwarz einen Magic-Ring anfertigen.
1. Rd: 6 fM in den Ring häkeln.
2. Rd: Jede fM verdoppeln (= 12 M).
3. Rd: * 3 fM, 1 fM verdoppeln, ab * noch 2x wdh (= 15 M).
4. Rd: In die hinteren M-Glieder 15 fM.
5. Rd: 15 fM.
6. Rd: 5 fM, 2x 3 fM zusammen abmaschen, 4 fM (= 11 M).
7.-9. Rd: 11 fM.
10. Rd: 10 fM, 1 fM verdoppeln (= 12 M).
11. Rd: * 3 fM, 1 fM verdoppeln, ab * noch 2x wdh (= 15 M).
12. Rd: 15 fM.
Faden abschneiden und durchziehen.

2. BEIN
Das 2. Bein wie das 1. Bein häkeln, in der 12. Rd zusätzlich 3 fM häkeln. Faden nicht abschneiden, sondern in Schwarz die Beine wie folgt verbinden und weiter den Körper häkeln.

KÖRPER
Verbinde die Beine nach der Anleitung von Seite 133 und wie folgt: Häkle 1 fM in die vorletzte M des 1. Beines. Dies wird nun die 1. fM der nächsten Rd sein, also der neue Rd-Anfang.
13. Rd: 15 fM (Aufnahme 1. Bein), 1 Km in dieselbe M, mit der du die Rd begonnen hast, 15 fM (= 2. Bein) (= 30 M).
14.-16. Rd: 30 fM.
17. Rd: * 3 fM, 2 fM zusammen abmaschen, ab * noch 5x wdh (= 24 M).
19. Rd (Wolke): In die hinteren M-Glieder 24 fM.
20.-22. Rd: 24 fM.
23. Rd: 6 fM, 7 fM (Aufnahme 1. Arm), 12 fM, 7 fM (Aufnahme 2. Arm), 6 fM (= 38 M).
Damit deine Figur später stehen kann, die Füße leicht nach innen drücken, damit eine Rundung entsteht. Dann die Beine nur leicht mit Füllwatte ausstopfen. Du solltest keinesfalls zu viel Füllwatte in die Füße stopfen, sonst kann die Figur nicht stehen.
24. Rd: * 2 fM, 2 fM zusammen abmaschen, ab * noch 3x wdh, ** 2 fM zusammen abmaschen, ab ** noch 2x wdh, *** 2 fM, 2 fM zusammen abmaschen, ab *** noch 3x wdh (= 27 M).
25. Rd: 27 fM.
26. Rd: * 1 fM, 2 fM zusammen abmaschen, ab * noch 8x wdh (= 18 M).
27. Rd (Ivory): In die hinteren M-Glieder arb: Immer 2 fM zusammen abmaschen (= 9 M).
Weiter mit Füllwatte ausstopfen.
28.-32. Rd: 9 fM.
Faden lang abschneiden und durchziehen. Weiter mit Füllwatte ausstopfen.

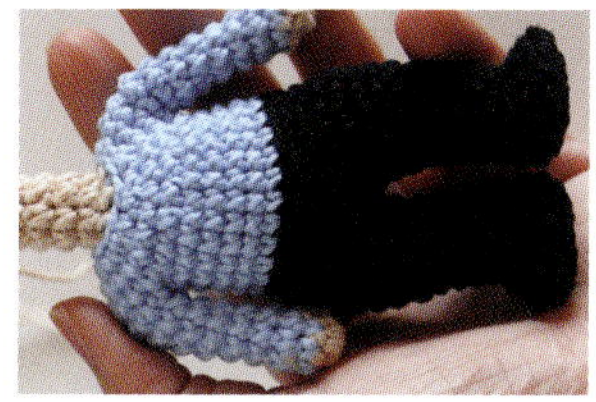

ROCK
Drehe die Figur mit dem Hals nach unten. In ein vorderes M-Glied der 19. Rd einstechen. In Royal 1 Lm arb und 1 Km in dasselbe M-Glied häkeln. Die ist die 1. M des Rockes.

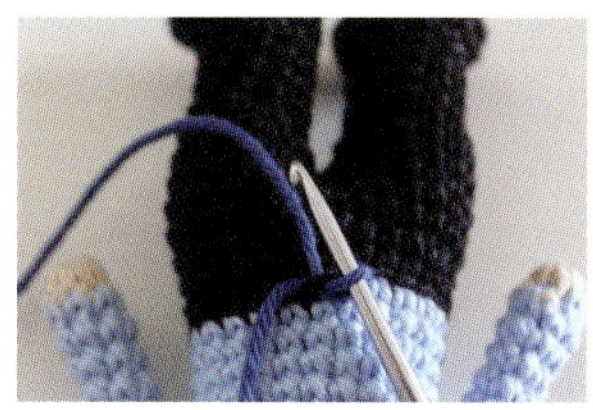

1. Rd: 24 fM.
2. Rd: * 3 hStb, 1 hStb verdoppeln, ab * noch 5x wdh (= 30 M).

3. Rd: 30 hStb.
4. Rd: * 2 hStb, 1 hStb verdoppeln, ab * noch 9x wdh (= 40 M).
5. Rd: * 1 hStb, 1 hStb verdoppeln, ab * noch 19x wdh (= 60 M).
6. Rd: 60 hStb.
Faden abschneiden und durchziehen.

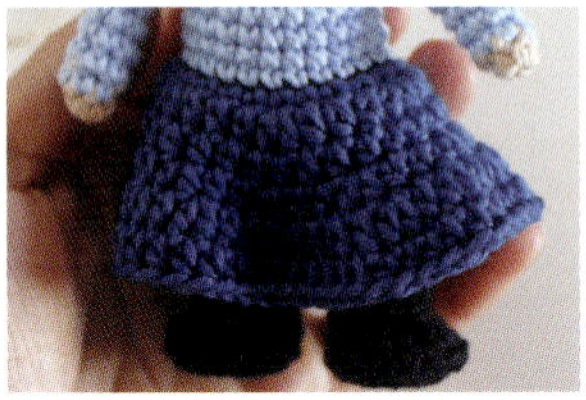

TOP

In Schwarz 24 Lm anschl und mit 1 fM zur Rd schließen (= 1. M der 1. Rd).
1. Rd: 2 fM, 1 fM verdoppeln, 1 fM, 1 fM verdoppeln, 5 fM, * 1 fM verdoppeln, 1 fM, ab * noch 3x wdh, 4 fM, 1 fM verdoppeln, 1 fM (= 31 M).
2. Rd: 5 Lm, 5 M überspringen, 10 fM, 5 Lm, 5 M überspringen, 10 fM (= 30 M).
Die letzte M der 2. Rd wird der neue Rd-Anfang. Häkle 1 fM in diese M und markiere sie dir als neuen Rd-Anfang.
Ich empfehle dir, ab hier deiner Figur das Top anzuziehen, um sicher zu sein, dass es auch passt. Du kannst es auch am Körper weiterhäkeln, wenn das einfacher für dich ist.
3. Rd: 31 fM.
4. Rd: * 6 fM, 2 fM zusammen abmaschen, ab * noch 2x wdh, 5 fM, 2 fM zusammen abmaschen (= 27 M).
5. Rd: 1 fM, 2 fM zusammen abmaschen, 12 fM, 2 fM zusammen abmaschen, 10 fM (= 25 M).
6.-7. Rd: 25 fM.
8. Rd: 5 fM, 2 hStb, 1 Stb, 1 DStb, 1 Stb, 2 hStb, 13 fM.
9. Rd (Gold): 5 Km, 5 fM, 2 Lm, 1 Km in die 2. M, 5 fM, 10 Km.
Faden abschneiden und durchziehen.
Schlinge am Halsausschnitt mit goldenem Garn an und häkle ringsum fM.
Faden abschneiden und durchziehen.

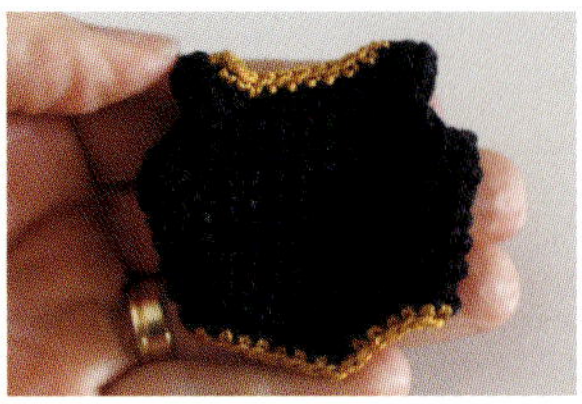

KOPF FERTIGSTELLEN

Sticke nach der Anleitung von Seite 134 eine Nase in Ivory sowie die Augenbrauen und Wimpern in Marsalarot. Nähe die Ohren an.

KOPF UND KÖRPER ZUSAMMENFÜGEN

Verbinde Kopf und Körper nach der Anleitung von Seite 135.

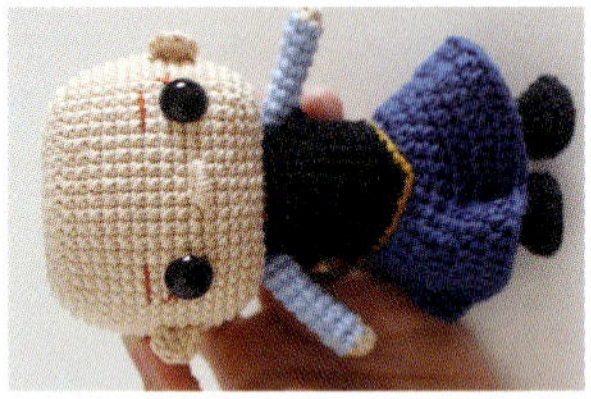

UMHANG

In Phlox 20 Lm anschl.
1. R: Ab der 2. Lm ab Nd 19 hStb.
Weiter in R häkeln, am Ende jeder R mit 1 Lm wenden.
2.-16. R: 19 hStb.
Nach der letzten R seitlich entlang des Umhangs 15 fM arb.
Faden lang abschneiden und durchziehen, in eine Wollnd fädeln und die obere Kante zwischen den fM einreihen. Dann den den Faden etwas zusammenziehen, den Umhang um deine Puppe legen und mit den Fäden eine Schleife binden.

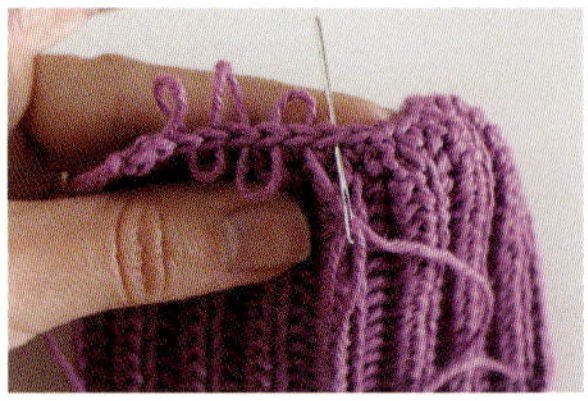

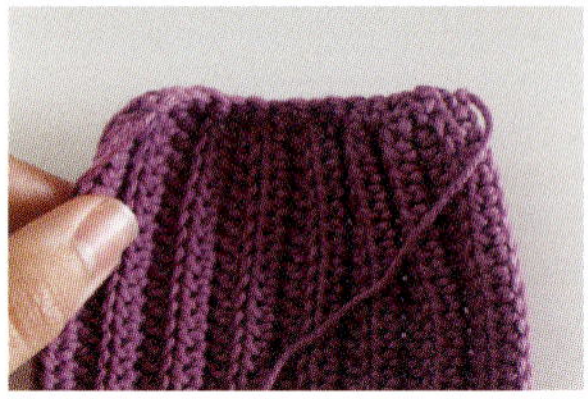

HAARE

In Marsalarot einen Magic-Ring anfertigen.
1. Rd: 8 fM in den Ring häkeln.
2. Rd: Jede fM verdoppeln (= 16 M).
3. Rd: * 2 fM verdoppeln, 2 fM, ab * noch 3x wdh (= 24 M).
4. Rd: 1 fM, 2 fM verdoppeln, * 4 fM, 2 fM verdoppeln, ab * noch 2x wdh, 3 fM (= 32 M).
Nun Strähnen rundum in die 32 M der 4. Rd häkeln.

Hinweis: Zur besseren Übersicht wird im Folgenden das Wort „Strähne" benutzt,

obwohl einige Strähnen nur aus 1 fM bestehen, die als Abstand innerhalb der Frisur dienen.

1.-3. Strähne: 22 Lm, 21 hStb ab der 2. M, 1 fM in die nächste M.
4.-6. Strähne: 40 Lm, 39 hStb ab der 2. M, 1 fM in die nächste M.
*** 7.-9. Strähne:** 22 Lm, 21 hStb ab der 2. M, 1 fM ins nächste vordere M-Glied.
10. Strähne: 10 Lm, 9 hStb ab der 2. M, 1 fM in die nächste M.
11. Strähne: 12 Lm, 11 hStb ab der 2. M, 1 fM ins nächste vordere M-Glied.
12. Strähne: 1 fM ins nächste vordere M-Glied.
13. Strähne: 9 Lm, 8 hStb ab der 2. M, 1 fM ins nächste vordere M-Glied.
14. Strähne: 1 fM ins nächste vordere M-Glied.
**** 15. Strähne:** 10 Lm, 9 fM ab der 2. M, 1 fM in die nächste M.
16. Strähne: 1 fM.
17.-22. Strähne: Die 15. und 16. Strähne noch 3x wdh.
23. Strähne: 10 Lm, 9 hStb ab der 2. M, 1 fM in die nächste M.
24.-26. Strähne: 22 Lm, 21 hStb ab der 2. M, 1 fM in die nächste M.
27.-29. Strähne: 40 Lm, 39 hStb ab der 2. M, 1 fM in die nächste M.
30.-32. Strähne: 22 Lm, 21 hStb ab der 2. M, 1 fM in die nächste M.

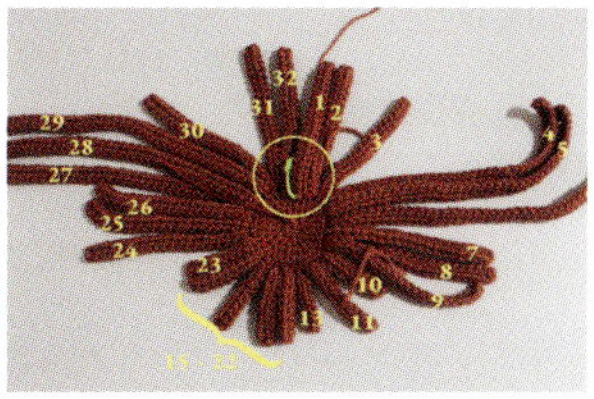

Platziere die Haare so auf dem Kopf, dass die linke Seite des Magic-Rings nach oben zeigt. Der M-Markierer sollte an der Rückseite des Kopfes liegen. Strähne 10 und 23 liegen direkt über den Ohren. Strähne 11 wird auf die rechte Seite gelegt. Strähne 13 bis 22 sind Teil der Stirnfransen.

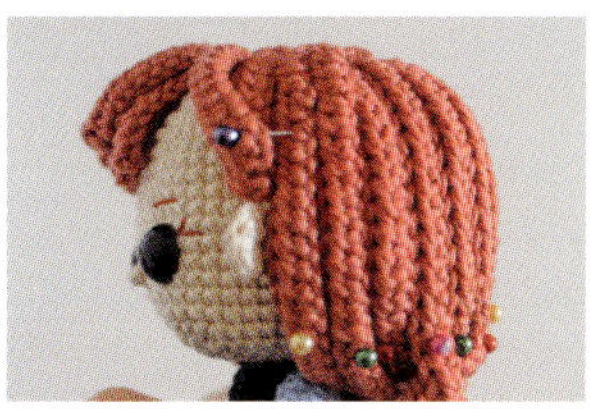

Strähne 4-6 sind hinten in der rechten Ecke und 27-29 sind hinten in der linken Ecke. Mit diesen Strähnen je einen Zopf flechten. Die restlichen Strähnen sollten sehr eng am Kopf liegen, sodass es aussieht, als wären sie fest gekämmt.

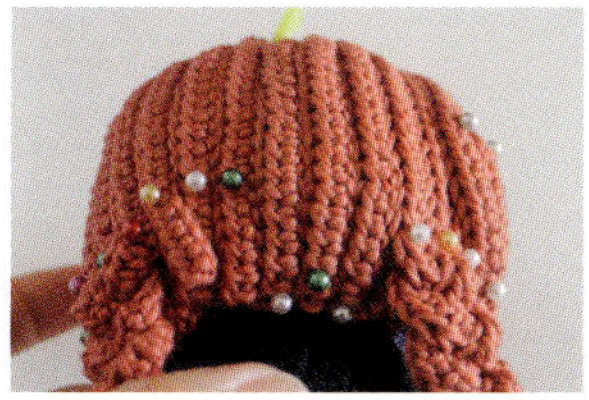

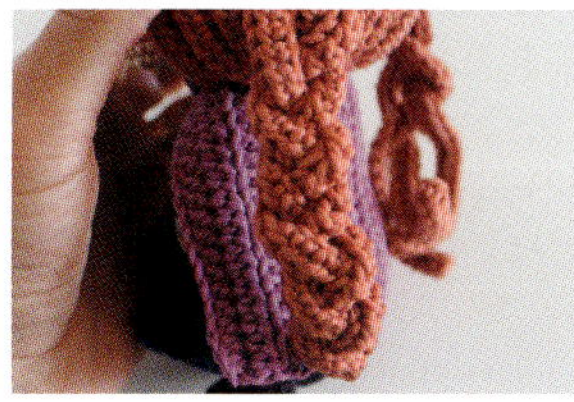

• Stich hier die Häkelnd in ein vorderes M-Glied ein. Schlage 31 Lm an, häkle 30 hStb ab der 2. Lm, 1 fM in die nächste M. Ab * noch 2x wdh.
Faden abschneiden und durchziehen.

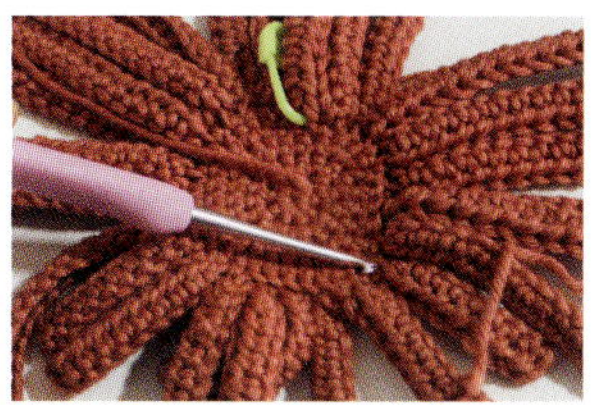

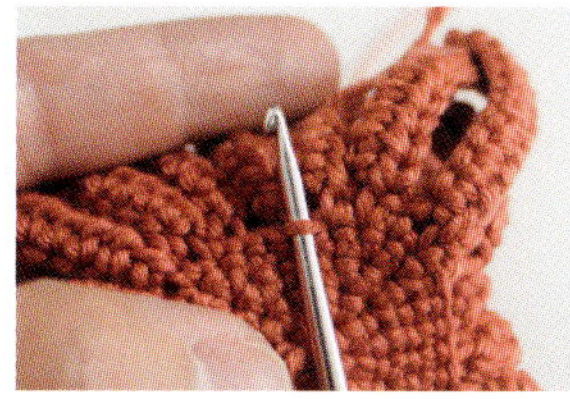

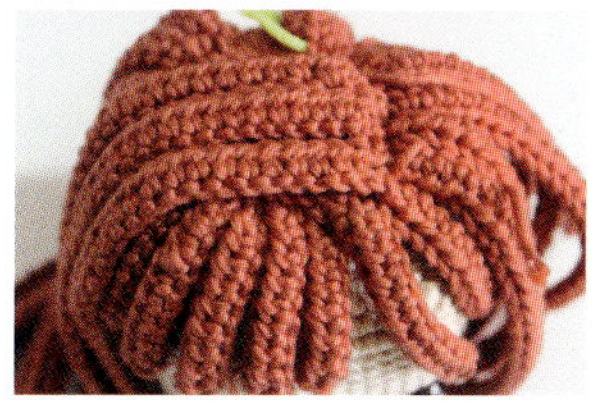

•• Stich hier die Häkelnd in ein vorderes M-Glied ein. Schlage 12 Lm an und häkle 11 hStb ab der 2. Lm, 1 fM in die nächste M.
Ab ** noch 2x wdh. 1 Km in die nächste M. Faden abschneiden und durchziehen.

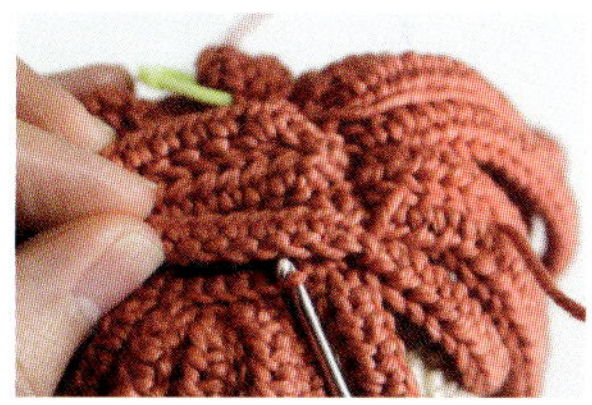

Fixiere deine Strähnen einzeln mit Stecknadeln, bis dir die Position gefällt und klebe sie dann nacheinander an. Nähe oder klebe die Enden deiner geflochtenen Zöpfe zusammen.

SÜSSER SCHNEEMANN

SCHWIERIGKEITSGRAD 1

GRÖSSE

11 cm

MATERIAL

- Schachenmayr Catania (LL 125 m/50 g) in Weiß (Fb 106), Schwarz (Fb 110) und Kaffee (Fb 162), je 50 g, in Orange (Fb 281), Rest
- Stickgarn in Schwarz
- Häkelnadel 2,0 mm
- 2 Sicherheitsaugen in Schwarz, ø 8 mm
- Maschenmarkierer
- Sekundenkleber
- Füllwatte
- Wollnadel
- Stecknadeln

UNTERKÖRPER

In Weiß einen Magic-Ring anfertigen.

1. Rd: 8 fM in den Ring häkeln (= 8 M).

2. Rd: Jede fM verdoppeln (= 16 M).

3. Rd: * 1 fM, 1 fM verdoppeln, ab * noch 7x wdh (= 24 M).

4. Rd: 1 fM, 1 fM verdoppeln, * 2 fM, 1 fM verdoppeln, ab * noch 6x wdh, 1 fM (= 32 M).

5. Rd: * 3 fM, 1 fM verdoppeln, ab * noch 7x wdh (= 40 M).

6.-11. Rd: 40 fM.

12. Rd: * 3 fM, 2 fM zusammen abmaschen, ab * noch 7x wdh (= 32 M).

13. Rd: 3 fM, 2 fM zusammen abmaschen, * 6 fM, 2 fM zusammen abmaschen, ab * noch 2x wdh, 3 fM (= 28 M).

14. Rd: * 5 fM, 2 fM zusammen abmaschen, ab * noch 3x wdh (= 24 M).

15. Rd: In die hinteren M-Glieder * 2 fM, 2 fM zusammen abmaschen, ab * noch 5x wdh (= 18 M).

1. Rd: * 1 fM, 2 fM zusammen abmaschen, ab * noch 5x wdh (= 12 M).

17. Rd: Immer 2 fM zusammen abmaschen (= 6 M).

Schließe die Öffnung. Du kannst einen invertierten Magic-Ring anfertigen (siehe Digi-Bib). Faden abschneiden und durchziehen.

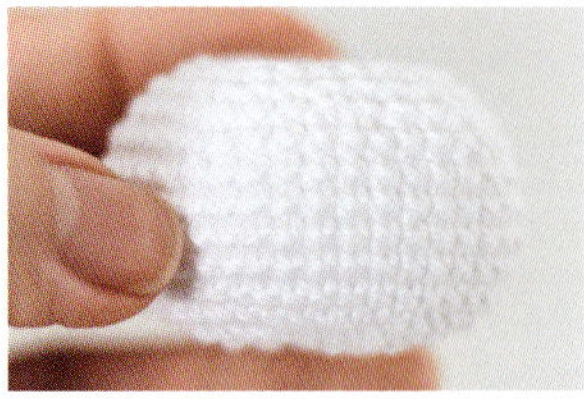

OBERKÖRPER

Stich die Häkelnd in die vorderen M-Glieder der 15. Rd und häkle weiter:

1.-4. Rd: 24 fM.

5. Rd: * 2 fM, 2 fM zusammen abmaschen, ab * noch 5x wdh (= 18 M).

6. Rd: * 1 fM, 2 fM zusammen abmaschen, ab * noch 5x wdh (= 12 M).

7. Rd: In die hinteren M-Glieder * 2 fM, 2 fM zusammen abmaschen, ab * noch 2x wdh (= 9 M).

8. Rd: * 1 fM, 2 fM zusammen abmaschen, ab * noch 2x wdh (= 6 M).

Schließe die Öffnung. Du kannst einen invertierten Magic-Ring anfertigen (siehe Digi-Bib). Faden abschneiden und durchziehen.

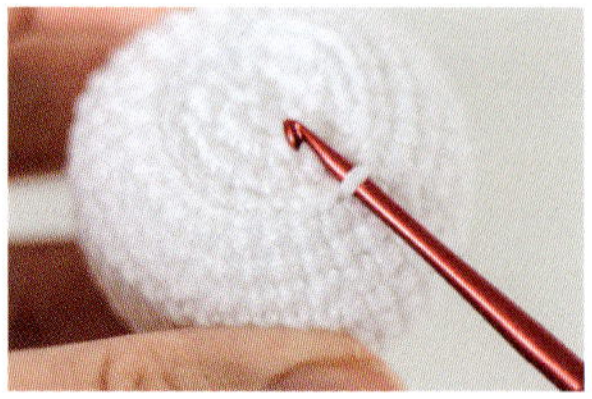

KOPF

Stich die Häkelnd in die vorderen M-Glieder der 7. Rd ein und häkle weiter:

1. Rd: 12 fM.

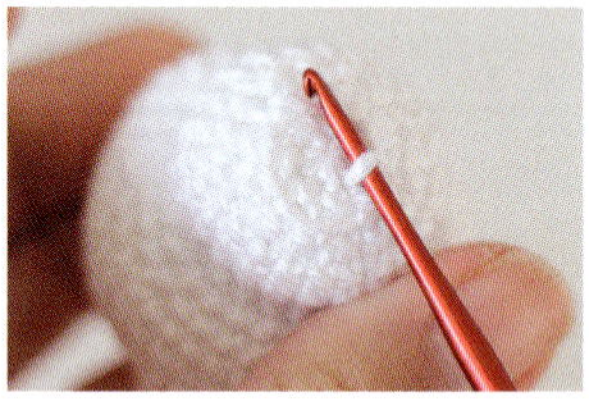

2. Rd: * 1 fM, 1 fM verdoppeln, ab * noch 5x wdh (= 18 M).

3. Rd: * 5 fM, 1 fM verdoppeln, ab * noch 2x wdh (= 21 M).

4. Rd: 3 fM, 1 fM verdoppeln, * 6 fM, 1 fM verdoppeln, ab * noch 1x wdh, 3 fM (= 24 M).

5. Rd: * 7 fM, 1 fM verdoppeln, ab * noch 2x wdh (= 27 M).

6. Rd: 4 fM, 1 fM verdoppeln, * 8 fM, 1 fM verdoppeln, ab * noch 1x wdh, 4 fM (= 30 M).

7. Rd: * 5 fM, 1 fM verdoppeln, ab * noch 4x wdh (= 35 M).
8. Rd: 3 fM, 1 fM verdoppeln, * 6 fM, 1 fM verdoppeln, ab * noch 3x wdh, 3 fM (= 40 M).
9.-11. Rd: 40 fM.
12. Rd: * 3 fM, 2 fM zusammen abmaschen, ab * noch 7x wdh (= 32 M).
13. Rd: * 2 fM, 2 fM zusammen abmaschen, ab * noch 7x wdh (= 24 M).
14. Rd: 24 fM.
15. Rd: * 2 fM, 2 fM zusammen abmaschen, ab * noch 5x wdh (= 18 M).
16.-18. Rd: 18 fM.
Nun die Sicherheitsaugen zwischen der 15. und 16. Rd mit 3 fM zueinander anbringen.
19. Rd: * 7 fM, 2 fM zusammen abmaschen, ab * noch 1x wdh (= 16 M).
20. Rd: Immer 2 fM zusammen abmaschen (= 8 M). Schließe die Öffnung. Du kannst einen invertierten Magic-Ring anfertigen (siehe Digi-Bib). Faden abschneiden und durchziehen.

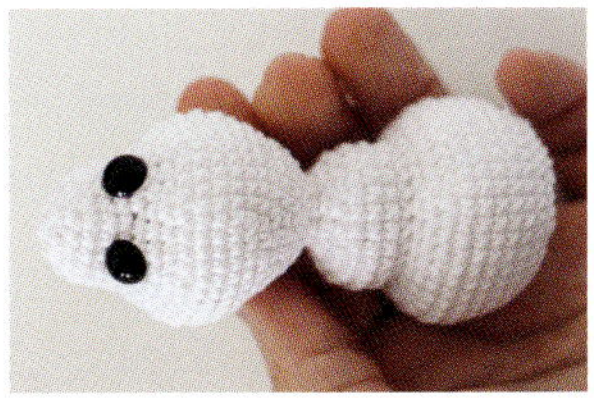

KNOPF (3x)

In Schwarz einen Magic-Ring anfertigen:
1. Rd: 6 fM in den Ring häkeln.
Faden lang abschneiden und durchziehen.
Noch 2 weitere Knöpfe ebenso häkeln.

NASE

In Orange einen Magic-Ring anfertigen:
1. Rd: 4 fM in den Ring häkeln.
2. Rd: 4 fM.
3. Rd: * 1 fM, 1 fM verdoppeln, ab * noch 1x wdh (= 6 M).
4. Rd: 6 fM.

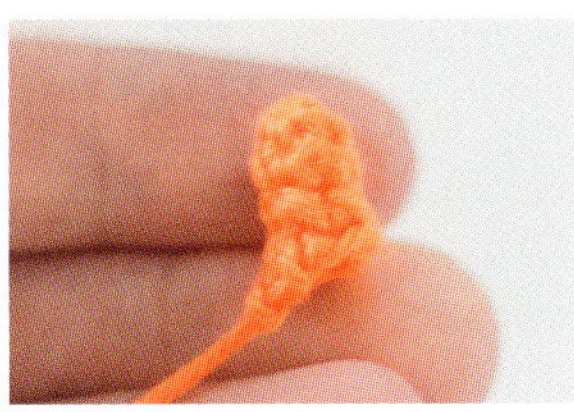

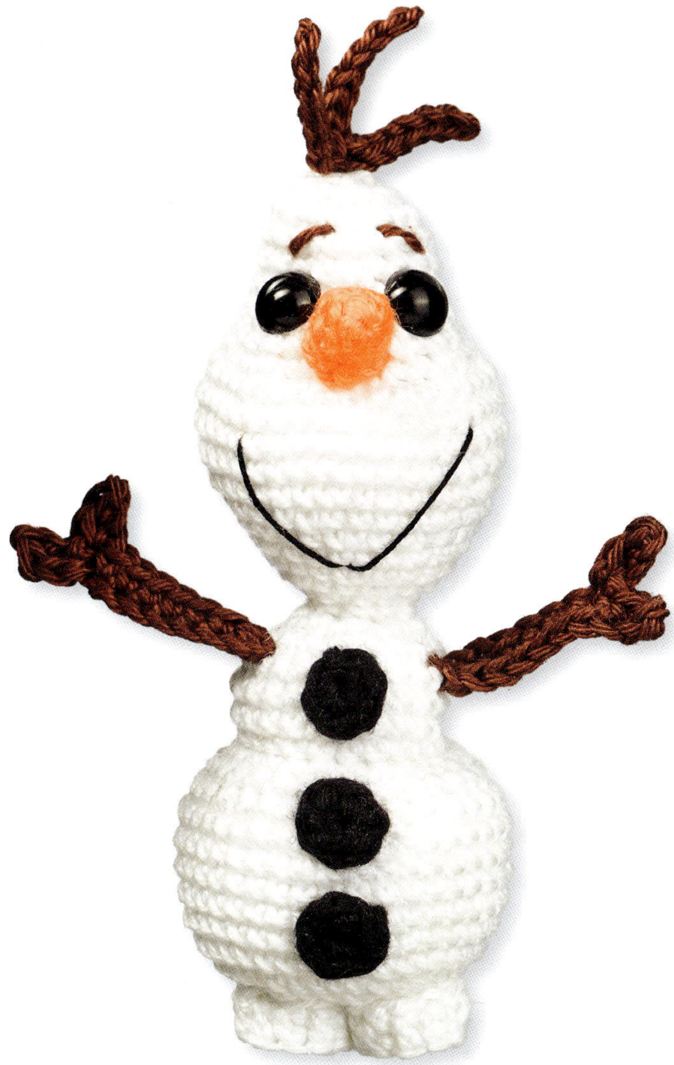

ARM (2x)

In Braun 8 Lm anschl.

1. R: Ab der 2. Lm ab Nd aus 7 fM häkeln. * 3 Lm, ab der 2. Lm ab Nd 2 fM (= 1. Zweig). Mit 1 Km in die letzte M schließen. Ab * noch 1x wdh (= 2. Zweig). Faden abschneiden und durchziehen.

Den 2. Arm ebenso häkeln.

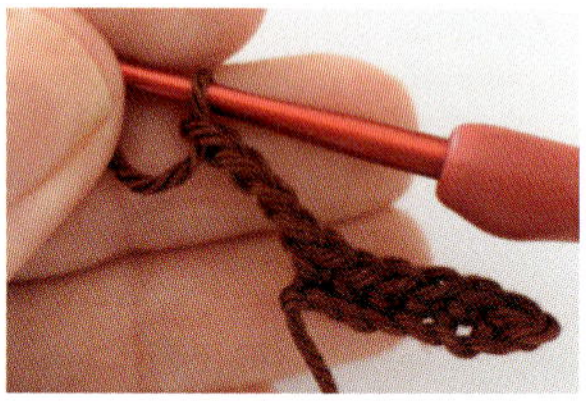

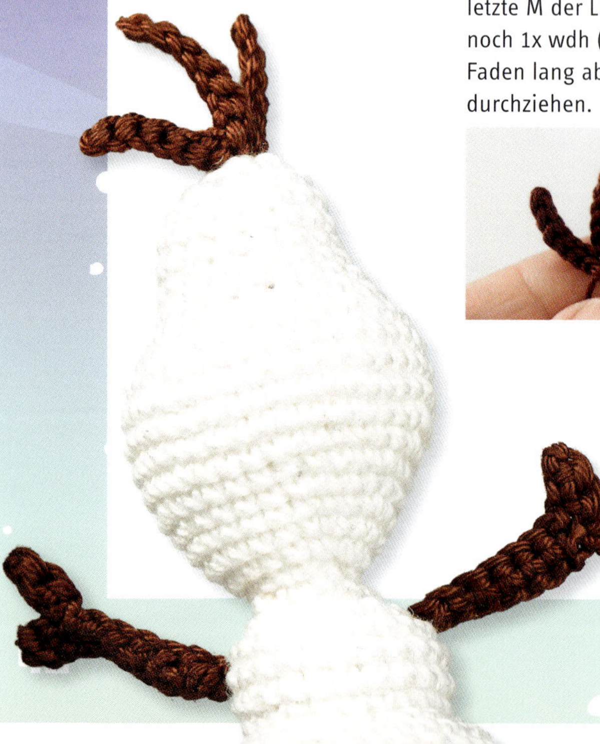

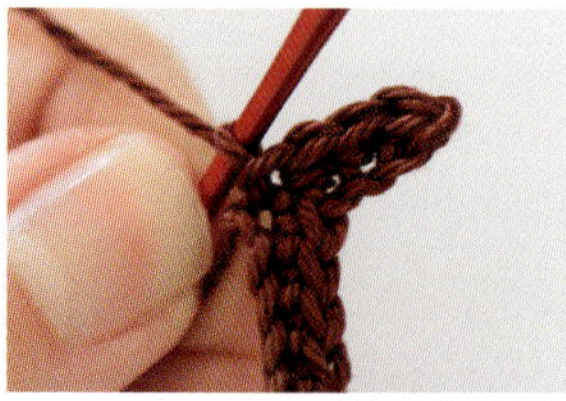

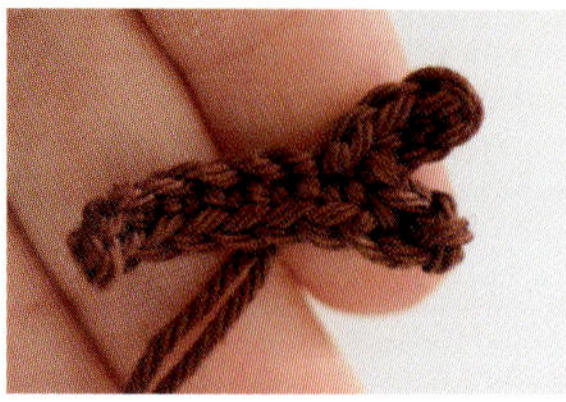

HAARE

In Braun 7 Lm anschl.

1. R: Ab der 2. Lm von der Nd aus 6 Km häkeln (= Haar). * 7 Lm, 6 Km, 1 Km in die letzte M der Lm-Basis. Ab * noch 1x wdh (= 3 Haare). Faden lang abschneiden und durchziehen.

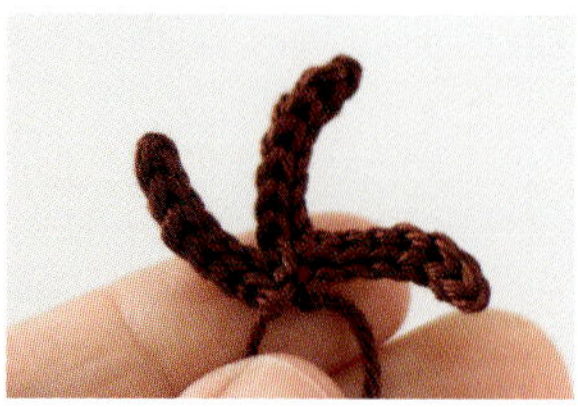

FUSS (2x)

In Weiß einen Magic-Ring anfertigen.

1. Rd: 6 fM in den Ring häkeln.

2. Rd: Jede fM verdoppeln (= 12 M).

3. Rd: 12 Relief-fM von hinten.

4. Rd: 12 fM.

Faden lang abschneiden und durchziehen.

Den 2. Fuß ebenso häkeln.

FERTIGSTELLEN

Klebe oder nähe die Knöpfe auf Ober- und Unterkörper. Nähe die Arme zwischen der 4. und 5. Rd des Oberkörpers an.

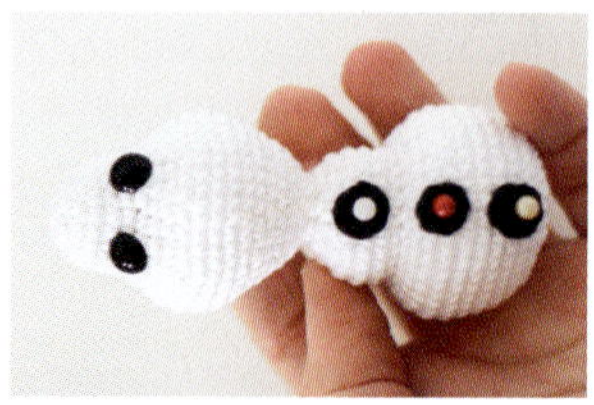

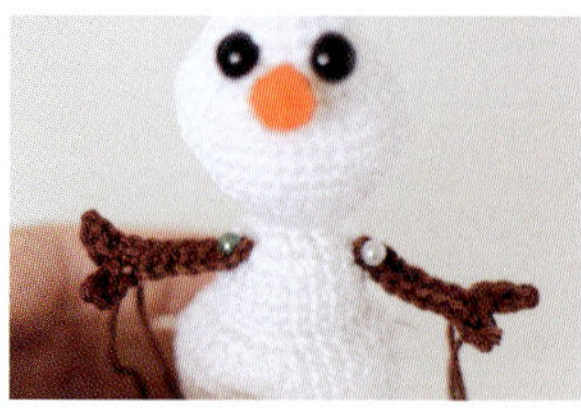

Nähe die Haare auf den Kopf und die Nase unterhalb der Augen an.

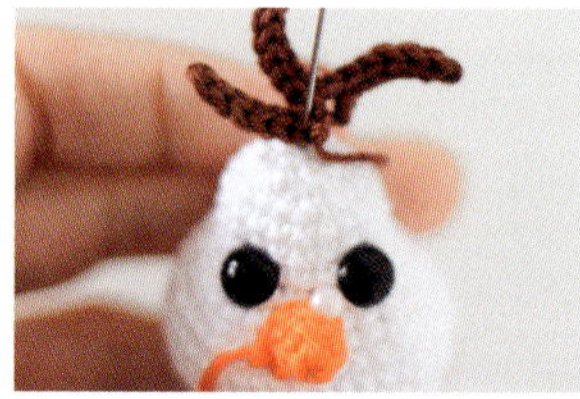

Nähe beide Füße an den Unterkörper.

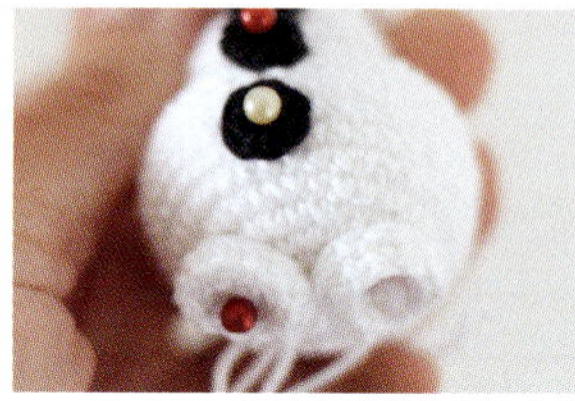

Sticke in Kaffee die Augenbrauen 1 Rd oberhalb der Augen und mit Stickgarn in Schwarz den Mund über die 4. bis 9. Rd des Kopfes mit 10 fM Abstand zueinander. Alle Fäden vernähen.

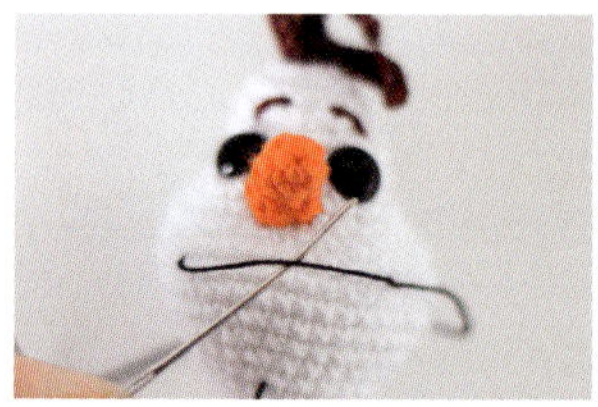

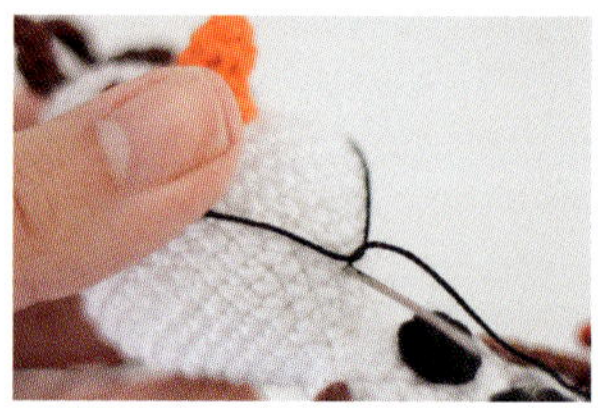

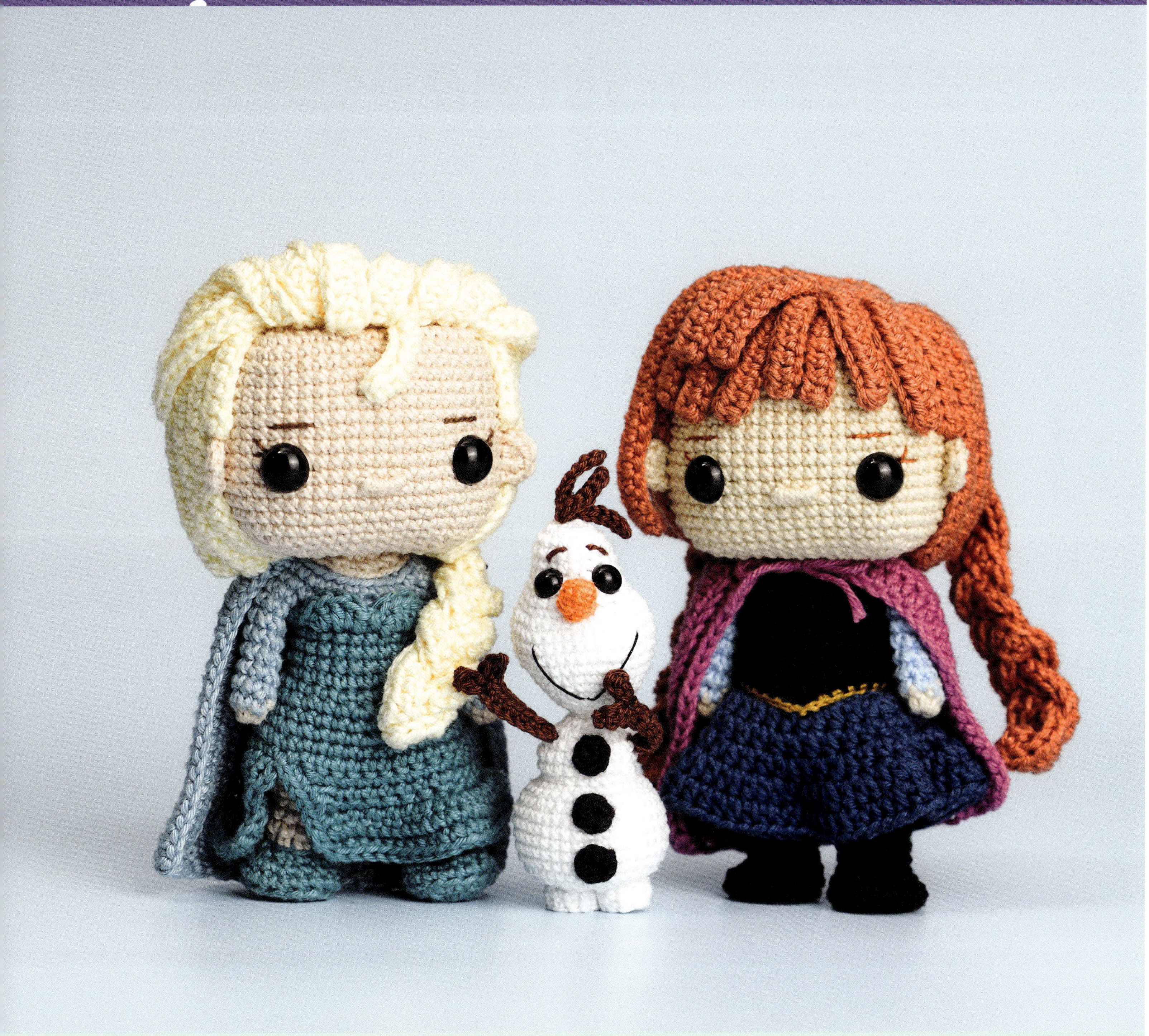

MUTIGES INSELMÄDCHEN

SCHWIERIGKEITSGRAD 3

GRÖSSE

14 cm

MATERIAL

- Schachenmayr Catania (LL 125 m/50 g) in Sun-kissed (Fb 437), Marone (Fb 157) und Natur (Fb 105), je 50 g, in Sand (Fb 404) und Scampi (Fb 396), Reste
- Anchor Freccia (LL 285 m/50 g) in Braun (Fb 359) und Türkis (Fb 1442), Reste
- Häkelnadeln 1,25 mm und 2,5 mm
- 2 Sicherheitsaugen in Schwarz, ø 12 mm
- Maschenmarkierer
- Sekundenkleber
- Füllwatte
- Wollnadel
- Stecknadeln

X-MUSTER

(verschränkte feste Maschen)

Die Figur wurde mit verschränkten fM im X-Muster gehäkelt, d. h. der Faden wird immer von oben (statt von unten) geholt. Selbstverständlich kannst du auch normale fM häkeln.

ANLEITUNG

Zunächst Kopf, Ohren,Arme und Beine häkeln. Dann die Beine verbinden, den Körper häkeln und die Arme aufnehmen. Weitere Details anfertigen. Anschließend den Kopf fertigstellen und mit dem Körper verbinden. Zum Schluss die Haare arrangieren und festkleben. Sofern nicht anders erwähnt, in Spiral-Rd häkeln. Dafür den Beginn jeder Rd mit einem M-Markierer oder Kontrastgarn kennzeichnen.

KOPF

In Sun-kissed mit Häkelnd 2,5 mm einen Magic-Ring anfertigen.

1. Rd: 8 fM in den Ring häkeln (= 8 M).

2. Rd: Jede fM verdoppeln (= 16 M).

3. Rd: * 2 fM verdoppeln, 2 fM, ab * noch 3x wdh (= 24 fM).

4. Rd: 1 fM, 2 fM verdoppeln, * 4 fM, 2 fM verdoppeln, ab * noch 2x wdh, 3 fM (= 32 M).

5. Rd: 2 fM, 2 fM verdoppeln, * 6 fM, 2 fM verdoppeln, ab * noch 2x wdh, 4 fM (= 40 M).

6. Rd: 3 fM, 2 fM verdoppeln, * 8 fM, 2 fM verdoppeln, ab * noch 2x wdh, 5 fM (= 48 M).

7. Rd: 4 fM, 2 fM verdoppeln, * 10 fM, 2 fM verdoppeln, ab * noch 2x wdh, 6 fM (= 56 M).

8. Rd: 5 fM, 2 fM verdoppeln, * 12 fM, 2 fM verdoppeln, ab * noch 2x wdh, 7 fM (= 64 M).

9.-22. Rd: 64 fM.

23. Rd: 5 fM, 2x 2 fM zusammen abmaschen, * 12 fM, 2x 2 fM zusammen abmaschen, ab * noch 2x wdh, 7 fM (= 56 M).

24. Rd: 4 fM, 2x 2 fM zusammen abmaschen, * 10 fM, 2x 2 fM zusammen abmaschen, ab * noch 2x wdh, 6 fM (= 48 M).

Nun die Sicherheitsaugen zwischen der 17. und 18. Rd mit 11 fM zueinander anbringen.

Den Kopf fest mit Füllwatte ausstopfen. Dafür aus Füllwatte kleine Wattebällchen formen und nach und nach in den Kopf stopfen. Wichtig ist, dass der Kopf würfelförmig und nicht rund wird.

25. Rd: 3 fM, 2x 2 fM zusammen abmaschen, * 8 fM, 2x 2 fM zusammen abmaschen, ab * noch 2x wdh, 5 fM (= 40 M).

26. Rd: 2 fM, 2x 2 fM zusammen abmaschen, * 6 fM, 2x 2 fM zusammen abmaschen, ab * noch 2x wdh, 4 fM (= 32 M).

27. Rd: 1 fM, 2x 2 fM zusammen abmaschen, * 4 fM, 2x 2 fM zusammen abmaschen, ab * noch 2x wdh, 3 fM (= 24 M).

28. Rd: * 2 fM, 2x 2 fM zusammen abmaschen, ab * noch 3x wdh (= 16 M).

Weiter mit Füllwatte ausstopfen.

29. Rd: * 2 fM, 2 fM zusammen abmaschen, ab * noch 3x wdh (= 12 M).

30.-34. Rd: 12 fM.

Faden lang abschneiden und durchziehen.

OHR (2x)

In Sun-kissed mit Häkelnd 2,5 mm einen Magic-Ring anfertigen.

1. Rd: 6 fM in den Ring häkeln.

Faden abschneiden und durchziehen.

Das 2. Ohr ebenso häkeln.

ARM (2x)

In Sun-kissed mit Häkelnd 2,5 mm einen Magic-Ring anfertigen:

1. Rd: 7 fM in den Ring häkeln.

2.-8. Rd: 7 fM.

Faden abschneiden und durchziehen.

Den 2. Arm ebenso häkeln.

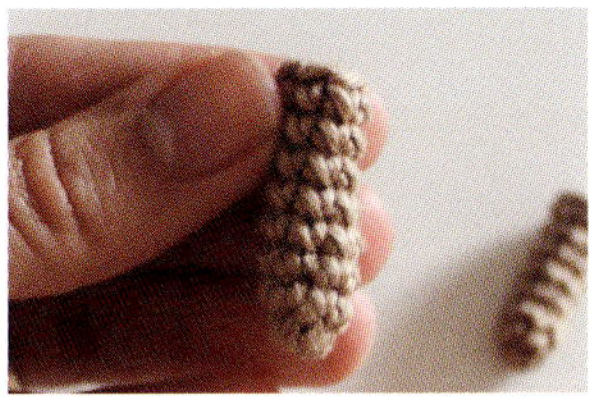

1. BEIN

In Sun-kissed mit Häkelnd 2,5 mm einen Magic-Ring anfertigen.

1. Rd: 6 fM in den Ring häkeln.

2. Rd: Jede fM verdoppeln (= 12 M).

3. Rd: * 3 fM, 1 fM verdoppeln, ab * noch 2x wdh (= 15 M).

4. Rd: In die hinteren M-Glieder 15 fM.

5. Rd: 15 fM.

6. Rd: 5 fM, 2x 3 fM zusammen abmaschen, 4 fM (= 11 M).

7.-9. Rd: 11 fM.

10. Rd: 10 fM, 1 fM verdoppeln (= 12 M).

11. Rd: * 3 fM, 1 fM verdoppeln, ab * noch 2x wdh (= 15 M).

12. Rd: 15 fM.

Faden abschneiden und durchziehen.

2. BEIN

Das 2. Bein wie das 1. Bein häkeln, jedoch zusätzlich 3 fM häkeln. Faden nicht abschneiden, sondern in Sand die Beine wie folgt verbinden und weiter den Körper häkeln.

KÖRPER

Verbinde die Beine nach der Anleitung von Seite 133 und wie folgt: Häkle 1 fM in die vorletzte M des 1. Beines. Dies wird nun die 1. fM der nächsten Rd sein, also der neue Rd-Anfang.

13. Rd: 15 fM (Aufnahme 1. Bein), 1 Km in dieselbe M, mit der du die Rd begonnen hast, 15 fM (= 2. Bein) (= 30 M).

14.-16. Rd: 30 fM.

17. Rd: * 3 fM, 2 fM zusammen abmaschen, ab * noch 5x wdh (= 24 M).

18. Rd: 24 fM.

19. Rd (Sun-kissed): In die hinteren M-Glieder 24 Km.

20. Rd: In die hinteren M-Glieder 24 fM.

21.-23. Rd: 24 fM.

Damit deine Figur später stehen kann, die Füße leicht nach innen drücken, damit eine Rundung entsteht. Dann die Beine nur leicht mit Füllwatte ausstopfen. Du solltest keinesfalls zu viel Füllwatte in die Füße stopfen, sonst kann die Figur nicht stehen.

24. Rd: 6 fM, 7 fM (Aufnahme 1. Arm), 12 fM, 7 fM (Aufnahme 2. Arm), 6 fM (= 38 M).

25. Rd: * 2 fM, 2 fM zusammen abmaschen, ab * noch

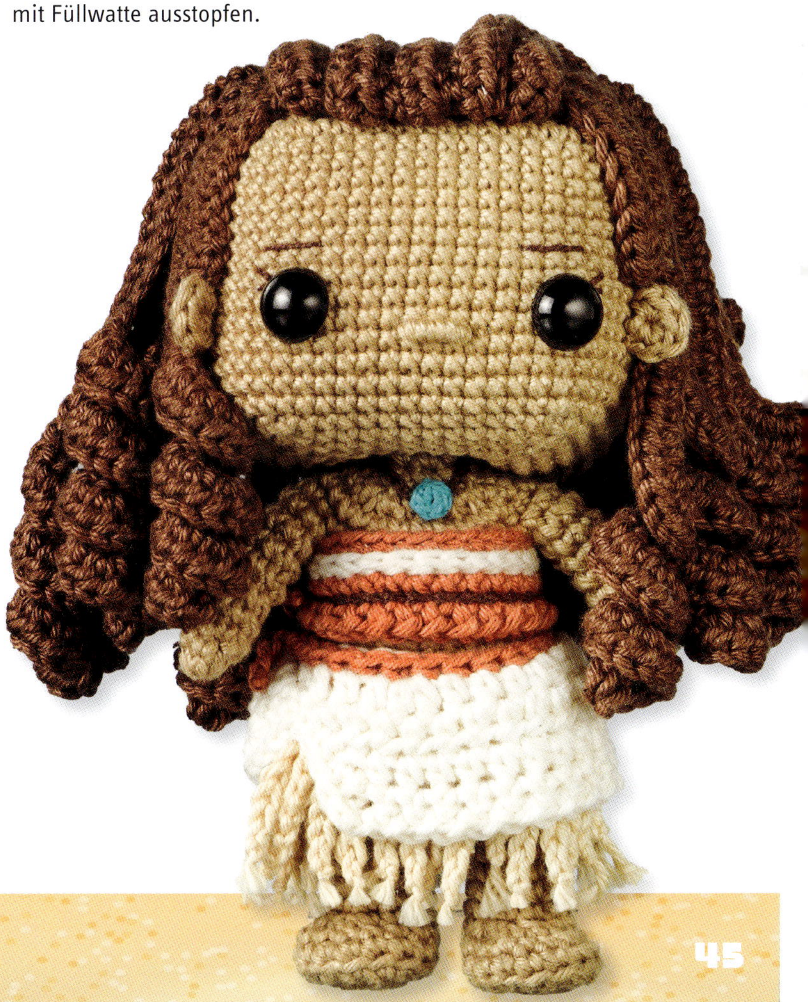

3x wdh, ** 2 fM zusammen abmaschen, ab ** noch 2x wdh, *** 2 fM, 2 fM zusammen abmaschen, ab *** noch 3x wdh (= 27 M).

26. Rd: 27 fM.

27. Rd: * 1 fM, 2 fM zusammen abmaschen, ab * noch 8x wdh (= 18 M).

Weiter mit Füllwatte ausstopfen.

28. Rd: Immer 2 fM zusammen abmaschen (= 9 M).

28.-33. Rd: 9 fM.

Faden lang abschneiden und durchziehen. Weiter mit Füllwatte ausstopfen.

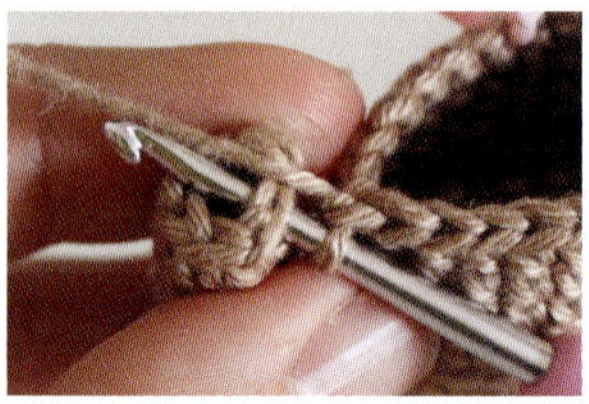

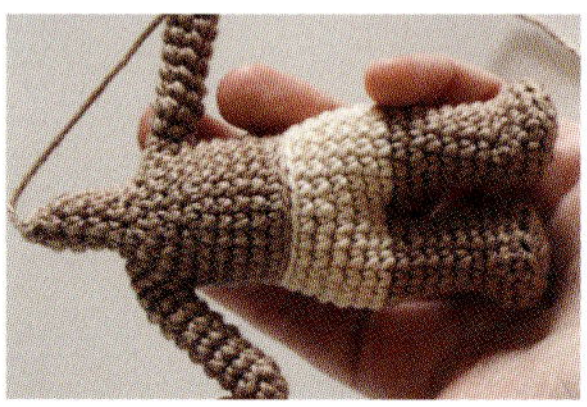

OBERTEIL

In Scampi mit Häkelnd 2,5 mm 24 Lm anschl und mit 1 fM zum Ring schließen (= 1. fM der 1. Rd).

1.-3. Rd: 24 fM.

4. Rd: * 1 Lm, 1 Km, ab * noch 23x wdh.

Faden abschneiden und durchziehen.

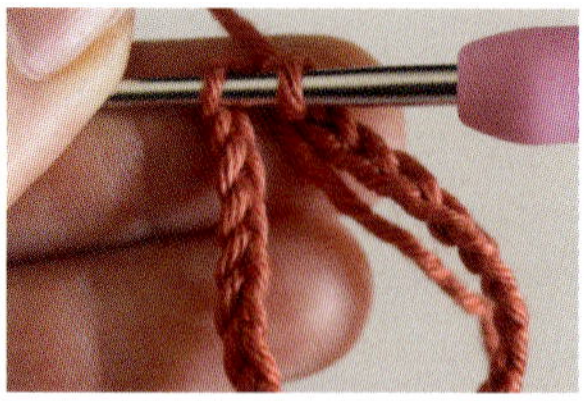

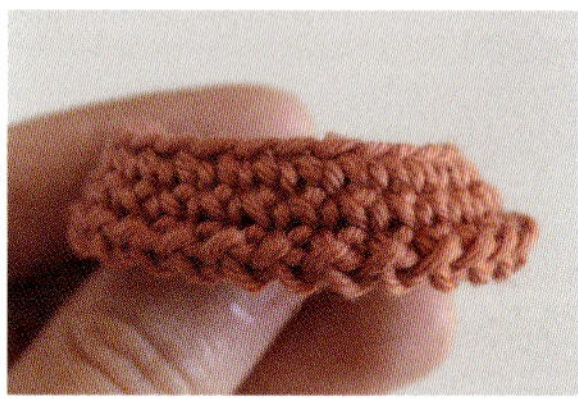

In Natur zwischen der 1. und 2. Rd anschlingen und 24 Km häkeln.

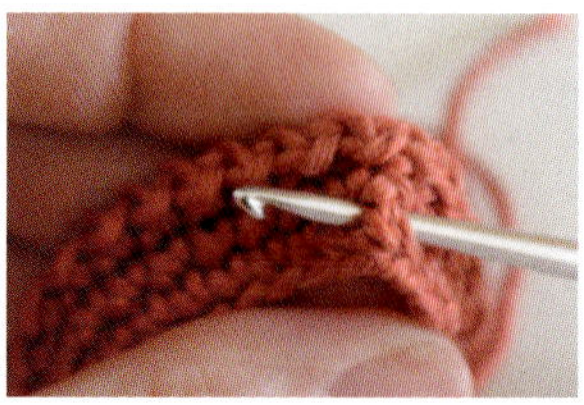

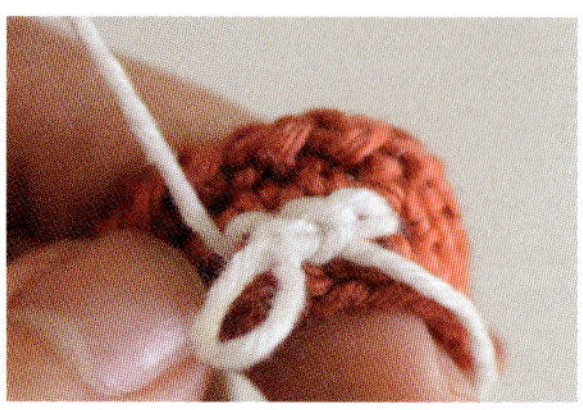

In Braun mit Häkelnd 1,25 mm zwischen der 3. und 4. Rd anschlingen und 24 Km rund um das Oberteil häkeln.

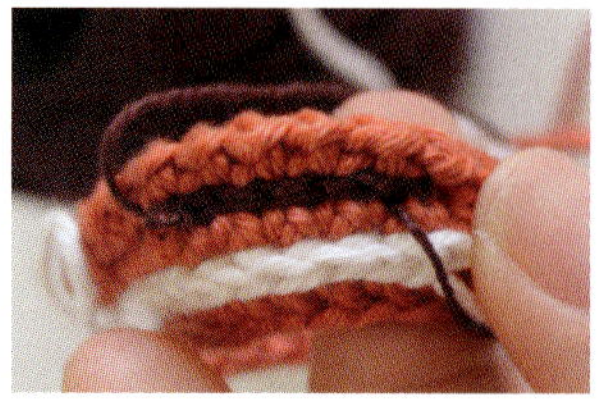

Hebe der Figur die Arme und ziehe ihr das Top an.

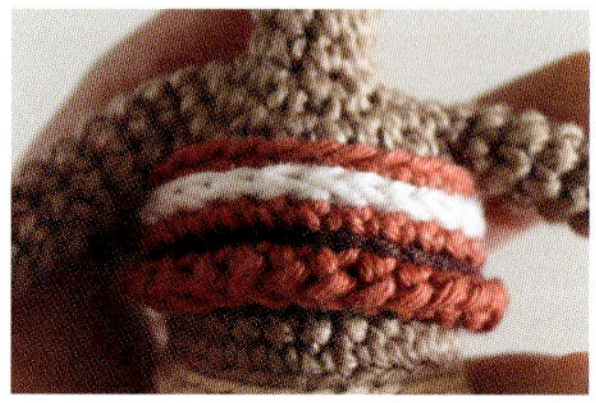

ROCK

In Natur mit Häkelnd 2,5 mm 24 Lm anschl und die Rd mit 1 fM schließen (= 1. fM der 1. Rd).

1. Rd: 24 fM.

2. Rd: In die vorderen M-Glieder arb: * 3 hStb, 1 hStb verdoppeln, ab * noch 5x wdh (= 30 M). 1 Lm und wenden.

Weiter in R häkeln, am Ende jeder R mit 1 Lm wenden.

3. R: 29 hStb, die letzte M bleibt unbehäkelt für den Schitz.

4.-5. R: 29 hStb.

6. R: * 1 Lm, 1 Km, ab * noch 28x wdh.

Weiter in die Rdm am Schlitz fM arb, damit eine sauberes „V“ entsteht.

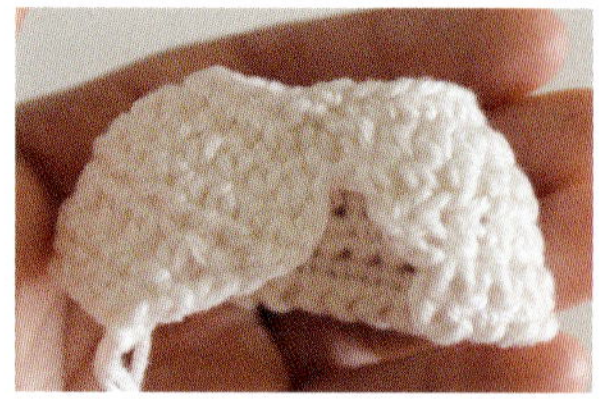

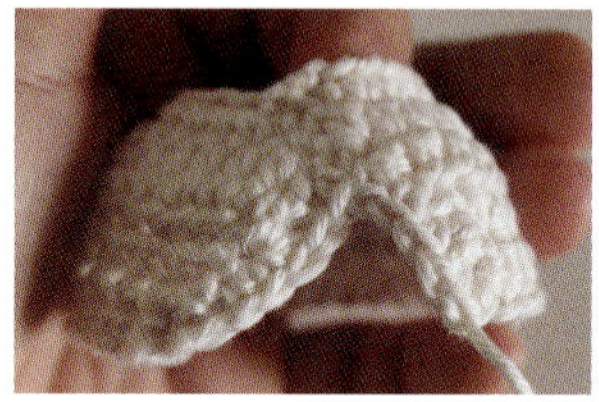

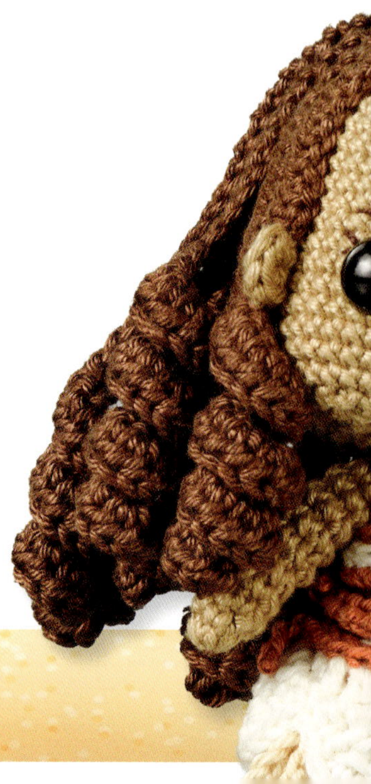

UNTERROCK MIT FRANSEN

Wende den Rock von innen nach außen. Wir häkeln die Fransen in die M der 2. Rd.

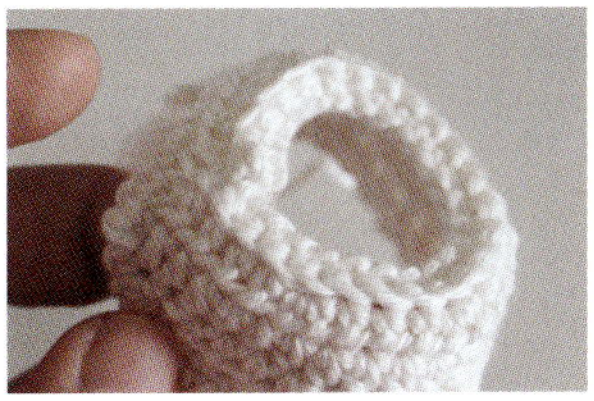

* Schlinge in Sand in 1 M der 2. Rd an und häkle 8 Lm für eine Franse. Faden abschneiden und durchziehen. Ab * an jeder M der 2. Rd den Vorgang für eine Franse wdh.

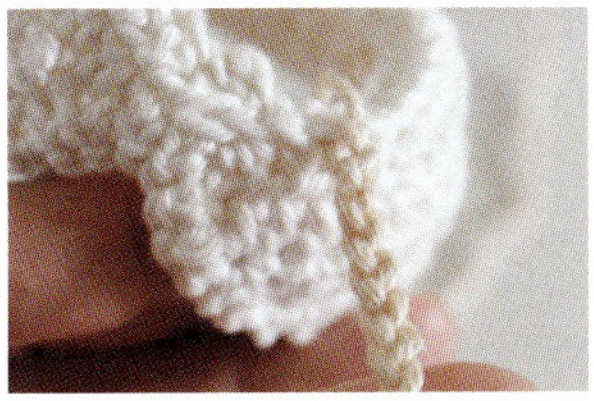

Um die Anfangsfäden der Fransen zu sichern, knotest du jeweils 2 nebeneinanderliegende Anfangsfäden zu einem Knoten. Wende den Rock von innen nach außen. Die Fransen werden in die M der 2. Rd gehäkelt.

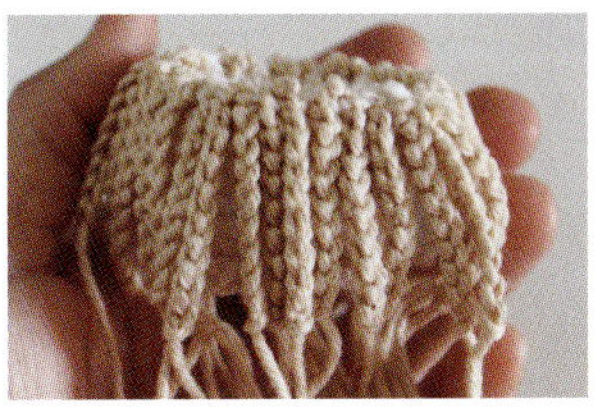

Wende den Rock wieder von außen nach innen und ziehe ihn der Figur an an. Schneide die Fäden an der Unterseite des Rockes auf eine Länge.

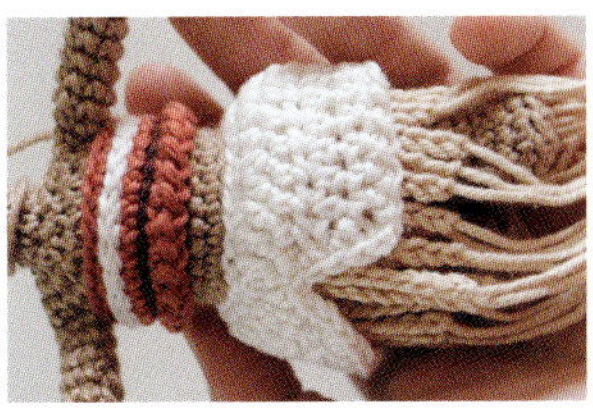

GÜRTEL

In Scampi mit Häkelnd 2,5 mm 5 Lm anschl, diese Lm-Kette an der linken Seite des Rockes anschlingen und fM rund um Rock häkeln. Dann noch 6 Lm arb und den Faden abschneiden und durchziehen. Binde einen Knoten mit beiden Lm-Ketten, so dass der Gürtel auf der linken Seite des Rockes liegt.

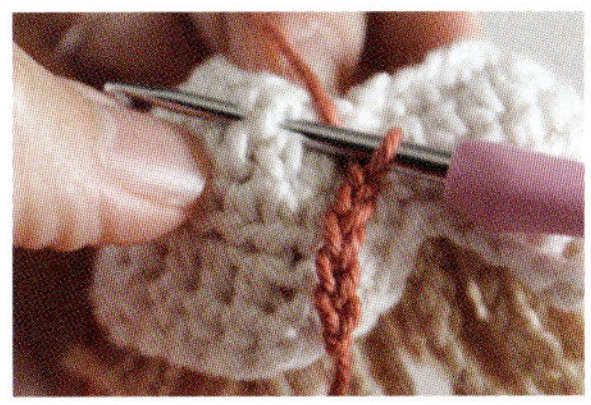

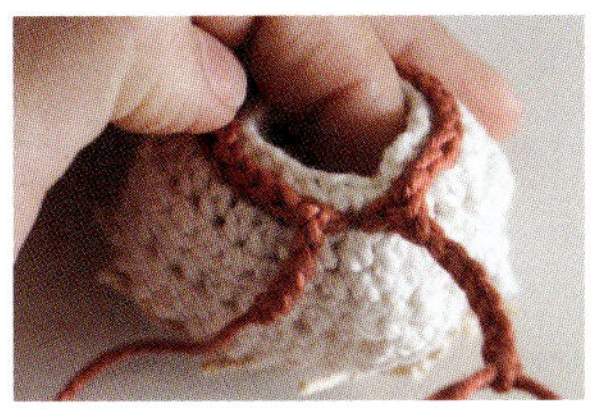

HALSKETTE

In Braun mit Häkelnd 1,25 mm 26 Lm anschl und mit 1 Km zur Rd schließen.

ANHÄNGER

In Türkis mit Häkelnd 1,25 mm einen Magic-Ring anfertigen.

1. Rd: 6 fM in den Ring häkeln.

Faden abschneiden und durchziehen.

Stülpe die Halskette über den Hals und befestige den Anhänger mit einem Tropfen Kleber.

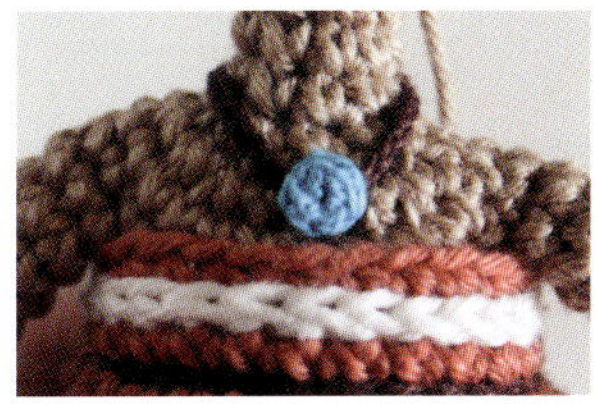

KOPF FERTIGSTELLEN

Sticke nach der Anleitung von Seite 134 eine Nase in Sun-kissed sowie die Augenbrauen und Wimpern in Braun. Nähe die Ohren an.

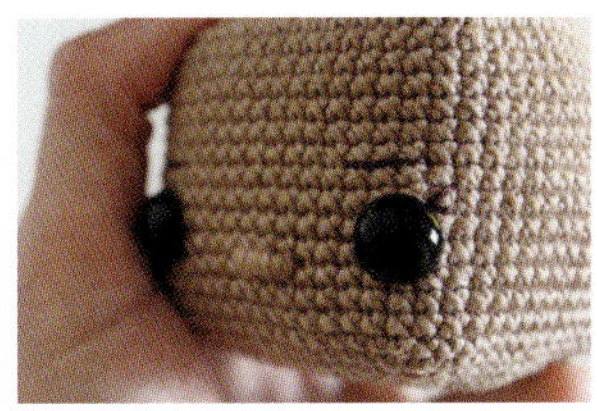

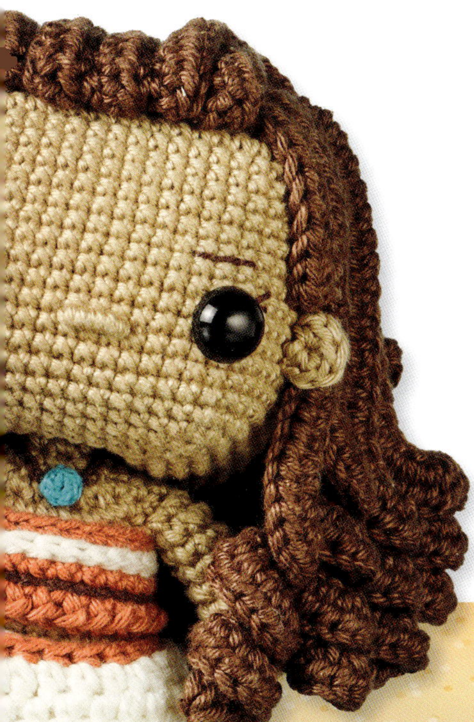

KOPF UND KÖRPER ZUSAMMENFÜGEN

Verbinde Kopf und Körper nach der Anleitung von Seite 135.

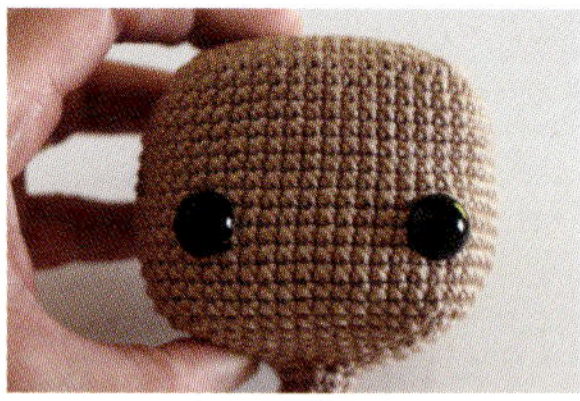

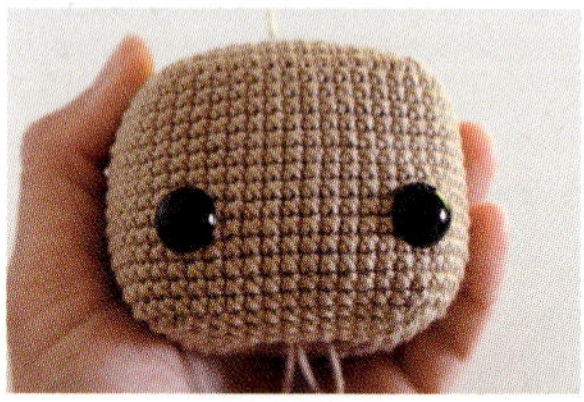

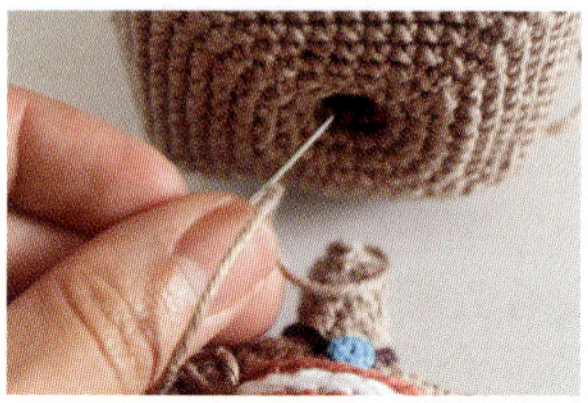

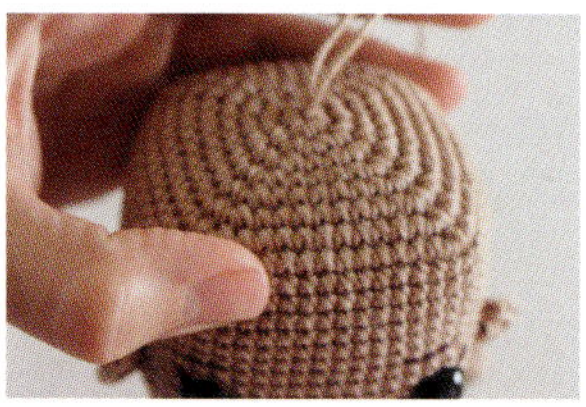

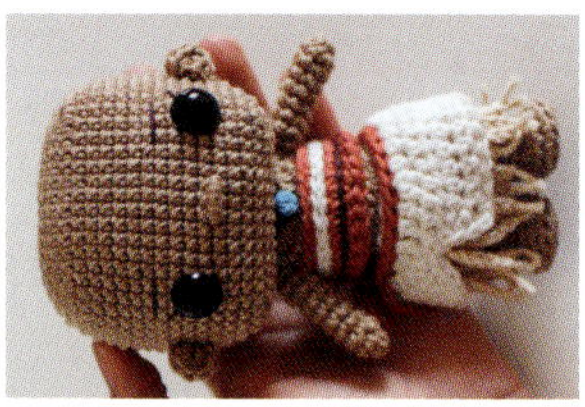

HAARE

In Marone mit Häkelnd 2,5 mm einen Magic-Ring anfertigen.

1. Rd: 8 fM in den Ring häkeln.

2. Rd: Jede fM verdoppeln (= 16 M).

3. Rd: * 2 fM verdoppeln, 2 fM, ab * noch 3x wdh (= 24 M).

4. Rd: 1 fM, 2 fM verdoppeln, * 4 fM, 2 fM verdoppeln, ab * noch 2x wdh, 3 fM (= 32 M).

5. Rd: 2 fM, 2 fM verdoppeln, * 6 fM, 2 fM verdoppeln, ab * noch 2x wdh, 4 fM (= 40 M).

Nun Strähnen rundum in die 40 M der 5. Rd häkeln.

Hinweis: Zur besseren Übersicht wird im Folgenden das Wort „Strähne" benutzt, obwohl einige Strähnen nur aus 1 fM bestehen, die als Abstand innerhalb der Frisur dienen.

1.-7. Strähne: 35 Lm, 20 hStb verdoppeln ab der 2. Lm ab Nd , 14 hStb, 1 fM in die nächste M.

8. Strähne: 1 fM.

9. Strähne: 35 Lm, 20 hStb verdoppeln ab der 2. Lm ab Nd, 14 hStb, 1 fM in die nächste M.

10. Strähne: 1 fM.

11. Strähne: 35 Lm, 20 hStb verdoppeln ab der 2. Lm ab Nd, 14 hStb, 1 fM in die nächste M.

12. Strähne: 1 fM.

13. Strähne: 35 Lm, 20 hStb verdoppeln ab der 2. Lm ab Nd, 14 hStb, 1 fM in die nächste M.

14. Strähne: 1 fM.

15. Strähne: 11 Lm, 10 hStb ab der 2. Lm ab Nd, 1 fM in die nächste M.

16.-25. Strähne (= Stirnpartie): Je 1 fM.

26. Strähne: 11 Lm, 10 hStb ab der 2. Lm ab Nd, 1 fM in die nächste M.

27. Strähne: 1 fM.

28. Strähne: 35 Lm, 20 hStb zun ab der 2. Lm ab Nd, 14 hStb, 1 fM in die nächste M.

29. Strähne: 1 fM.

30. Strähne: 35 Lm, 20 hStb verdoppeln ab der 2. Lm ab Nd, 14 hStb, 1 fM in die nächste M.

31. Strähne: 1 fM.

32. Strähne: 35 Lm, 20 hStb verdoppeln ab der 2. Lm ab Nd, 14 hStb, 1 fM in die nächste M.

33. Strähne: 1 fM.

34.-40. Strähne: 35 Lm, 20 hStb verdoppeln ab der 2. Lm ab Nd, 14 hStb, 1 fM in die nächste M.

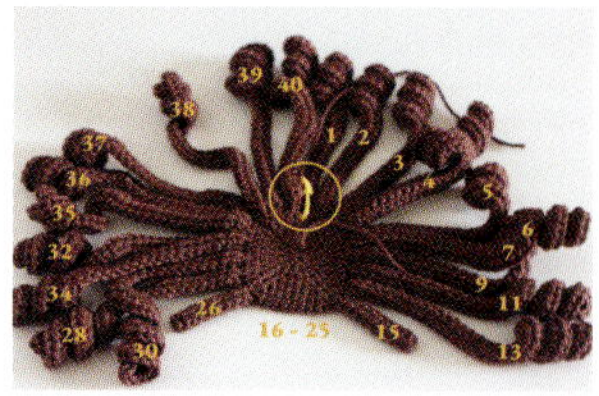

Platziere die Haare so am Kopf, dass die linke Seite des Magic-Rings nach oben zeigt.

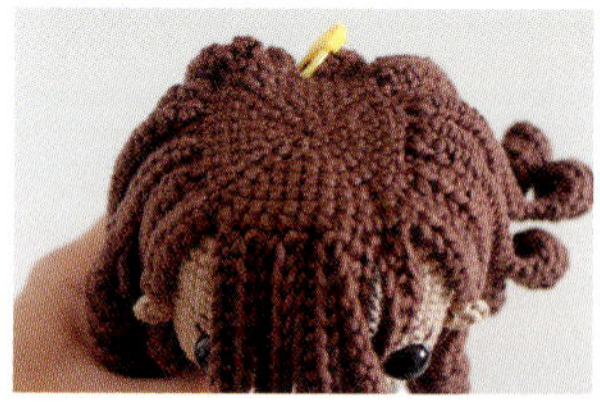

Für die Stirnpartie stich die Häkelnd in die 1. M von Strähne 15 ein. Häkle 1 Lm und 1 fM in dieselbe M.

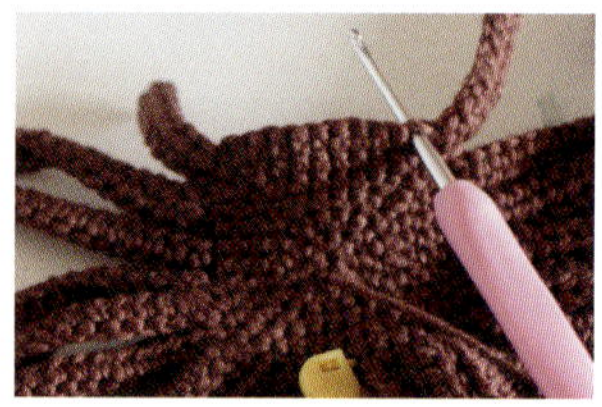

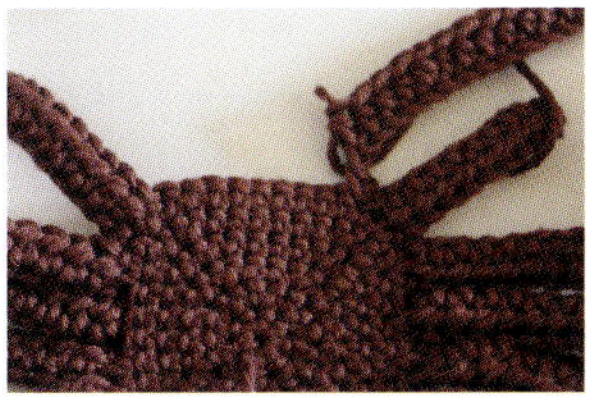

Nun häkelst du weiter 10 Strähnen.

1. Strähne: 35 Lm, 15 hStb verdoppeln ab der 2. Lm ab Nd, 19 hStb, 1 fM in die nächste M.

2. Strähne: 1 fM.

3. Strähne: 35 Lm, 15 hStb verdoppeln ab der 2. Lm ab Nd, 19 hStb, 1 fM in die nächste M.

4. Strähne: 1 fM.

5. Strähne: 35 Lm, 15 hStb verdoppeln ab der 2. Lm ab Nd, 19 hStb, 1 fM in die nächste M.

6. Strähne: 1 fM.

7. Strähne: 35 Lm, 15 hStb verdoppeln ab der 2. Lm ab Nd, 19 hStb, 1 fM in die nächste M.

8. Strähne: 1 fM.

9. Strähne: 35 Lm, 15 hStb verdoppeln ab der 2. Lm ab Nd, 19 hStb, 1 fM in die nächste M.

10. Strähne: 1 fM.

Platziere die Haare so, dass der M-Markierer an der Rückseite liegt. Der M-Markierer zeigt dir den Anfang der Haarsträhnen. Die kurzen Strähnen sind direkt über dem Ohr. Die vorderen Strähnen werden nach hinten gelegt. Stecke Strähne für Strähne fest, bis die Position für dich passt. Klebe nacheinander jede Strähne einzeln an.

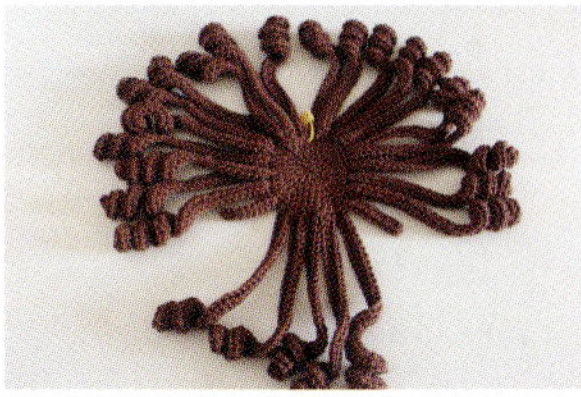

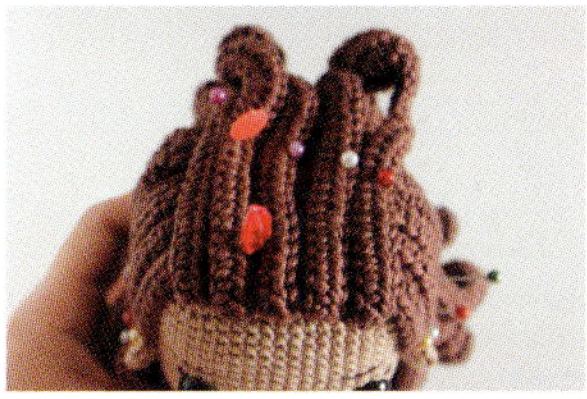

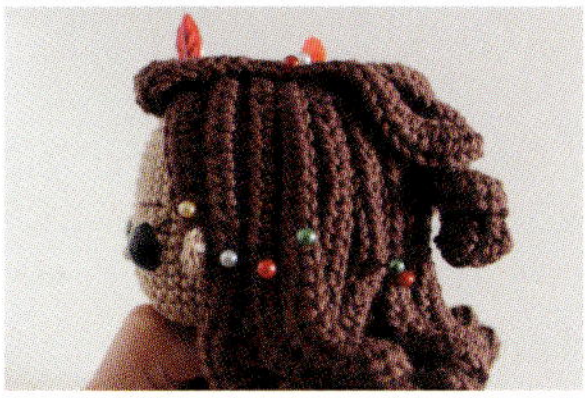

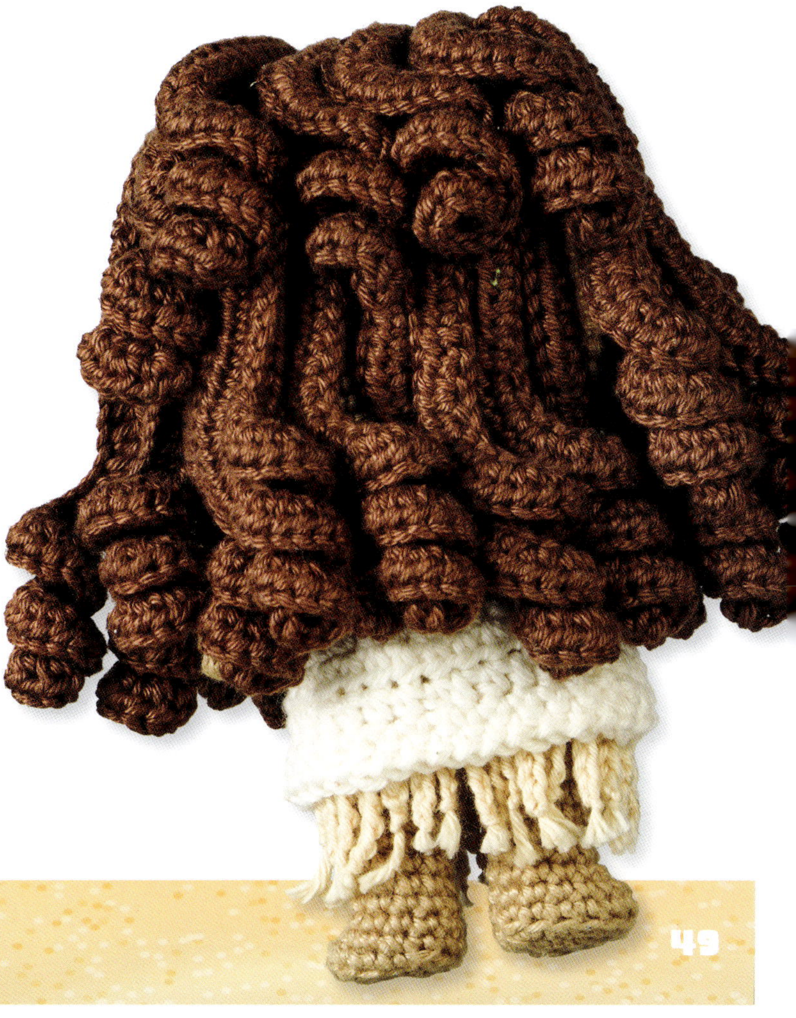

KLEINE MEERJUNGFRAU

SCHWIERIGKEITSGRAD 3

GRÖSSE

14 cm

MATERIAL

- Schachenmayr Catania (LL 125 m/50 g) in Scampi (Fb 427), Deep Amber (Fb 438), Pfau (Fb 146) und Jade (Fb 253), je 50 g, in Azalee (Fb 398), Rest
- Stickgarn in Weiß und Rotbraun
- Häkelnadeln 2,25 mm und 2,5 mm
- 2 Sicherheitsaugen in Schwarz, ø 12 mm
- Maschenmarkierer
- Sekundenkleber
- Füllwatte
- Wollnadel
- Stecknadeln
- ggf. Sprühflasche
- ggf. Heißkleber

X-MUSTER

(verschränkte feste Maschen)

Die Figur wurde mit verschränkten fM im X-Muster gehäkelt, d. h. der Faden wird immer von oben (statt von unten) geholt. Selbstverständlich kannst du auch normale fM häkeln.

ANLEITUNG

Zunächst Kopf, Ohren, Arme und Körper häkeln. Dann die Arme aufnehmen. Weitere Details anfertigen. Anschließend den Kopf fertigstellen und mit dem Körper verbinden. Zum Schluss die Haare arrangieren und festkleben. Sofern nicht anders erwähnt, in Spiral-Rd häkeln. Dafür den Beginn jeder Rd mit einem M-Markierer oder Kontrastgarn kennzeichnen.

KOPF

In Deep Amber mit Häkelnd 2,25 mm einen Magic-Ring anfertigen.

1. Rd: 8 fM in den Ring häkeln (= 8 M).
2. Rd: Jede fM verdoppeln (= 16 M).
3. Rd: * 2 fM verdoppeln, 2 fM, ab * noch 3x wdh (= 24 fM).
4. Rd: 1 fM, 2 fM verdoppeln, * 4 fM, 2 fM verdoppeln, ab * noch 2x wdh, 3 fM (= 32 M).
5. Rd: 2 fM, 2 fM verdoppeln, * 6 fM, 2 fM verdoppeln, ab * noch 2x wdh, 4 fM (= 40 M).
6. Rd: 3 fM, 2 fM verdoppeln, * 8 fM, 2 fM verdoppeln, ab * noch 2x wdh, 5 fM (= 48 M).
7. Rd: 4 fM, 2 fM verdoppeln, * 10 fM, 2 fM verdoppeln, ab * noch 2x wdh, 6 fM (= 56 M).
8. Rd: 5 fM, 2 fM verdoppeln, * 12 fM, 2 fM verdoppeln, ab * noch 2x wdh, 7 fM (= 64 M).

9.-22. Rd: 64 fM.

23. Rd: 5 fM, 2x 2 fM zusammen abmaschen, * 12 fM, 2x 2 fM zusammen abmaschen, ab * noch 2x wdh, 7 fM (= 56 M).
24. Rd: 4 fM, 2x 2 fM zusammen abmaschen, * 10 fM, 2x 2 fM zusammen abmaschen, ab * noch 2x wdh, 6 fM (= 48 M).

Nun die Sicherheitsaugen zwischen der 17. und 18. Rd mit 11 fM zueinander anbringen.

Den Kopf fest mit Füllwatte ausstopfen. Dafür aus Füllwatte kleine Wattebällchen formen und nach und nach in den Kopf stopfen. Wichtig ist, dass der Kopf würfelförmig und nicht rund wird.

25. Rd: 3 fM, 2x 2 fM zusammen abmaschen, * 8 fM, 2x 2 fM zusammen abmaschen, ab * noch 2x wdh, 5 fM (= 40 M).
26. Rd: 2 fM, 2x 2 fM zusammen abmaschen, * 6 fM, 2x 2 fM zusammen abmaschen, ab * noch 2x wdh, 4 fM (= 32 M).
27. Rd: 1 fM, 2x 2 fM zusammen abmaschen, * 4 fM, 2x 2 fM zusammen abmaschen, ab * noch 2x wdh, 3 fM (= 24 M).
28. Rd: * 2 fM, 2x 2 fM zusammen abmaschen, ab * noch 3x wdh (= 16 M).

Weiter mit Füllwatte ausstopfen.

29. Rd: * 2 fM, 2 fM zusammen abmaschen, ab * noch 3x wdh (= 12 M).

30.-34. Rd: 12 fM.

35. Rd: Immer 2 fM zusammen abmaschen (= 6 M).

Faden lang abschneiden und durchziehen.

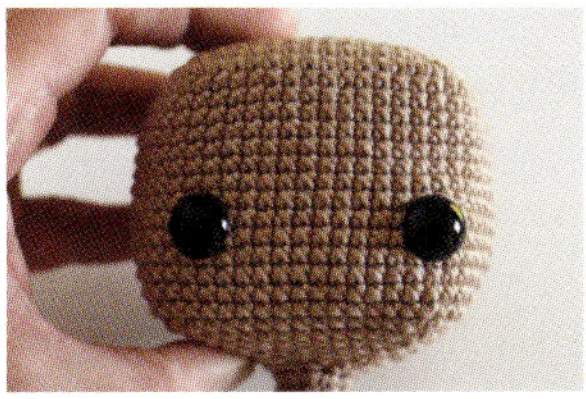

OHR (2x)
In Deep Amber mit Häkelnd 2,25 mm einen Magic-Ring anfertigen.
1. Rd: 6 fM in den Ring häkeln.
Faden abschneiden und durchziehen.
Das 2. Ohr ebenso häkeln.

ARM (2x)
In Deep Amber mit Häkelnd 2,25 mm einen Magic-Ring anfertigen:
1. Rd: 7 fM in den Ring häkeln.
2.-8. Rd: 7 fM.
Faden abschneiden und durchziehen.
Den 2. Arm ebenso häkeln.

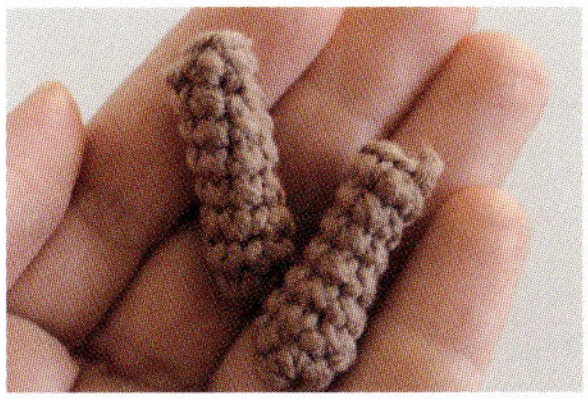

KÖRPER
In Pfau mit Häkelnd 2,25 mm einen Magic-Ring anfertigen.
1. Rd: 6 fM in den Ring häkeln.
2. Rd: Jede fM verdoppeln (= 12 M).
3. Rd: * 1 fM, 1 fM verdoppeln, ab * noch 5x wdh (= 18 M).
4. Rd: * 5 fM, 1 fM verdoppeln, ab * noch 2x wdh (= 21 M).
5. Rd: 21 Relief-fM von hinten.
6. Rd: 21 fM.
Damit deine Figur später stehen kann, das Unterteil leicht nach innen drücken, damit eine Rundung entsteht. Dann das Unterteil nur leicht mit Füllwatte ausstopfen. Du solltest keinesfalls zu viel Füllwatte hineinstopfen, sonst kann die Figur nicht stehen.
Du kannst auch Heißkleber 2-3 mm hoch in das Unterteil spritzen und warten, bis er vollständig ausgehärtet ist. Das Unterteil bekommt so mehr Gewicht und deine Figur steht sicher.

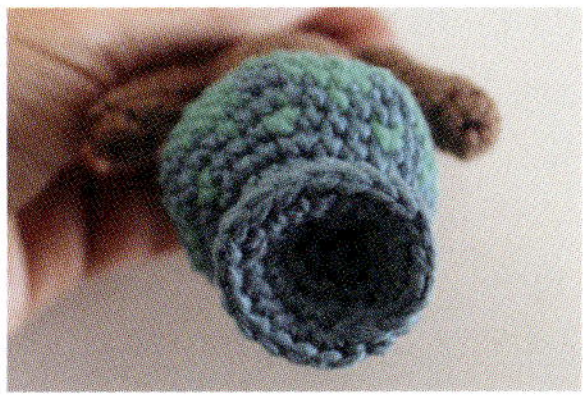

7. Rd: * 5 fM, 2 fM zusammen abmaschen, ab * noch 2x wdh (= 18 M).
8. Rd: * 1 fM, 2 fM zusammen abmaschen, ab * noch 5x wdh (= 12 M).
9. Rd: 12 fM.
10. Rd: * 3 fM, 1 fM verdoppeln, ab * noch 2x wdh (= 15 M).
11. Rd: * 4 fM, 1 fM verdoppeln, ab * noch 2x wdh (= 18 M).

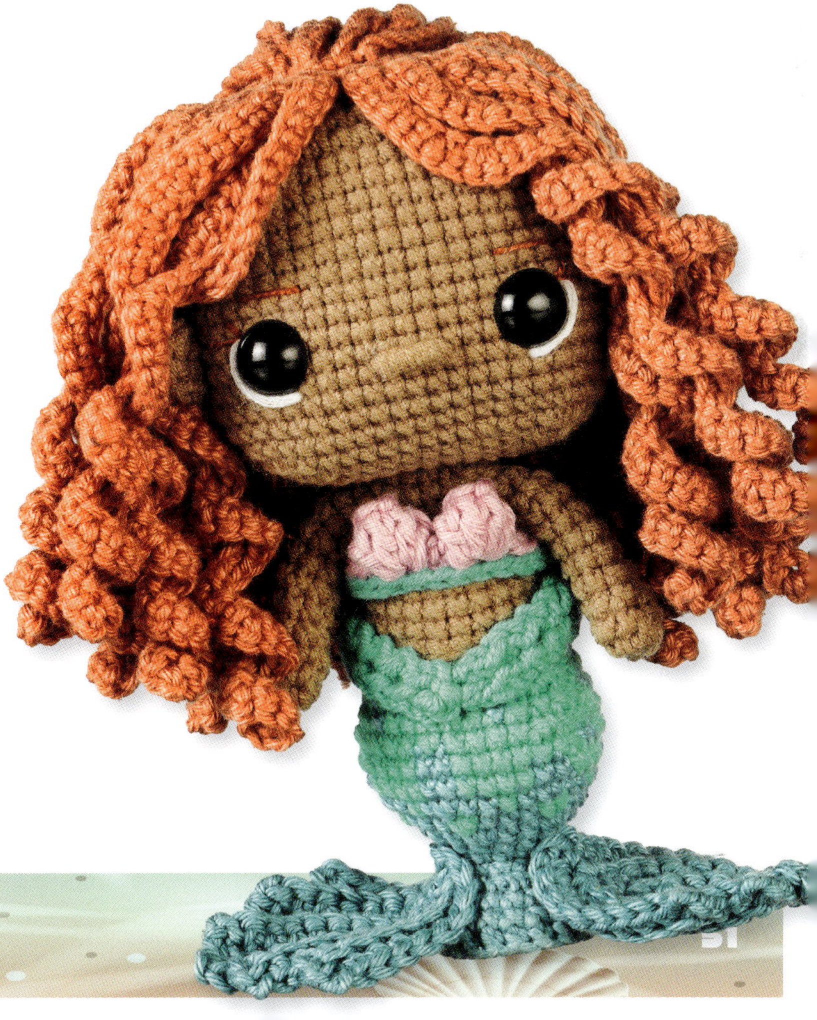

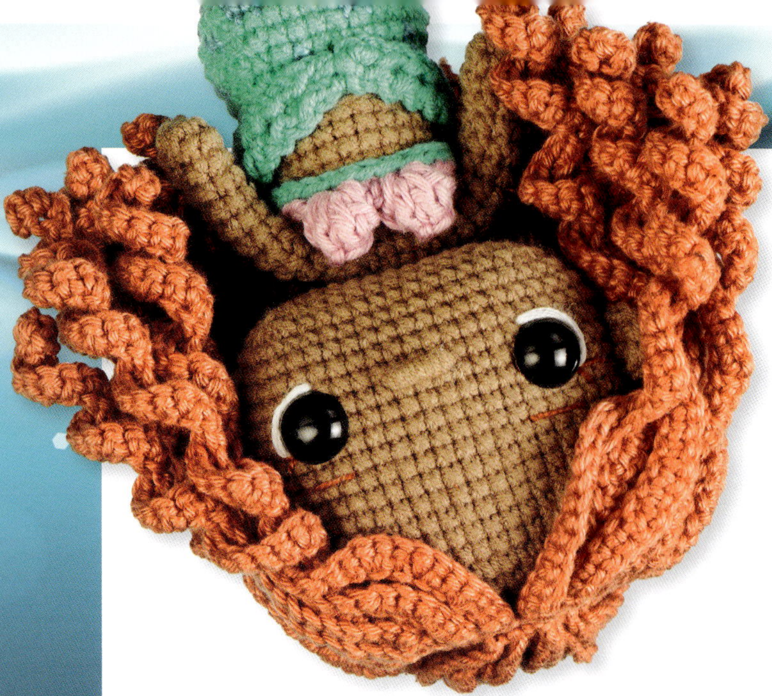

12. Rd: * 2 fM, 1 fM verdoppeln, ab * noch 5x wdh (= 24 M).

In der 13. bis 18. Rd werden die Fb innerhalb der Rd gewechselt: Deshalb stehen die Abkürzungen P (= Pfau) und J (= Jade) vor der entsprechenden Anzahl an M in Klammern. Beim Fb-Wechsel das Garn auf der Innenseite weiterführen.

13. Rd: * (P) 3 fM, (J) 1 fM verdoppeln, ab * noch 5x wdh (= 30 M).

14. Rd: * (P) 1 fM, (J) 1 fM, (P) 2 fM, 1 fM verdoppeln, ab * noch 5x wdh (= 36 M).

15. Rd: * (J) 4 fM, (P) 2 fM, ab * noch 5x wdh.

16. Rd: * (J) 7 fM, (P) 2 fM, ab * noch 3x wdh.

17. Rd (Jade): * 4 fM, 2 fM zusammen abmaschen, ab * noch 5x wdh (= 30 M).

18. Rd: * (J) 5 fM, (P) 1 fM, ab * noch 4x wdh.

19. Rd (Jade): * 3 fM, 2 fM zusammen abmaschen, ab * noch 5x wdh (= 24 M).

20. Rd: 24 fM.

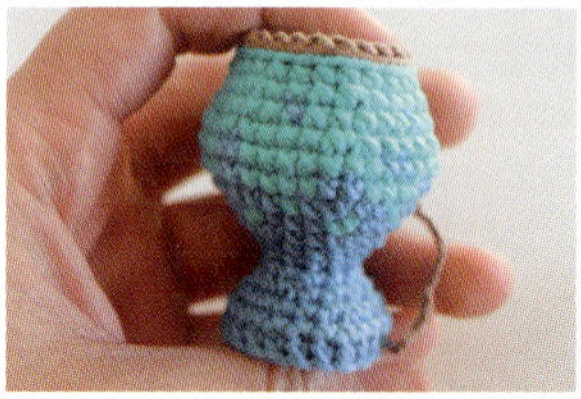

21. Rd (Deep Amber): In die hinteren M-Glieder 24 Km.

22. Rd: In die hinteren M-Glieder 24 fM.

23.-25. Rd: 24 fM.

26. Rd: 6 fM, 7 fM (Aufnahme Arm), 12 fM, 7 fM (Aufnahme Arm), 6 fM (= 38 M).

27. Rd: * 2 fM, 2 fM zusammen abmaschen, ab * noch 3x wdh, 3x 2 fM zusammen abmaschen, ** 2 fM, 2 fM zusammen abmaschen, ab ** noch 3x wdh (= 27 M).

28. Rd: * 1 fM, 2 fM zusammen abmaschen, ab * noch 8x wdh (= 18 M).

29. Rd: 18 fM.

30. Rd: * 1 fM, 2 fM zusammen abmaschen, ab * noch 5x wdh (= 12 M).

31. Rd: * 2 fM, 2 fM zusammen abmaschen, ab * noch 2x wdh (= 9 M).

32.-36. Rd: 9 fM.

37. Rd: * 1 fM, 2 fM zusammen abmaschen, ab * noch 2x wdh (= 6 M).

Schließe die Öffnung. Du kannst einen invertierten magischen Ring anfertigen (siehe Digi-Bib).

Faden lang abschneiden und durchziehen.

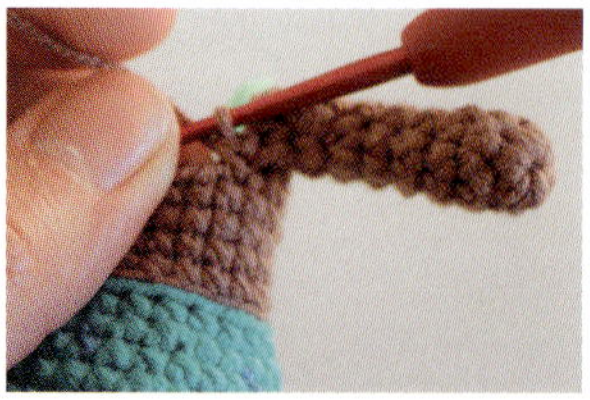

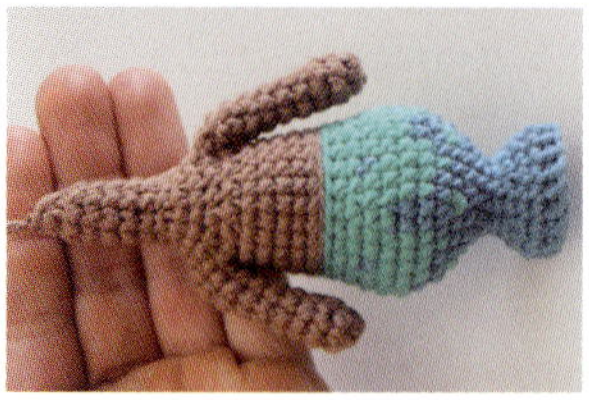

SCHWANZFLOSSE (2x)

In Pfau mit Häkelnd 2,25 mm 10 Lm anschl. Weiter in R häkeln.

1. R: Ab der 3. Lm ab Nd 7 fM, (1 fM, 2 Lm, 1 fM) in die letzte M (= Spitze). Weiter 7 fM entlang der anderen Seite der Lm-Kette. Mit 2 Lm wenden.

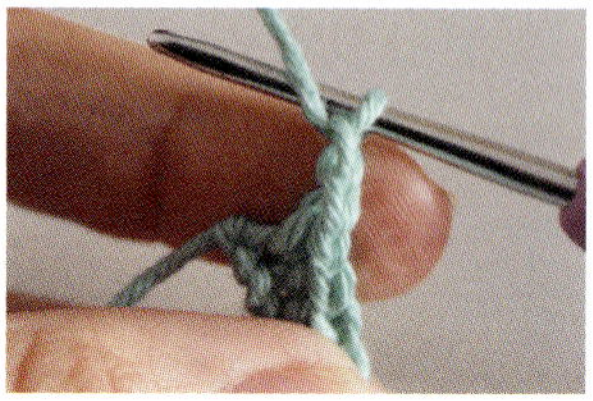

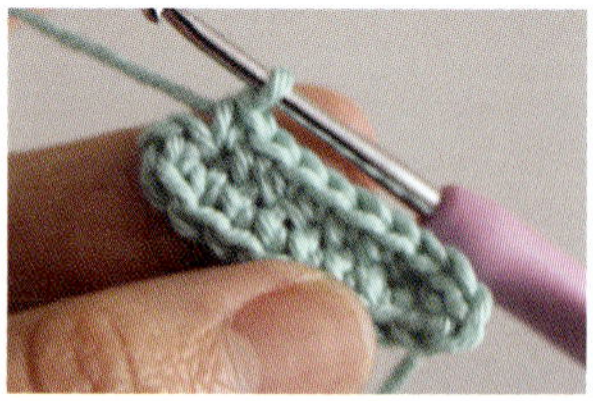

2. R: Ab der 4. M ab Nd 7 fM in die nächsten 7 hinteren M-Glieder arb. Dann in beide M-Glieder (1 fM, 2 Lm, 1 fM) in 1 M. Weiter auf der anderen Seite 7 fM in die hinteren M-Glieder häkeln. Mit 2 Lm wenden.

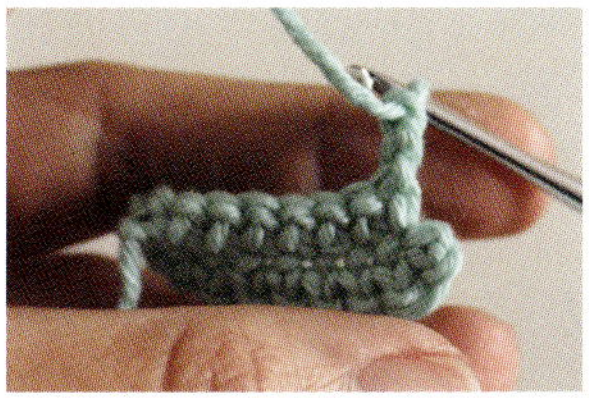

Die 2. R noch 3x wdh. Bei der letzten Wiederholung die Wende-Lm weglassen. Faden lang abschneiden und durchziehen.
Die 2. Schwanzflosse ebenso häkeln.

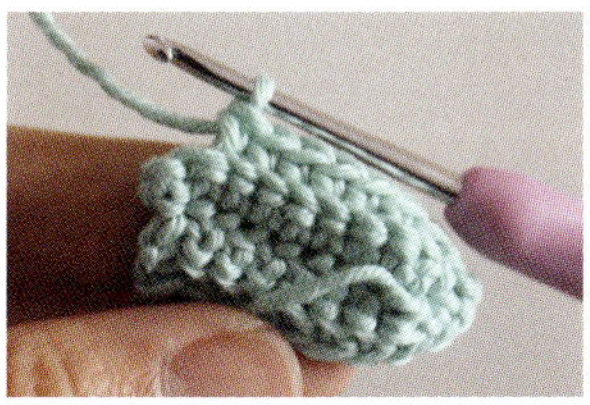

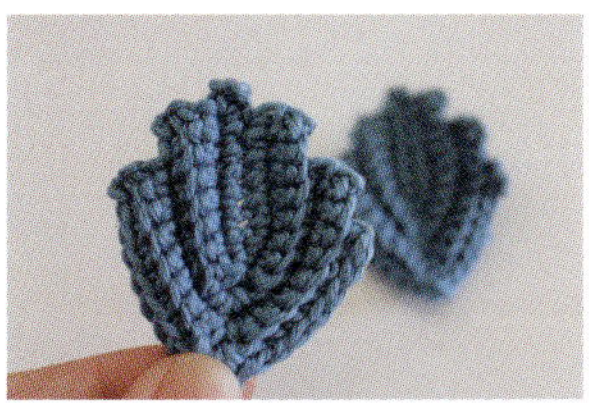

MUSCHEL-BH

In Azalee mit Häkelnd 2,25 mm 25 Lm anschl.
Ab der 2. Lm ab Nd 10 Km, 5 Stb in 1 M, 2 Km, 5 Stb in 1 M, 9 Km.

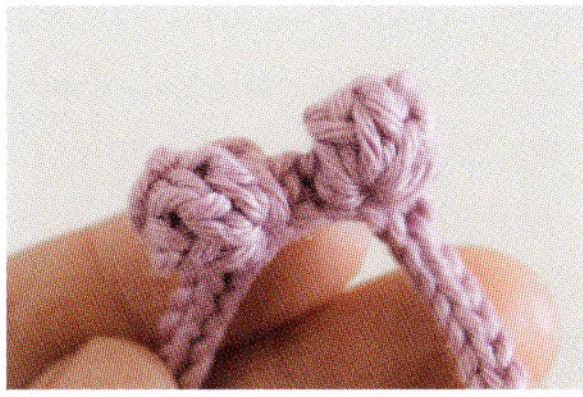

Die Häkelnd aus der Arbeitsschlinge nehmen, in Jade 1 große Lm arb, die Häkelnd aus der Arbeitsschlinge nehmen.

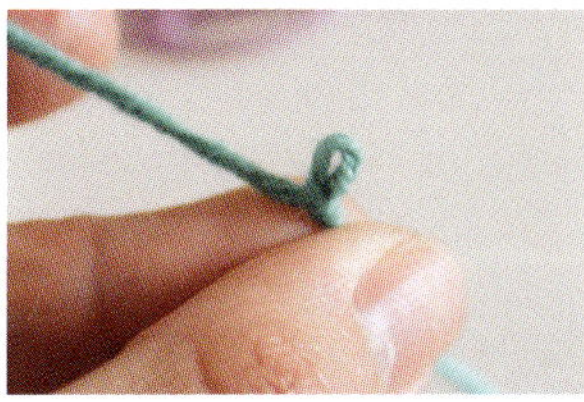

Das Garn in Azalee wieder aufnehmen und in Jade 1 Km arb.

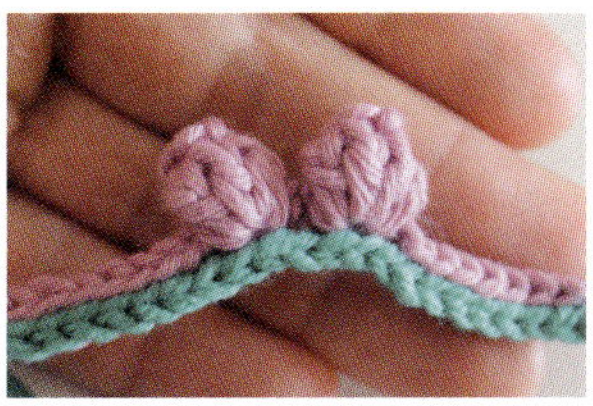

Weiter auf der anderen Seite der Lm-Kette in Jade 24 km häkeln. Faden abschneiden, durchziehen und durch die große Lm fädeln. Den Muschel-BH unter den Armen am Körper befestigen.

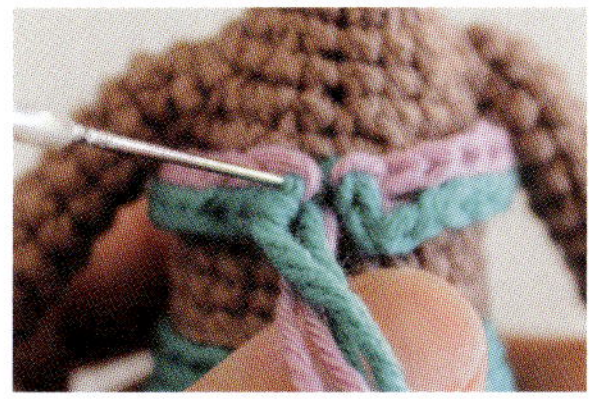

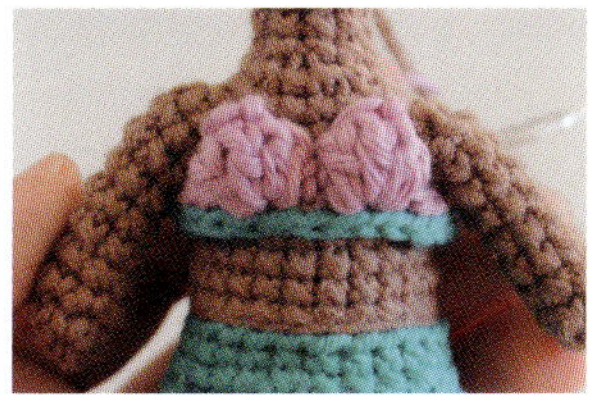

HÜFTSCHUPPEN

In Jade mit Häkelnd 2,25 mm 24 Lm anschl.
* 1 Km, 1 Lm, ab * noch 21x wdh, ** 1 Km, 1 Lm, ab ** noch 1x wdh in dieselbe M.
Die Lm-Kette von der anderen Seite behäkeln: * 1 Km, 1 Lm, ab * noch 21x wdh.
Faden lang abschneiden und durchziehen. Positioniere die Hüftschuppen, lege beide Enden nach vorne zu einem „V" und nähe sie an. Vernähe die Restfäden.

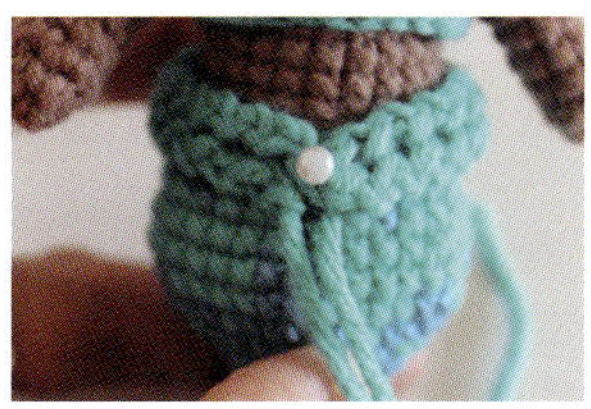

KOPF FERTIGSTELLEN

Sticke in Weiß die Augenkonturen. Stich dafür seitlich des Kopfes ein und komme an der unteren Mitte des Auges wieder heraus. Stich seitlich oberhalb des Auges, über 5 fM, wieder ein. Sticke nach der Anleitung von Seite 134 eine Nase in Deep Amber sowie Augenbrauen und Wimpern in Rotbraun. Nähe die Ohren an.

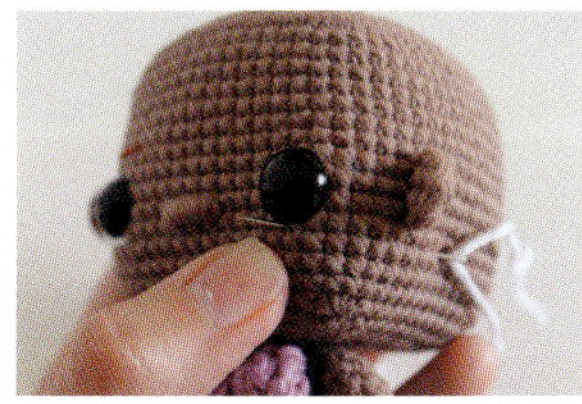

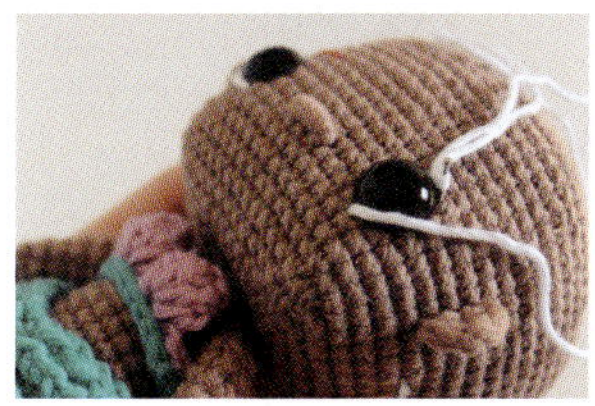

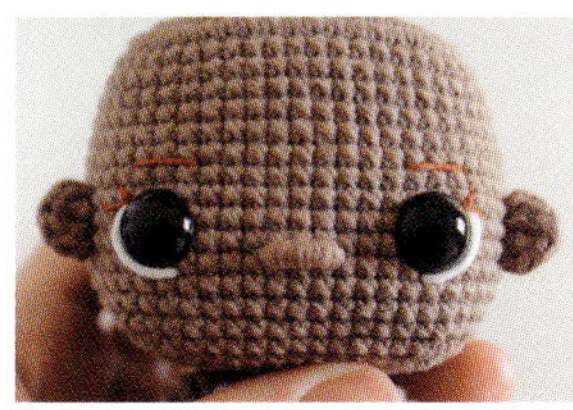

KOPF UND KÖRPER ZUSAMMENFÜGEN

Verbinde Kopf und Körper nach der Anleitung von Seite 135.

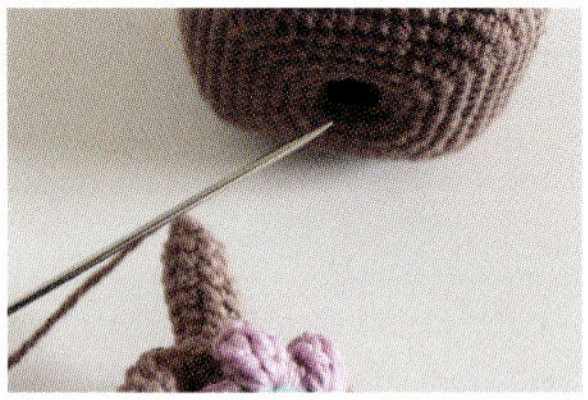

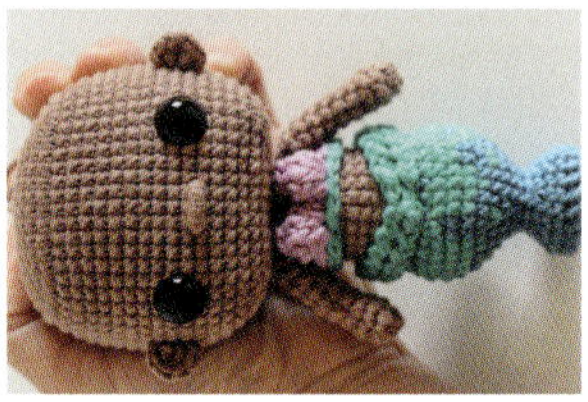

HAARE

In Scampi mit Häkelnd 2,5 mm einen Magic-Ring anfertigen.

1. Rd: 8 fM in den Ring häkeln.

2. Rd: In die vorderen M-Glieder arb und jede fM verdoppeln (= 16 M).

3. Rd: In die vorderen M-Glieder: * 2 fM verdoppeln, 2 fM, ab * noch 3x wdh (= 24 M).

4. Rd: In die vorderen M-Glieder: 1 fM, 2 fM verdoppeln, * 4 fM, 2 fM verdoppeln, ab * noch 2x wdh, 3 fM (= 32 M).

Nun Strähnen rundum in die 32 M der 4. Rd häkeln.

Hinweis: Zur besseren Übersicht wird im Folgenden das Wort „Strähne“ benutzt, obwohl einige Strähnen nur aus 1 fM bestehen, die als Abstand innerhalb der Frisur dienen.

1.-9. Strähne: 37 Lm, ab der 2. Lm * 1 fM, 1 fM verdoppeln, ab noch 12x wdh, 10 hStb, 1 fM in die nächste M.

10. Strähne: 1 fM.

11 Strähne: 37 Lm, ab der 2. Lm * 1 fM, 1 fM verdoppeln, ab * noch 17x wdh, 1 fM in die nächste M.

12. Strähne: 1 fM.

13.-15. Strähne: 37 Lm, ab der 2. Lm * 1 fM, 1 fM verdoppeln, ab * noch 17x wdh, 1 fM in die nächste M.

16. Strähne: 1 fM.

17.-19. Strähne: 37 Lm, ab der 2. Lm * 1 fM, 1 fM verdoppeln, ab * noch 14x wdh, 6 fM, 1 fM in die nächste M.

20. Strähne: 1 fM.

21. Strähne: 37 Lm, ab der 2. Lm * 1 fM, 1 fM verdoppeln, ab * noch 14x wdh, 6 fM, 1 fM in die nächste M.

22. Strähne: 1 fM.

23.-31. Strähne: 37 Lm, ab der 2. Lm * 1 fM, 1 fM verdoppeln, ab * noch 12x wdh, 10 hStb, 1 fM in die nächste M.

32. Strähne: Schließe mit 1 Km in die letzte M.

Faden abschneiden und durchziehen.

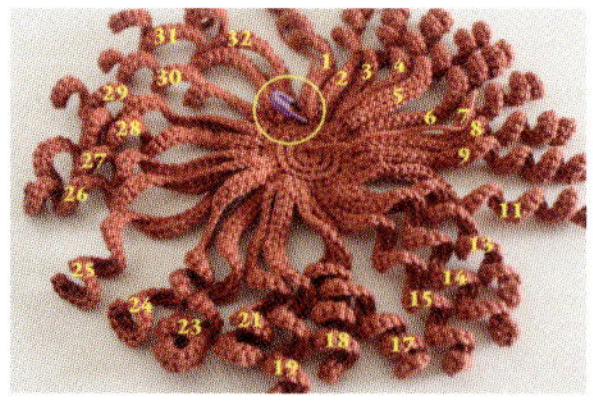

Nun die Dreadlocks an der Oberseite der Haare anfertigen. Du kannst die Dreadlocks entweder vor oder nach dem Befestigen der Haare am Kopf anfertigen. Zum Befestigen der Haare positioniere diese mit der linken Seite nach oben. Der M-Markierer liegt an der Rückseite des Kopfes. Er zeigt dir den Anfang der Strähnenreihe. Strähnen 1 bis 9 und 23 bis 31 sind hinter den Ohren, rund um den Kopf platziert. Strähnen 11 bis 15 sind für die rechte Seite des Kopfes und Strähnen 17 bis 21 sind für die linke Seite.

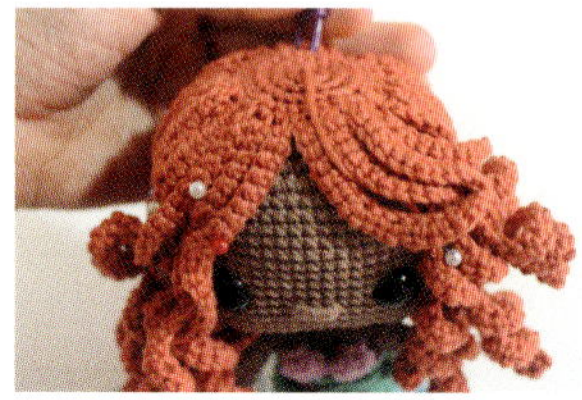

Nun die Dreadlocks in die übrigen M-Gliedern häkeln. Ich habe nur die M-Glieder der 2. und 3. Rd genutzt. Du kannst so viele Dreadlocks machen, wie du möchtest und kannst auch alle M-Glieder verwenden, dann wird es noch voluminöser. Keine Sorge, wenn du nicht alle M-Glieder verwendest. Man sieht sie später nicht mehr.

Schneide mehrere Fäden von etwa 30 cm Länge zu. Falte einen Faden zur Hälfte.

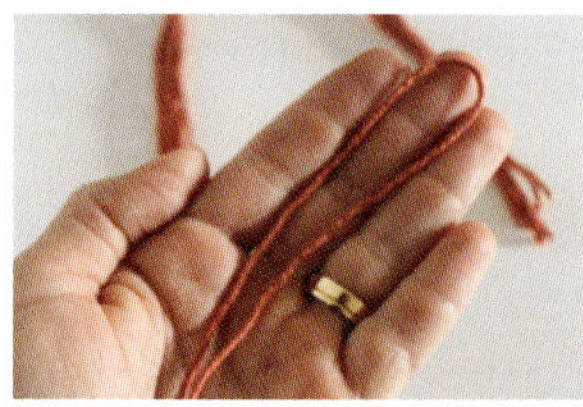

Stich die Häkelnd in eine M ein und ziehe den Faden durch. Du siehst nun eine Schlaufe. Führe die offenen Fadenenden durch diese Schlaufe. Nun kommen 2 Fäden aus einer M.

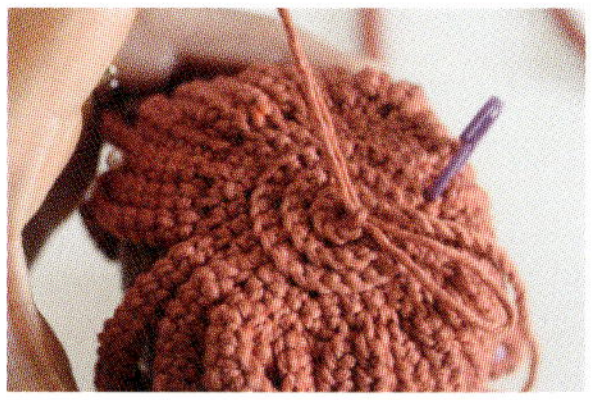

Die Dreadlocks-Technik geht in 3 einfachen Schritten: Drehe den 1. Faden im Uhrzeigersinn und halte ihn straff; drehe den 2. Faden im Uhrzeigersinn und halte auch ihn straff; halte nun beide Fäden weiterhin straff und drehe beide zusammen im Uhrzeigersinn und lasse dann los. Verknote die Spitzen miteinander und schneide überschüssigen Faden ab. Die Haare sehen nun aus wie auf den Bildern unten. Arrangiere die Strähnen so, dass ein Mittelscheitel entsteht.

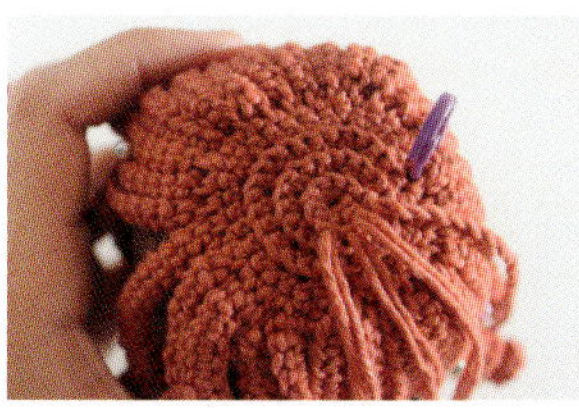

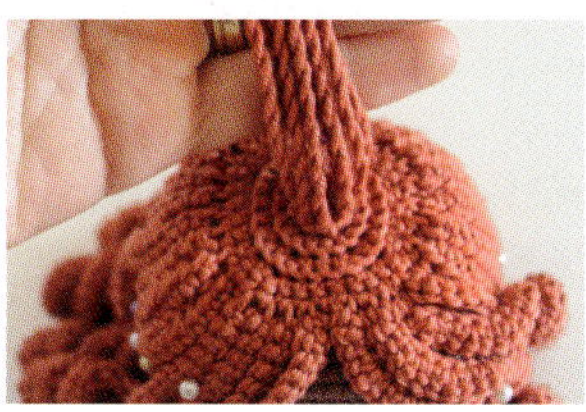

FERTIGSTELLEN

Die Dreadlocks werden nicht angeklebt. Drehe die Locken in Position, so dass alle gleich lang sind. Pinne die Haarspitze jeder Strähne an den Körper. Mit Hilfe einer Sprühflasche sprühst du Wasser über dein komplettes Häkelstück. Die Stecknadeln verbleiben, bis alles komplett getrocknet ist. Wenn du die Stecknadeln entfernst, bleiben die Haarsträhnen auf ihrem Platz und die Locken drehen sich nicht aus. Pinne die Schwanzflossen an die Basis des Körpers. Wenn sie symmetrisch sind, klebst du sie an und wartest bis alles getrocknet ist. Alle Fäden vernähen.

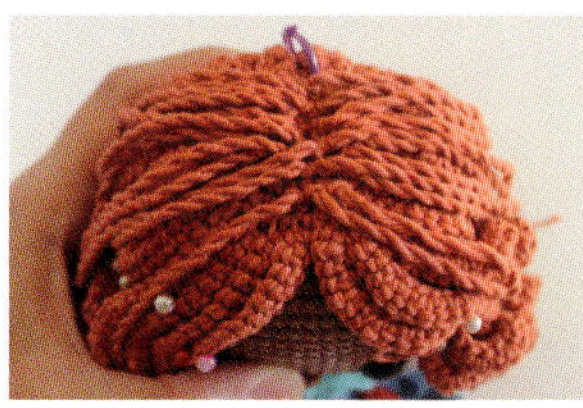

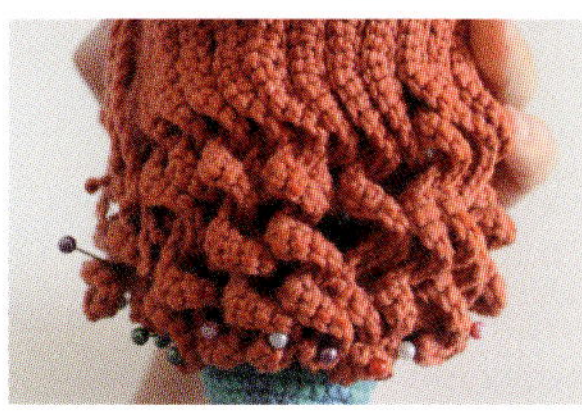

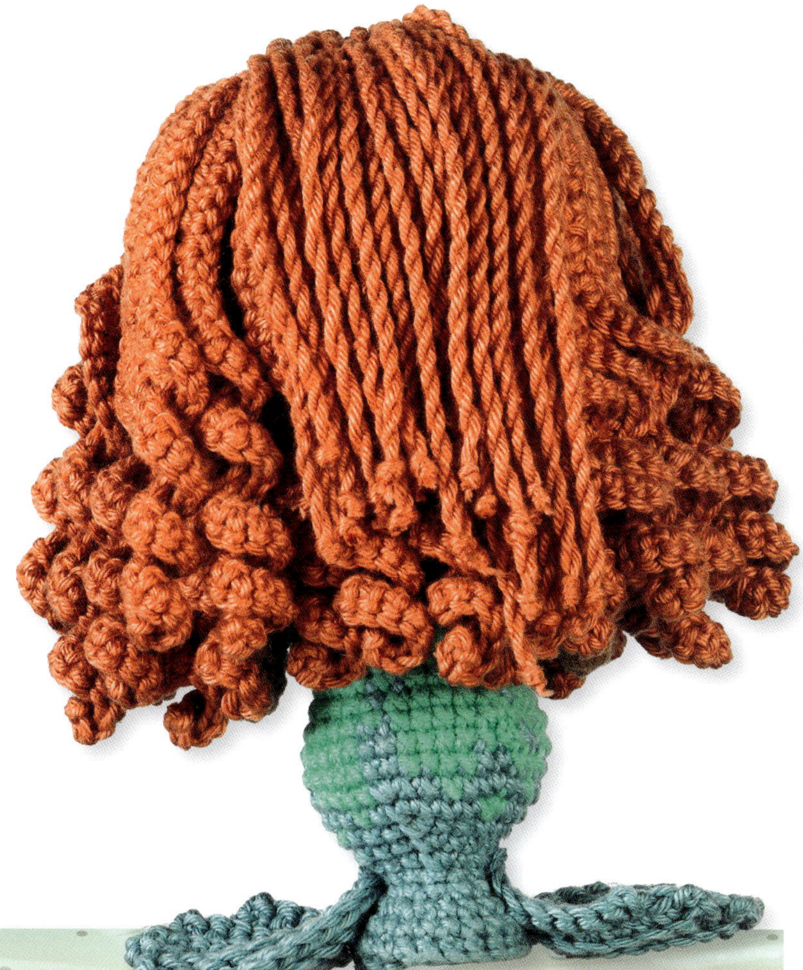

HÜBSCHES ASCHENPUTTEL

SCHWIERIGKEITSGRAD 3

GRÖSSE

14 cm

MATERIAL

- Schachenmayr Catania (LL 125 m/50 g) in Ivory (Fb 436), Vanille (Fb 403) und Wolke (Fb 247), je 50 g, in Hellblau (Fb 173), in Weiß (Fb 106), Rest
- Stickgarn in Dunkelbraun
- Häkelnadel 2,5 mm
- 2 Sicherheitsaugen in Schwarz, ø 12 mm
- Maschenmarkierer
- Sekundenkleber
- Füllwatte
- Wollnadel
- Stecknadeln

X-MUSTER

(verschränkte feste Maschen)

Die Figur wurde mit verschränkten fM im X-Muster gehäkelt, d. h. der Faden wird immer von oben (statt von unten) geholt. Selbstverständlich kannst du auch normale fM häkeln.

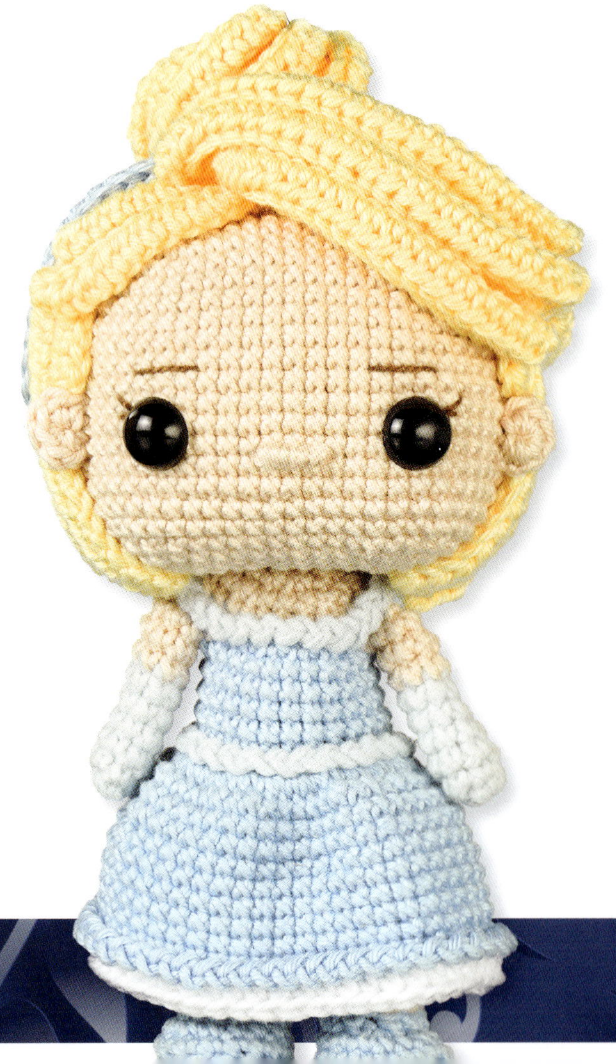

ANLEITUNG

Zunächst Kopf, Ohren, Arme und Beine häkeln. Dann die Beine verbinden, den Körper häkeln und die Arme aufnehmen. Weitere Details anfertigen. Anschließend den Kopf fertigstellen und mit dem Körper verbinden.

Zum Schluss die Haare häkeln, am Kopf arrangieren und festkleben.

Sofern nicht anders erwähnt, in Spiral-Rd häkeln. Dafür den Beginn jeder Rd mit einem M-Markierer oder Kontrastgarn kennzeichnen.

KOPF

In Ivory einen Magic-Ring anfertigen.

1. Rd: 8 fM in den Ring häkeln (= 8 M).

2. Rd: Jede fM verdoppeln (= 16 M).

3. Rd: * 2 fM verdoppeln, 2 fM, ab * noch 3x wdh (= 24 fM).

4. Rd: 1 fM, 2 fM verdoppeln, * 4 fM, 2 fM verdoppeln, ab * noch 2x wdh, 3 fM (= 32 M).

5. Rd: 2 fM, 2 fM verdoppeln, * 6 fM, 2 fM verdoppeln, ab * noch 2x wdh, 4 fM (= 40 M).

6. Rd: 3 fM, 2 fM verdoppeln, * 8 fM, 2 fM verdoppeln, ab * noch 2x wdh, 5 fM (= 48 M).

7. Rd: 4 fM, 2 fM verdoppeln, * 10 fM, 2 fM verdoppeln, ab * noch 2x wdh, 6 fM (= 56 M).

8. Rd: 5 fM, 2 fM verdoppeln, * 12 fM, 2 fM verdoppeln,

ab * noch 2x wdh, 7 fM (= 64 M).
9.-22. Rd: 64 fM.
23. Rd: 5 fM, 2x 2 fM zusammen abmaschen, * 12 fM, 2x 2 fM zusammen abmaschen, ab * noch 2x wdh, 7 fM (= 56 M).
24. Rd: 4 fM, 2x 2 fM zusammen abmaschen, * 10 fM, 2x 2 fM zusammen abmaschen, ab * noch 2x wdh, 6 fM (= 48 M).
Nun die Sicherheitsaugen zwischen der 17. und 18. Rd mit 11 fM zueinander anbringen.
Den Kopf fest mit Füllwatte ausstopfen. Dafür aus Füllwatte kleine Watteбällchen formen und nach und nach in den Kopf stopfen. Wichtig ist, dass der Kopf würfelförmig und nicht rund wird.
25. Rd: 3 fM, 2x 2 fM zusammen abmaschen, * 8 fM, 2x 2 fM zusammen abmaschen, ab * noch 2x wdh, 5 fM (= 40 M).
26. Rd: 2 fM, 2x 2 fM zusammen abmaschen, * 6 fM, 2x 2 fM zusammen abmaschen, ab * noch 2x wdh, 4 fM (= 32 M).
27. Rd: 1 fM, 2x 2 fM zusammen abmaschen, * 4 fM, 2x 2 fM zusammen abmaschen, ab * noch 2x wdh, 3 fM (= 24 M).
28. Rd: * 2 fM, 2x 2 fM zusammen abmaschen, ab * noch 3x wdh (= 16 M).
Weiter mit Füllwatte ausstopfen.
29. Rd: * 2 fM, 2 fM zusammen abmaschen, ab * noch 3x wdh (= 12 M).
30.-34. Rd: 12 fM.
Faden lang abschneiden und durchziehen.

OHR (2x)

In Ivory einen Magic-Ring anfertigen.
1. Rd: 6 fM in den Ring häkeln.
Faden abschneiden und durchziehen.
Das 2. Ohr ebenso häkeln.

ARM (2x)

In Hellblau einen Magic-Ring anfertigen:
1. Rd: 7 fM in den Ring häkeln.
2.-6. Rd: 7 fM.
7.-8. Rd (Ivory): 7 fM.
Faden abschneiden und durchziehen.
Den 2. Arm ebenso häkeln.

1. BEIN

In Wolke einen Magic-Ring anfertigen.
1. Rd: 6 fM in den Ring häkeln.
2. Rd: Jede fM verdoppeln (= 12 M).
3. Rd: * 3 fM, 1 fM verdoppeln, ab * noch 2x wdh (= 15 M).
4. Rd: In die hinteren M-Glieder 15 fM.
5. Rd: 15 fM.
6. Rd: 5 fM, 2x 3 fM zusammen abmaschen, 4 fM (= 11 M).
7. Rd (Ivory): In die hinteren M-Glieder 11 fM.
8.-9. Rd: 11 fM.
10. Rd: 10 fM, 1 fM verdoppeln (= 12 M).
11. Rd: * 3 fM, 1 fM verdoppeln, ab * noch 2x wdh (= 15 M).
12. Rd: 15 fM.
Faden abschneiden und durchziehen.

2. BEIN

Das 2. Bein wie das 1. Bein häkeln, in der 12. Rd zusätzlich 3 fM häkeln. Faden nicht abschneiden, sondern in Wolke die Beine wie folgt verbinden und weiter den Körper häkeln.

KÖRPER

Verbinde die Beine nach der Anleitung von Seite 133 und wie folgt: Häkle 1 fM in die vorletzte M des 1. Beines. Dies wird nun die 1. fM der nächsten Rd sein, also der neue Rd-Anfang.
13. Rd (Wolke): 15 fM (Aufnahme 1. Bein), 1 Km in dieselbe M, mit der du die Rd begonnen hast, 15 fM (= 2. Bein) (= 30 M).
14.-16. Rd: 30 fM.
17. Rd: * 3 fM, 2 fM zusammen abmaschen, ab * noch 5x wdh (= 24 M).
18. Rd: 24 fM.
19. Rd: In die hinteren M-Glieder 24 fM.
20. Rd: In die hinteren M-Glieder 24 Km.
21.-23. Rd: 24 fM.
Damit deine Figur später stehen kann, die Füße leicht nach innen drücken, damit eine Rundung entsteht.
Dann die Beine nur leicht mit Füllwatte ausstopfen.
Du solltest keinesfalls zu viel Füllwatte in die Füße stopfen, sonst kann die Figur nicht stehen.
Nun die Arme wie folgt hinzunehmen. In der nächsten Rd werden die Fb innerhalb

der Rd gewechselt: Deshalb stehen die Abkürzungen W (= Wolke) und I (= Ivory) vor der entsprechenden Anzahl an M in Klammern. Beim Fb-Wechsel das Garn auf der Innenseite weiterführen.

24. Rd: (W) 6 fM, (I) 7 fM (Aufmahme 1. Arm), (W) 12 fM, (I) 7 fM (Aufmahme 2. Arm), (W) 6 fM (= 38 M).

25. Rd (Wolke): * 2 fM, 2 fM zusammen abmaschen, ab * noch 3x wdh, ** 2 fM zusammen abmaschen, ab ** noch 2x wdh, *** 2 fM, 2 fM zusammen abmaschen, ab *** noch 3x wdh (= 27 M).

26. Rd (Ivory)): In die hinteren M-Glieder 27 fM.

Weiter mit Füllwatte ausstopfen.

27. Rd: * 1 fM, 2 fM zusammen abmaschen, ab * noch 8x wdh (= 18 M).

28. Rd: * 1 fM, 2 fM zusammen abmaschen, ab * noch 5x wdh (= 12 M).

29. Rd: * 2 fM, 2 fM zusammen abmaschen, ab * noch 2x wdh (= 9 M).

30.–33. Rd: 9 fM.

Faden lang abschneiden und durchziehen. Weiter mit Füllwatte ausstopfen.

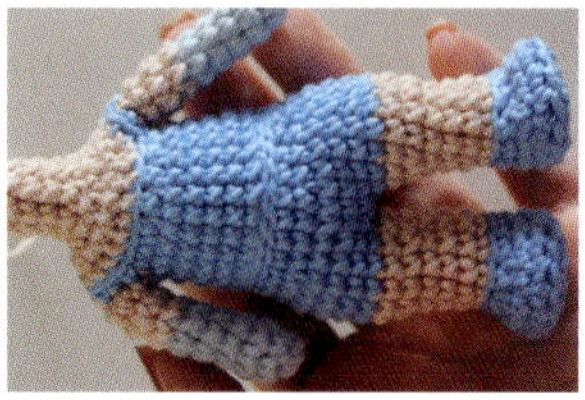

ROCK

Drehe die Figur mit dem Hals nach unten. Auf der Hüfte liegen 2 Linien. Mit Wolke auf der oberen Linie in ein vorderes M-Glied der 19. Rd einstechen. 1 Lm arb und 1 fM in dasselbe M-Glied häkeln. Weiter in Spiral-Rd häkeln.

1. Rd: In die vorderen M-Glieder arb: Jede fM verdoppeln (= 48 M).

2.–10. Rd: 48 fM.

11. Rd: In die vorderen M-Glieder arb: * 1 Lm, 1 Km, ab * noch 47x wdh.

Faden abschneiden und durchziehen.

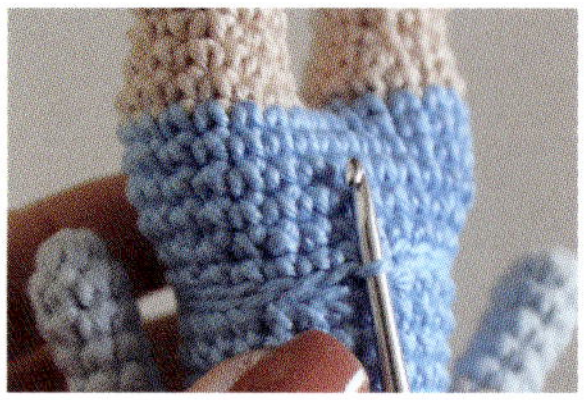

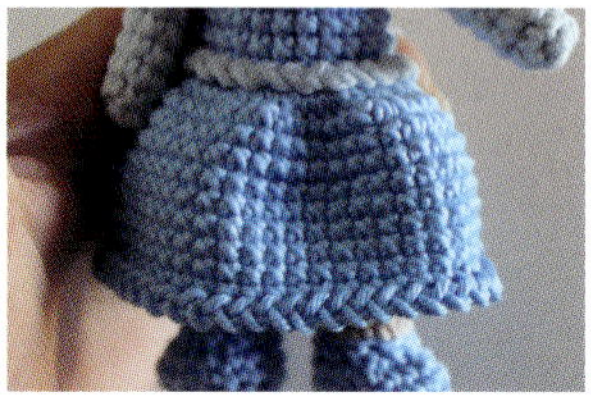

SAUM

Lass den Körper mit dem Hals nach unten und häkle nun in Weiß in die hinteren M-Glieder der 11. Rd des Rockes 48 hStb als Saum an. Faden abschneiden und durchziehen.

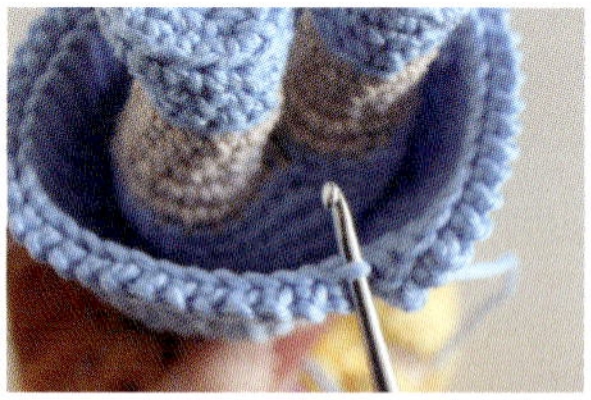

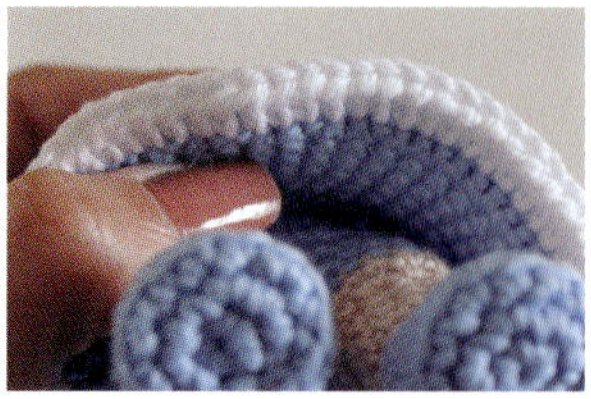

AUSSCHNITTKANTE

Drehe den Körper mit dem Hals nach oben und häkle in Hellblau eine Verzierung um die Ausschnittkante. Stich die Häkelnd in ein vorderes M-Glied der 25. Rd des Körpers und häkle * 1 Lm, 1 Km, ab * noch 26x wdh. Faden abschneiden und durchziehen.

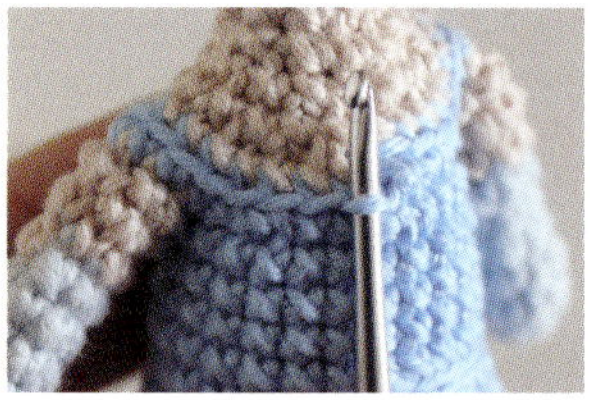

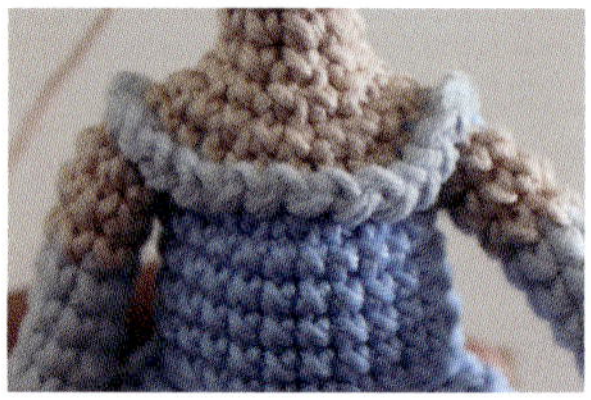

TAILLENVERZIERUNG

Drehe den Körper mit dem Hals nach unten und häkle nun in Hellblau eine Ziernaht auf die Taille. Stich die Häkelnd in ein vorderes M-Glied der 20. Rd des Körpers und häkle * 1 Lm, 1 Km, ab * noch 23x wdh. Faden abschneiden und durchziehen.

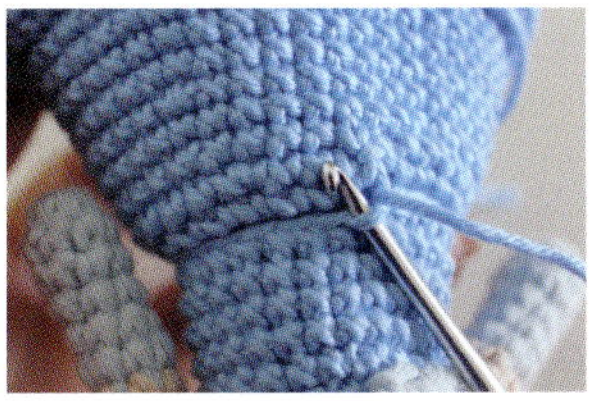

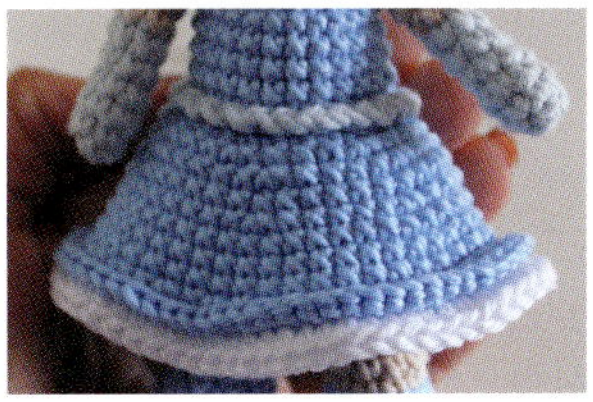

HAARBAND

In Wolke 35 Lm anschl und ab der 2. Lm ab Nd 34 hStb häkeln.
Faden abschneiden und durchziehen.

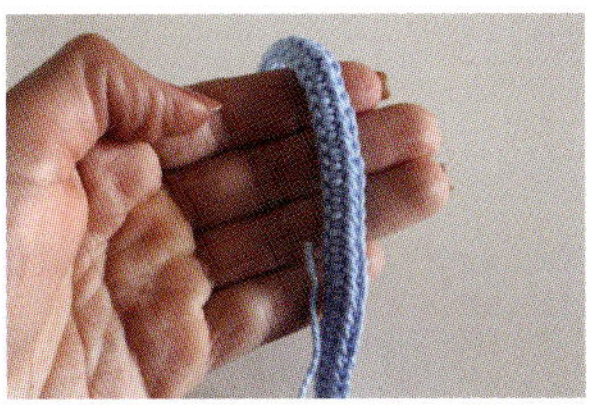

KOPF FERTIGSTELLEN

Sticke nach der Anleitung von Seite 134 eine Nase in Ivory sowie die Augenbrauen und Wimpern in Dunkelbraun. Nähe die Ohren an.

KOPF UND KÖRPER ZUSAMMENFÜGEN

Verbinde Kopf und Körper nach der Anleitung von Seite 135.

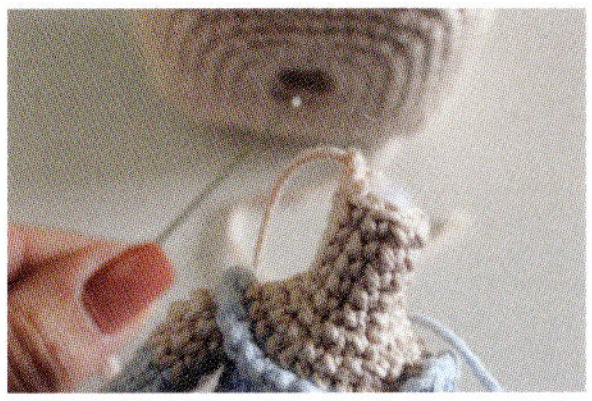

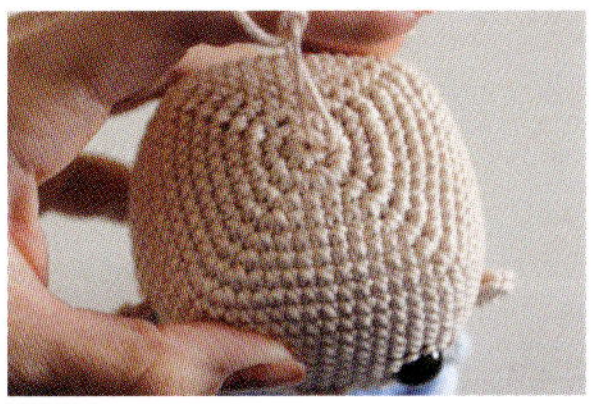

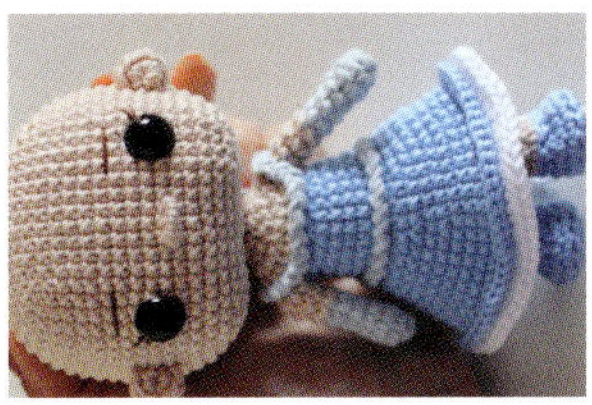

TIPP

Wenn dein Kopf fest auf dem Körper sitzen soll, nimm einen Papier-Trinkhalm, kürze ihn auf ca. 5 cm und schiebe ihn vor dem Zusammenfügen von Hals und Körper in den Kopf.

HAARE

In Vanille einen Magic-Ring anfertigen.

1. Rd: 8 fM in den Ring häkeln.

2. Rd: Jede fM verdoppeln (= 16 M).

3. Rd: * 2 fM verdoppeln, 2 fM, ab * noch 3x wdh (= 24 M).

4. Rd: 1 fM, 2 fM verdoppeln, * 4 fM, 2 fM verdoppeln, ab * noch 2x wdh, 3 fM (= 32 M).

Nun Strähnen rundum in die 32 M der 4. Rd häkeln.

Hinweis: **Zur besseren Übersicht wird im Folgenden das Wort „Strähne“ benutzt, obwohl einige Strähnen nur aus 1 fM bestehen, die als Abstand innerhalb der Frisur dienen.**

1.-3. Strähne: In die vorderen M-Glieder 21 Lm, 20 hStb ab der 2. Lm ab Nd, 1 fM in die nächste M.

4.-9. Strähne: 21 Lm, 20 hStb ab der 2. Lm ab Nd, 1 fM in die nächste M.

10. Strähne: 10 Lm, 9 hStb ab der 2. Lm ab Nd, 1 fM in die nächste M.

11. Strähne: 1 fM.

12. Strähne: 5 Lm, 4 hStb ab der 2. Lm ab Nd, 1 fM in die nächste M.

13. Strähne: 1 fM.

14. Strähne: 9 Lm, 8 hStb ab der 2. Lm ab Nd, 1 fM in die nächste M.

15. Strähne: 1 fM.

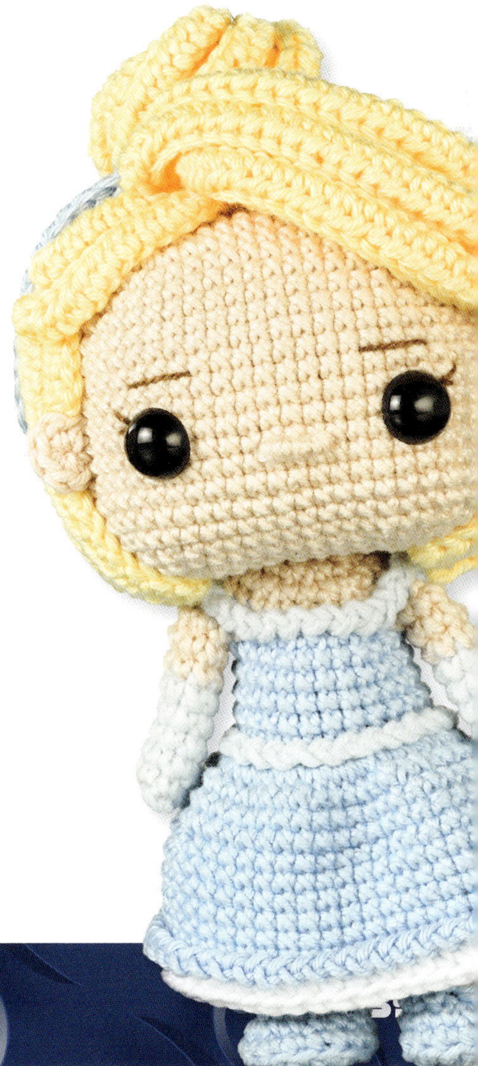

16. Strähne: 13 Lm, 12 hStb ab der 2. Lm ab Nd, 1 fM in die nächste M.
17. Strähne: 1 fM.

18. Strähne: 13 Lm, 12 hStb ab der 2. Lm ab Nd, 1 fM in die nächste M.
19. Strähne: 1 fM.

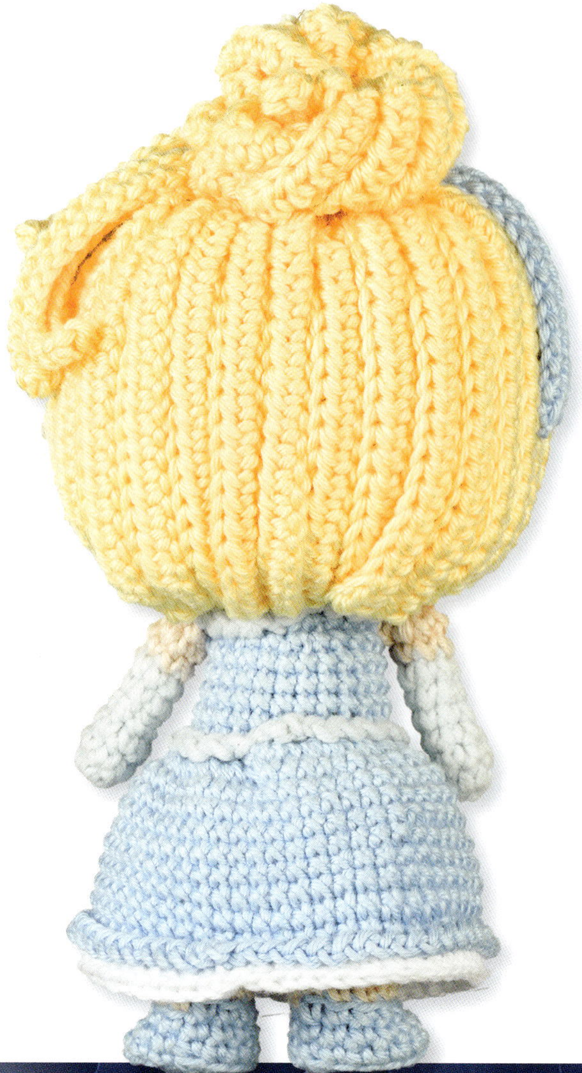

20. Strähne: 9 Lm, 8 hStb ab der 2. Lm ab Nd, 1 fM in das vordere M-Glied der nächsten M.
21. Strähne: 1 fM in das vordere M-Glied der nächsten M.
22. Strähne: 10 Lm, 9 hStb ab der 2. Lm ab Nd, 1 fM in das vordere M-Glied der nächsten M.
23. Strähne: 1 fM in das vordere M-Glied der nächsten M.
24.–32. Strähne: 21 Lm, 20 hStb ab der 2. Lm ab Nd, 1 fM in das vordere M-Glied der nächsten M.

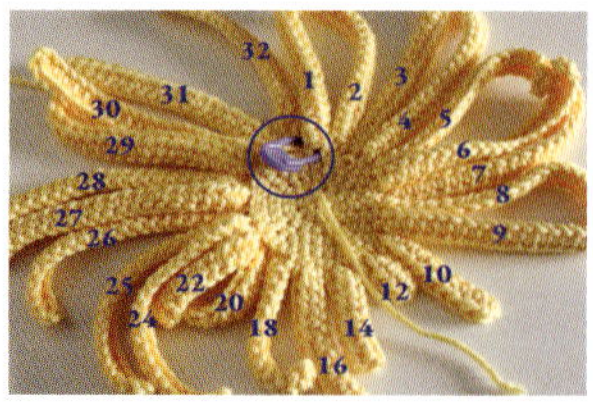

Platziere die Haare so am Kopf, dass die linke Seite des Magic-Rings nach oben zeigt. Der Marker sollte an der Rückseite des Kopfes liegen. Er zeigt dir den Anfang der Strähnen.

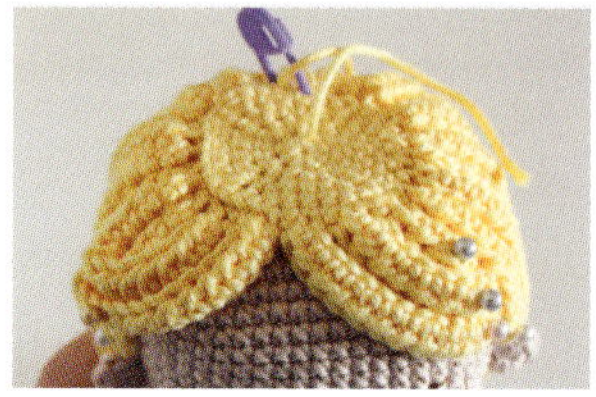

Strähne 10 und 22 sind direkt über den Ohren. Strähne 1 bis 9 und 24 bis 32 sind hinter den Ohren und werden um den Hinterkopf verteilt.

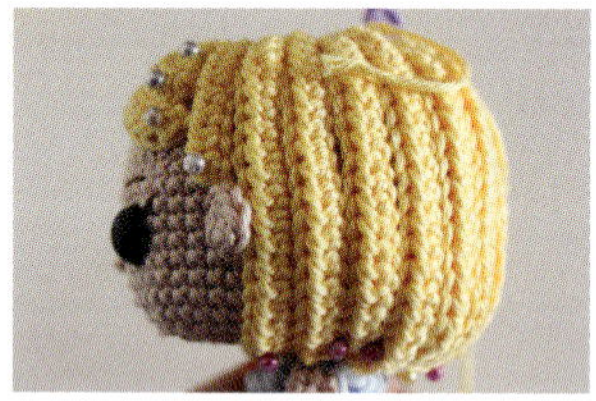

Strähne 12, 14, 16 sind auf der rechten Seite des Kopfes, Strähne 18 und 20 sind auf der linken Seite. Nun die Strähnen mit Stecknadeln befestigen und wie folgt fortfahren:

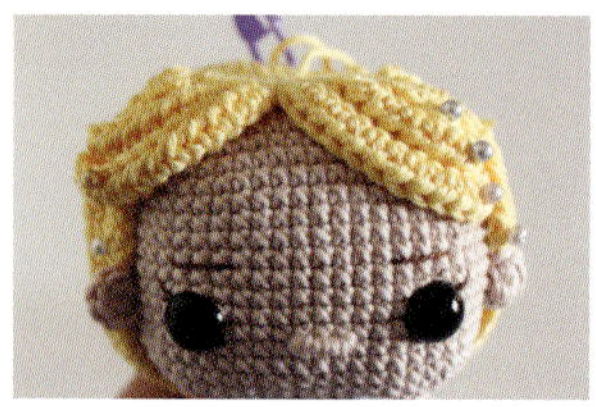

Schlinge in das hintere M-Glied an der Oberseite des Kopfes ein und häkle weitere 15 Strähnen in die hinteren M-Glieder wie folgt:

1.-6. Strähne: 33 Lm, 32 hStb ab der 2. Lm ab Nd, 1 fM in die nächste M.

7.-9. Strähne: Je 1 fM.

10.-15. Strähne: 25 Lm, 26 hStb ab der 2. Lm ab Nd, 1 fM in die nächste M.

Mit 1 Km enden.

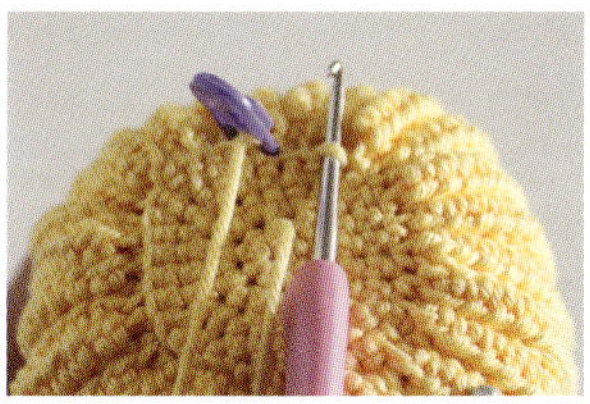

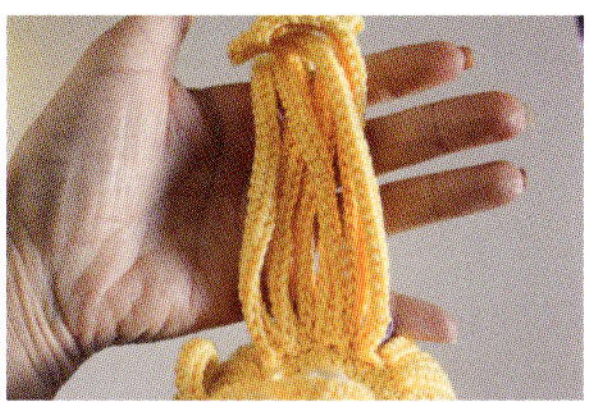

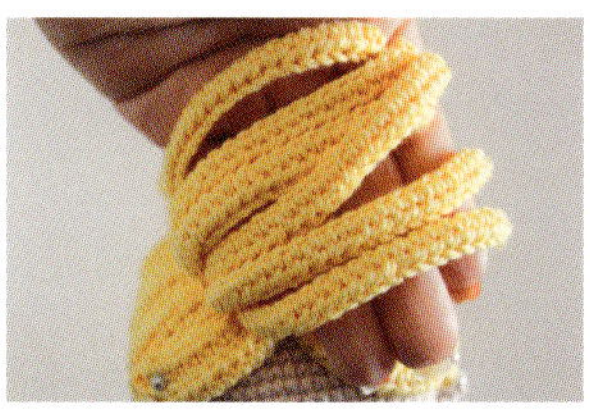

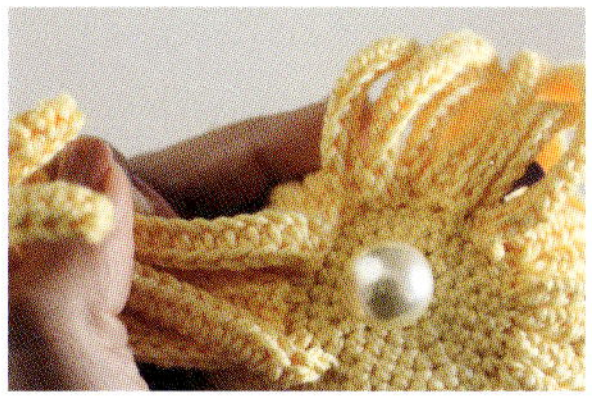

Zuerst arrangierst du die Stirnfransen von Strähne 12-15. Positioniere das Haarband um die Mitte des Kopfes, Strähnen 10 und 11 sind links hinter dem Haarband.

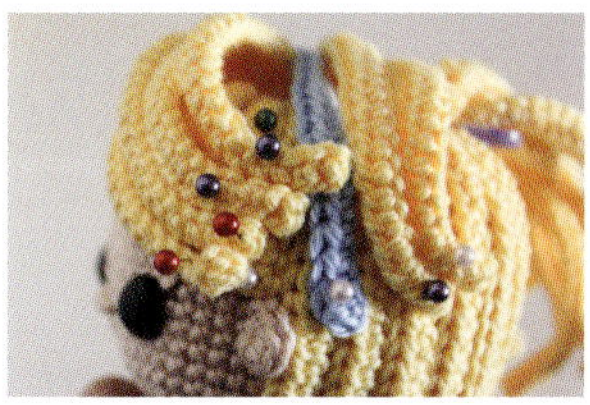

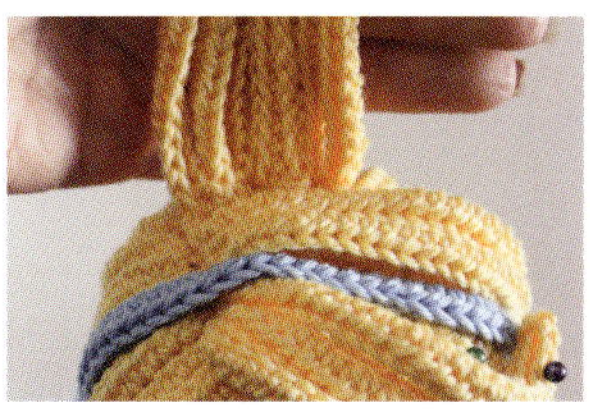

Zwirble dann die Strähnen 1 bis 6 im Uhrzeigersinn und befestige den Dutt mit Stecknadeln. Fixiere die Strähnen einzeln mit Stecknadeln, bis du zufrieden bist. Klebe dann jede Strähne einzeln sorgfältig an.

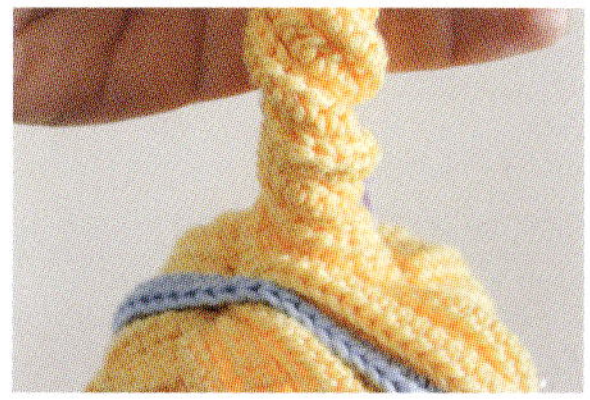

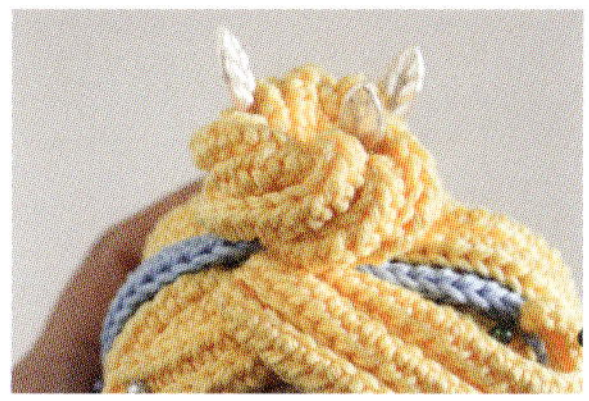

SPINNEN-HELD

SCHWIERIGKEITSGRAD 1

GRÖSSE

14 cm

MATERIAL

- Schachenmayr Catania (LL 125 m/50 g) in Signalrot (Fb 115) und Royal (Fb 201), je 50 g, in Schwarz (Fb 110) und Weiß (Fb 106), Reste
- Stickgarn in Schwarz
- Häkelnadel 2,5 mm
- Maschenmarkierer
- Sekundenkleber
- Füllwatte
- Wollnadel
- Stecknadeln

X-MUSTER

(verschränkte feste Maschen)
Die Figur wurde mit verschränkten fM im X-Muster gehäkelt, d. h. der Faden wird immer von oben (statt von unten) geholt. Selbstverständlich kannst du auch normale fM häkeln.

ANLEITUNG

Zunächst Kopf, Arme und Beine häkeln. Dann die Beine verbinden, den Körper häkeln und die Arme aufnehmen. Dann die Augen anfertigen. Anschließend den Kopf fertigstellen und mit dem Körper verbinden. Sofern nicht anders erwähnt, in Spiral-Rd häkeln. Dafür den Beginn jeder Rd mit einem M-Markierer oder Kontrastgarn kennzeichnen.

KOPF

In Signalrot einen Magic-Ring anfertigen.

1. Rd: 8 fM in den Ring häkeln (= 8 M).

2. Rd: Jede fM verdoppeln (= 16 M).

3. Rd: * 2 fM verdoppeln, 2 fM, ab * noch 3x wdh (= 24 fM).

4. Rd: 1 fM, 2 fM verdoppeln, * 4 fM, 2 fM verdoppeln, ab * noch 2x wdh, 3 fM (= 32 M).

5. Rd: 2 fM, 2 fM verdoppeln, * 6 fM, 2 fM verdoppeln, ab * noch 2x wdh, 4 fM (= 40 M).

6. Rd: 3 fM, 2 fM verdoppeln, * 8 fM, 2 fM verdoppeln, ab * noch 2x wdh, 5 fM (= 48 M).

7. Rd: 4 fM, 2 fM verdoppeln, * 10 fM, 2 fM verdoppeln, ab * noch 2x wdh, 6 fM (= 56 M).

8. Rd: 5 fM, 2 fM verdoppeln, * 12 fM, 2 fM verdoppeln, ab * noch 2x wdh, 7 fM (= 64 M).

9.-22. Rd: 64 fM.

23. Rd: 5 fM, 2x 2 fM zusammen abmaschen, * 12 fM, 2x 2 fM zusammen abmaschen, ab * noch 2x wdh, 7 fM (= 56 M).

24. Rd: 4 fM, 2x 2 fM zusammen abmaschen, * 10 fM, 2x 2 fM zusammen abmaschen, ab * noch 2x wdh, 6 fM (= 48 M).

Den Kopf fest mit Füllwatte ausstopfen. Dafür aus Füllwatte kleine Wattebällchen formen und nach und nach in den Kopf stopfen. Wichtig ist, dass der Kopf würfelförmig und nicht rund wird.

25. Rd: 3 fM, 2x 2 fM zusammen abmaschen, * 8 fM, 2x 2 fM zusammen abmaschen, ab * noch 2x wdh, 5 fM (= 40 M).

26. Rd: 2 fM, 2x 2 fM zusammen abmaschen, * 6 fM, 2x 2 fM zusammen abmaschen, ab * noch 2x wdh, 4 fM (= 32 M).

27. Rd: 1 fM, 2x 2 fM zusammen abmaschen, * 4 fM, 2x 2 fM zusammen abmaschen, ab * noch 2x wdh, 3 fM (= 24 M).

28. Rd: * 2 fM, 2x 2 fM zusammen abmaschen, ab * noch 3x wdh (= 16 M).

Weiter mit Füllwatte ausstopfen.

29. Rd: * 2 fM, 2 fM zusammen abmaschen, ab * noch 3x wdh (= 12 M).

30.-34. Rd: 12 fM.

Faden lang abschneiden und durchziehen.

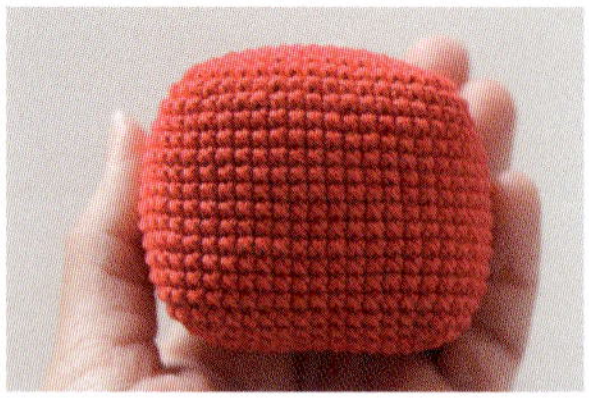

ARM (2x)

In Signalrot einen Magic-Ring
anfertigen.
1. Rd: 7 fM in den Ring häkeln (= 7 M).
2.-5. Rd: 7 fM.
6. Rd (Royal): In die hinteren M-Glieder 7 Km.
7. Rd: In die hinteren M-Glieder 7 fM.
8.-9. Rd: 7 fM.
Faden abschneiden und durchziehen.
Den 2. Arm ebenso häkeln.

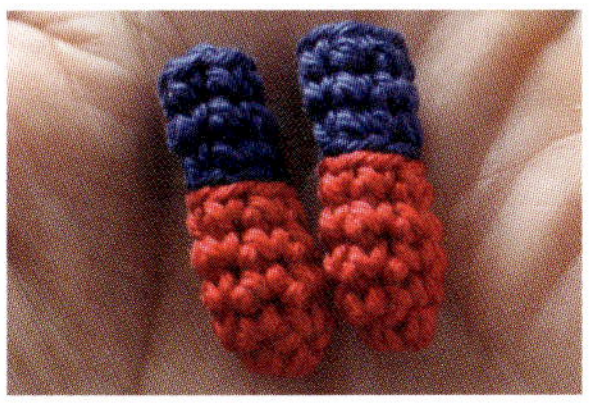

1. BEIN

In Signalrot einen Magic-Ring
anfertigen.
1. Rd: 6 fM in den Ring häkeln.
2. Rd: Jede fM verdoppeln (= 12 M).
3. Rd: * 2 fM, 1 fM verdoppeln, ab * noch 3x wdh (= 16 M).
4. Rd: 16 Relief-fM von hinten.
5. Rd: 16 fM.
6. Rd: 5 fM, 2x 3 fM zusammen abmaschen, 5 fM (= 12 M).
7.-10. Rd: 12 fM.
11. Rd (Royal): In die hinteren M-Glieder 12 Km.
12. Rd: In die hinteren M-Glieder 12 fM.
13. Rd: * 3 fM, 1 fM verdoppeln, ab * noch 2x wdh (= 15 M).
14. Rd: 15 fM.
Faden abschneiden und durchziehen.

2. BEIN

Das 2. Bein wie das 1. Bein häkeln, jedoch zusätzlich 4 fM in der 14. Rd häkeln. Faden nicht abschneiden, sondern in Royal die Beine wie folgt verbinden und weiter den Körper häkeln. Beide Beine zeigen nach vorne.

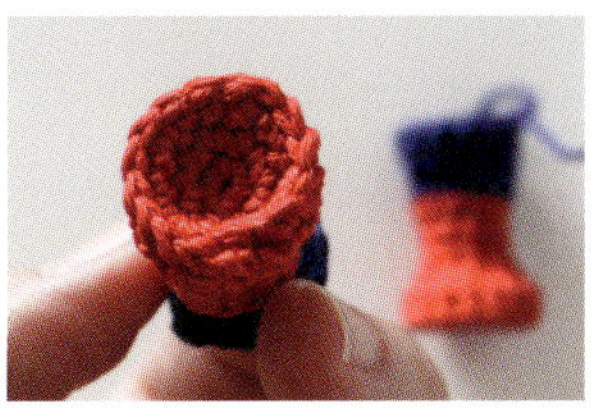

BEINE VERBINDEN

Verbinde die Beine nach der Anleitung von Seite 133 und wie folgt: Häkle 1 fM in die vorletzte M des 1. Beines. Dies wird nun die 1. fM der nächsten Rd sein, also der neue Rd-Anfang.
15. Rd: 15 fM (Aufnahme 1. Bein), 1 Km in dieselbe M, mit der du die Rd begonnen hast, 15 fM (= 2. Bein) (= 30 M).

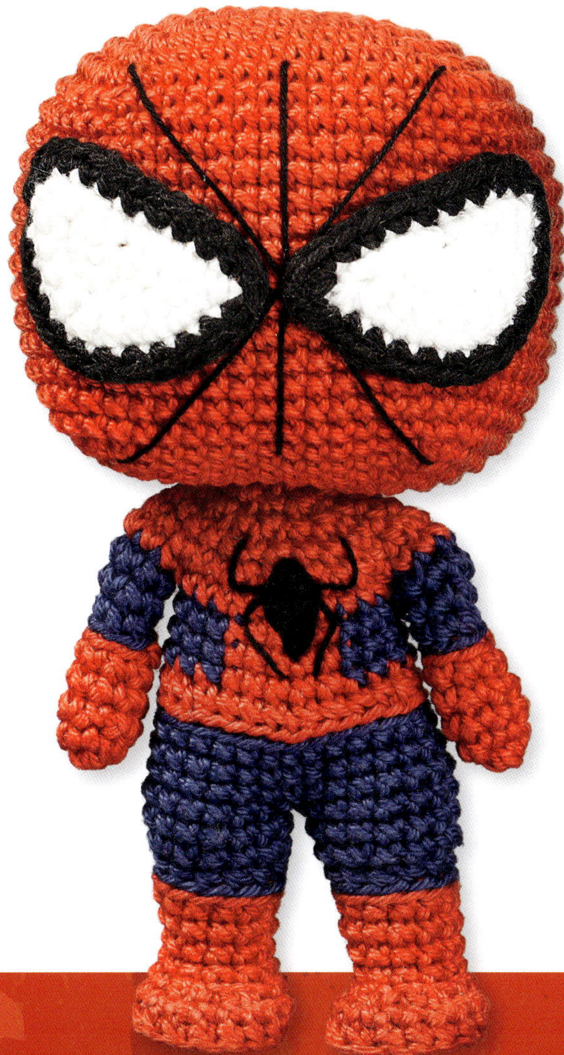

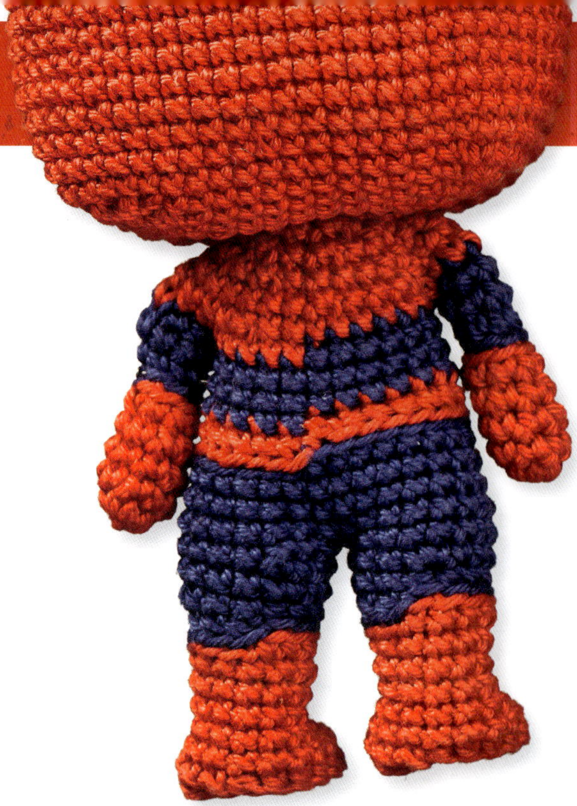

16.-18. Rd: 30 fM.
19. Rd (Signalrot): In die hinteren M-Glieder 30 fM.
20. Rd: In die hinteren M-Glieder * 3 fM, 2 fM zusammen abmaschen, ab * noch 5x wdh (= 24 M).
Damit deine Figur später stehen kann, die Füße leicht nach innen drücken, damit eine Rundung entsteht. Dann die Beine nur leicht mit Füllwatte ausstopfen. Du solltest keinesfalls zu viel Füllwatte in die Füße stopfen, sonst kann die Figur nicht stehen.
In der 21.-23. Rd wird das Garn innerhalb der Rd gewechselt. Deshalb stehen die Farben vor der entsprechenden Anzahl an M in Klammern. Beim Fb-Wechsel das Garn auf der Innenseite weiterführen.
21.-23. Rd: (Royal) 9 fM, (Signalrot) 5 fM, (Royal) 10 fM (= 24 M).
Nun die Arme wie folgt dazunehmen:
24. Rd (Signalrot): 6 fM, 7 fM (Aufnahme 1. Arm), 12 fM, 7 fM (Aufnahme 2. Arm), 6 fM (= 38 M).
25. Rd: * 2 fM, 2 fM zusammen abmaschen, ab * noch 3x wdh, ** 2 fM zusammen abmaschen, ab ** noch 2x wdh, *** 2 fM, 2 fM zusammen abmaschen, ab *** noch 3x wdh (= 27 M).
26. Rd: 27 fM.
Weiter mit Füllwatte ausstopfen.
27. Rd: * 1 fM, 2 fM zusammen abmaschen, ab * noch 8x wdh (= 18 M).
28. Rd: * 1 fM, 2 fM zusammen abmaschen, ab * noch 5x wdh (= 12 M).
29. Rd: * 2 fM, 2 fM zusammen abmaschen, ab * noch 2x wdh (= 9 M).
30.-33. Rd: 9 fM.
34. Rd: * 1 fM, 2 fM zusammen abmaschen, ab * noch 2x wdh (= 6 M).
Faden lang abschneiden und durchziehen. Weiter mit Füllwatte ausstopfen.

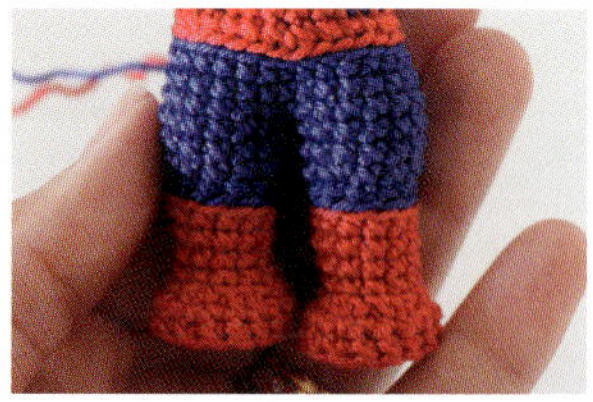

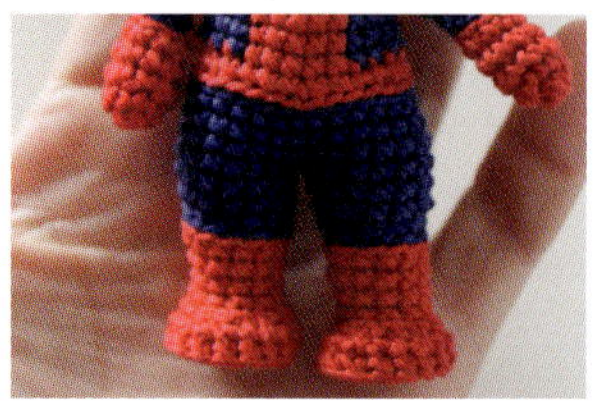

TIPP
Du kannst auch Heißkleber 2-3 mm hoch in die Füße spritzen und warten, bis er vollständig ausgehärtet ist. Die Füße bekommen so mehr Gewicht und deine Figur steht sicher.

AUGE (2x)

In Weiß einen Magic-Ring anfertigen.
1. R: 6 fM in den Ring häkeln (= 6 M). Nicht zur Rd schließen, sondern mit 1 Lm wenden.
Weiter in R häkeln. Am Ende jeder R mit 1 Lm wenden.
2. R: * 2 fM, 1 fM verdoppeln, ab * noch 1x wdh (= 8 M).
3. R: * 3 fM, 1 fM verdoppeln, ab * noch 1x wdh (= 10 M).
4. R: * 4 fM, 1 fM verdoppeln, ab * noch 1x wdh (= 12 M).
Häkle weiter 8 fM entlang der geraden Seite des Halbkreises und häkle weiter über den Halbkreis.

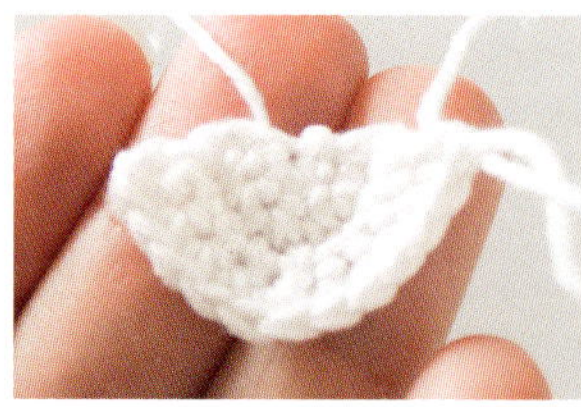

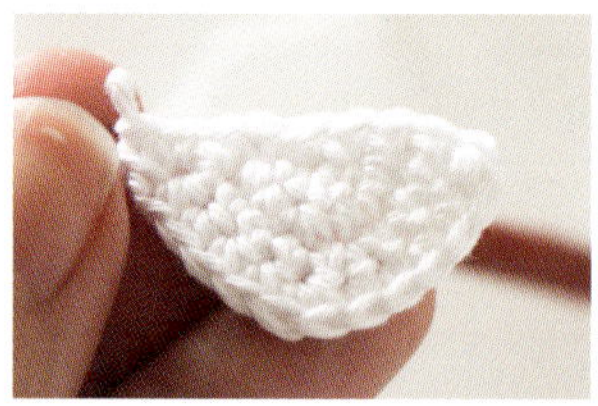

5. R (Schwarz): 1 Lm, 12 fM, 1 fM verdoppeln (= Ecke), 7 fM, 1 fM verdoppeln (= Ecke), 1 Lm, 1 Km.

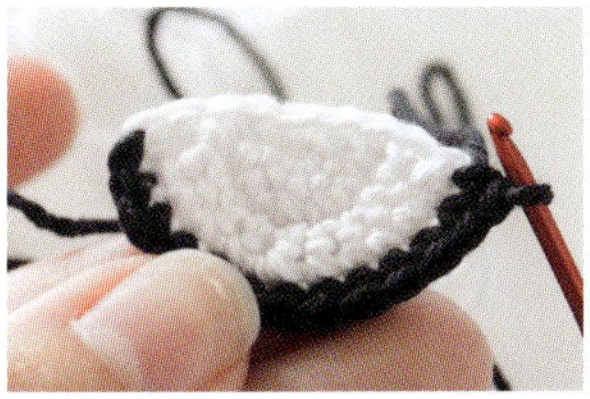

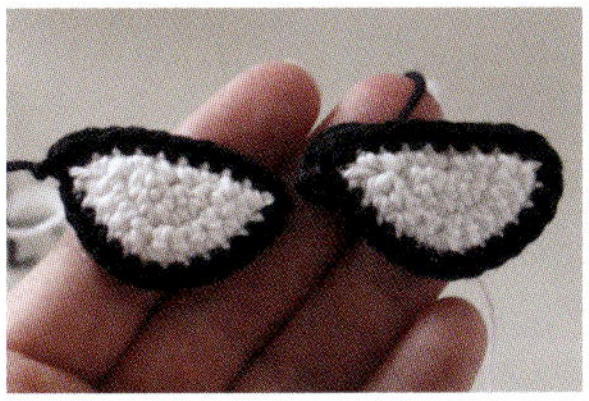

Faden abschneiden und durchziehen.
Das 2. Auge ebenso häkeln.

GESICHT FERTIG-STELLEN

Sticke mit schwarzem Stickgarn eine vertikale Linie am Kopf zwischen die 8. und 23. Rd. Dann stickst du ein X wie abgebildet zwischen denselben Rd und vernähst die Fäden. Du kannst die Augen in das Gesicht der Figur kleben oder sie annähen. Ich habe sie zwischen Rd der 11. und 20. Rd angenäht.

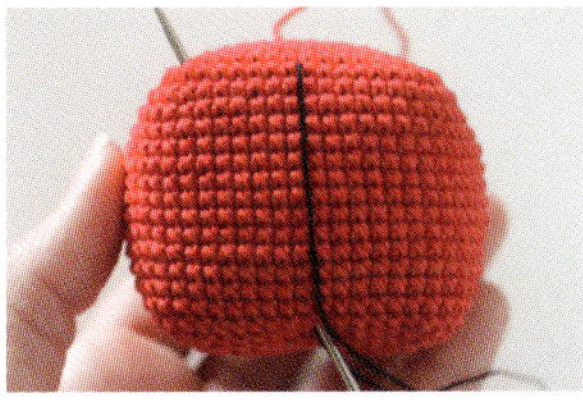

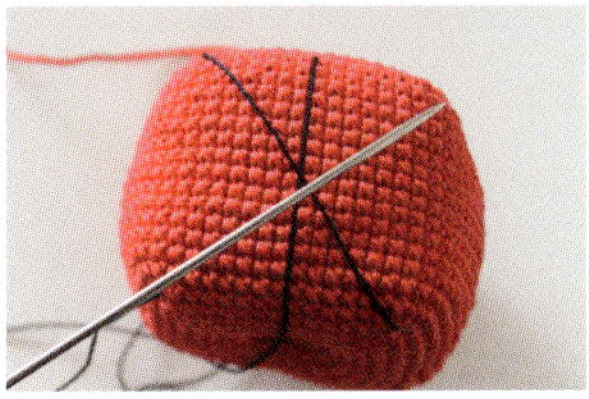

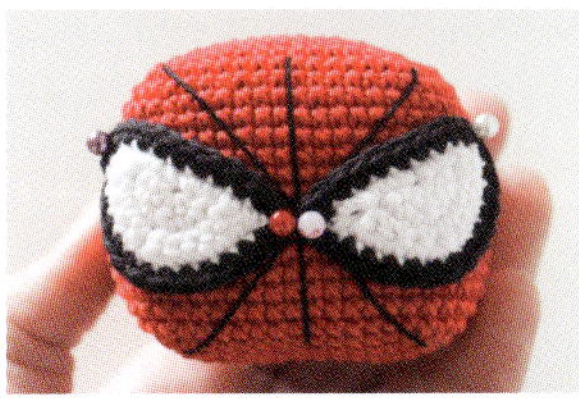

SPINNE AUFSTICKEN

Sticke mit schwarzem Stickgarn. Stich die Nd zwischen der 2. und 25. Rd ein und mach ein kleines Dreieck.

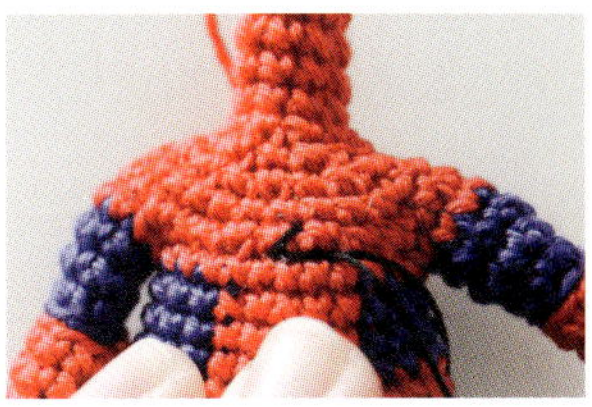

Mache ein größeres Dreieck unter dem kleinen. Fülle die Dreiecke mit Spannstichen aus und sticke dann die Beine der Spinne.

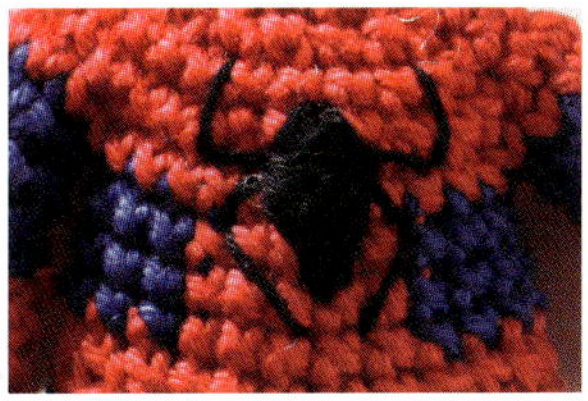

KOPF UND KÖRPER ZUSAMMENFÜGEN

Verbinde Kopf und Körper nach der Anleitung von Seite 135.

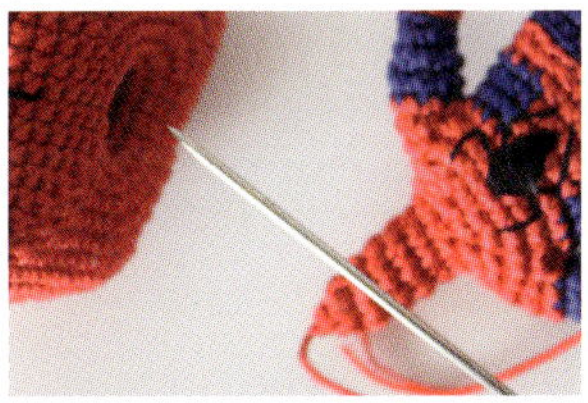

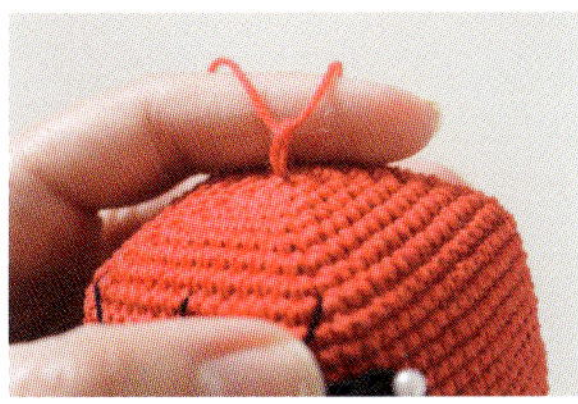

STARKER SUPERMANN

SCHWIERIGKEITSGRAD 2

GRÖSSE

13,5 cm

MATERIAL

- Schachenmayr Catania (LL 125 m/50 g) in Ivory (Fb 436), Signalrot (Fb 115), Royal (Fb 201) und Schwarz (Fb 110), je 50 g, in Sonne (Fb 208), Rest
- Stickgarn in Schwarz
- Häkelnadeln 2,0 mm und 2,25 mm
- 2 Sicherheitsaugen in Schwarz, ø 11 mm
- Maschenmarkierer
- Sekundenkleber
- ggf. Heißkleber
- ggf. Draht
- Füllwatte
- Wollnadel
- Stecknadeln

X-MUSTER

(verschränkte feste Maschen)

Die Figur wurde mit verschränkten fM im X-Muster gehäkelt, d. h. der Faden wird immer von oben (statt von unten) geholt. Selbstverständlich kannst du auch normale fM häkeln.

ANLEITUNG

Zunächst Kopf, Ohren, Arme und Beine häkeln. Dann die Beine verbinden, den Körper häkeln und die Arme aufnehmen. Weitere Details anfertigen. Anschließend den Kopf fertigstellen und mit dem Körper verbinden. Zum Schluss die Haare häkeln, arrangieren und festkleben.

Sofern nicht anders erwähnt, in Spiral-Rd häkeln. Dafür den Beginn jeder Rd mit einem M-Markierer oder Kontrastgarn kennzeichnen.

KOPF

In Ivory mit Häkelnd 2,0 mm einen Magic-Ring anfertigen.

1. Rd: 8 fM in den Ring häkeln (= 8 M).

2. Rd: Jede fM verdoppeln (= 16 M).

3. Rd: * 2 fM verdoppeln, 2 fM, ab * noch 3x wdh (= 24 fM).

4. Rd: 1 fM, 2 fM verdoppeln, * 4 fM, 2 fM verdoppeln, ab * noch 2x wdh, 3 fM (= 32 M).

5. Rd: 2 fM, 2 fM verdoppeln, * 6 fM, 2 fM verdoppeln, ab * noch 2x wdh, 4 fM (= 40 M).

6. Rd: 3 fM, 2 fM verdoppeln, * 8 fM, 2 fM verdoppeln, ab * noch 2x wdh, 5 fM (= 48 M).

7. Rd: 4 fM, 2 fM verdoppeln, * 10 fM, 2 fM verdoppeln, ab * noch 2x wdh, 6 fM (= 56 M).

8. Rd: 5 fM, 2 fM verdoppeln, * 12 fM, 2 fM verdoppeln, ab * noch 2x wdh, 7 fM (= 64 M).

9.–22. Rd: 64 fM.

23. Rd: 5 fM, 2x 2 fM zusammen abmaschen, * 12 fM, 2x 2 fM zusammen abmaschen, ab * noch 2x wdh, 7 fM (= 56 M).

24. Rd: 4 fM, 2x 2 fM zusammen abmaschen, * 10 fM, 2x 2 fM zusammen abmaschen, ab * noch 2x wdh, 6 fM (= 48 M).

Nun die Sicherheitsaugen zwischen der 17. und 18. Rd mit 11 fM zueinander anbringen.

Den Kopf fest mit Füllwatte ausstopfen. Dafür aus Füllwatte kleine Wattebällchen formen und nach und nach in den Kopf stopfen. Wichtig ist, dass der Kopf würfelförmig und nicht rund wird.

25. Rd: 3 fM, 2x 2 fM zusammen abmaschen, * 8 fM, 2x 2 fM zusammen abmaschen, ab * noch 2x wdh, 5 fM (= 40 M).

26. Rd: 2 fM, 2x 2 fM zusammen abmaschen, * 6 fM, 2x 2 fM zusammen abmaschen, ab * noch 2x wdh, 4 fM (= 32 M).

27. Rd: 1 fM, 2x 2 fM zusammen abmaschen, * 4 fM, 2x 2 fM zusammen abmaschen, ab * noch 2x wdh, 3 fM (= 24 M).

28. Rd: * 2 fM, 2x 2 fM zusammen abmaschen, ab * noch 3x wdh (= 16 M).

Weiter mit Füllwatte ausstopfen.

29. Rd: * 2 fM, 2 fM zusammen abmaschen, ab * noch 3x wdh (= 12 M).

30.–34. Rd: 12 fM.

Faden lang abschneiden und durchziehen.

OHR (2x)

In Ivory mit Häkelnd 2,0 mm einen Magic-Ring anfertigen.

1. Rd: 6 fM in den Ring häkeln.

Faden abschneiden und durchziehen.

Das 2. Ohr ebenso häkeln.

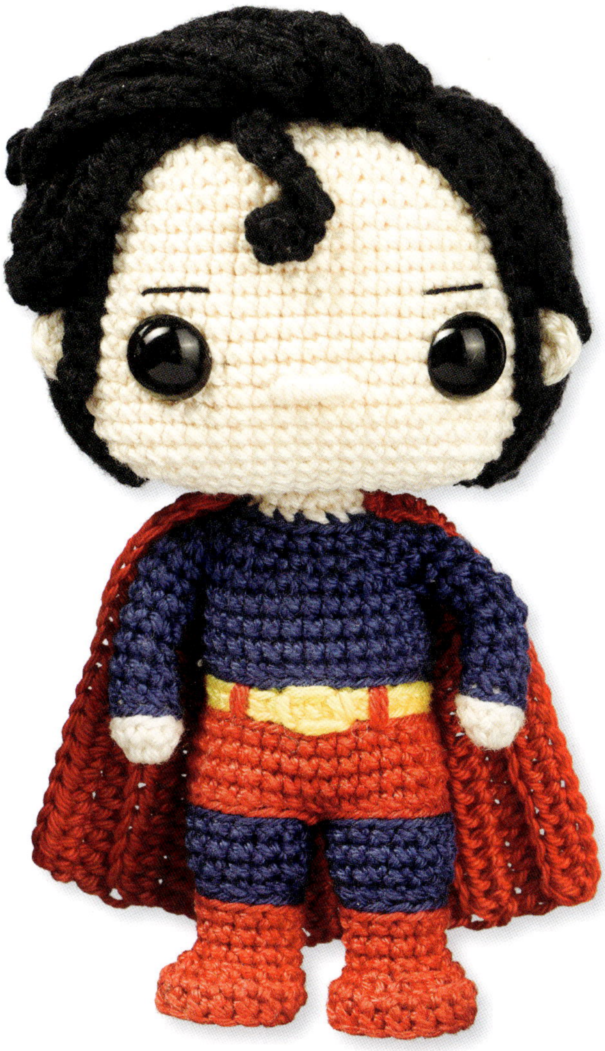

ARM (2x)

In Ivory mit Häkelnd 2,0 mm einen Magic-Ring anfertigen:

1. Rd: 7 fM in den Ring häkeln.

2. Rd: 7 fM.

3. Rd (Royal): In die hinteren M-Glieder 7 Km.

4. Rd: In die hinteren M-Glieder 7 fM.

5.-9. Rd: 7 fM.

Faden abschneiden und durchziehen.

Den 2. Arm ebenso häkeln.

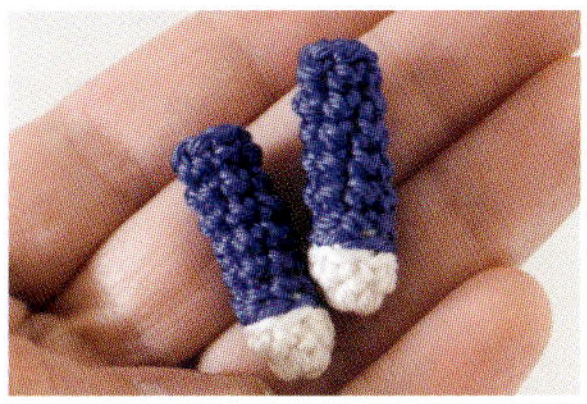

1. BEIN

In Signalrot mit Häkelnd 2,0 mm einen Magic-Ring anfertigen.

1. Rd: 6 fM in den Ring häkeln.

2. Rd: Jede fM verdoppeln (= 12 M).

3. Rd: * 2 fM, 1 fM verdoppeln, ab * noch 3x wdh (= 16 M).

4. Rd: In die hinteren M-Glieder 16 fM.

5. Rd: 16 fM.

6. Rd: 5 fM, 2x 3 fM zusammen abmaschen, 5 fM (= 12 M).

7.-9. Rd: 12 fM.

10. Rd (Royal): In die hinteren M-Glieder 12 Km.

11. Rd: In die hinteren M-Glieder 12 fM.

12. Rd: * 3 fM, 1 fM verdoppeln, ab * noch 2x wdh (= 15 M).

13.-14. Rd: 15 fM.

Faden abschneiden und durchziehen.

2. BEIN

Das 2. Bein wie das 1. Bein häkeln, jedoch in der 14. Rd zusätzlich 4 fM häkeln. Faden nicht abschneiden, sondern in Signalrot die Beine wie folgt verbinden und weiter den Körper häkeln. Beide Beine zeigen nach vorn.

KÖRPER

Verbinde die Beine nach der Anleitung von Seite 133 und wie folgt: Häkle 1 fM in die vorletzte M des 1. Beines. Dies wird nun die 1. fM der nächsten Rd sein, also der neue Rd-Anfang.

15. Rd (Signalrot): In die hinteren M-Glieder 15 Km (Aufnahme 1. Bein), 1 Km in dieselbe M, mit der du die Rd begonnen hast, 15 Km (= 2. Bein) (= 31 M).

16. Rd: In die hinteren M-Glieder 15 fM, überspringe die Km in der Mitte, 15 fM (= 30 M).

17.-19. Rd: 30 fM.

Damit deine Figur später stehen kann, die Füße leicht nach innen drücken, damit eine Rundung entsteht.

Dann die Beine entweder leicht mit Füllwatte ausstopfen. Du solltest keinesfalls zu viel Füllwatte in die Füße stopfen, sonst kann die Figur nicht stehen.

Du kannst aber auch Heißkleber 2-3 mm hoch in die Füße spritzen und warten, bis er vollständig ausgehärtet ist. Die Füße bekommen so mehr Gewicht und deine Figur steht sicher.

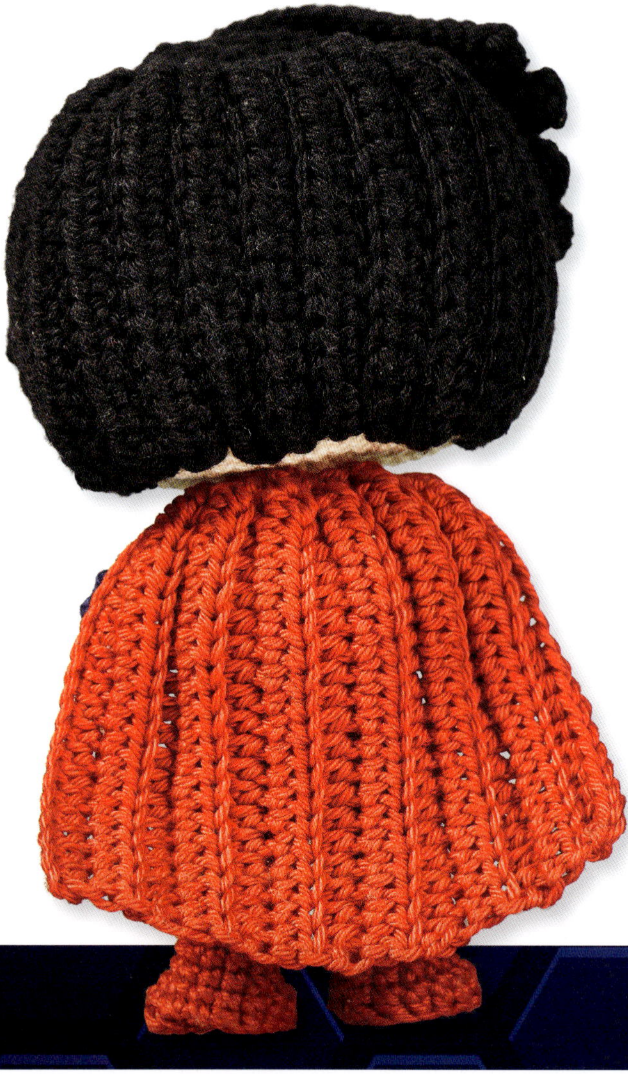

20.-21. Rd (Sonne): In die hinteren M-Glieder 30 fM.

22. Rd (Royal): In die hinteren M-Glieder 30 Km.

23. Rd: In die hinteren M-Glieder 30 fM.

24.-25. Rd: 30 fM.

26. Rd: 8 fM, 7 fM (Aufnahme 1. Arm), 14 fM, 7 fM (Aufnahme 2. Arm), 8 fM (= 44 M).

27. Rd: * 2 fM, 2 fM zusammen abmaschen, ab * noch 10x wdh (= 33 M).

Wenn Du bewegliche Arme haben möchtest, kannst du jetzt noch etwas Draht in die Arme schieben.

28. Rd: * 1 fM, 2 fM zusammen abmaschen, ab * noch 10x wdh (= 22 M).

29. Rd: 20 fM, 2 fM zusammen abmaschen (= 21 M).

30. Rd (Ivory): In die hinteren M-Glieder * 1 fM, 2 fM zusammen abmaschen, ab * noch 6x wdh (= 14 M).

Weiter mit Füllwatte ausstopfen.

31. Rd: * 5 fM, 2 fM zusammen abmaschen, ab * noch 1x wdh (= 12 M).

32. Rd: * 2 fM, 2 fM zusammen abmaschen, ab * noch 2x wdh (= 9 M).

33.-36. Rd: 9 fM.

37. Rd: * 1 fM, 2 fM zusammen abmaschen, ab * noch 2x wdh (= 6 M).

Schließe die Öffnung. Du kannst einen invertierten Magic-Ring anfertigen (siehe Digi-Bib). Faden lang abschneiden und durchziehen.

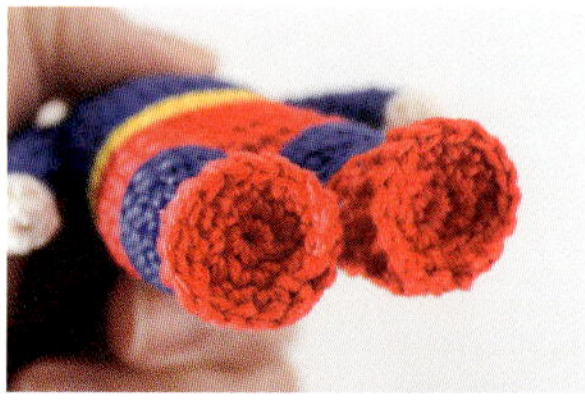

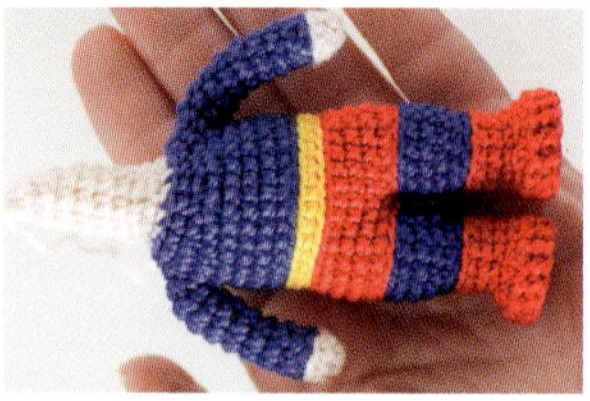

UMHANG

In Signalrot mit Häkelnd 2,0 mm 21 Lm anschl. Weiter in R häkeln. Am Ende jeder R mit 1 Lm wenden.

1. R: 20 hStb.

2.-13. R: In die hinteren M-Glieder 20 hStb.

Weiter für eine schöne Oberkante fM in die Rdm der Seite häkeln.

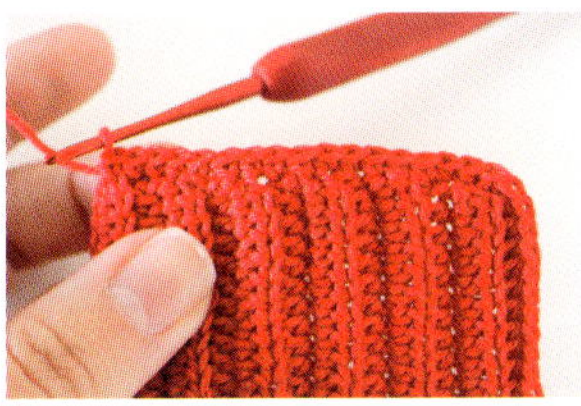

Faden lang abschneiden und durchziehen. Anfangs- und Endfaden sollten auf einer Seite liegen.

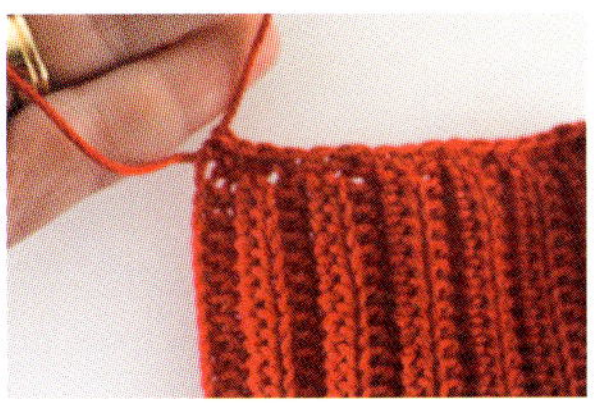

KOPF FERTIGSTELLEN

Sticke nach der Anleitung von Seite 134 eine Nase in Ivory sowie die Augenbrauen mit Stickgarn in Schwarz. Nähe die Ohren an.

KOPF UND KÖRPER ZUSAMMENFÜGEN

Verbinde Kopf und Körper nach der Anleitung von Seite 135.

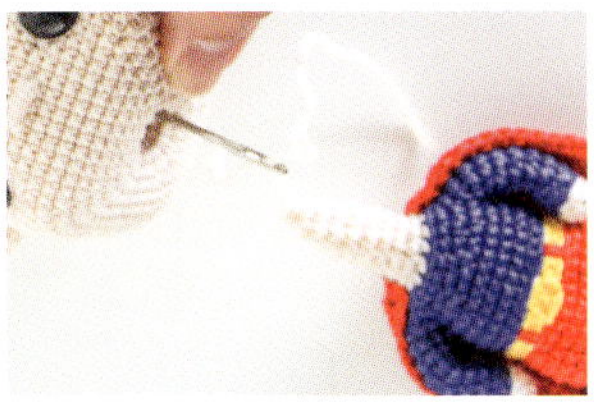

HAARE

In Schwarz mit Häkelnd 2,25 mm einen Magic-Ring anfertigen.

1. Rd: 8 fM in den Ring häkeln.

2. Rd: Jede fM verdoppeln (= 16 M).

3. Rd: In die vorderen M-Glieder * 2 fM verdoppeln, 2 fM, ab * noch 3x wdh (= 24 M).

4. Rd: 1 fM, 2 fM verdoppeln, * 4 fM, 2 fM verdoppeln, ab * noch 2x wdh, 3 fM (= 32 M).

Nun Strähnen rundum in die 32 M der 4. Rd häkeln. Wichtig ist dabei, dass die Strähnen 11, 18 und 22 mit fM und alle anderen mit hStb gehäkelt werden.

Hinweis: **Zur besseren Übersicht wird im Folgenden das Wort „Strähne“ benutzt, obwohl einige Strähnen nur aus 1 fM bestehen, die einfach als Abstand innerhalb der Frisur dient.**

1.-9. Strähne: 18 Lm, ab der 2. Lm ab Nd 17 hStb, 1 fM in die nächste M.

10. Strähne: In die vorderen M-Glieder 10 Lm, ab der 2. Lm ab Nd 9 hStb, 1 fM in die nächste M.

11. Strähne: In die vorderen M-Glieder 13 Lm, ab der 2. Lm ab Nd 12 fM, 1 fM in die nächste M.

12. Strähne: In die vorderen M-Glieder 1 fM.

13. Strähne: 14 Lm, ab der 2. Lm ab Nd 13 hStb, 1 fM in die nächste M.

14. Strähne: 1 fM.

15. Strähne: 21 Lm, ab der 2. Lm ab Nd 20 hStb, 1 fM in die nächste M.

16.+17. Strähne: 20 Lm, ab der 2. Lm ab Nd 19 hStb, 1 fM in die nächste M.

18. Strähne: 10 Lm, ab der 2. Lm ab Nd * 1 fM, 1 fM verdoppeln, ab * noch 2x wdh, 3 fM, 1 fM in die nächste M.

19.-21. Strähne: 1 fM.

22. Strähne: 13 Lm, ab der 2. Lm ab Nd 12 fM, 1 fM in die nächste M.

23. Strähne: 10 Lm, ab der 2. Lm ab Nd 9 hStb, 1 fM in die nächste M.

24.-31. Strähne: 18 Lm, ab der 2. Lm ab Nd 17 hStb, 1 fM in die nächste M.

Schließe mit 1 Km in die letzte M.

Stich die Häkelnd in das hintere M-Glied der 12. Strähne und häkle noch 2 Strähnen:

1.-2. Strähne: 23 Lm, ab der 2. Lm ab Nd 22 hStb, 1 fM in die nächste M.

Schließe mit 1 Km in die letzte M.

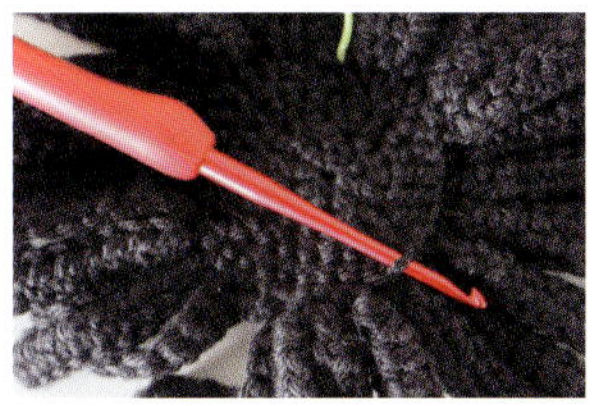

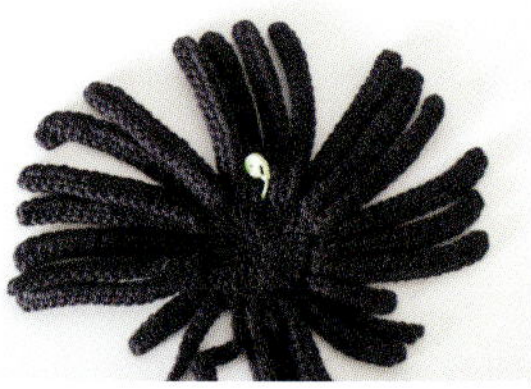

Platziere die Haare so auf dem Kopf, dass die linke Seite des Magic-Rings nach oben zeigt. Der M-Markierer sollte an der Rückseite des Kopfes liegen.
Strähne 10 und 23 liegen jeweils über dem Ohr. Die Strähnen 1 bis 9 und 24 bis 31 sind hinter dem Ohr, um den Hinterkopf verteilt.
Strähne 11 und 22 liegen jeweils direkt vor dem Ohr. Strähne 13 wird rechts platziert, Strähne 18 ist die gelockte Strähne, die an der Stirn befestigt wird. Die 2 Haarsträhnen am Oberkopf kommen auf die linke Seite. Strähnen 15, 16 und 17 kommen auch nach links. Fixiere deine Strähnen einzeln mit Stecknadeln, bis dir die Position gefällt und klebe sie dann nacheinander an.

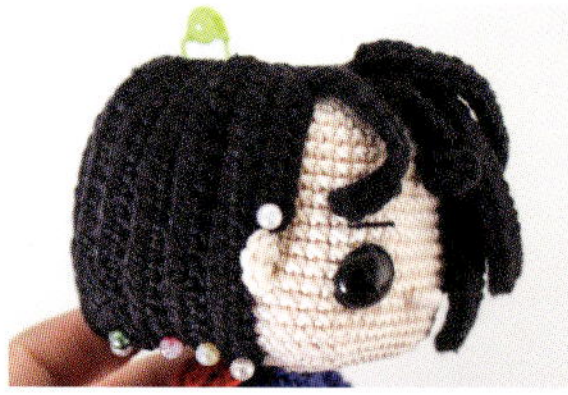
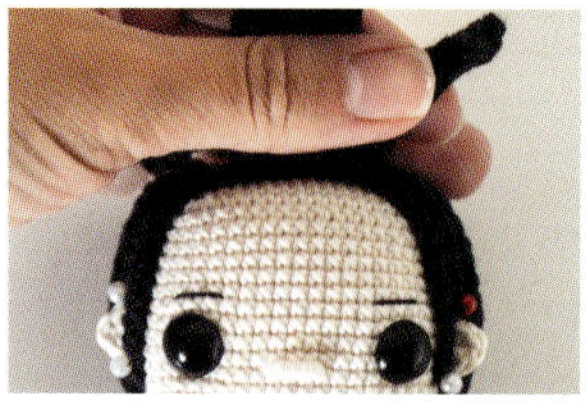
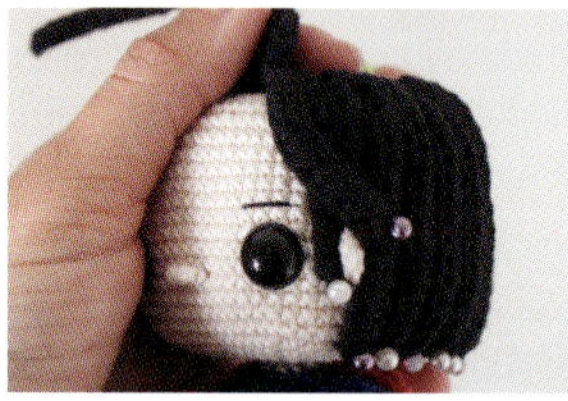
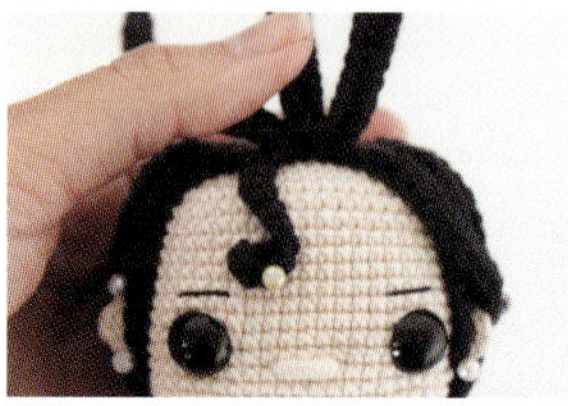
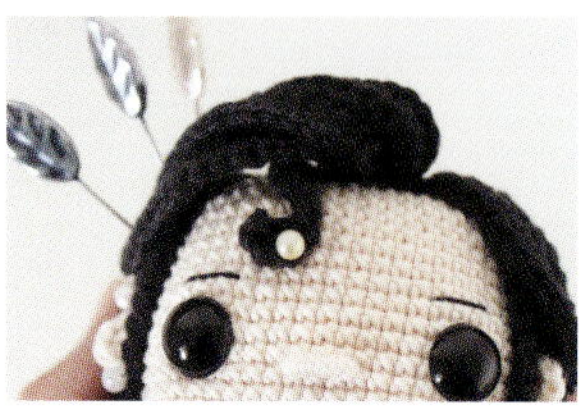
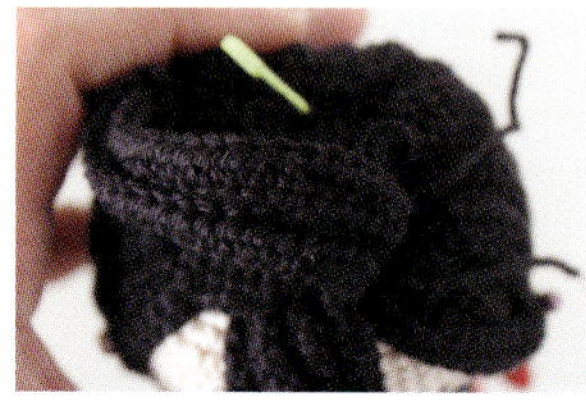
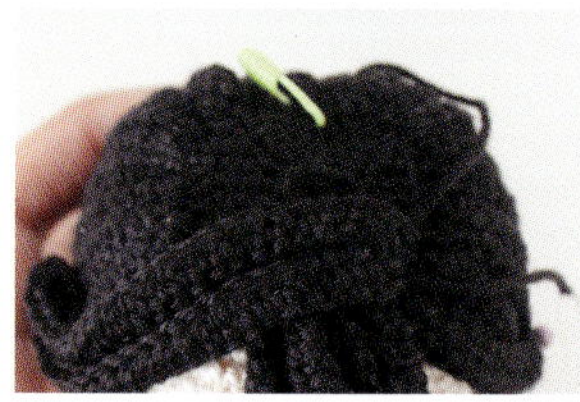
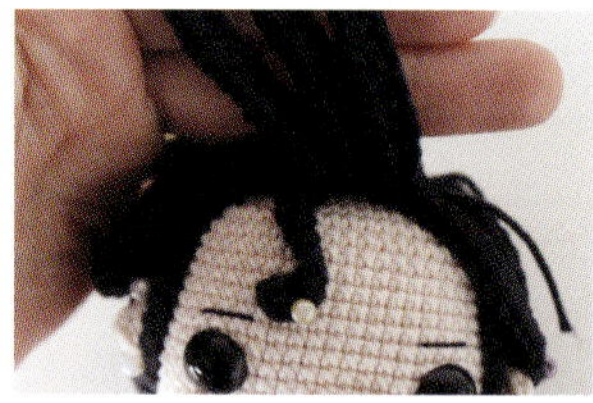
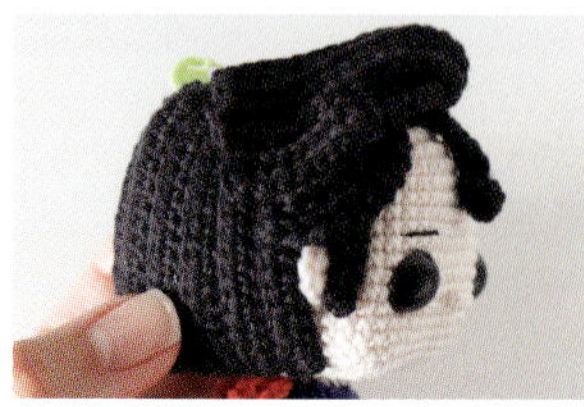
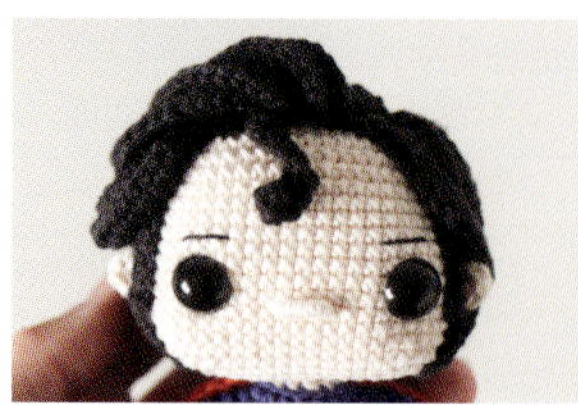

FERTIGSTELLEN

Sticke für die Gürtelschlaufen in Signalrot 2x zwischen der 20. und 21. Rd über den gelben Gürtel. Für die Gürtelschnalle in Sonne quadratisch über 3 fM der 21. Rd sticken. Webe den Restfaden des Umhangs im Zick-Zack über die fM der Oberkante und ziehe daran, bis diese sich wellt. Stich mit der Nähnd durch den Hals und dann durch die letzte fM der Umhangspitze. Sichere den Faden mit einem Knoten und vernähe ihn dann. Alle Fäden vernähen.

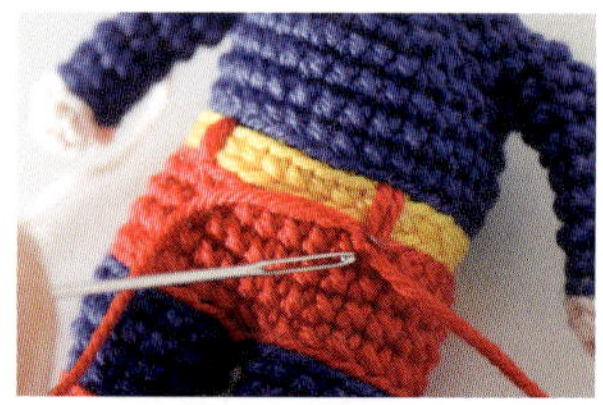
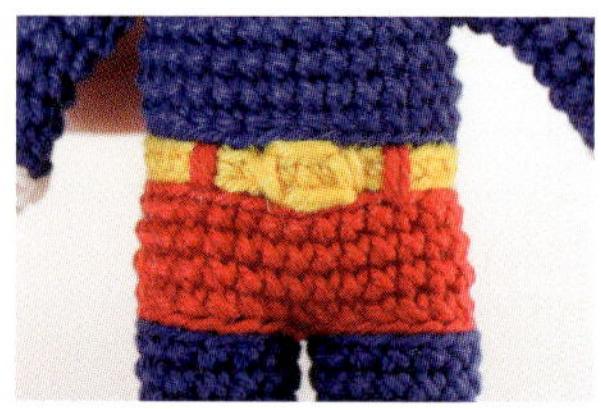

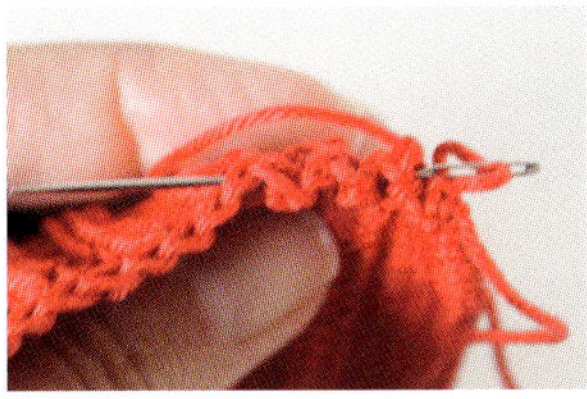

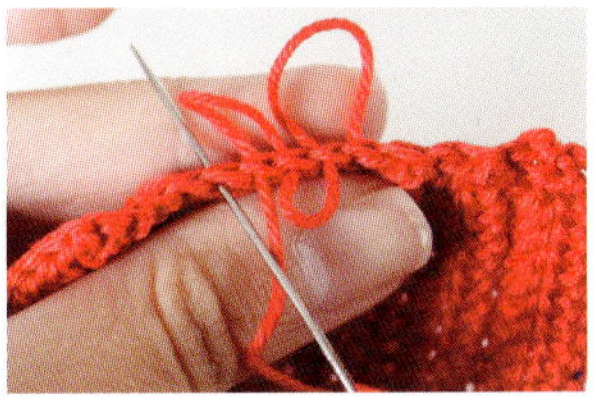

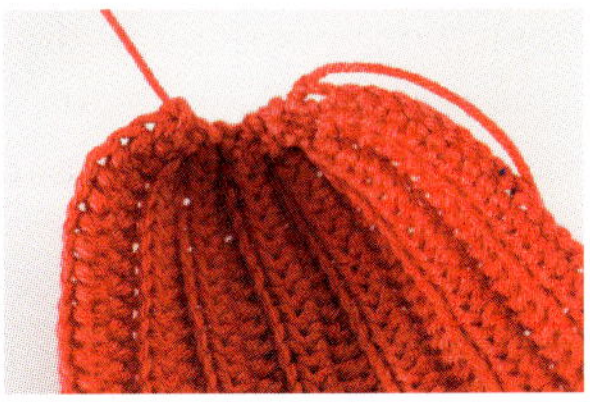

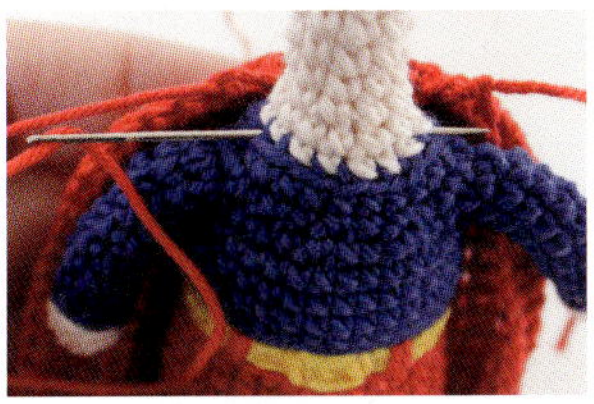

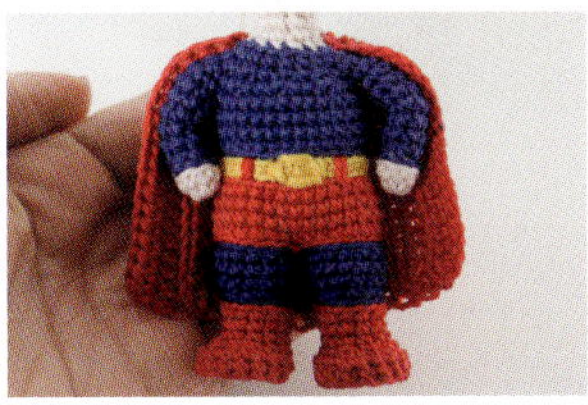

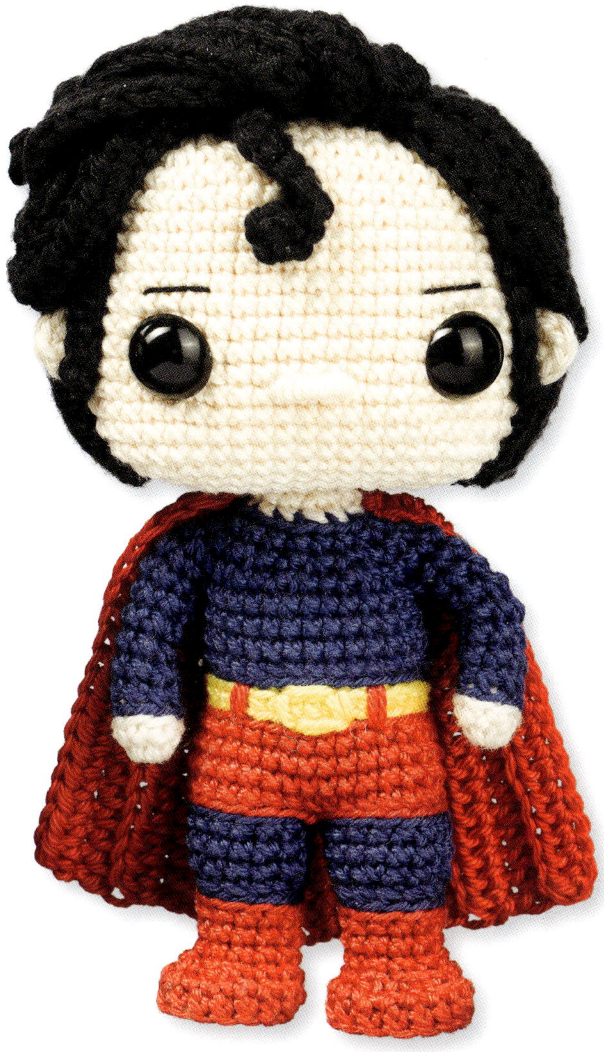

FLEDERMAUS-SUPERHELD

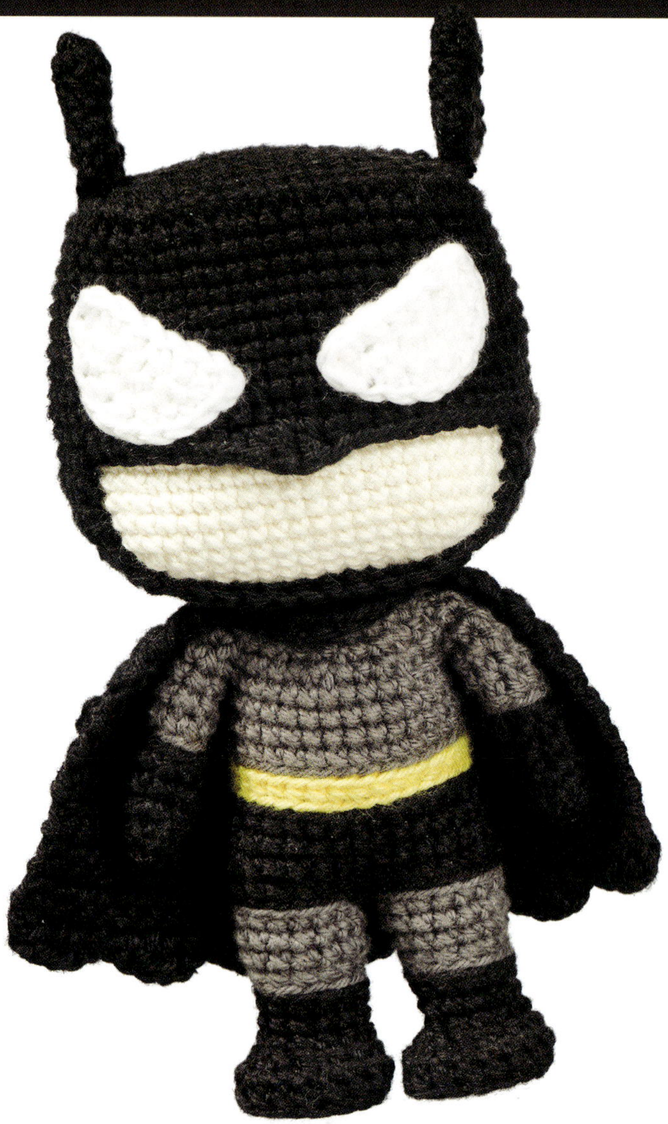

SCHWIERIGKEITSGRAD 2

GRÖSSE

14 cm

MATERIAL

- Schachenmayr Catania (LL 125 m/50 g) in Ivory (Fb 436), Schwarz (Fb 110) und Anthrazit (Fb 429), je 50 g, in Sonne (Fb 208) und Weiß (Fb 106), Reste
- Häkelnadeln 2,0 mm und 2,25 mm
- Maschenmarkierer
- Sekundenkleber
- ggf. Heißkleber
- Füllwatte
- Wollnadel
- Stecknadeln

X-MUSTER

(verschränkte feste Maschen)

Die Figur wurde mit verschränkten fM im X-Muster gehäkelt, d. h. der Faden wird immer von oben (statt von unten) geholt. Selbstverständlich kannst du auch normale fM häkeln.

ANLEITUNG

Zunächst Kopf, Ohren, Arme und Beine häkeln. Dann die Beine verbinden, den Körper häkeln und die Arme aufnehmen. Weitere Details anfertigen. Anschließend den Kopf fertigstellen und mit dem Körper verbinden. Sofern nicht anders erwähnt, in Spiral-Rd häkeln. Dafür den Beginn jeder Rd mit einem M-Markierer oder Kontrastgarn kennzeichnen.

KOPF

In Ivory mit Häkelnd 2,0 mm einen Magic-Ring anfertigen.

1. Rd: 8 fM in den Ring häkeln (= 8 M).

2. Rd: Jede fM verdoppeln (= 16 M).

3. Rd: * 2 fM verdoppeln, 2 fM, ab * noch 3x wdh (= 24 fM).

4. Rd: 1 fM, 2 fM verdoppeln, * 4 fM, 2 fM verdoppeln, ab * noch 2x wdh, 3 fM (= 32 M).

5. Rd: 2 fM, 2 fM verdoppeln, * 6 fM, 2 fM verdoppeln, ab * noch 2x wdh, 4 fM (= 40 M).

6. Rd: 3 fM, 2 fM verdoppeln, * 8 fM, 2 fM verdoppeln, ab * noch 2x wdh, 5 fM (= 48 M).

7. Rd: 4 fM, 2 fM verdoppeln, * 10 fM, 2 fM verdoppeln, ab * noch 2x wdh, 6 fM (= 56 M).
8. Rd: 5 fM, 2 fM verdoppeln, * 12 fM, 2 fM verdoppeln, ab * noch 2x wdh, 7 fM (= 64 M).
9.-22. Rd: 64 fM.
23. Rd: 5 fM, 2x 2 fM zusammen abmaschen, * 12 fM, 2x 2 fM zusammen abmaschen, ab * noch 2x wdh, 7 fM (= 56 M).
24. Rd: 4 fM, 2x 2 fM zusammen abmaschen, * 10 fM, 2x 2 fM zusammen abmaschen, ab * noch 2x wdh, 6 fM (= 48 M).
Den Kopf fest mit Füllwatte ausstopfen. Dafür aus Füllwatte kleine Watteбällchen formen und nach und nach in den Kopf stopfen. Wichtig ist, dass der Kopf würfelförmig und nicht rund wird.
25. Rd: 3 fM, 2x 2 fM zusammen abmaschen, * 8 fM, 2x 2 fM zusammen abmaschen, ab * noch 2x wdh, 5 fM (= 40 M).
26. Rd: 2 fM, 2x 2 fM zusammen abmaschen, * 6 fM, 2x 2 fM zusammen abmaschen, ab * noch 2x wdh, 4 fM (= 32 M).
27. Rd: 1 fM, 2x 2 fM zusammen abmaschen, * 4 fM, 2x 2 fM zusammen abmaschen, ab * noch 2x wdh, 3 fM (= 24 M).
28. Rd: * 2 fM, 2x 2 fM zusammen abmaschen, ab * noch 3x wdh (= 16 M).
Weiter mit Füllwatte ausstopfen.
29. Rd: * 2 fM, 2 fM zusammen abmaschen, ab * noch 3x wdh (= 12 M).
30.-34. Rd: 12 fM.
Faden lang abschneiden und durchziehen.

OHR (2x)

In Schwarz mit Häkelnd 2,0 mm einen Magic-Ring anfertigen.
1. Rd: 6 fM in den Ring häkeln.
2. Rd: * 1 fM, 1 fM verdoppeln, ab * noch 2x wdh (= 9 M).
3. Rd: 9 fM.
4. Rd: * 2 fM, 1 fM verdoppeln, ab * noch 2x wdh (= 12 M).
5. Rd: * 3 fM, 1 fM verdoppeln, ab * noch 2x wdh (= 15 M).
6. Rd: * 4 fM, 1 fM verdoppeln, ab * noch 2x wdh (= 18 M).
Falte das Ohr und schließe es mit 8 fM.
Faden lang abschneiden und durchziehen.
Das 2. Ohr ebenso häkeln.

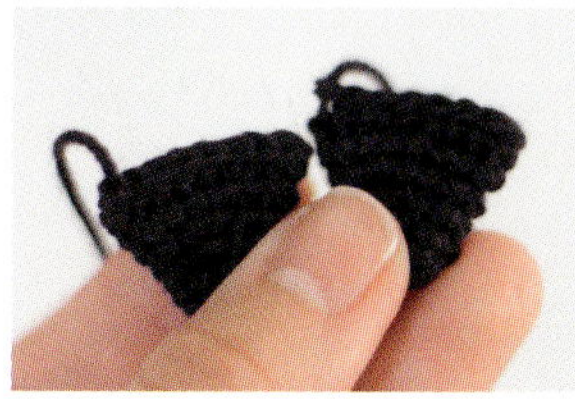

ARM (2x)

In Schwarz mit Häkelnd 2,0 mm einen Magic-Ring anfertigen:
1. Rd: 7 fM in den Ring häkeln.
2.-5. Rd: 7 fM.
6. Rd (Anthrazit): In die hinteren M-Glieder 7 Km.
7. Rd: In die hinteren M-Glieder 7 fM.
8.-9. Rd: 7 fM.
Faden abschneiden und durchziehen.
Den 2. Arm ebenso häkeln.

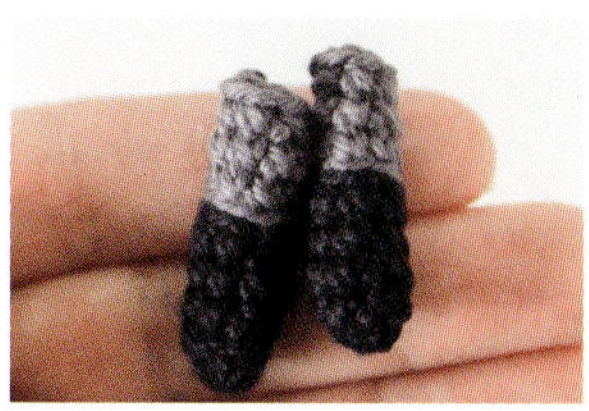

1. BEIN

In Schwarz mit Häkelnd 2,0 mm einen Magic-Ring anfertigen.
1. Rd: 6 fM in den Ring häkeln.
2. Rd: Jede fM verdoppeln (= 12 M).
3. Rd: * 2 fM, 1 fM verdoppeln, ab * noch 3x wdh (= 16 M).
4. Rd: In die hinteren M-Glieder 16 fM.
5. Rd: 16 fM.
6. Rd: 5 fM, 2x 3 fM zusammen abmaschen, 5 fM (= 12 M).
7.-9. Rd: 12 fM.
10. Rd (Anthrazit): In die hinteren M-Glieder 12 Km.
11. Rd: In die hinteren M-Glieder 12 fM.
12. Rd: * 3 fM, 1 fM verdoppeln, ab * noch 2x wdh (= 15 M).
13.-14. Rd: 15 fM.
Faden abschneiden und durchziehen.

2. BEIN

Das 2. Bein wie das 1. Bein häkeln, jedoch in der 14. Rd zusätzlich 4 fM häkeln. Faden nicht abschneiden, sondern in Schwarz die Beine wie folgt verbinden und weiter den Körper häkeln. Beide Beine zeigen nach vorn.

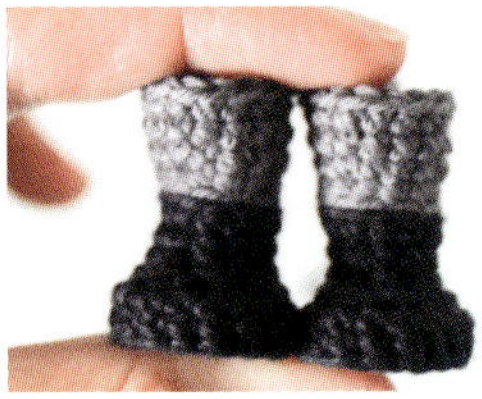

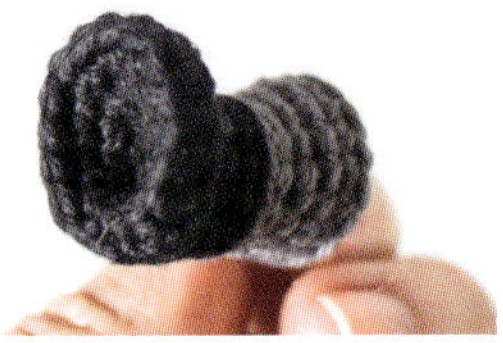

KÖRPER

Verbinde die Beine nach der Anleitung von Seite 133 und wie folgt: Häkle 1 fM in die vorletzte M des 1. Beines. Dies wird nun die 1. fM der nächsten Rd sein, also der neue Rd-Anfang.

15. Rd (Schwarz): In die hinteren M-Glieder 15 Km (Aufnahme 1. Bein), 1 Km in dieselbe M, mit der du die Rd begonnen hast, 15 Km (= 2. Bein) (= 31 M).

16. Rd: In die hinteren M-Glieder 15 fM, überspringe die Km in der Mitte, 15 fM (= 30 M).

17.-19. Rd: 30 fM.

Damit deine Figur später stehen kann, die Füße leicht nach innen drücken, damit eine Rundung entsteht. Dann die Beine nur leicht mit Füllwatte ausstopfen. Du solltest keinesfalls zu viel Füllwatte in die Füße stopfen, sonst kann die Figur nicht stehen.

Du kannst auch Heißkleber 2-3 mm hoch in die Füße spritzen und warten, bis er vollständig ausgehärtet ist. Die Füße bekommen so mehr Gewicht und deine Figur steht sicher.

20.-21. Rd (Sonne): In die hinteren M-Glieder 30 fM.

22. Rd (Anthrazit): In die hinteren M-Glieder 30 Km.

23. Rd: In die hinteren M-Glieder 30 fM.

24.-25. Rd: 30 fM.

26. Rd: 8 fM, 7 fM (Aufnahme 1. Arm), 14 fM, 7 fM (Aufnahme 2. Arm), 8 fM (= 44 M).

27. Rd: * 2 fM, 2 fM zusammen abmaschen, ab * noch 10x wdh (= 33 M).

28. Rd: * 1 fM, 2 fM zusammen abmaschen, ab * noch 10x wdh (= 22 M).

29. Rd: 20 fM, 2 fM zusammen abmaschen (= 21 M).

30. Rd (Ivory): In die hinteren M-Glieder * 1 fM, 2 fM zusammen abmaschen, ab * noch 6x wdh (=14 M).

Weiter mit Füllwatte ausstopfen.

31. Rd: * 5 fM, 2 fM zusammen abmaschen, ab * noch 1x wdh (= 12 M).

32. Rd: * 2 fM, 2 fM zusammen abmaschen, ab * noch 2x wdh (= 9 M).

33.-36. Rd: 9 fM.

37. Rd: * 1 fM, 2 fM zusammen abmaschen, ab * noch 2x wdh (= 6 M).

Schließe die Öffnung. Du kannst einen invertierten Magic-Ring anfertigen (siehe Digi-Bib). Faden lang abschneiden und durchziehen.

UMHANG

In Schwarz mit Häkelnd 2,0 mm 22 Lm anschl und mit 1 fM zur Rd schließen. Dies wird die 1. M der 1. Rd.

1. Rd: 9 fM, 4 hStb, 9 fM (= 22 M).

Weiter 6 fM, 1 Lm arb und wenden. Weiter in R häkeln, dabei ohne Wende-Lm wenden.

2. R: * 2 fM, 1 fM verdoppeln, ab * noch 3x wdh (= 16 M).

3. R: * 3 fM, 1 fM verdoppeln, ab * noch 3x wdh (= 20 M).

4. R: 2 fM, 1 fM verdoppeln, * 4 fM, 1 fM verdoppeln ab * noch 2x wdh, 2 fM (= 24 M).

5. R: 24 fM.

6. R: * 5 fM, 1 M verdoppeln, ab * noch 3x wdh (= 28 M).

7.-19. R: 28 fM.

20. R: * 1 fM, 1 Lm, 1 hStb verdoppeln, 1 fM, 1 Km, ab * noch 6x wdh (= 42 M).

Faden abschneiden und durchziehen.

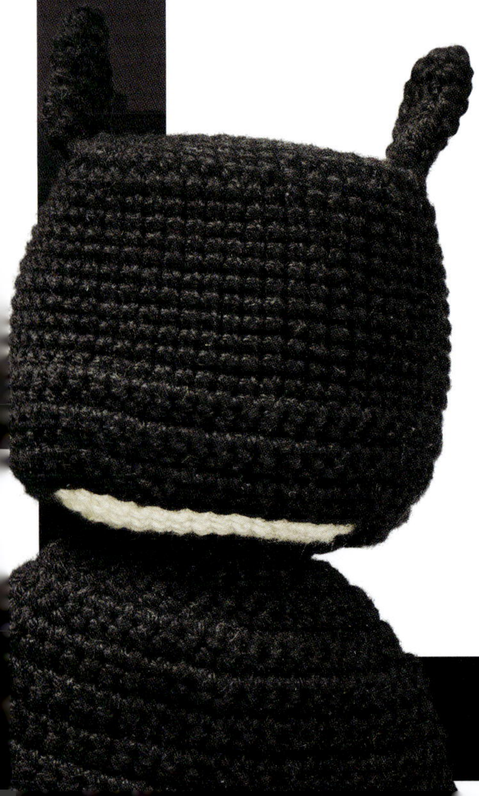

Probiere, ob der Umhang passt, bevor du nun Kopf und Körper zusammenfügst.

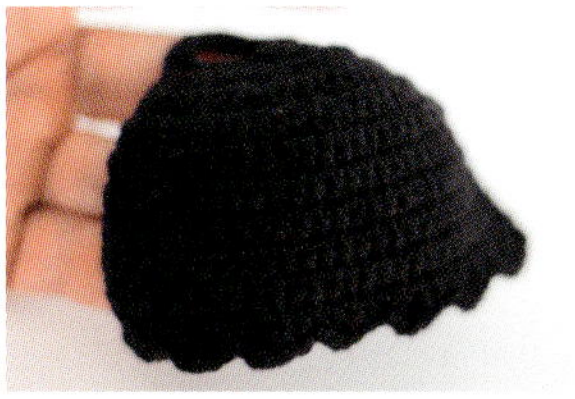

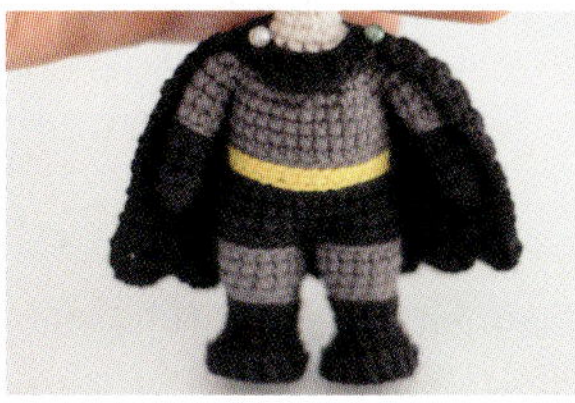

KOPF UND KÖRPER ZUSAMMENFÜGEN

Verbinde Kopf und Körper nach der Anleitung von Seite 135.

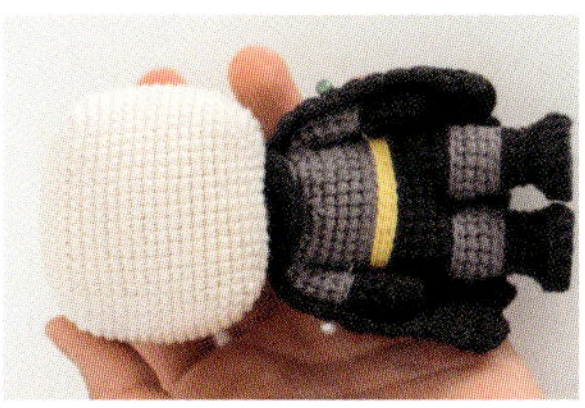

MASKE

In Schwarz mit Häkelnd 2,25 mm einen Magic-Ring anfertigen.

1.-18. Rd: Wie die 1.-18. Rd des Kopfes häkeln.

19. Rd: 27 fM, 1 hStb, 2 Stb, 1 hStb, 33 fM (= 64 M). Weiter 19 fM arb und wenden. Weiter in R häkeln, dabei ohne Wende-Lm wenden.

20.-23. R: 42 fM.

Markiere die Ecken der Maske in der 8. Rd und achte nun darauf, dass die folgenden Abnahmen in einer Linie mit den Zunahmen der 8. Rd liegen, damit sich die Maske nicht verzieht.

24. R: 10 fM, 2x 2 fM zusammen abmaschen, 12 fM, 2x 2 fM zusammen abmaschen, 12 fM (= 38 M).

25. R: 10 fM, 2x 2 fM zusammen abmaschen, 10 fM, 2x 2 fM zusammen abmaschen, 10 fM (= 34 M).

Setze der Figur die Maske auf. Schlage 12 Lm an und schließe diese an der gegenüberliegenden Seite der Maske mit 1 fM. Häkle 1 fM in jede Km (= 12 fM).

Faden abschneiden und durchziehen.

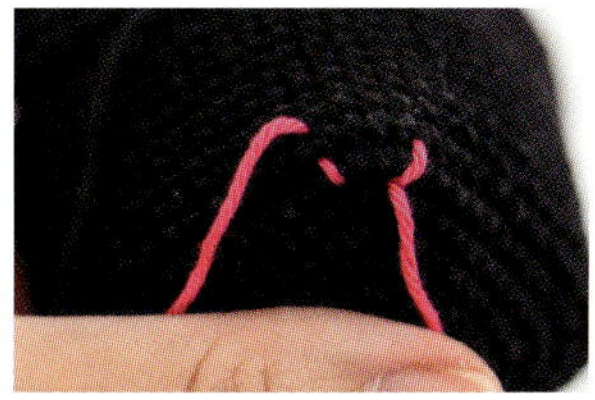

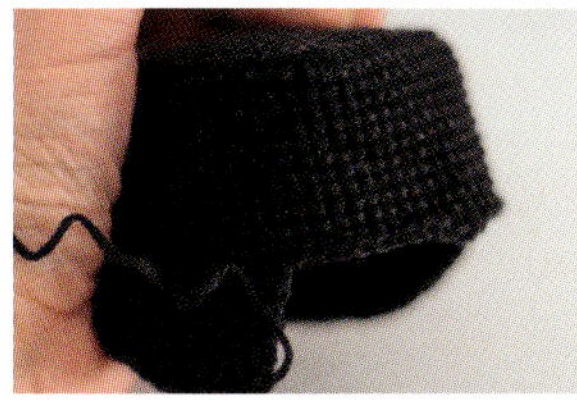

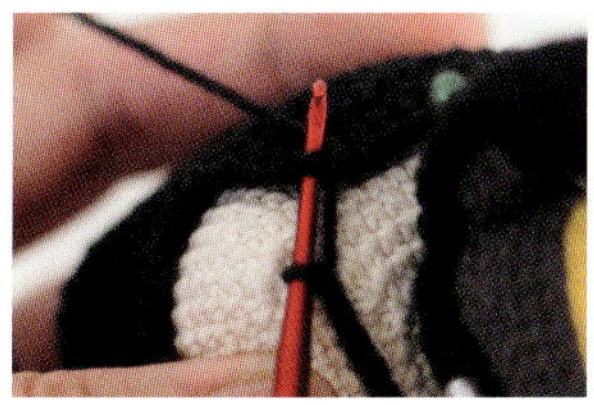

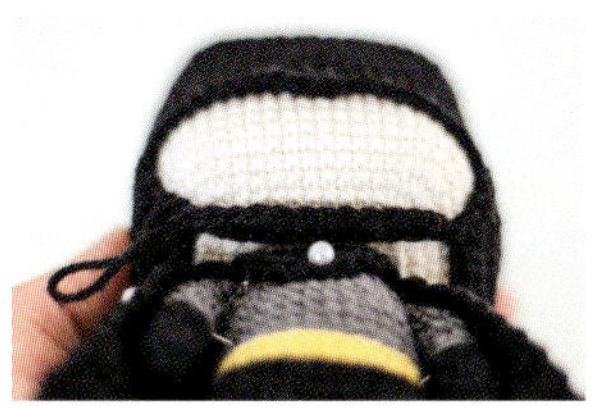

AUGE (2x)

In Weiß mit Häkelnd 2,0 mm einen Magic-Ring anfertigen.

1. Rd: 6 fM in den Ring häkeln (= 6 M). Nicht zur Rd schließen, sondern mit 1 Lm wenden.

Weiter in R häkeln. Am Ende jeder R mit 1 Lm wenden.

2. R: 1 fM verdoppeln, 4 fM, 1 fM verdoppeln (= 8 M).

3. R: * 3 fM, 1 fM verdoppeln, ab * noch 1x wdh (= 10 M).

Häkle weiter 8 fM entlang der geraden Seite des Halbkreises.

Faden abschneiden und durchziehen.

Das 2. Auge ebenso häkeln.

FERTIGSTELLEN

Die Augen über der 12. bis 18. Rd der Maske mit 3 M Abstand zueinander annähen oder ankleben. Nähe die Ohren oberhalb seitlich zwischen der 7. und 8. Rd der Maske an Alle Fäden vernähen.

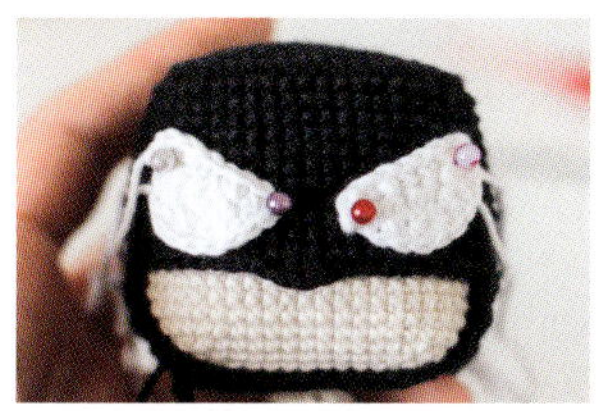

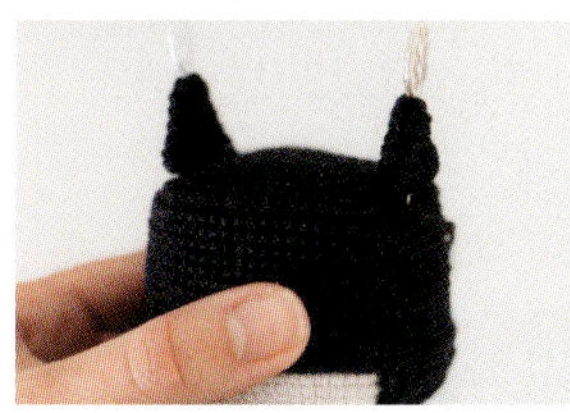

TANZENDES BÄUMCHEN

SCHWIERIGKEITSGRAD 2

GRÖSSE

14 cm

MATERIAL

- Schachenmayr Catania (LL 125 m/50 g) in Marsalarot (Fb 396), Schwarz (Fb 110) und Signalrot (Fb 115), je 50 g, in Maigrün (Fb 389), Rest
- Häkelnadel 2,25 mm
- 2 (Comic-)Sicherheitsaugen in Schwarz, ø 12 mm
- Maschenmarkierer
- Sekundenkleber
- ggf. Heißkleber
- Füllwatte
- Wollnadel
- Stecknadeln

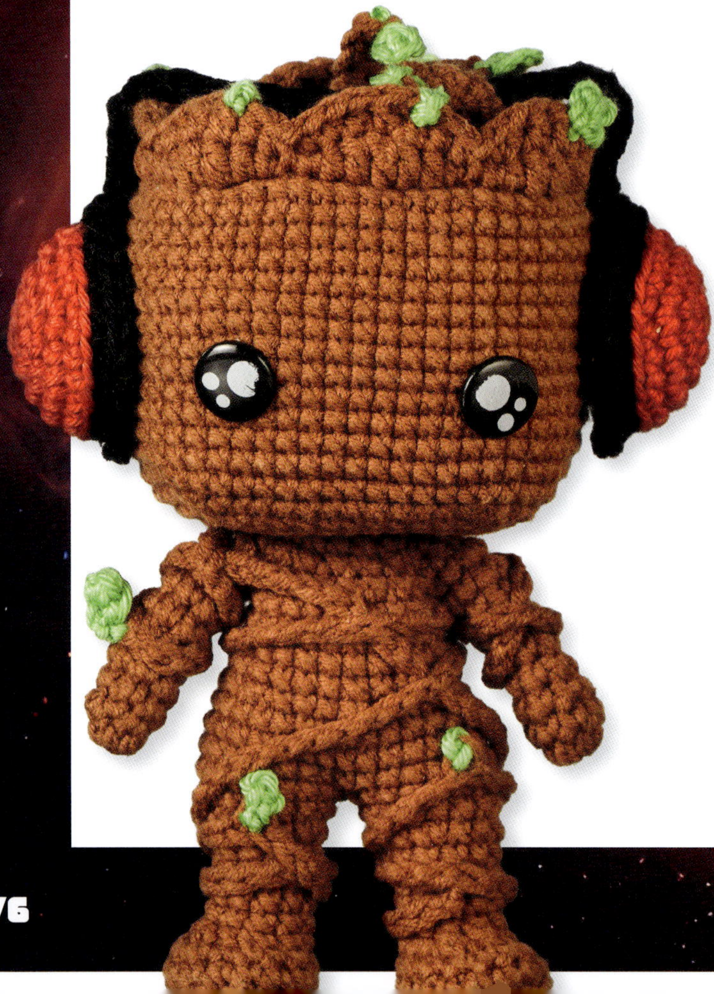

X-MUSTER

(verschränkte feste Maschen)

Die Figur wurde mit verschränkten fM im X-Muster gehäkelt, d. h. der Faden wird immer von oben (statt von unten) geholt. Selbstverständlich kannst du auch normale fM häkeln.

ANLEITUNG

Zunächst Kopf, Arme und Beine häkeln. Dann die Beine verbinden, den Körper häkeln und die Arme aufnehmen. Weitere Details anfertigen. Anschließend den Kopf fertigstellen und mit dem Körper verbinden. Zum Schluss die Blätter und Rebe arrangieren und festkleben.

Sofern nicht anders erwähnt, in Spiral-Rd häkeln. Dafür den Beginn jeder Rd mit einem M-Markierer oder Kontrastgarn kennzeichnen.

KOPF

In Marsalarot einen Magic-Ring anfertigen.

1. Rd: 8 fM in den Ring häkeln (= 8 M).

2. Rd: Jede fM verdoppeln (= 16 M).

3. Rd: * 2 fM verdoppeln, 2 fM, ab * noch 3x wdh (= 24 fM).

4. Rd: 1 fM, 2 fM verdoppeln, * 4 fM, 2 fM verdoppeln, ab * noch 2x wdh, 3 fM (= 32 M).

5. Rd: 2 fM, 2 fM verdoppeln, * 6 fM, 2 fM verdoppeln, ab * noch 2x wdh, 4 fM (= 40 M).

6. Rd: 3 fM, 2 fM verdoppeln, * 8 fM, 2 fM verdoppeln, ab * noch 2x wdh, 5 fM (= 48 M).

7. Rd: 4 fM, 2 fM verdoppeln, * 10 fM, 2 fM verdoppeln, ab * noch 2x wdh, 6 fM (= 56 M).

8. Rd: 5 fM, 2 fM verdoppeln, * 12 fM, 2 fM verdoppeln, ab * noch 2x wdh, 7 fM (= 64 M).

9. Rd: 64 fM.

10. Rd: In die hinteren M-Glieder 64 fM.

11.–23. Rd: 64 fM.

24. Rd: 5 fM, 2x 2 fM zusammen abmaschen, * 12 fM, 2x 2 fM zusammen abmaschen, ab * noch 2x wdh, 7 fM (= 56 M).

Nun die Sicherheitsaugen zwischen der 18. und 19. Rd mit 11 fM zueinander anbringen.

Den Kopf fest mit Füllwatte ausstopfen. Dafür aus Füllwatte kleine Wattebällchen formen und nach und nach in den Kopf stopfen. Wichtig ist, dass der Kopf würfelförmig und nicht rund wird.

25. Rd: 4 fM, 2x 2 fM zusammen abmaschen, * 10 fM, 2x 2 fM zusammen abmaschen, ab * noch 2x wdh, 6 fM (= 48 M).

Den Kopf fest mit Füllwatte ausstopfen.

26. Rd: 3 fM, 2x 2 fM zusammen abmaschen, * 8 fM, 2x 2 fM zusammen abmaschen, ab * noch 2x wdh, 5 fM (= 40 M).

27. Rd: 2 fM, 2x 2 fM zusammen abmaschen, * 6 fM, 2x 2 fM zusammen abmaschen, ab * noch 2x wdh, 4 fM (= 32 M).

28. Rd: 1 fM, 2x 2 fM zusammen abmaschen, * 4 fM, 2x 2 fM zusammen abmaschen, ab * noch 2x wdh, 3 fM (= 24 M).

29. Rd: * 2 fM, 2x 2 fM zusammen abmaschen, ab * noch 3x wdh (= 16 M).

Weiter mit Füllwatte ausstopfen.

30. Rd: * 2 fM, 2 fM zusammen abmaschen, ab * noch 3x wdh (= 12 M).

31.-35. Rd: 12 fM.

Faden lang abschneiden und durchziehen.

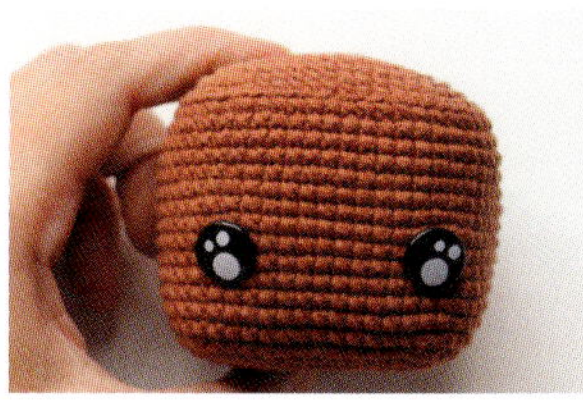

ARM (2x)

In Marsalarot einen Magic-Ring anfertigen:

1. Rd: 7 fM in den Ring häkeln.

2.-8. Rd: 7 fM.

Faden abschneiden und durchziehen.

Den 2. Arm ebenso häkeln.

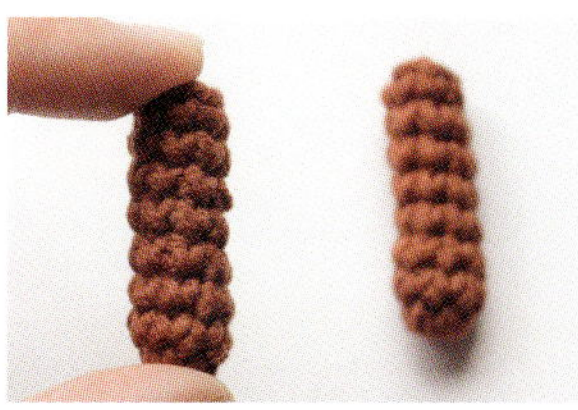

1. BEIN

In Marsalarot einen Magic-Ring anfertigen.

1. Rd: 6 fM in den Ring häkeln.

2. Rd: Jede fM verdoppeln (= 12 M).

3. Rd: * 3 fM, 1 fM verdoppeln, ab * noch 2x wdh (= 15 M).

4. Rd: In die hinteren M-Glieder 15 fM.

5. Rd: 15 fM.

6. Rd: 5 fM, 2x 3 fM zusammen abmaschen, 4 fM (= 11 M).

7.-9. Rd: 11 fM.

10. Rd: 10 fM, 1 fM verdoppeln (= 12 M).

11. Rd: * 3 fM, 1 fM verdoppeln, ab * noch 2x wdh (= 15 M).

12. Rd: 15 fM.

Faden abschneiden und durchziehen.

2. BEIN

Das 2. Bein wie das 1. Bein häkeln, jedoch zusätzlich 3 fM häkeln. Faden nicht abschneiden. Faden nicht abschneiden, sondern in Marsalarot die Beine wie folgt verbinden und weiter den Körper häkeln.

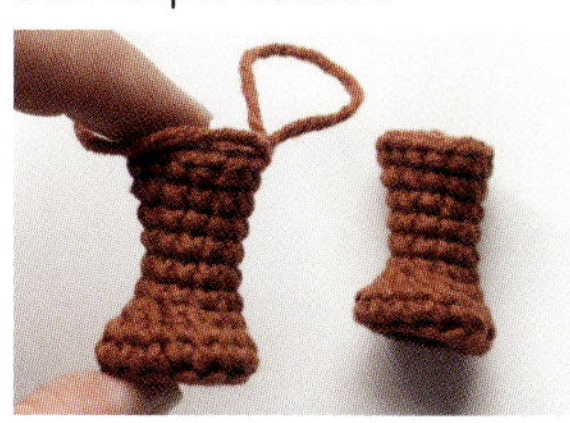

KÖRPER

Verbinde die Beine nach der Anleitung von Seite 133 und wie folgt: Häkle 1 fM in die vorletzte M des 1. Beines. Dies wird nun die 1. fM der nächsten Rd sein, also der neue Rd-Anfang.

13. Rd: 15 fM (Aufnahme 1. Bein), 1 Km in dieselbe M, mit der du die Rd begonnen hast, 15 fM (2. Bein) (= 30 M).

14.-16. Rd: 30 fM.

17. Rd: * 3 fM, 2 fM zusammen abmaschen, ab * noch 5x wdh (= 24 M).

18.-20. Rd: 24 fM.

Damit deine Figur später stehen kann, die Füße leicht nach innen drücken, damit eine Rundung entsteht.

Dann die Beine nur leicht mit Füllwatte ausstopfen. Du solltest keinesfalls zu viel Füllwatte in die Füße stopfen, sonst kann die Figur nicht stehen.

Du kannst auch Heißkleber 2-3 mm hoch in die Füße spritzen und warten, bis er vollständig ausgehärtet ist. Die Füße bekommen so mehr Gewicht und deine Figur steht sicher.

21. Rd: 6 fM, 7 fM (Aufnahme 1. Arm), 12 fM, 7 fM

(Aufnahme 2. Arm), 6 fM (= 38 M).

22. Rd: * 2 fM, 2 fM zusammen abmaschen, ab * noch 3x wdh, ** 2 fM zusammen abmaschen, ab ** noch 2x wdh, *** 2 fM, 2 fM zusammen abmaschen, ab *** noch 3x wdh (= 27 M).

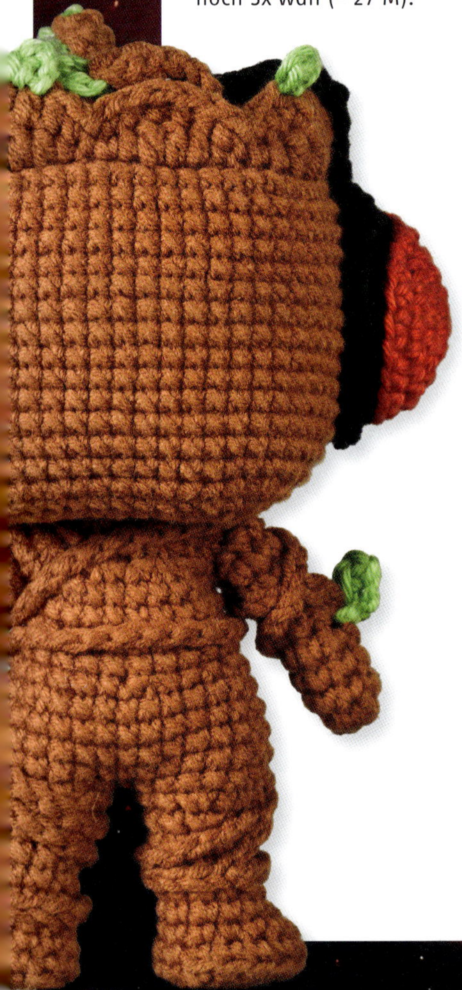

Weiter mit Füllwatte ausstopfen.

23. Rd: * 1 fM, 2 fM zusammen abmaschen, ab * noch 8x wdh (= 18 M).

24. Rd: 18 fM.

25. Rd: Immer 2 fM zusammen abmaschen (= 9 M).

26.-30. Rd: 9 fM.

Faden lang abschneiden und durchziehen. Weiter mit Füllwatte ausstopfen.

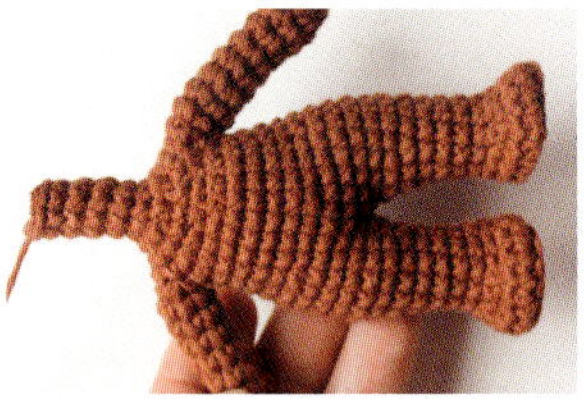

KOPFUMRANDUNG

Stich die Häkelnd in ein vorderes M-Glied der 10. Rd des Kopfes. Schlinge in Marsalarot an und häkle wie folgt in die vorderen M-Glieder:

* 1 fM, 1 hStb, 2 Stb, 1 hStb, 1 fM, 1 Km, 1 fM, 1 hStb, 1 Stb, 3 Stb in 1 M, 1 Stb, 1 hStb, 1 fM, 1 Km, 1 fM, 1 hStb, 2 Stb, 1 hStb, 1 fM, 1 Km, ab * noch 1x wdh, ** 1 fM, 1 hStb, 5 Stb, 1 hStb, 1 fM, 1 Km, ab ** noch 1x wdh.

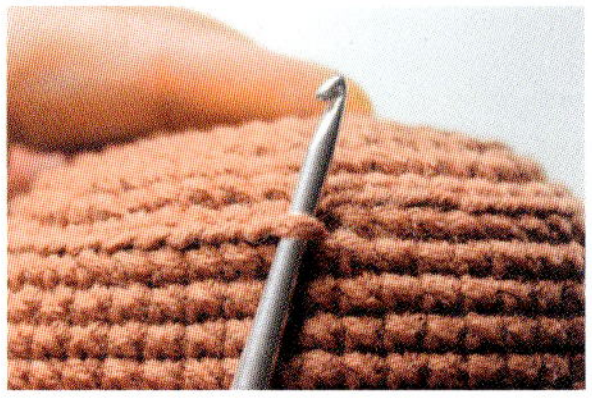

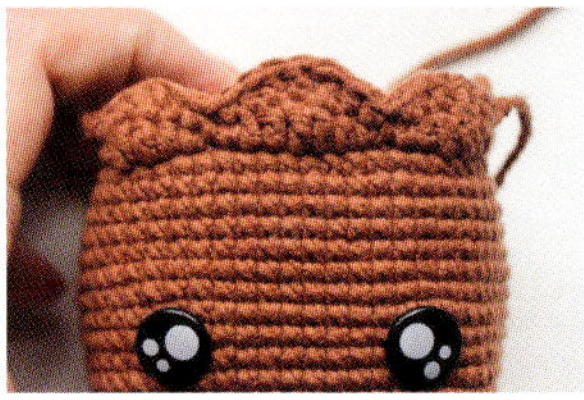

AST (2x)

In Marsalarot 7 Lm anschl.

1. R: Ab der 2. Lm ab Nd 6 fM.

Faden abschneiden und durchziehen.

Den 2. Ast ebenso häkeln.

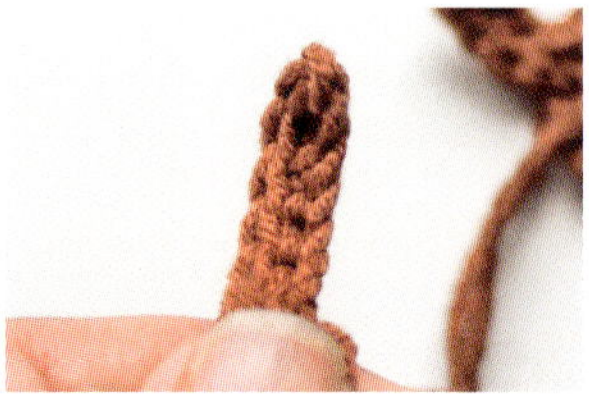

Y-AST

In Marsalarot 4 Lm anschl.

1. R: Ab der 2. Lm ab Nd 3 fM. Dann 5 Lm, 4 fM ab der 2. Lm. 1 Km in die Basis. 5 Lm, 4 fM ab der 2. Lm. 1 Km in die Basis.

Faden abschneiden und durchziehen.

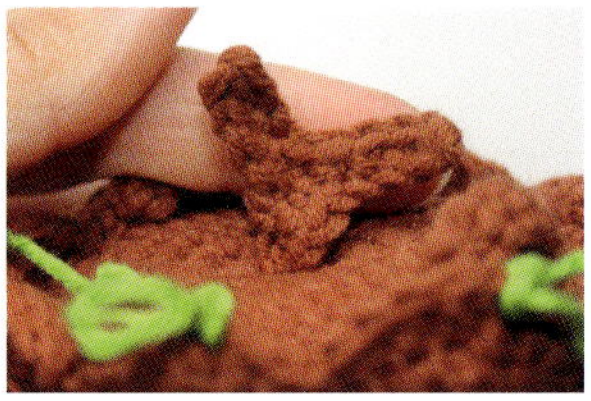

REBE

In Marsalarot 170 Lm anschl. Faden abschneiden und durchziehen.

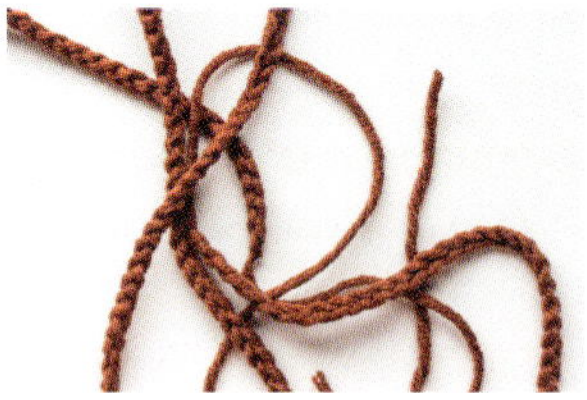

BLATT 1

In Maigrün 2 Lm anschl.

1. R: 2 fM in die 2. Lm ab Nd.

Faden lang abschneiden und durchziehen.

Häkle so viele Blätter wie du möchtest. Ihre Positionen sind ganz dir überlassen.

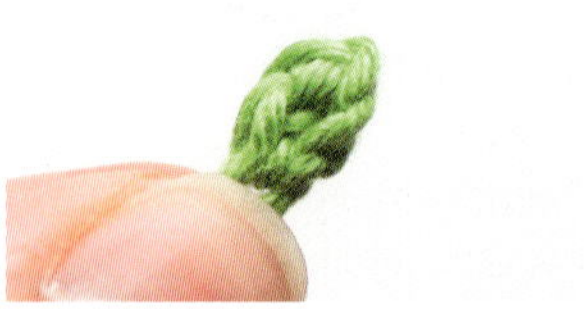

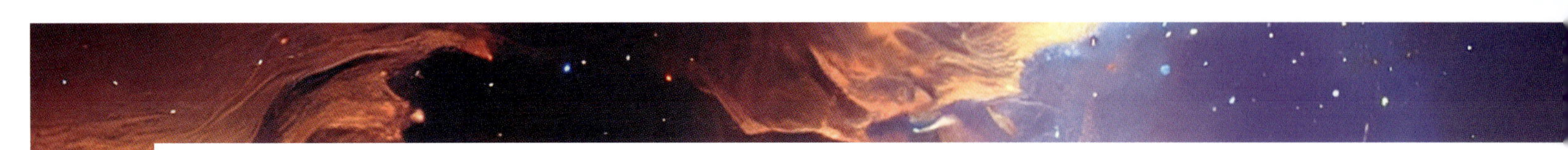

BLATT 2

Stich die Häkelnd in eine M am Kopf oder in eine Lm der Rebe und häkle 2 Km zusammen.
Häkle so viele Blätter wie du möchtest. Ihre Positionen sind ganz dir überlassen.

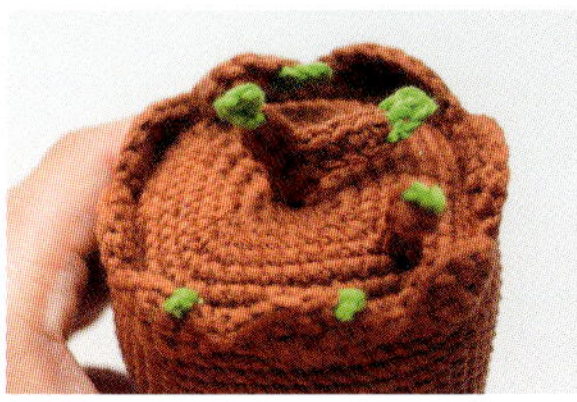

KOPFHÖRER (2x)

In Signalrot einen Magic-Ring anfertigen.
1. Rd: 6 fM in den Ring häkeln.
2. Rd: Jede fM verdoppeln (= 12 M).
3. Rd: * 1 fM, 1 fM verdoppeln, ab * noch 5x wdh (= 18 M).
4. Rd: * 2 fM, 1 fM verdoppeln, ab * noch 5x wdh (= 24 M).
5. Rd: 24 fM.
6. Rd (Schwarz): 24 Km.
7. Rd: * 5 fM, 1 fM verdoppeln, ab * noch 3x wdh (= 28 M).
Faden lang abschneiden und durchziehen.

Den 2. Kopfhörer ebenso häkeln und weiter für den Bügel 30 Lm anschl. Ab der 2. Lm ab Nd 29 hStb häkeln. Faden abschneiden und durchziehen und beide Teile zusammennähen.

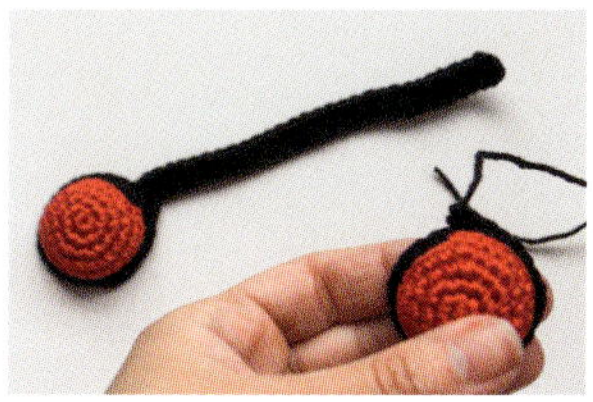

KOPF UND KÖRPER VERBINDEN

Verbinde Kopf und Körper nach der Anleitung von Seite 135.

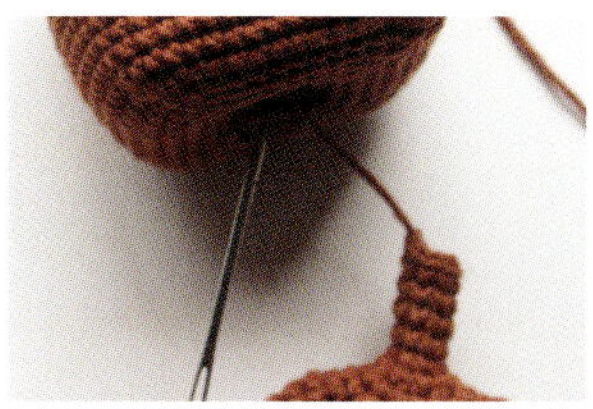

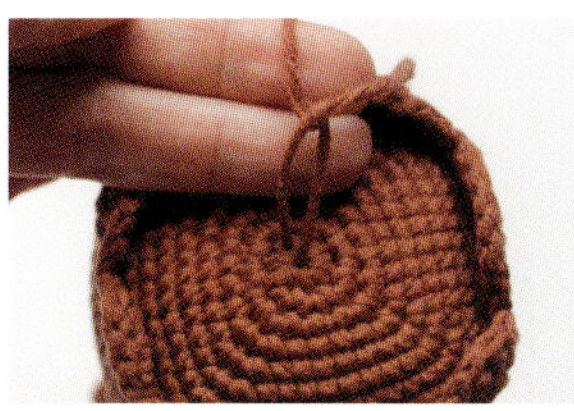

FERTIGSTELLEN

Nähe die Äste auf den Kopf. Wickle die Rebe um den Körper und befestige die Positionen mit Stecknadeln.

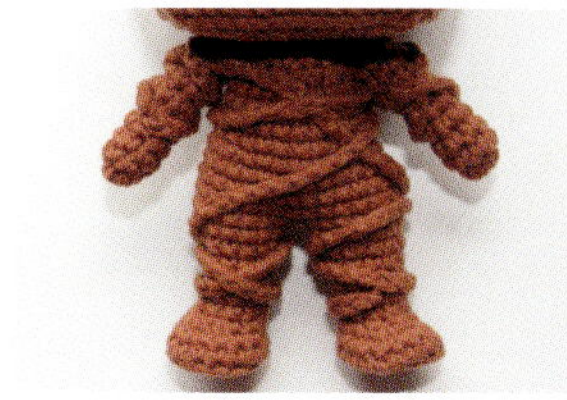

Klebe die Rebe an einzelnen Punkten fest. Nähe die Blätter fest und häkle ggf. noch weitere Blätter.

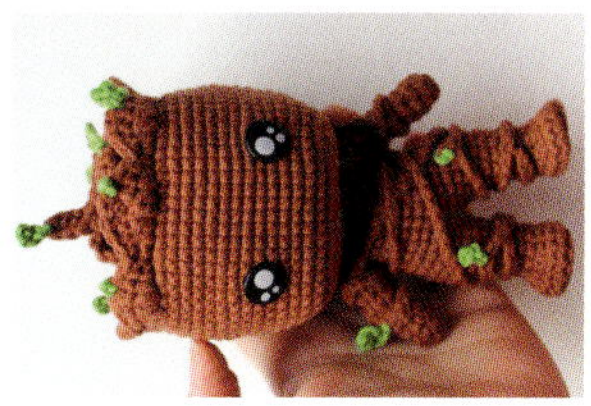

Positioniere die Kopfhörer am Kopf und fixiere auch sie mit Stecknadeln. Du kannst sie annähen oder ankleben. Damit der Bügel des Kopfhörers etwas eckiger wird, presse einfach die Ecken etwas zusammen.

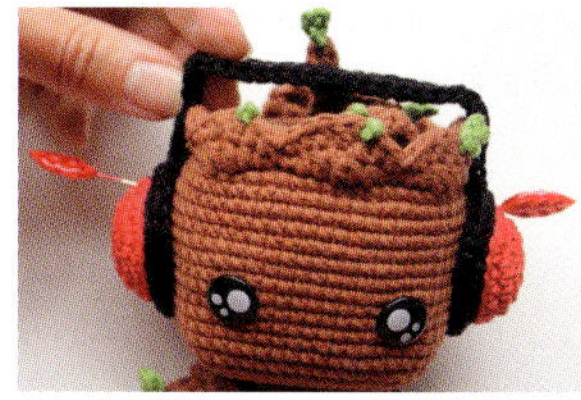

GRUSELIGES MÄDCHEN

SCHWIERIGKEITSGRAD 3

GRÖSSE

14 cm

MATERIAL

- Schachenmayr Catania (LL 125 m/50 g) in Ivory (Fb 436) und Schwarz (Fb 110), je 50 g
- Stickgarn in Schwarz und Weiß
- Häkelnadel 2,5 mm
- 2 Sicherheitsaugen in Schwarz, ø 12 mm
- Ring, Knopf oder Perle, ø 4-5 mm
- Maschenmarkierer
- Sekundenkleber
- Füllwatte
- Wollnadel
- Stecknadeln
- ggf. Rouge

X-MUSTER

(verschränkte feste Maschen)

Die Figur wurde mit verschränkten fM im X-Muster gehäkelt, d. h. der Faden wird immer von oben (statt von unten) geholt. Selbstverständlich kannst du auch normale fM häkeln.

ANLEITUNG

Zunächst Kopf, Ohren, Arme und Beine häkeln. Dann die Beine verbinden, den Körper häkeln und die Arme aufnehmen. Weitere Details anfertigen. Anschließend den Kopf fertigstellen und mit dem Körper verbinden. Zum Schluss die Haare arrangieren und festkleben. Sofern nicht anders erwähnt, in Spiral-Rd häkeln. Dafür den Beginn jeder Rd mit einem M-Markierer oder Kontrastgarn kennzeichnen.

KOPFOPTIONEN

Haare und Körper passen perfekt zu verschiedenen Kopfformen: würfelförmig und rund. Suche dir deine Lieblingsform aus.

WÜRFELFÖRMIGER KOPF

In Ivory einen Magic-Ring anfertigen.

1. Rd: 8 fM in den Ring häkeln (= 8 M).

2. Rd: Jede fM verdoppeln (= 16 M).

3. Rd: * 2 fM verdoppeln, 2 fM, ab * noch 3x wdh (= 24 fM).

4. Rd: 1 fM, 2 fM verdoppeln, * 4 fM, 2 fM verdoppeln, ab * noch 2x wdh, 3 fM (= 32 M).

5. Rd: 2 fM, 2 fM verdoppeln, * 6 fM, 2 fM verdoppeln, ab * noch 2x wdh, 4 fM (= 40 M).

6. Rd: 3 fM, 2 fM verdoppeln, * 8 fM, 2 fM verdoppeln, ab * noch 2x wdh, 5 fM (= 48 M).

7. Rd: 4 fM, 2 fM verdoppeln, * 10 fM, 2 fM verdoppeln, ab * noch 2x wdh, 6 fM (= 56 M).

8. Rd: 5 fM, 2 fM verdoppeln, * 12 fM, 2 fM verdoppeln, ab * noch 2x wdh, 7 fM (= 64 M).

9.-22. Rd: 64 fM.

23. Rd: 5 fM, 2x 2 fM zusammen abmaschen, * 12 fM, 2x 2 fM zusammen abmaschen, ab * noch 2x wdh, 7 fM (= 56 M).

24. Rd: 4 fM, 2x 2 fM zusammen abmaschen, * 10 fM, 2x 2 fM zusammen abmaschen, ab * noch 2x wdh, 6 fM (= 48 M).

Nun die Sicherheitsaugen zwischen der 17. und 18. Rd mit 11 fM zueinander anbringen.

Den Kopf fest mit Füllwatte ausstopfen. Dafür aus Füllwatte kleine Watteböllchen formen und nach und nach in den Kopf stopfen. Wichtig ist, dass der Kopf würfelförmig und nicht rund wird.

25. Rd: 3 fM, 2x 2 fM zusammen abmaschen, * 8 fM, 2x 2 fM zusammen abmaschen, ab * noch 2x wdh, 5 fM (= 40 M).

26. Rd: 2 fM, 2x 2 fM zusammen abmaschen, * 6 fM, 2x 2 fM zusammen abmaschen, ab * noch 2x wdh, 4 fM (= 32 M).

27. Rd: 1 fM, 2x 2 fM zusammen abmaschen, * 4 fM, 2x 2 fM zusammen abmaschen, ab * noch 2x wdh, 3 fM (= 24 M).

28. Rd: * 2 fM, 2x 2 fM zusammen abmaschen, ab * noch 3x wdh (= 16 M).

Weiter mit Füllwatte ausstopfen.

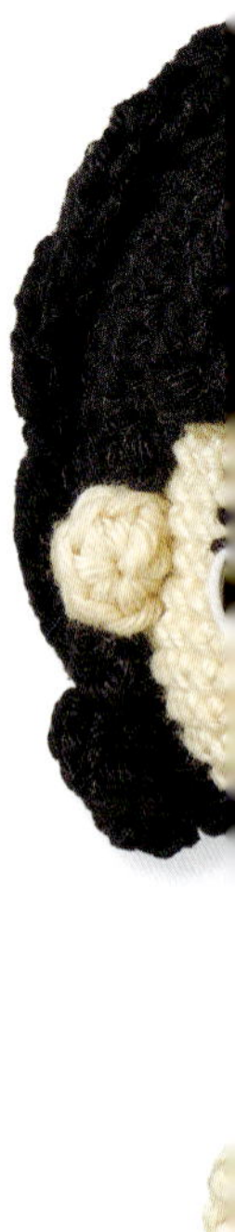

29. Rd: * 2 fM, 2 fM zusammen abmaschen, ab * noch 3x wdh (= 12 M).
30.-34. Rd: 12 fM.
Faden lang abschneiden und durchziehen.

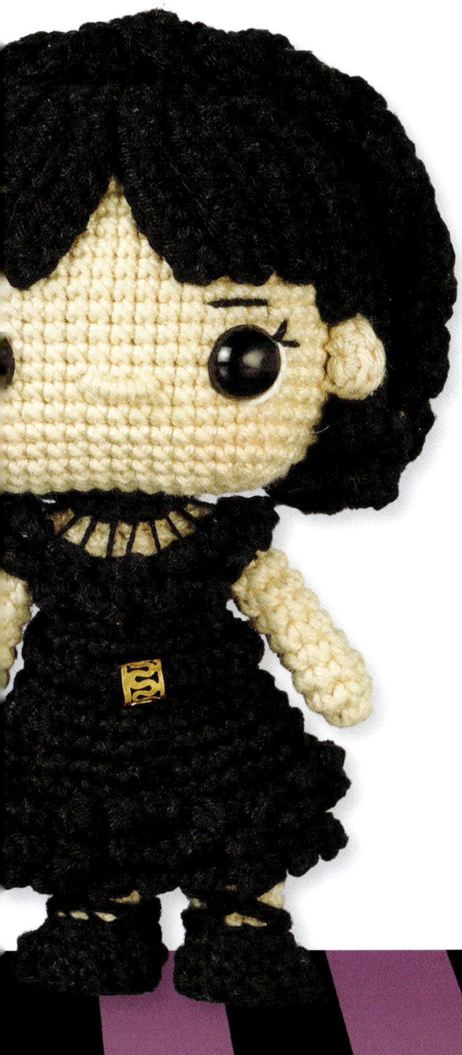

RUNDER KOPF

In Ivory einen Magic-Ring anfertigen.
1. Rd: 8 fM in den Ring häkeln (= 8 M).
2. Rd: Jede fM verdoppeln (= 16 M).
3. Rd: * 1 fM, 1 fM verdoppeln, ab * noch 7x wdh (= 24 M).
4. Rd: 1 fM, 1 fM verdoppeln, * 2 fM, 1 fM verdoppeln, ab * noch 6x wdh, 1 fM (= 32 M).
5. Rd: * 3 fM, 1 fM verdoppeln, ab * noch 7x wdh (= 40 M).
6. Rd: 2 fM, 1 fM verdoppeln, * 4 fM, 1 fM verdoppeln, ab * noch 6x wdh, 2 fM (= 48 M).
7. Rd: * 7 fM, 1 fM verdoppeln, ab * noch 5x wdh (= 54 M):
8. Rd: 4 fM, 1 fM verdoppeln, * 8 fM, 1 fM verdoppeln, ab * noch 4x wdh, 4 fM (= 60 M).
9.-22. Rd: 60 fM.
23. Rd: 4 fM, 2 fM zusammen abmaschen, * 8 fM, 2 fM zusammen abmaschen, ab * noch 4x wdh, 4 fM (= 54 M).
24. Rd: * 7 fM, 2 fM zusammen abmaschen, ab * noch 5x wdh (= 48 M).
Nun die Sicherheitsaugen zwischen der 17. und 18. Rd mit 11 fM zueinander anbringen.
Den Kopf fest mit Füllwatte ausstopfen. Dafür aus Füllwatte kleine Watteböllchen formen und nach und nach in den Kopf stopfen.
25. Rd: 2 fM, 2 fM zusammen abmaschen, * 4 fM, 2 fM zusammen abmaschen, ab * noch 6x wdh, 2 fM (= 40 M).
26. Rd: * 3 fM, 2 fM zusammen abmaschen, ab * noch 7x wdh (= 32 M).
27. Rd: 1 fM, 2 fM zusammen abmaschen, * 2 fM, 2 fM zusammen abmaschen, ab * noch 6x wdh, 1 fM (= 24 M).
28. Rd: * 1 fM, 2 fM zusammen abmaschen, ab * noch 7x wdh (= 16 M).
29. Rd: * 2 fM, 2 fM zusammen abmaschen, ab * noch 3x wdh (= 12 M).
30.-34. Rd: 12 fM.
Faden lang abschneiden und durchziehen.

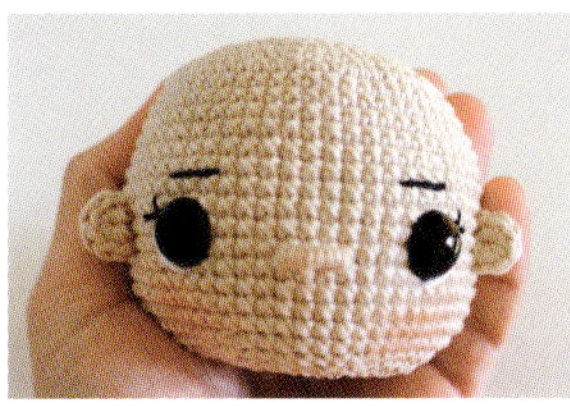

OHR (2x)

In Ivory einen Magic-Ring anfertigen.
1. Rd: 6 fM in den Ring häkeln.
Faden abschneiden und durchziehen.
Das 2. Ohr ebenso häkeln.

ARM (2x)

In Ivory einen Magic-Ring anfertigen:
1. Rd: 7 fM in den Ring häkeln.
2.-8. Rd: 7 fM.
Faden abschneiden und durchziehen.
Den 2. Arm ebenso häkeln.

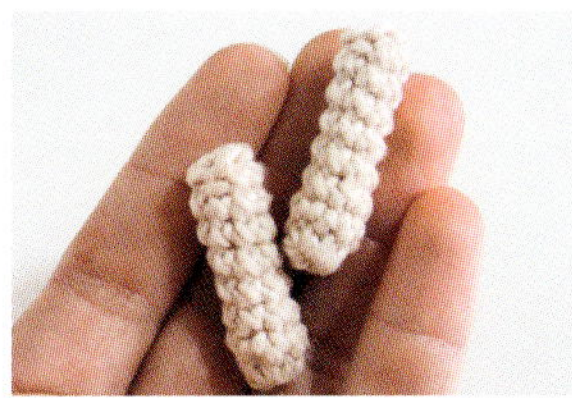

1. BEIN

In Schwarz einen Magic-Ring anfertigen.
1. Rd: 6 fM in den Ring häkeln.
2. Rd: Jede fM verdoppeln (= 12 M).
3. Rd: * 3 fM, 1 fM verdoppeln, ab * noch 2x wdh (= 15 M).

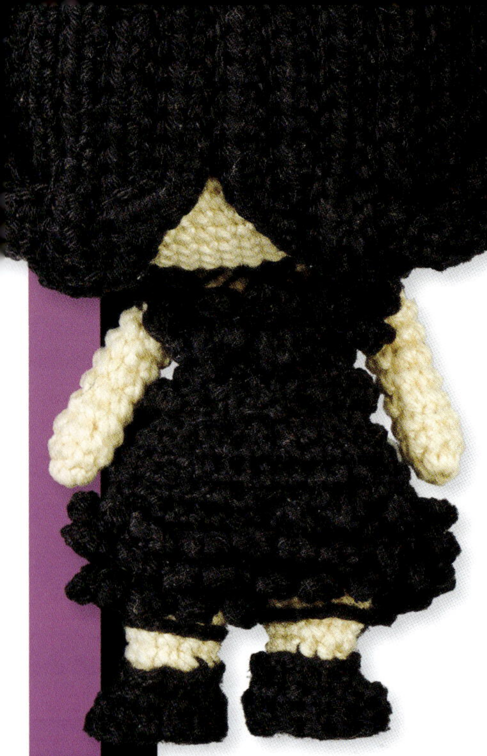

4. Rd: 15 Relief-fM von hinten.
5. Rd: 15 fM.
6. Rd: 4 fM, 2x 3 fM zusammen abmaschen, 5 fM (= 11 M).
7. Rd (Ivory): In die hinteren M-Glieder 11 fM.
8.–9. Rd: 11 fM.
10. Rd: 10 fM, 1 fM verdoppeln (= 12 M).
11. Rd: * 3 fM, 1 fM verdoppeln, ab * noch 2x wdh (= 15 M).
12. Rd: 15 fM.
Faden abschneiden und durchziehen.

2. BEIN

Das 2. Bein wie das 1. Bein häkeln, jedoch in der 12. Rd zusätzlich 3 fM häkeln. Faden nicht abschneiden, sondern die Arbeitsschlinge groß ziehen und weiter die Schuhe häkeln.

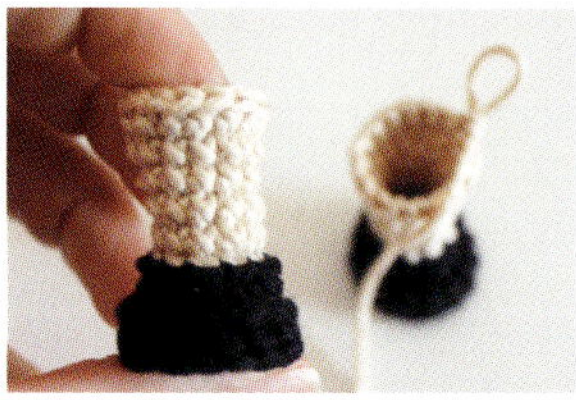

SCHUH (2x)

Mit Stickgarn in Schwarz und der Häkelnd in die 1. M der 7. Rd einstechen und wie folgt häkeln: 3 Km, 20 Lm anschl.

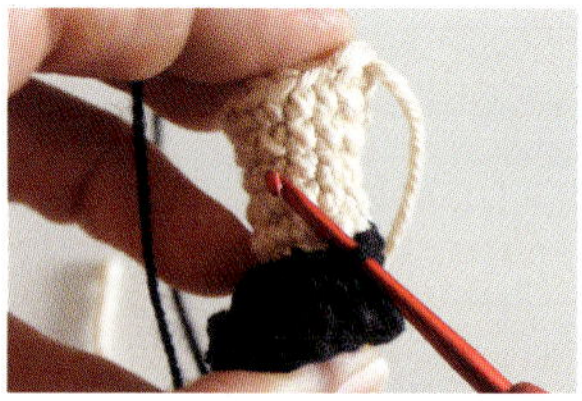

Diese Lm-Kette um das Bein wickeln, 3 M überspringen und mit 5 Km befestigen. Faden abschneiden und durchziehen. Wichtig ist, dass das „X“ vorne steht. Den 2. Schuh ebenso häkeln.

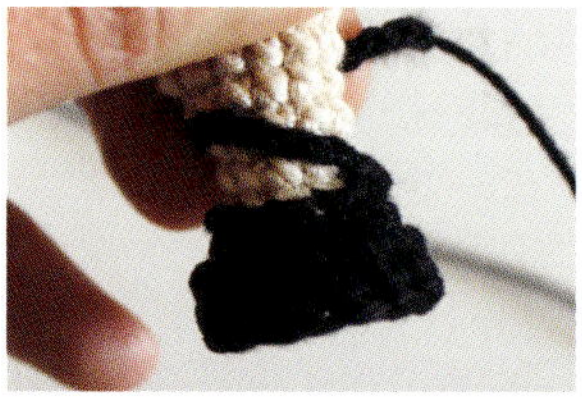

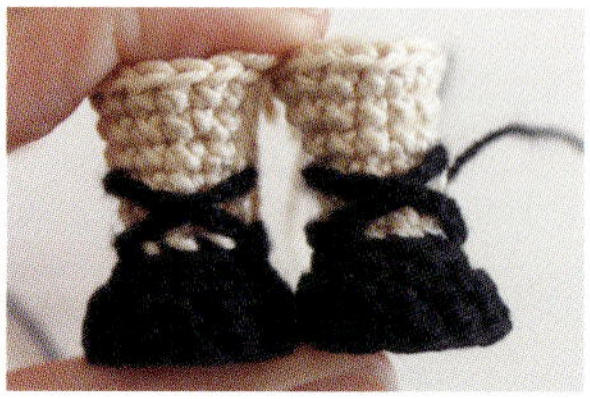

KÖRPER

Verbinde die Beine in Schwarz nach der Anleitung von Seite 133 und wie folgt: Häkle 1 fM in die vorletzte M des 1. Beines. Dies wird nun die 1. fM der nächsten Rd sein, also der neue Rd-Anfang.
13. Rd: 15 fM (Aufnahme 1. Bein), 1 Km in dieselbe M, mit der du die Rd begonnen hast, 15 fM (Aufnahme 2. Bein) (= 30 M).
14.–16. Rd: 30 fM.
17. Rd: * 3 fM, 2 fM zusammen abmaschen, ab * noch 5x wdh (= 24 M).
18. Rd: 24 fM.
19. Rd: In die hinteren M-Glieder 24 fM.
20.–22. Rd: 24 fM.
Damit deine Figur später stehen kann, die Füße leicht nach innen drücken, damit eine Rundung entsteht. Dann die Beine nur leicht mit Füllwatte ausstopfen. Du solltest keinesfalls zu viel Füllwatte in die Füße stopfen, sonst kann die Figur nicht stehen.
23. Rd: 6 fM, 7 fM (Aufnahme 1. Arm), 12 fM, 7 fM (Aufnahme 2. Arm), 6 fM (= 38 M).
24. Rd: In die hinteren M-Glieder: * 2 fM, 2 fM zusammen abmaschen, ab * noch 3x wdh, ** 2 fM zusammen abmaschen, ab ** noch 2x wdh, *** 2 fM, 2 fM zusammen abmaschen, ab *** noch 3x wdh (= 27 M).
25. Rd (Ivory): 27 fM.
26. Rd: In die hinteren M-Glieder: * 1 fM, 2 fM zusammen abmaschen, ab * noch 8x wdh (= 18 M).
Weiter mit Füllwatte ausstopfen.
27. Rd: * 4 fM, 2 fM zusammen abmaschen, ab * noch 2x wdh (= 15 M).
28. Rd: In die hinteren M-Glieder: * 3 fM, 2 fM zusammen abmaschen, ab * noch 2x wdh (= 12 M).
29. Rd: * 2 fM, 2 fM zusammen abmaschen, ab * noch 2x wdh (= 9 M).
30.–34. Rd: 9 fM.
Faden lang abschneiden und durchziehen. Weiter mit Füllwatte ausstopfen.

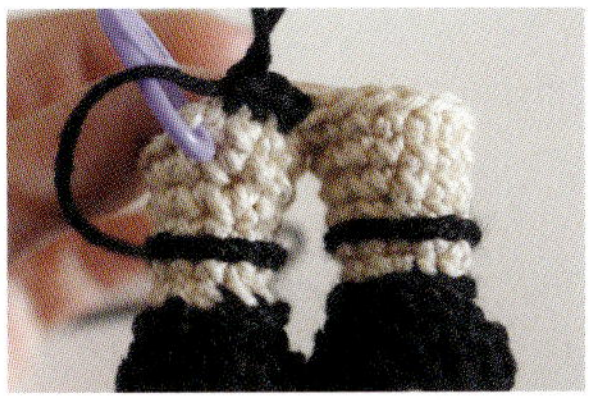

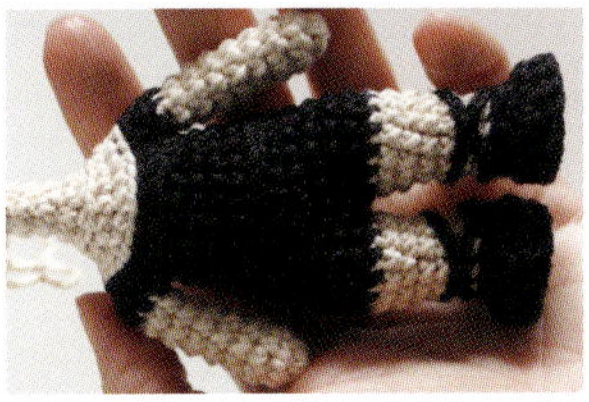

TIPP Bei der Aufnahme der Arme, sollte der Körper ganz symmetrisch sein. Wenn der Arm nicht genau seitlich am Körper liegt, verändere die Anzahl der M vor der Aufnahme des 1. Arms und nach der Aufnahme des 2. Arms in der 23. Rd.

Arm von hinten zur Seite:
23. Rd: 7 fM, 7 fM (Aufnahme 1. Arm), 12 fM, 7 fM (Aufnahme 2. Arm), 5 fM (= 38 M).
Arm von vorne zur Seite:
23. Rd: 5 fM, 7 fM (Aufnahme 1. Arm), 12 fM, 7 fM (Aufnahme 2. Arm), 7 fM (= 38 M).

ROCK

Drehe den Kopf nach unten. Beginne den Rock an der Rückseite und arb in die vorderen M-Glieder der 19. Rd.
1. Rd: * 3 fM, 1 fM verdoppeln, ab * noch 5x wdh (= 30 M).
2. Rd: * 4 fM, 1 fM verdoppeln, ab * noch 5x wdh (= 36 M).
3. Rd: * in die vorderen M-Glieder 4 fM, in die hinteren M-Glieder 2 fM, ab * noch 5x wdh (= 36 M).
4. Rd: * in die vorderen M-Glieder 1 fM verdoppeln, 2 fM, 1 fM verdoppeln, in die hinteren M-Glieder 2 fM, ab * noch 5x wdh (= 48 M).
5. Rd: * in die vorderen M-Glieder 6 fM, in die hinteren M-Glieder 2 fM, ab * noch 5x wdh (= 48 M).
6.-8. Rd: In die hinteren M-Glieder 48 fM.
Faden abschneiden und durchziehen.

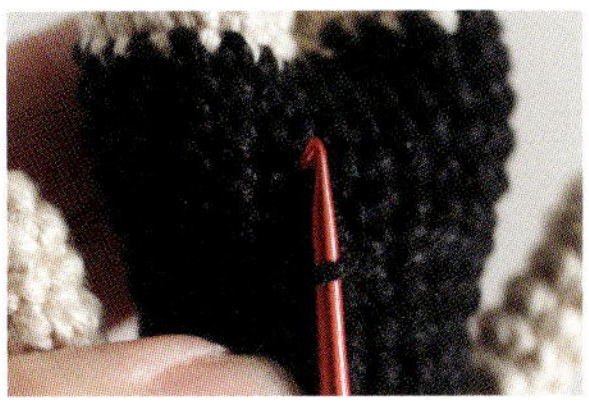

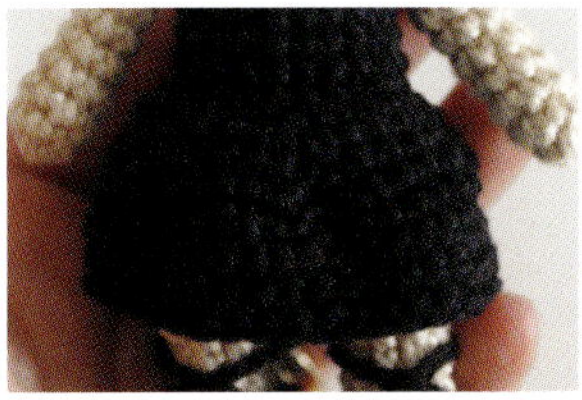

RÜSCHEN DES ROCKES

Stich die Häkelnd in die 1. M der 6. Rd ein und häkle wie folgt.
* 1 Km, 3 Lm, 1 Km in dieselbe M, 2 Km in die nächsten 2 M des Rockes, ab * fortlaufend wdh in alle M der 6., 7. und 8. Rd. Auf diese Weise bleiben immer 2 Km Abstand zwischen den Rüschen.

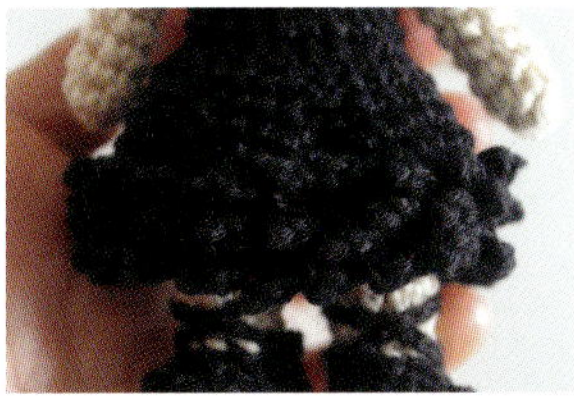

HALSBAND

Halte den Körper mit dem Hals nach oben. Häkle um den Hals * 1 Km, 1 Lm, ab * fortlaufend wdh. Faden abschneiden und durchziehen.

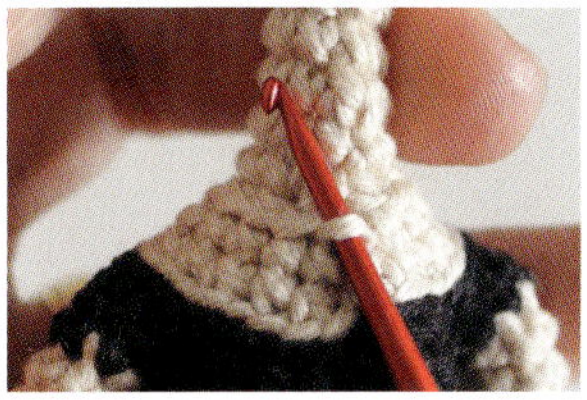

AUSSCHNITT AM KLEID

Halte den Körper mit dem Hals nach oben. Stich die Häkelnd in die 1. M der 24. Rd des Körpers und häkle wie folgt:
* 1 Km, 3 Lm, 1 Km in dieselbe M, 2 Km in die nächten 2 M des Körpers, ab * fortlaufend wdh in alle M der 24. und 25. Rd.

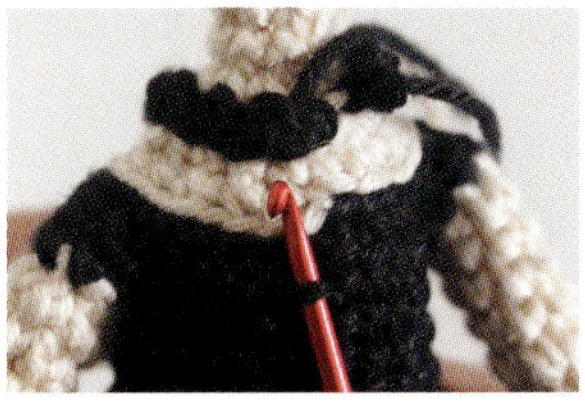

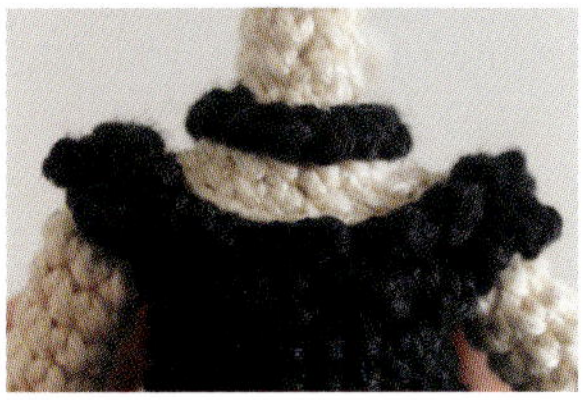

VERZIERUNGEN DES KLEIDS

Fädle das Stickgarn in Schwarz in die Wollnd. Fertige nun strahlenförmige Stiche vom Halsband in die Rüschen des Ausschnitts an. Faden abschneiden und durchziehen.

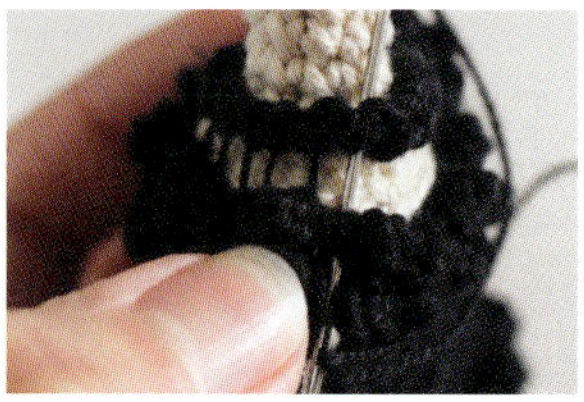

GÜRTEL

In Schwarz 25 Lm anschl.

1. R: Ab der 2. Lm ab Nd * 1 Km, 1 Lm, ab * noch 23x wdh.

Faden lang abschneiden und durchziehen.

Den Ring (bzw. Perle oder Knopf) am Gürtel befestigen und den Gürtel am Körper festnähen.

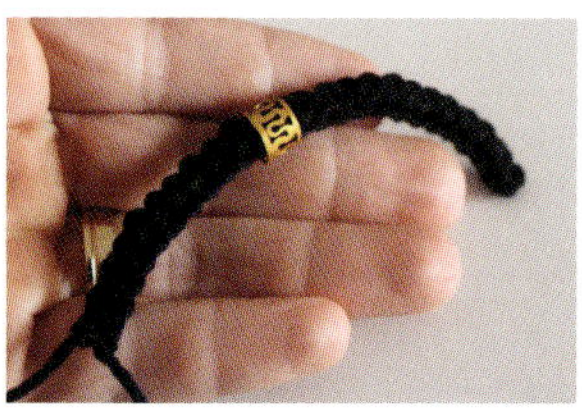

KOPF FERTIGSTELLEN

Sticke nach der Anleitung von Seite 134 eine Nase in Ivory sowie die Augenbrauen und Wimpern in Schwarz. Für die weiße Außenlinie mit Stickgarn in Weiß vom Kinn nach oben unter dem Auge einstechen. Dann 4 R seitlich des Auges wieder einstechen und an dem Punkt herauskommen, an dem du begonnen hast. Verknote beide Enden und verstecke den Faden im Kopf mit Hilfe der Nd. Nähe die Ohren an.

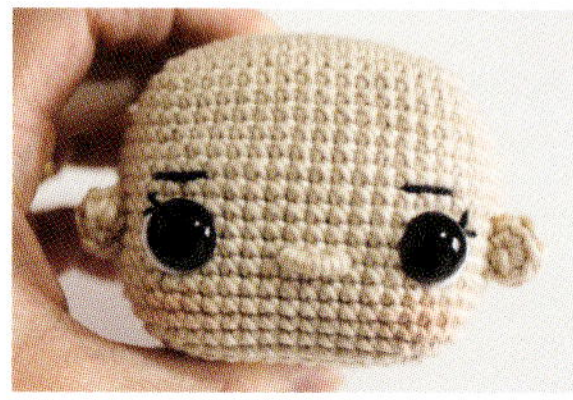

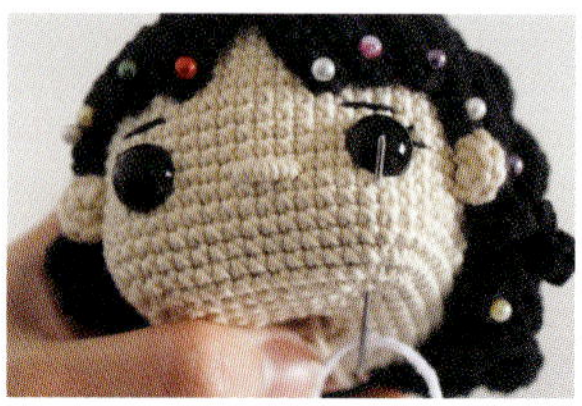

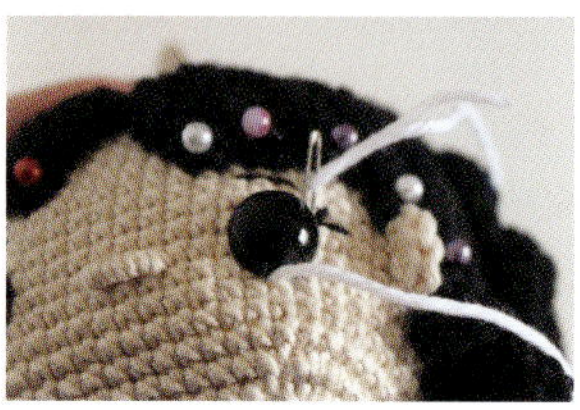

KOPF UND KÖRPER ZUSAMMENFÜGEN

Verbinde Kopf und Körper nach der Anleitung von Seite 135.

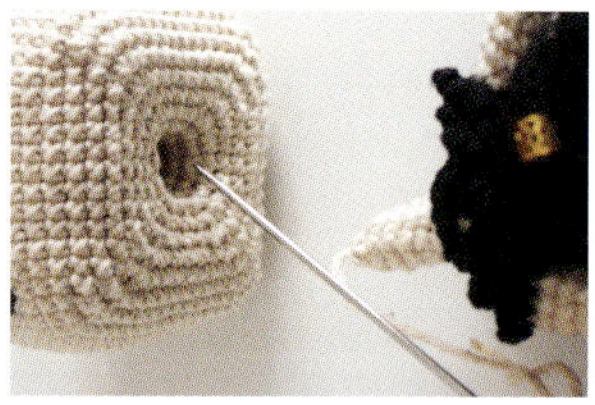

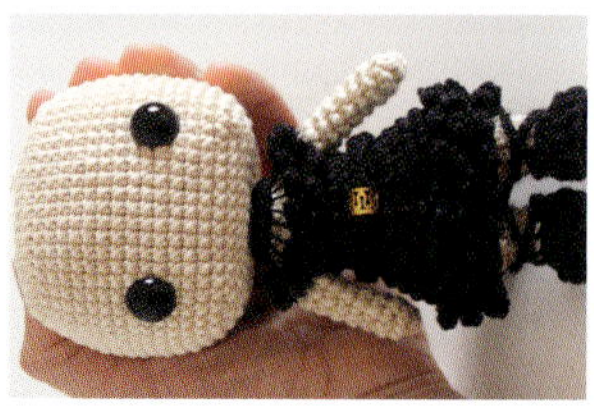

HAARE

In Schwarz einen Magic-Ring anfertigen.

1. Rd: 8 fM in den Ring häkeln.

2. Rd: Jede fM verdoppeln (= 16 M).

3. Rd: * 2 fM verdoppeln, 2 fM, ab * noch 3x wdh (= 24 M).

4. Rd: 1 fM, 2 fM verdoppeln, * 4 fM, 2 fM verdoppeln, ab * noch 2x wdh, 3 fM (= 32 M).

Nun Strähnen rundum in die 32 M der 4. Rd häkeln.

Hinweis: **Zur besseren Übersicht wird im Folgenden das Wort „Strähne" benutzt, obwohl einige Strähnen nur aus 1 fM bestehen, die als Abstand innerhalb der Frisur dienen.**

1.-3. Strähne: 53 Lm, 52 hStb ab der 2. Lm ab Nd, 1 fM in die nächste M.

4.-8. Strähne: 17 Lm, 16 hStb ab der 2. Lm ab Nd, 1 fM in die nächste M.

9. Strähne: 21 Lm, ab der 2. Lm ab Nd * 1 fM, 1 fM verdoppeln, ab * noch 6x wdh, 6 hStb, 1 fM in nächste M.

10. Strähne: 1 fM.

11. Strähne: 10 Lm, 9 fM ab der 2. Lm ab Nd, 1 fM in die nächste M.

12. Strähne: 1 fM.

13-15. Strähne: 10 Lm, 9 fM ab der 2. Lm ab Nd, 1 fM in die nächste M.

16. Strähne: 1 fM.

17.-19. Strähne: 10 Lm, 9 fM ab der 2. Lm ab Nd, 1 fM in die nächste M.

20. Strähne: 1 fM.
21. Strähne: 10 Lm, 9 fM ab der 2. Lm ab Nd, 1 fM in die nächste M.
22. Strähne: 1 fM.
23. Strähne: 21 Lm, ab der 2. Lm ab Nd * 1 fM, 1 fM verdoppeln, ab * noch 6x wdh, 6 hStb, 1 fM in die nächste M.
24.-29. Strähne: 17 Lm, 16 hStb ab der 2. Lm ab Nd, 1 fM in die nächste M.
30.-32. Strähne: 53 Lm, 52 hStb ab der 2. Lm ab Nd, 1 fM in die nächste M.
Beende mit 1 Km nach der letzten Haarsträhne.

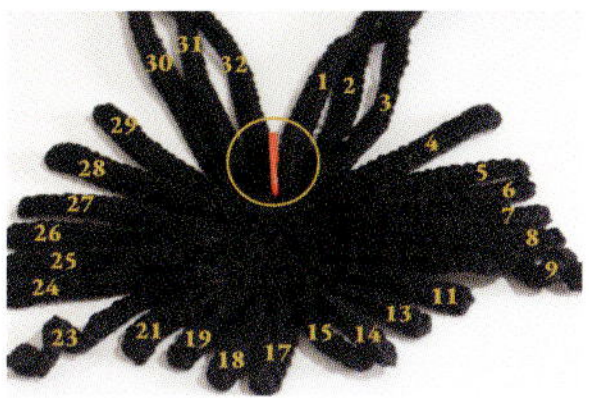

Platziere die Haare so am Kopf, dass die linke Seite des Magic-Rings nach oben zeigt. Der M-Markierer sollte an der Rückseite des Kopfes positioniert sein. Strähnen 11 und 21 liegen jeweils exakt über dem Ohr. Strähnen 1 bis 9 und 23 bis 32 liegen hinter den Ohren rund um den Kopf.

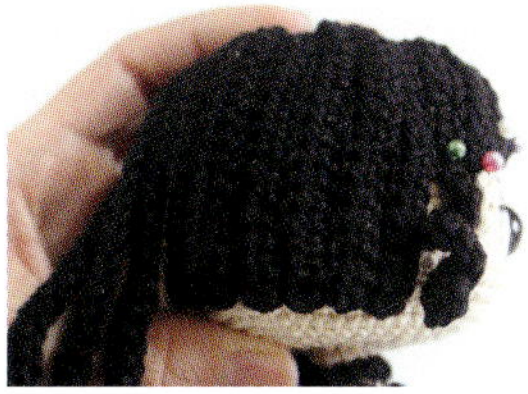

Strähnen 13 bis 19 sind die Stirnfransen und werden wie folgt platziert: 13, 14 und 15 nach rechts, 17, 18 und 19 nach links. Strähnen 1 bis 3 und 30 bis 32 sind länger für die geflochtenen Zöpfe. Stecke die Strähnen fest und flechte sie. Lege die geflochtenen Zöpfe dann über den Kopf, wie abgebildet. Stecke die Spitze der Zöpfe fest.

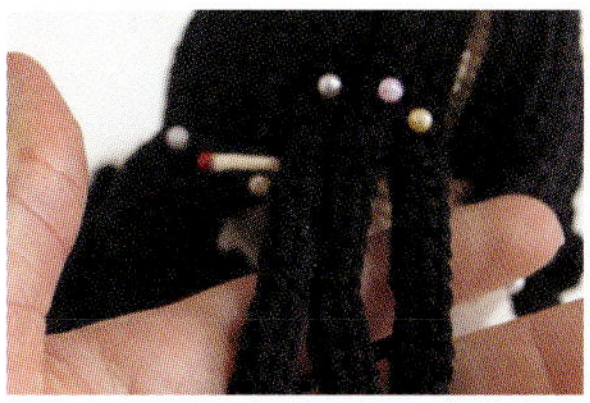

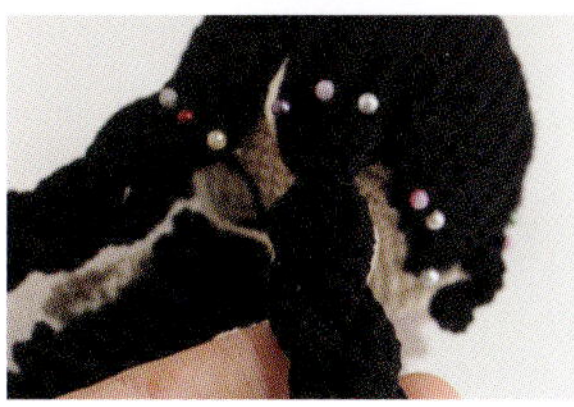

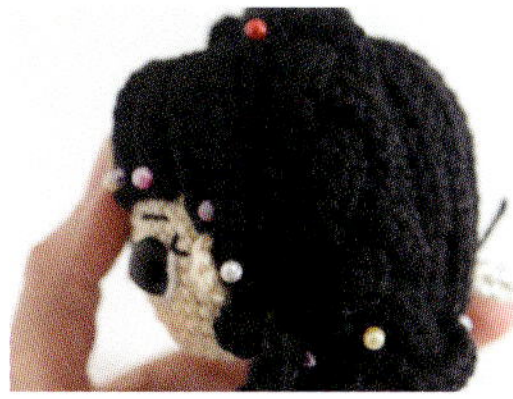

Stecke Strähne für Strähne fest, bis du mit den Positionen zufrieden bist. Klebe sie einzeln nacheinander an. Du kannst das Ende der Zöpfe annähen oder ankleben. Im Bild rechts oben siehst du, dass auch der runde Kopf optimal zu der Frisur passt. Die Anleitung für die Frisur bleibt die gleiche wie bei der Würfelform.

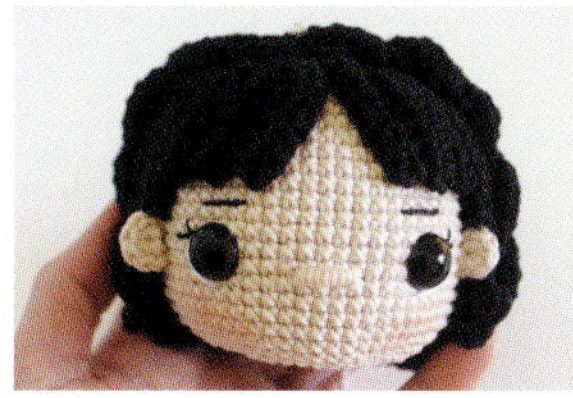

FERTIGSTELLEN

Alle Fäden vernähen. Für etwas mehr Glanz, kannst du direkt unter den Augen des Mädchens etwas Rouge auftragen.

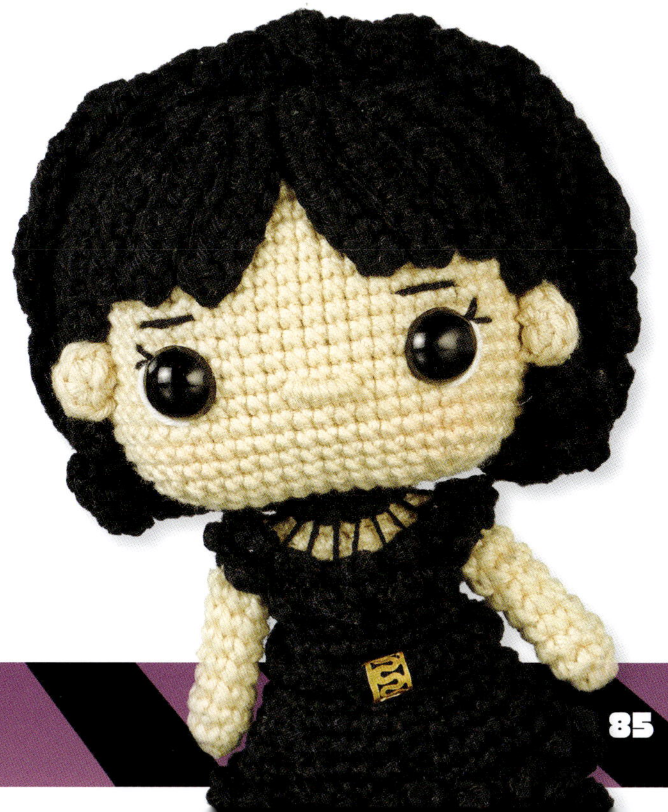

GROSSE MONDKRIEGERIN

SCHWIERIGKEITSGRAD 3

GRÖSSE

14 cm

MATERIAL

- Schachenmayr Catania (LL 125 m/50 g) in Ivory (Fb 436), Weiß (Fb 106), Signalrot (Fb 115), Royal (Fb 201) und Sonne (Fb 208), je 50 g, in Gold (Fb 249), Rest
- Stickgarn in Dunkelbraun
- Häkelnadeln 2,0 mm und 2,25 mm
- 2 Sicherheitsaugen in Schwarz, ø 11 mm
- Maschenmarkierer
- Sekundenkleber
- ggf. Heißkleber
- Füllwatte
- Wollnadel
- Stecknadeln

X-MUSTER

(verschränkte feste Maschen)

Die Figur wurde mit verschränkten fM im X-Muster gehäkelt, d. h. der Faden wird immer von oben (statt von unten) geholt. Selbstverständlich kannst du auch normale fM häkeln.

ANLEITUNG

Zunächst Kopf, Ohren, Arme und Beine häkeln. Dann die Beine verbinden, den Körper häkeln und die Arme aufnehmen. Weitere Details anfertigen. Anschließend den Kopf fertigstellen und mit dem Körper verbinden. Zum Schluss die Haare häkeln, am Kopf arrangieren und festkleben.

Sofern nicht anders erwähnt, in Spiral-Rd häkeln. Dafür den Beginn jeder Rd mit einem M-Markierer oder Kontrastgarn kennzeichnen.

KOPF

In Ivory mit Häkelnd 2,0 mm einen Magic-Ring anfertigen.

1. Rd: 8 fM in den Ring häkeln (= 8 M).

2. Rd: Jede fM verdoppeln (= 16 M).

3. Rd: * 2 fM verdoppeln, 2 fM, ab * noch 3x wdh (= 24 fM).

4. Rd: 1 fM, 2 fM verdoppeln, * 4 fM, 2 fM verdoppeln, ab * noch 2x wdh, 3 fM (= 32 M).

5. Rd: 2 fM, 2 fM verdoppeln, * 6 fM, 2 fM verdoppeln, ab * noch 2x wdh, 4 fM (= 40 M).

6. Rd: 3 fM, 2 fM verdoppeln, * 8 fM, 2 fM verdoppeln, ab * noch 2x wdh, 5 fM (= 48 M).

7. Rd: 4 fM, 2 fM verdoppeln, * 10 fM, 2 fM verdoppeln, ab * noch 2x wdh, 6 fM (= 56 M).

8. Rd: 5 fM, 2 fM verdoppeln, * 12 fM, 2 fM verdoppeln, ab * noch 2x wdh, 7 fM (= 64 M).

9.–22. Rd: 64 fM.

23. Rd: 5 fM, 2x 2 fM zusammen abmaschen, * 12 fM, 2x 2 fM zusammen abmaschen, ab * noch 2x wdh, 7 fM (= 56 M).

24. Rd: 4 fM, 2x 2 fM zusammen abmaschen, * 10 fM, 2x 2 fM zusammen abmaschen, ab * noch 2x wdh, 6 fM (= 48 M).

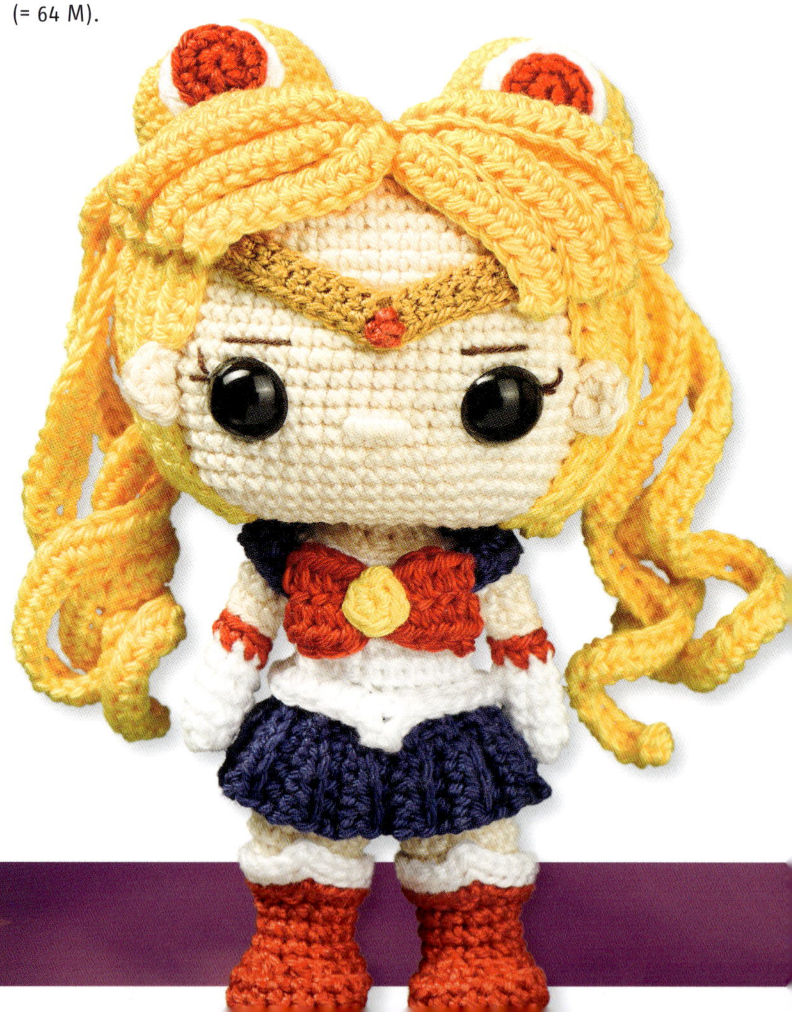

Nun die Sicherheitsaugen zwischen der 17. und 18. Rd mit 11 fM zueinander anbringen.
Den Kopf fest mit Füllwatte ausstopfen. Dafür aus Füllwatte kleine Watteballchen formen und nach und nach in den Kopf stopfen. Wichtig ist, dass der Kopf würfelförmig und nicht rund wird.
25. Rd: 3 fM, 2x 2 fM zusammen abmaschen, * 8 fM, 2x 2 fM zusammen abmaschen, ab * noch 2x wdh, 5 fM (= 40 M).
26. Rd: 2 fM, 2x 2 fM zusammen abmaschen, * 6 fM, 2x 2 fM zusammen abmaschen, ab * noch 2x wdh, 4 fM (= 32 M).
27. Rd: 1 fM, 2x 2 fM zusammen abmaschen, * 4 fM, 2x 2 fM zusammen abmaschen, ab * noch 2x wdh, 3 fM (= 24 M).
28. Rd: * 2 fM, 2x 2 fM zusammen abmaschen, ab * noch 3x wdh (= 16 M).
Weiter mit Füllwatte ausstopfen.
29. Rd: * 2 fM, 2 fM zusammen abmaschen, ab * noch 3x wdh (= 12 M).
30.-34. Rd: 12 fM.
Faden lang abschneiden und durchziehen.

OHR (2x)

In Ivory mit Häkelnd 2,0 mm einen Magic-Ring anfertigen.
1. Rd: 7 fM in den Ring häkeln.
Faden abschneiden und durchziehen.
Das 2. Ohr ebenso häkeln.

ARM (2x)

In Weiß mit Häkelnd 2,0 mm einen Magic-Ring anfertigen:
1. Rd: 7 fM in den Ring häkeln.
2.-5. Rd: 7 fM.
6. Rd (Signalrot): 7 fM.
7. Rd (Ivory): In die hinteren M-Glieder 7 Km.
8. Rd: In die hinteren M-Glieder 7 fM.
9. Rd: 7 fM.
Faden abschneiden und durchziehen.
Den 2. Arm ebenso häkeln.

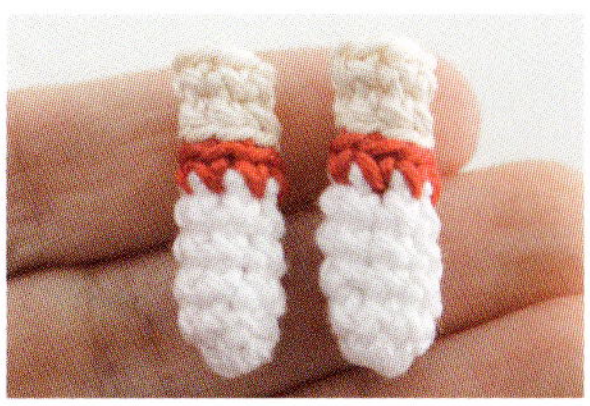

1. BEIN

In Signalrot mit Häkelnd 2,0 mm einen Magic-Ring anfertigen.
1. Rd: 6 fM in den Ring häkeln.
2. Rd: Jede fM verdoppeln (= 12 M).
3. Rd: * 2 fM, 1 fM verdoppeln, ab * noch 3x wdh (= 16 M).
4. Rd: In die hinteren M-Glieder 16 fM.
5. Rd: 16 fM.
6. Rd: 5 fM, 2x 3 fM zusammen abmaschen, 5 fM (= 12 M).
7.-9. Rd: 12 fM.
10.-11. Rd (Ivory): In die hinteren M-Glieder 12 fM.
12. Rd: * 3 fM, 1 fM verdoppeln, ab * noch 2x wdh (= 15 M).
13.-14. Rd: 15 fM.
Faden abschneiden und durchziehen.

2. BEIN

Das 2. Bein wie das 1. Bein häkeln, jedoch in der 14. Rd zusätzlich 4 fM häkeln.
Zuerst den Rand der Stiefel arb, bevor die Beine verbunden werden.
Damit deine Figur später stehen kann, die Füße leicht nach innen drücken, damit eine Rundung entsteht.
Dann die Beine entweder leicht mit Füllwatte ausstopfen. Du solltest keinesfalls zu viel Füllwatte in die Füße stopfen, sonst kann die Figur nicht stehen.
Du kannst aber auch Heißkleber 2-3 mm hoch in die Füße spritzen und warten, bis er vollständig ausgehärtet ist. Die Füße bekommen so mehr Gewicht und deine Figur steht sicher.

STIEFELRAND (2x)

Stich die Häkelnd 2,0 mm in Signalrot in die vorderen M-Glieder der 10. Rd und häkle:
1. Rd: 6 fM, 2 Lm, 1 fM in dieselbe M, 6 fM.
2. Rd (Weiß): In die hinteren M-Glieder 7 Km, 1 Lm, 8 Km.
3. Rd: In die hinteren M-Glieder 8 Km, 1 Lm, 8 Km.
Faden abschneiden und durchziehen.
Den 2. Stiefel ebenso häkeln.

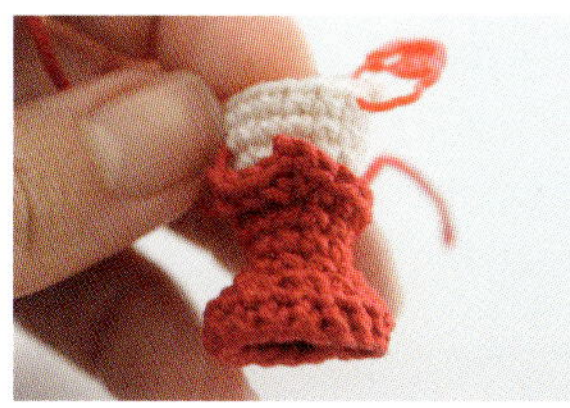

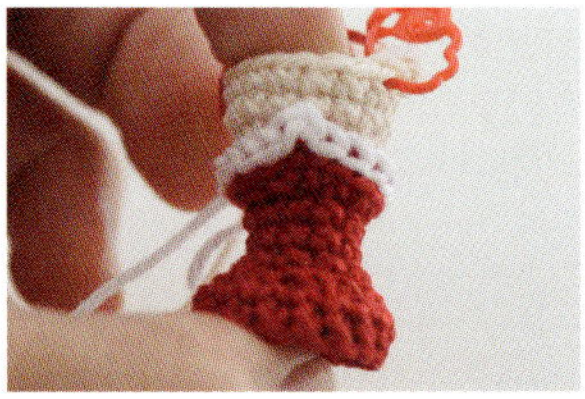

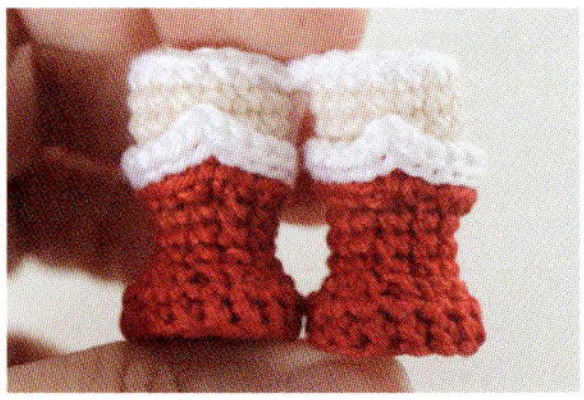

KÖRPER

Beide Beine zeigen nach vorn. Verbinde die Beine nach der Anleitung von Seite 133 und wie folgt: Häkle 1 fM in die vorletzte M des 1. Beines. Dies wird nun die 1. fM der nächsten Rd sein, also der neue Rd-Anfang.

15. Rd (Weiß): In die hinteren M-Glieder 15 Km (Aufnahme 1. Bein), 1 Km in dieselbe M, mit der du die Rd begonnen hast, 15 Km (= 2. Bein) (= 31 M).

16. Rd: 15 fM, überspringe die Km in der Mitte, 15 fM (= 30 M).

17.-18. Rd: 30 fM.

19. Rd: * 3 fM, 2 fM zusammen abmaschen, ab * noch 3x wdh (= 24 M).

20.-21. Rd: 24 fM.

22. Rd: In die hinteren M-Glieder 24 fM.

23.-24. Rd: 24 fM.

Weiter mit Füllwatte ausstopfen.

25. Rd: 6 fM, 7 fM (Aufnahme 1. Arm), 12 fM, 7 fM (Aufnahme 2. Arm), 6 fM (= 38 M).

26. Rd: * 2 fM, 2 fM zusammen abmaschen, ab * noch 3x wdh, 3x 2 fM zusammen abmaschen ** 2 fM, 2 fM zusammen abmaschen, ab ** noch 3x wdh (= 27 M).

27. Rd: * 1 fM, 2 fM zusammen abmaschen, ab * noch 8x wdh (= 18 M).

28. Rd (Ivory): In die hinteren M-Glieder 18 Km.

29. Rd: In die hinteren M-Glieder * 1 fM, 2 fM zusammen abmaschen, ab * noch 5x wdh (= 12 M).

30. Rd: 12 fM.

Weiter mit Füllwatte ausstopfen.

31. Rd: * 2 fM, 2 fM zusammen abmaschen, ab * noch 2x wdh (= 9 M).

32.-35. Rd: 9 fM.

36. Rd: * 1 fM, 2 fM zusammen abmaschen, ab * noch 2x wdh (= 6 M).

Schließe die Öffnung. Du kannst einen invertierten Magic-Ring anfertigen (siehe Digi-Bib). Faden lang abschneiden und durchziehen.

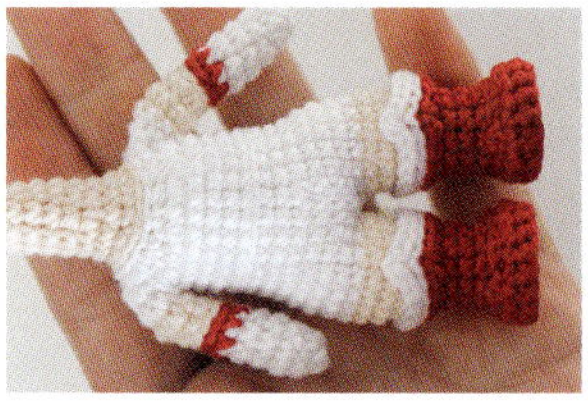

RAND DES OBERTEILS

Drehe den Kopf nach unten. Stich die Häkelnd 2,0 mm in Weiß in ein vorderes M-Glied der 22. Rd ein und häkle:

1. Rd: 12 hStb, 2 Lm und 1 Km in die 2. Lm (= Picot), 1 hStb in dieselbe M, 12 hStb.

Faden abschneiden und durchziehen.

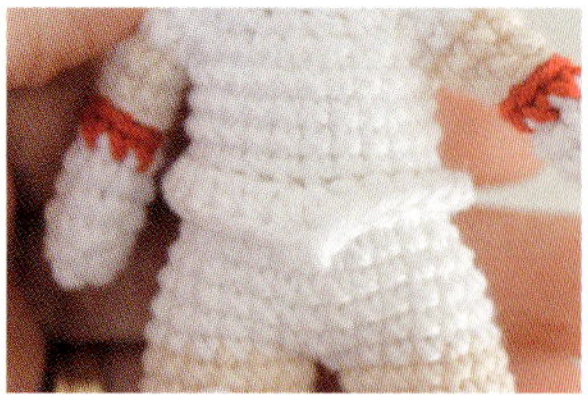

ROCK

In Royal mit Häkelnd 2,0 mm 7 Lm anschl.

1. R: Ab der 2. Lm ab Nd 2 Km, 1 fM, 3 hStb (= 6 M).

Weiter in R häkeln. Am Ende jeder R mit 1 Lm wenden.

2. R: In die hinteren M-Glieder 3 hStb, 1 fM, 2 Km.

3. R: In die hinteren M-Glieder 2 Km, 1 fM, 3 hStb.

4. R: In die hinteren M-Glieder 3 hStb, 1 fM, 2 Km.

5.-28. R: Die 1.-4. R fortlaufend wdh.

Faden lang abschneiden und durchziehen.

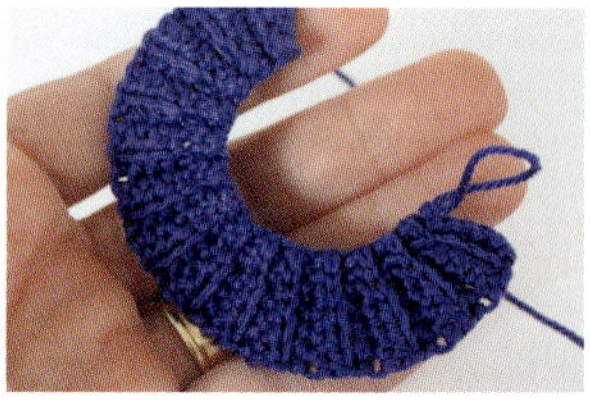

STOLA

In Royal mit Häkelnd 2,0 mm 29 Lm anschl.

1. R: Ab der 2. Lm ab Nd 2 Km, 2 fM, 3 hStb, 14 Stb, 3 hStb, 2 fM, 2 Km (= 28 M).

Faden abschneiden und durchziehen.

SCHLEIFE

In Signalrot mit Häkelnd 2,0 mm 19 Lm anschl.

1. R: Ab der 2. Lm ab Nd 2 Km, 2 fM, 4 hStb, 2 Km, 4 hStb, 2 fM, 2 Km, 1 Lm. Weiter auf der anderen Seite der Lm-Kette 1 Km, 2 fM, 4 hStb, 2 Km, 4 hStb, 2 fM, 2 Km häkeln.
Faden lang abschneiden und durchziehen.

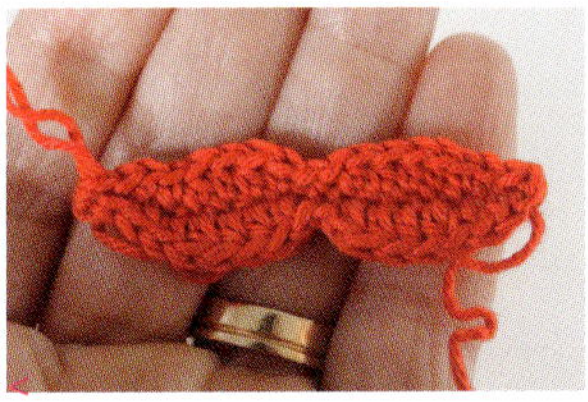

PUNKT

In Sonne mit Häkelnd 2,0 mm einen Magic-Ring anfertigen.
1. Rd: 6 fM in den Ring häkeln.
Faden abschneiden und durchziehen.

KÖRPER FERTIGSTELLEN

Platziere den Rock direkt unter der 22. Rd des Körpers. Nähe beide Enden hinten zusammen und vernähe den Restfaden. Lege die Stola um die Schultern und fixiere sie mit Stecknadeln. Wenn es so aussieht wie auf dem Foto, klebe sie punktuell fest.

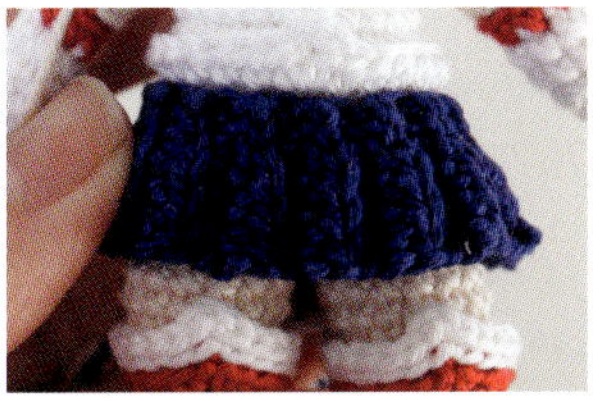

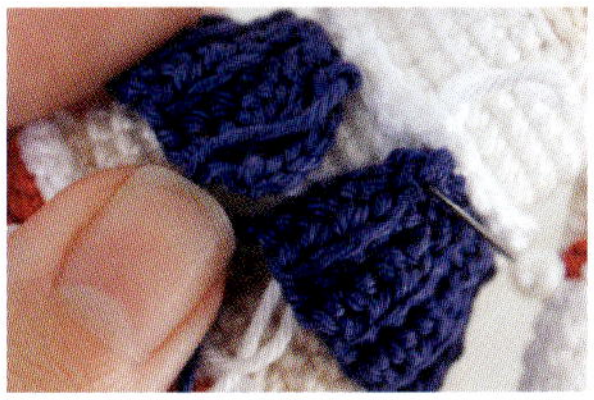

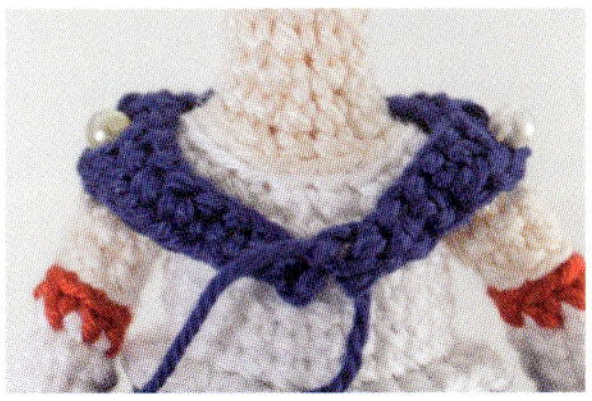

Lege die beiden äußeren Spitzen der Schleife zur hinteren Mitte und wickle den Restfaden um die Mitte. Sichere den Faden. Stecke die Schleife am Vorderteil auf die Stola und klebe den Punkt auf die Umwicklungen.

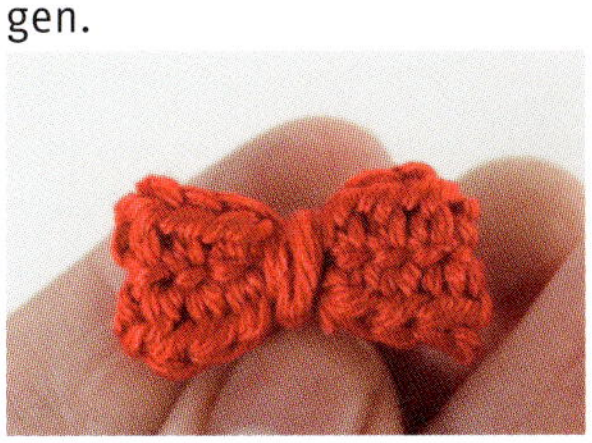

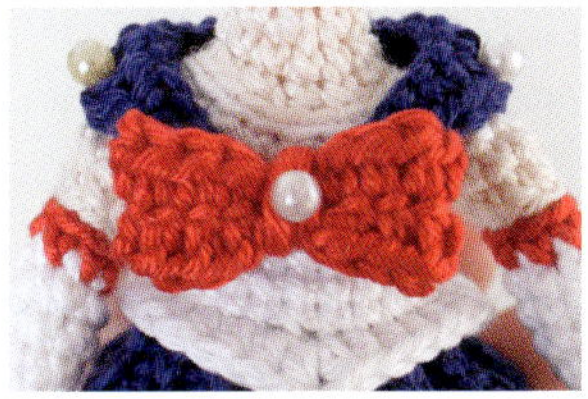

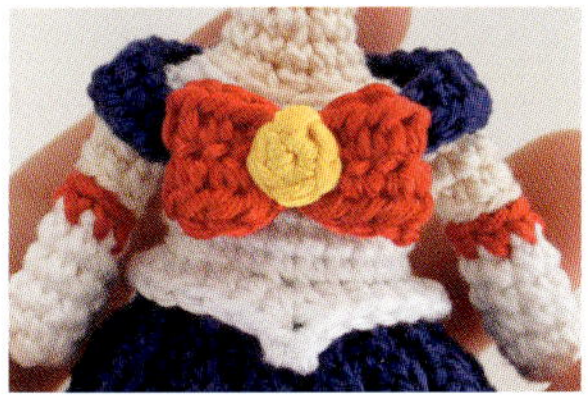

KOPF FERTIGSTELLEN

Sticke nach der Anleitung von Seite 134 eine Nase in Ivory sowie die Augenbrauen und Wimpern in Dunkelbraun. Nähe die Ohren an.

KOPF UND KÖRPER ZUSAMMENFÜGEN

Verbinde Kopf und Körper nach der Anleitung von Seite 135.

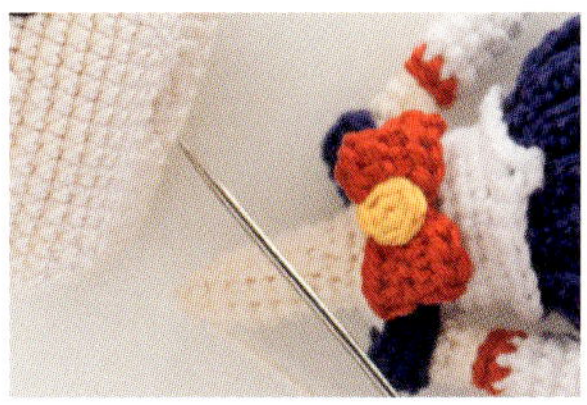

HAARE

In Sonne mit Häkelnd 2,25 mm einen Magic-Ring anfertigen.
1. Rd: 8 fM in den Ring häkeln.
2. Rd: Jede fM verdoppeln (= 16 M).
3. Rd: In die vorderen M-Glieder * 2 fM verdoppeln, 2 fM, ab * noch 3x wdh (= 24 M).
4. Rd: 1 fM, 2 fM verdoppeln, * 4 fM, 2 fM verdoppeln, ab * noch 2x wdh, 3 fM (= 32 M).
Nun Strähnen rundum in die 32 M der 4. Rd häkeln.

Hinweis: Zur besseren Übersicht wird im Folgenden das Wort „Strähne" benutzt, obwohl einige Strähnen nur aus 1 fM bestehen, die als Abstand innerhalb der Frisur dienen.

1.-9. Strähne: 19 Lm, ab der 2. Lm ab Nd 18 hStb, 1 fM in die nächste M.
10. Strähne: 10 Lm, ab der 2. Lm ab Nd 9 hStb, 1 fM in die nächste M.
11. Strähne: 1 fM.
12. Strähne: 14 Lm, ab der 2. Lm ab Nd 13 hStb, 1 fM in die nächste M.
13. Strähne: 1 fM.

14.-21. Strähne: Wie die 12. und 13. Strähne arb.
22. Strähne: 14 Lm, ab der 2. Lm ab Nd 13 hStb, 1 fM in die nächste M.
23. Strähne: 10 Lm, ab der 2. Lm ab Nd 9 hStb, 1 fM in die nächste M.
24.-31. Strähne: 19 Lm, ab der 2. Lm ab Nd 18 hStb, 1 fM in die nächste M.
Schließe mit 1 Km in die letzte M.
Weiter in die 16 hinteren M-Glieder der 3. Rd noch 8 lange Strähnen und dazwischen immer 1 fM häkeln:
1. Strähne: 23 Lm, ab der 2. Lm ab Nd 22 hStb, 1 fM in die nächste M.
2. Strähne: 1 fM.
3. Strähne: Wie die 1. Strähne häkeln.
4. Strähne: 1 fM.
5. Strähne: 15 Lm, ab der 2. Lm ab Nd 14 hStb, 1 fM in die nächste M.
6. Strähne: 1 fM.
7.-12. Strähne: Wie die 5. und 6. Strähne arb.
13. Strähne: 23 Lm, ab der 2. Lm ab Nd 22 hStb, 1 fM in die nächste M.
14. Strähne: 1 fM.
15.-16. Strähne: Wie die 13. und 14. Strähne arb.
Faden abschneiden und durchziehen.

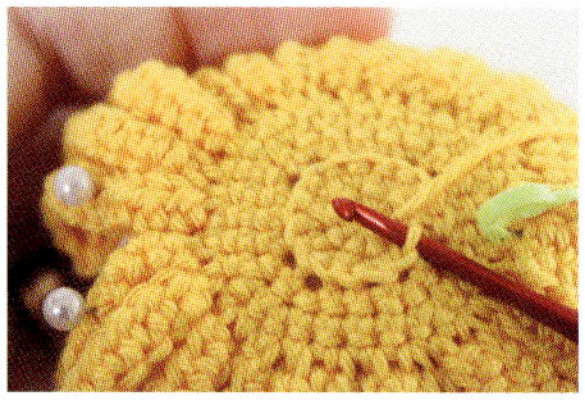

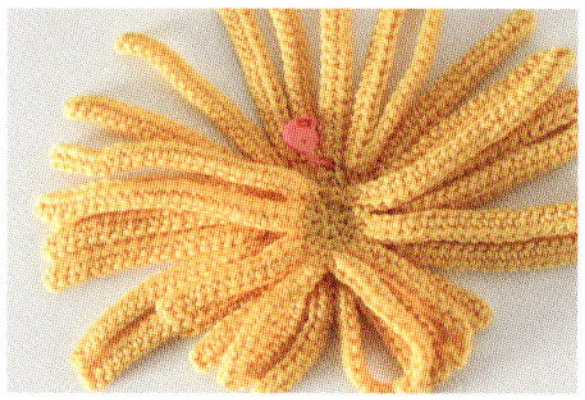

DUTT (2x)

In Sonne mit Häkelnd 2,0 mm einen Magic-Ring anfertigen.
1. Rd: 6 fM in den Ring häkeln.
2. Rd: Jede fM verdoppeln (= 12 M).
3. Rd: * 1 fM, 1 fM verdoppeln, ab * noch 5x wdh (= 18 M).
4 Rd: 1 fM, 1 fM verdoppeln, * 2 fM, 1 fM verdoppeln, ab * noch 4x wdh, 1 fM (= 24 M).
5. Rd: * 3 fM, 1 fM verdoppeln, ab * noch 5x wdh (= 30 M).
6.-9. Rd: 30 fM.
10. Rd: * 3 fM, 2 fM zusammen abmaschen, ab * noch 5x wdh (= 24 M).
11. Rd: In die hinteren M-Glieder * 2 fM, 2 fM zusammen abmaschen, ab * noch 5x wdh (= 18 M).
12. Rd: * 1 fM, 2 fM zusammen abmaschen, ab * noch 5x wdh (= 12 M).
13. Rd: Immer 2 fM zusammen abmaschen (= 6 M).
Mit Füllwatte ausstopfen. Schließe die Öffnung. Du kannst einen invertierten Magic-Ring anfertigen (siehe Digi-Bib). Faden lang abschneiden und durchziehen.
Nun noch 3 Strähnen häkeln wie folgt:
* Stich die Häkelnd in ein vorderes M-Glied der 11. Rd. Schlage 37 Lm an und häkle ab der 2. Lm ab Nd:
** 1 hStb verdoppeln, 5 hStb, ab ** noch 5x wdh (= 42 M). Schließe mit 1 fM in die nächste M. Ab * noch 2x wdh.
Faden abschneiden und durchziehen.
Den 2. Dutt ebenso häkeln.

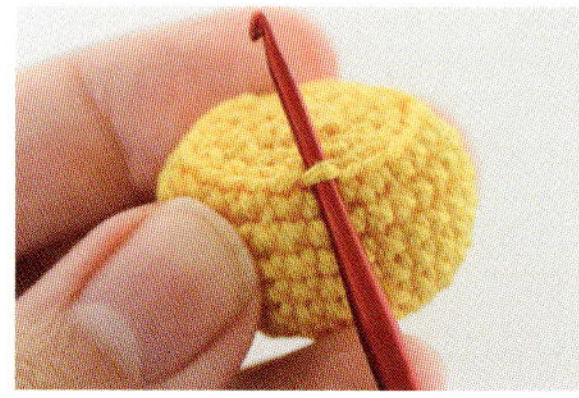

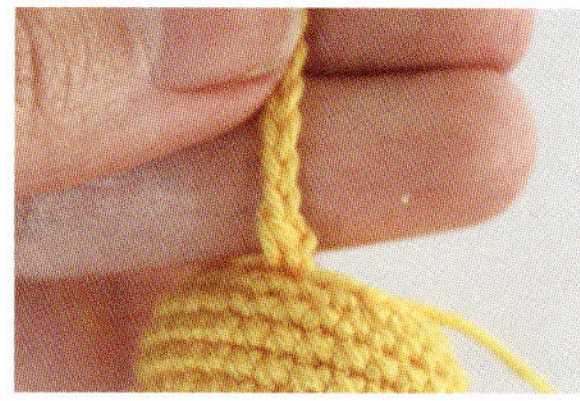

HAARSPANGE (2x)

In Signalrot mit Häkelnd 2,0 mm einen Magic-Ring anfertigen.
1. Rd: 6 fM in den Ring häkeln.
2. Rd: Jede fM verdoppeln (= 12 M).
3. Rd (Weiß): 12 Km.
4. Rd: In die hinteren M-Glieder 12 fM.
Faden abschneiden und durchziehen.

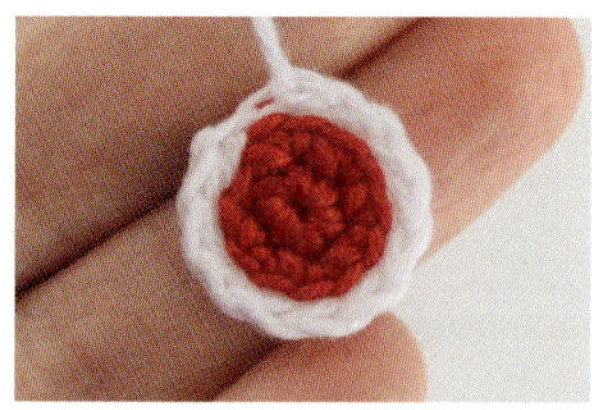

Die 2. Haarspange ebenso häkeln.

HAARE FERTIG-STELLEN

Platziere die Haare so am Kopf, dass die linke Seite des Magic-Rings nach oben zeigt. Der M-Markierer sollte an der Rückseite des Kopfes positioniert sein.

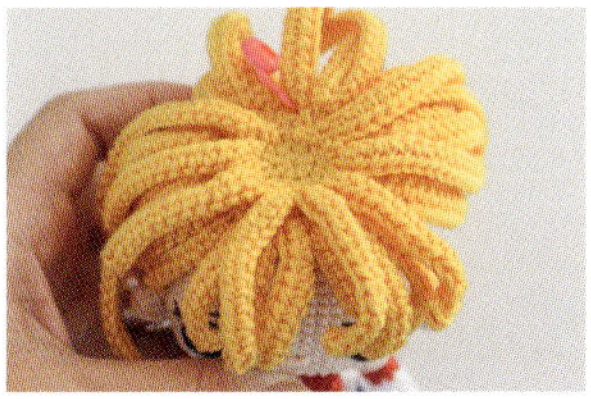

Strähne 10 und 23 liegen jeweils über dem Ohr. Die Strähnen 1 bis 9 und 24 bis 31 sind hinter dem Ohr, um den Hinterkopf verteilt. Die 6 Haarsträhnen an der Stirnseite werden so aufgeteilt, dass 3 Strähnen nach rechts und 3 Strähnen nach links gehen.

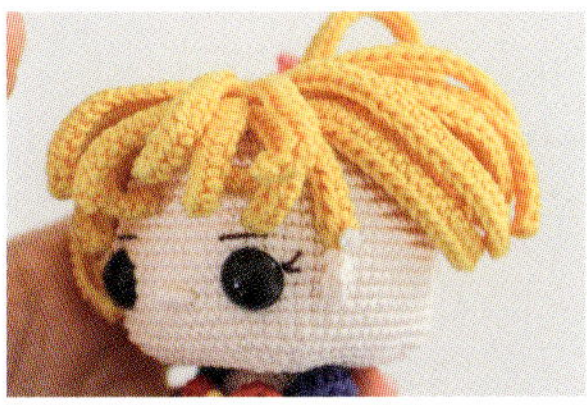

Die Haarsträhnen am Oberkopf so aufteilen, dass die langen Strähnen zur Seite, die kurzen über die Haarlinie fallen.

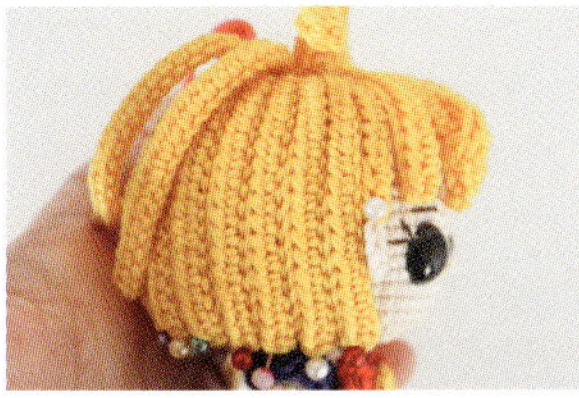

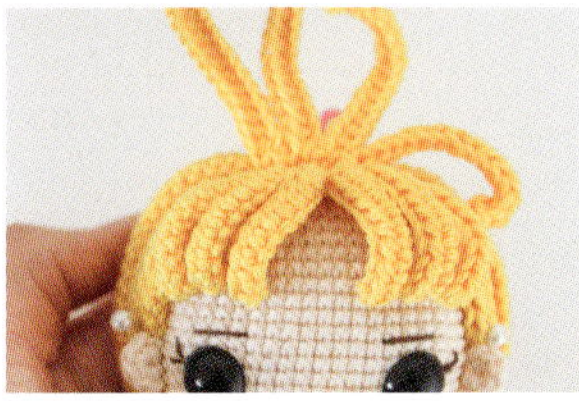

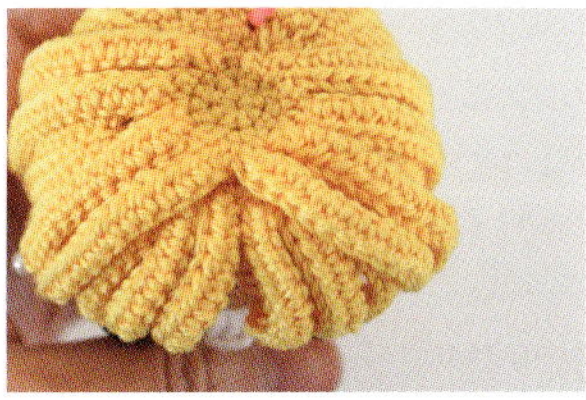

Nähe die Haarspangen an die Dutts. Die Haarsträhnen stehen nach links und rechts ab.

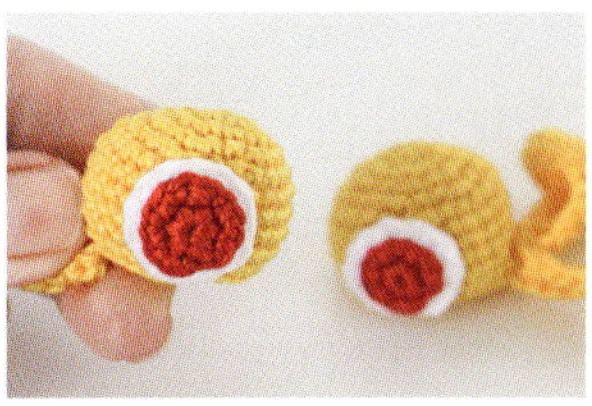

Setze die beiden Dutts an die oberen hinteren Bereiche des Kopfes. Wichtig ist, dass die langen Strähnen jedes Dutts seitlich weggehen.

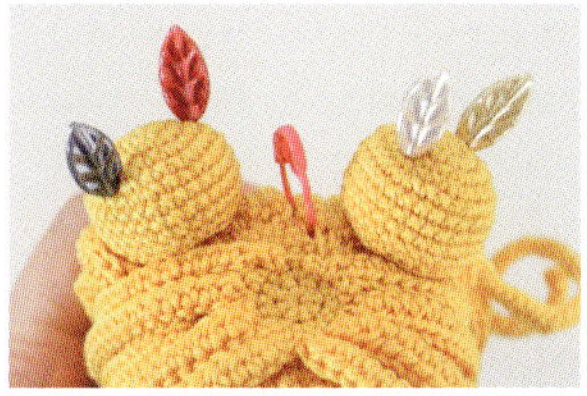

Fixiere alle Strähnen mit Stecknadeln und klebe Strähne für Strähne an. Drehe dann Locken und fixiere diese mit Stecknadeln. Besprühe sie mit Wasser und lasse das Ganze gut trocknen. Wenn du die Stecknadeln vorsichtig entfernst, wirst du sehen, dass sich die Locken in ihrer Position halten.

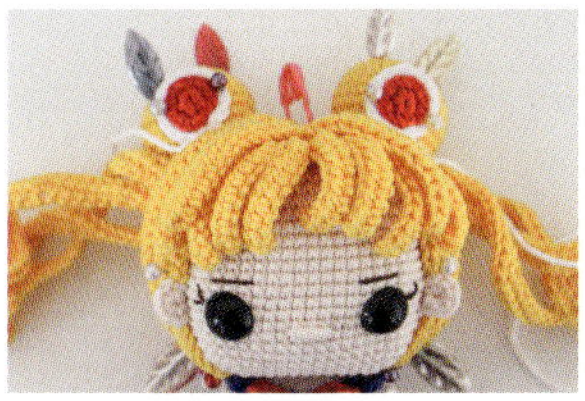

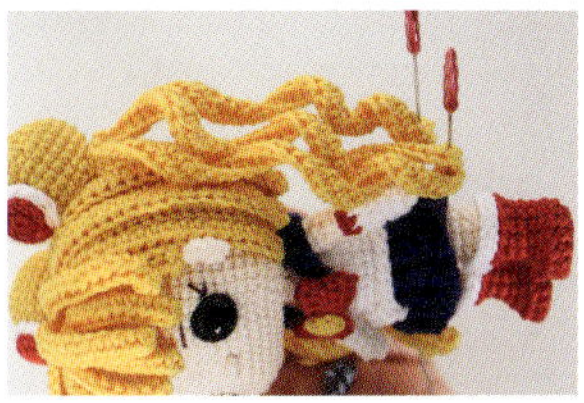

DIADEM

In Gold mit Häkelnd 2,0 mm 20 Lm anschl. Weiter in R häkeln. Am Ende jeder R mit 1 Lm wenden.

1. R: Ab der 2. Lm ab Nd 9 fM, 1 fM verdoppeln, 9 fM (= 20 M).
2. R: 9 fM, 2 fM verdoppeln, 9 fM (= 22 M).
Faden abschneiden und durchziehen.

FERTIGSTELLEN

Sticke in Signalrot einen Knötchenstich in die Spitze des Diadems. Klebe das Diadem an die Stirn. Die Stirnfransen liegen oben auf. Alle Fäden vernähen.

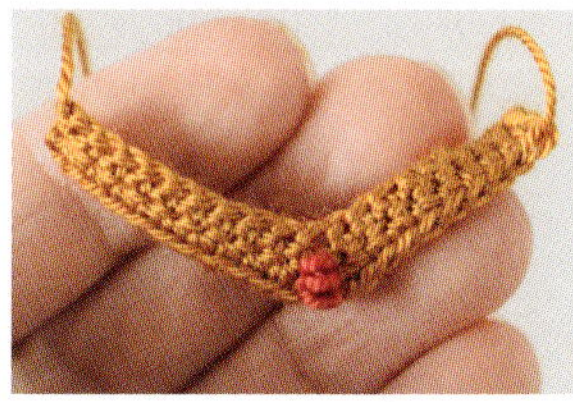

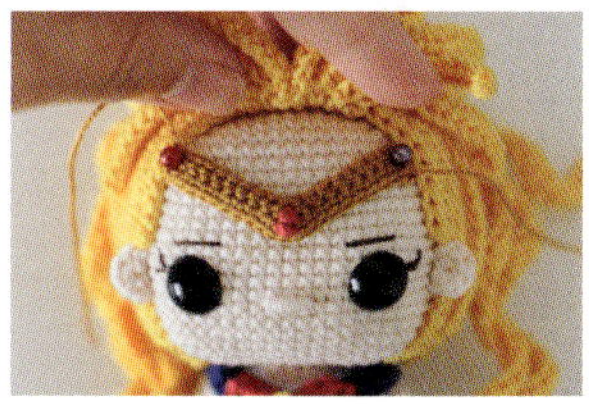

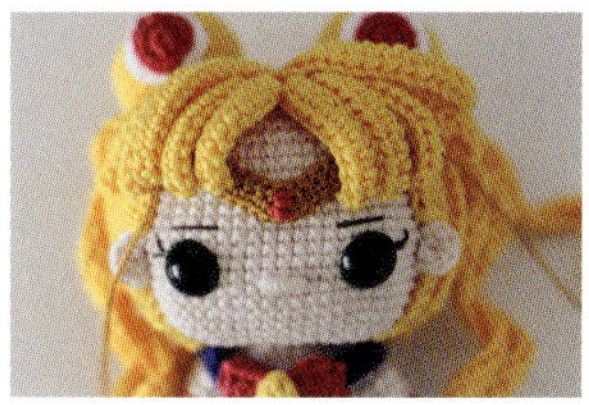

WILLENSSTARKER NINJA

SCHWIERIGKEITSGRAD 2

GRÖSSE

14 cm

MATERIAL

- Schachenmayr Catania (LL 125 m/50 g) in Ivory (Fb 436), Sonne (Fb 208), Schwarz (Fb 110) und Orange (Fb 281), je 50 g, in Rauchgrau (Fb 435) und Weiß (Fb 106), Reste
- Stickgarn in Braun und Schwarz
- Häkelnadel 2,5 mm
- 2 Sicherheitsaugen in Schwarz, ø 12 mm
- Maschenmarkierer
- Sekundenkleber
- Filzstift in Schwarz
- Füllwatte
- Wollnadel
- Stecknadeln
- ggf. Sprühflasche

X-MUSTER

(verschränkte feste Maschen)

Die Figur wurde mit verschränkten fM im X-Muster gehäkelt, d. h. der Faden wird immer von oben (statt von unten) geholt. Selbstverständlich kannst du auch normale fM häkeln.

ANLEITUNG

Zunächst Kopf, Ohren, Arme und Beine häkeln. Dann die Beine verbinden, den Körper häkeln und die Arme aufnehmen. Weitere Details anfertigen. Anschließend den Kopf fertigstellen und mit dem Körper verbinden. Zum Schluss die Haare arrangieren und festkleben. Sofern nicht anders erwähnt, in Spiral-Rd häkeln. Dafür den Beginn jeder Rd mit einem M-Markierer oder Kontrastgarn kennzeichnen.

KOPF

In Sonne einen Magic-Ring anfertigen.

1. Rd: 8 fM in den Ring häkeln (= 8 M).

2. Rd: In die hinteren M-Glieder arb: Jede fM verdoppeln (= 16 M).

3. Rd: In die hinteren M-Glieder arb: * 2 fM verdoppeln, 2 fM, ab * noch 3x wdh (= 24 fM).

4. Rd: In die hinteren M-Glieder arb: 1 fM, 2 fM verdoppeln, * 4 fM, 2 fM verdoppeln, ab * noch 2x wdh, 3 fM (= 32 M).

5. Rd: In die hinteren M-Glieder arb: 2 fM, 2 fM verdoppeln, * 6 fM, 2 fM verdoppeln, ab * noch 2x wdh, 4 fM (= 40 M).

6. Rd: In die hinteren M-Glieder arb: 3 fM, 2 fM verdoppeln, * 8 fM, 2 fM verdoppeln, ab * noch 2x wdh, 5 fM (= 48 M).

7. Rd: In die hinteren M-Glieder arb: 4 fM, 2 fM verdoppeln, * 10 fM, 2 fM verdoppeln, ab * noch 2x wdh, 6 fM (= 56 M).

8. Rd: In die hinteren M-Glieder arb: 5 fM, 2 fM verdoppeln, * 12 fM, 2 fM verdoppeln, ab * noch 2x wdh, 7 fM (= 64 M).

9.-10. Rd: In die hinteren M-Glieder arb: 64 fM.

In der 11.-15. Rd werden die Fb innerhalb der Rd gewechselt: Deshalb stehen die Abkürzungen S (= Sonne) und I (= Ivory) vor der entsprechenden Anzahl an M in Klammern.

11. Rd: In die hinteren M-Glieder arb: (S) 20 fM, (I) 20 fM, (S) 24 fM.

12. Rd: (S) 20 fM, (I) 20 fM, (S) 24 fM.

In der 13. und 15. Rd werden nur die gelben Abschnitte in die hinteren M-Glieder gehäkelt.

13. Rd: In die hinteren M-Glieder (S) 20 fM, (I) 20 fM, in die hinteren M-Glieder (S) 24 fM.

14. Rd: (S) 20 fM, (I) 20 fM, (S) 24 fM.

15. Rd: In die hinteren M-Glieder (S) 20 fM, (I) 20 fM, in die hinteren M-Glieder (S) 24 fM.

16.-22. Rd (Ivory): 64 fM.

23. Rd: 5 fM, 2x 2 fM zusammen abmaschen, * 12 fM, 2x 2 fM zusammen abmaschen, ab * noch 2x wdh, 7 fM (= 56 M).

24. Rd: 4 fM, 2x 2 fM zusammen abmaschen, * 10 fM, 2x 2 fM zusammen abmaschen, ab * noch 2x wdh, 6 fM (= 48 M).

Nun die Sicherheitsaugen zwischen der 17. und 18. Rd mit 11 fM zueinander anbringen.

Den Kopf fest mit Füllwatte ausstopfen. Dafür aus Füllwatte kleine Watteballchen

formen und nach und nach in den Kopf stopfen. Wichtig ist, dass der Kopf würfelförmig und nicht rund wird.
25. Rd: 3 fM, 2x 2 fM zusammen abmaschen, * 8 fM, 2x 2 fM zusammen abmaschen, ab * noch 2x wdh, 5 fM (= 40 M).
26. Rd: 2 fM, 2x 2 fM zusammen abmaschen, * 6 fM, 2x 2 fM zusammen abmaschen, ab * noch 2x wdh, 4 fM (= 32 M).
27. Rd: 1 fM, 2x 2 fM zusammen abmaschen, * 4 fM, 2x 2 fM zusammen abmaschen, ab * noch 2x wdh, 3 fM (= 24 M).
28. Rd: * 2 fM, 2x 2 fM zusammen abmaschen, ab * noch 3x wdh (= 16 M).
Weiter mit Füllwatte ausstopfen.
29. Rd: * 2 fM, 2 fM zusammen abmaschen, ab * noch 3x wdh (= 12 M).
30.-34. Rd: 12 fM.
Faden lang abschneiden und durchziehen.

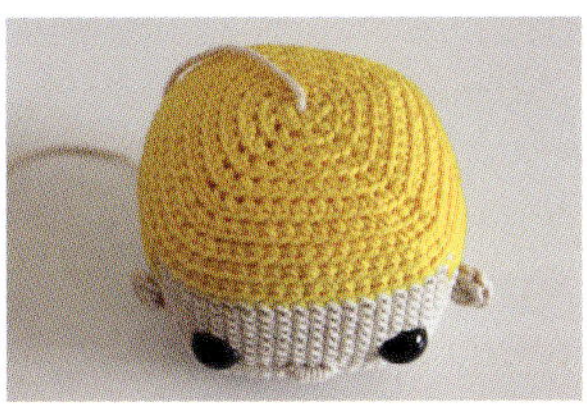

OHR (2x)

In Ivory einen Magic-Ring anfertigen.
1. Rd: 6 fM in den Ring häkeln.
Faden abschneiden und durchziehen.
Das 2. Ohr ebenso häkeln.

ARM (2x)

In Ivory einen Magic-Ring anfertigen.
1. Rd: 7 fM in den Ring häkeln.
2. Rd: 7 fM.
3. Rd (Schwarz): In die hinteren M-Glieder 7 Km.
4. Rd: In die hinteren M-Glieder 7 fM.
5.-8. Rd: 7 fM.
Faden abschneiden und durchziehen.
Den 2. Arm ebenso häkeln.

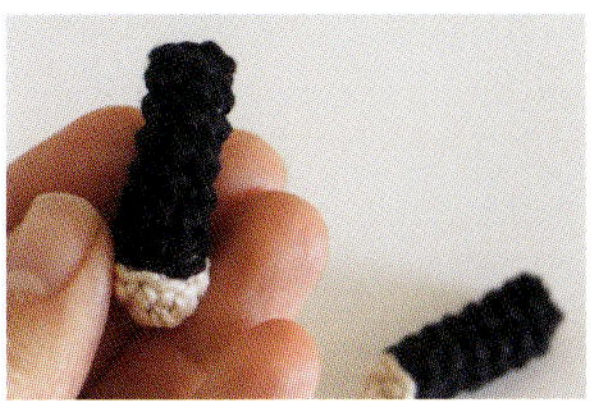

1. BEIN

In Schwarz einen Magic-Ring anfertigen.
1. Rd: 6 fM in den Ring häkeln.
2. Rd: Jede fM verdoppeln (= 12 M).
3. Rd: * 3 fM, 1 fM verdoppeln, ab * noch 2x wdh (= 15 M).
4. Rd: In die hinteren M-Glieder 15 fM.

In der 5. und 6. Rd werden die Fb innerhalb der Rd gewechselt: Deshalb stehen die Abkürzungen S (= Schwarz) und I (= Ivory) vor der entsprechenden Anzahl an M in Klammern.

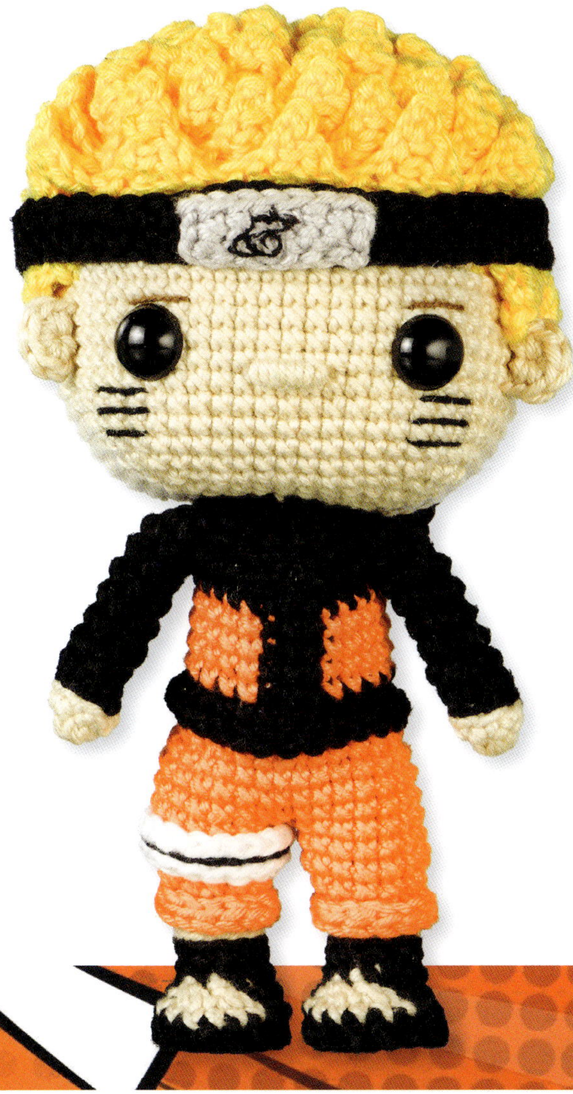

5. Rd: (S) 5 fM, (I) 6 fM, (S) 4.
6. Rd: (S) 5 fM, (I) 2x 3 fM zusammen abmaschen, (S) 4 fM (= 11 M).
7.-8. Rd: 11 fM.

9. Rd (Ivory): In die hinteren M-Glieder 11 Km.
10. Rd: In die hinteren M-Glieder 11 fM.
11. Rd (Orange): 10 fM, 1 fM verdoppeln (= 12 M).

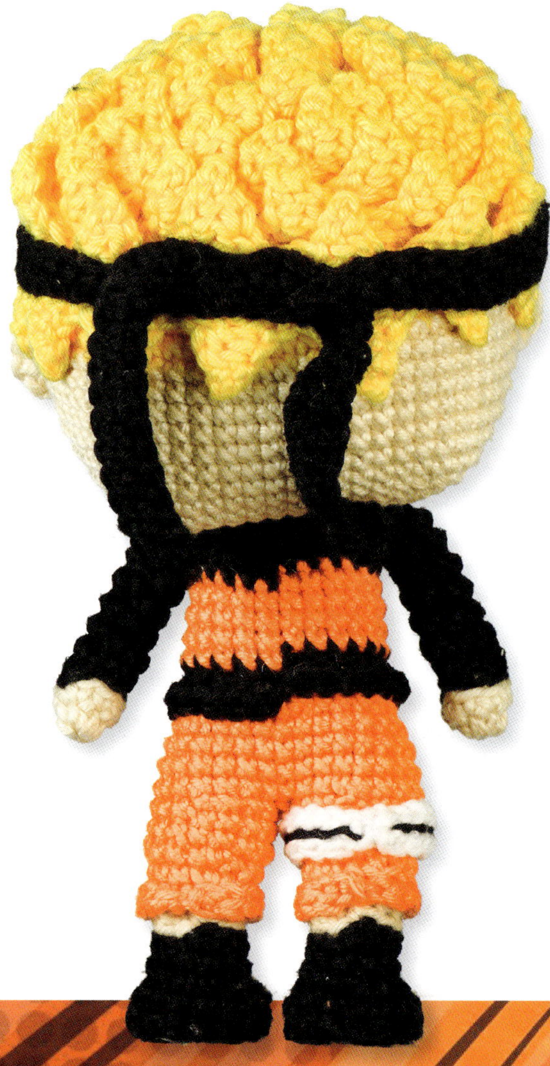

12. Rd: * 3 fM, 1 fM verdoppeln, ab * noch 2x wdh (= 15 M).
13.-14. Rd: Rd: 15 fM.
Faden abschneiden und durchziehen.

2. BEIN

Das 2. Bein wie das 1. Bein häkeln, in der 14. Rd zusätzlich 3 fM häkeln. Faden nicht abschneiden, sondern in Orange die Beine wie folgt verbinden und weiter den Körper häkeln.

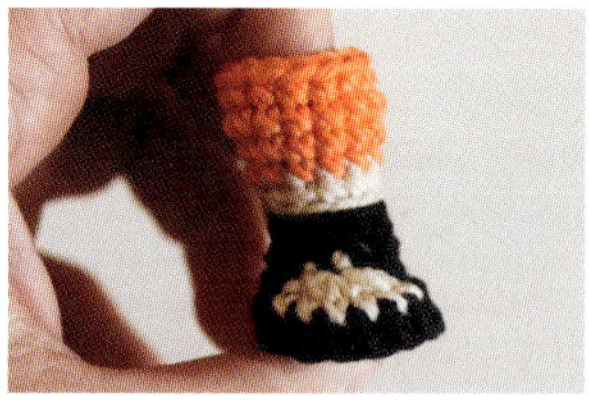

KÖRPER

Verbinde die Beine nach der Anleitung von Seite 133 und wie folgt: Häkle 1 fM in die vorletzte M des 1. Beines. Dies wird nun die 1. fM der nächsten Rd sein, also der neue Rd-Anfang.
15. Rd: 15 fM (Aufnahme 1. Bein), 1 Km in dieselbe M, mit der du die Rd begonnen hast, 15 fM (= 2. Bein) (= 30 M).

16.-18. Rd: 30 fM.
19. Rd: * 3 fM, 2 fM zusammen abmaschen, ab * noch 5x wdh (= 24 M).
20. Rd (Schwarz): In die hinteren M-Glieder 24 fM.
21. Rd: 24 fM.
In der 22.-25. Rd werden die Fb innerhalb der Rd gewechselt: Deshalb stehen die Farben vor der entsprechenden Anzahl an M in Klammern.
22.-25. Rd: (Orange) 10 fM, (Schwarz) 3 fM, (Orange) 11 fM.
26. Rd (Schwarz): 6 fM, 7 fM (Aufnahme 1. Arm), 12 fM, 7 fM (Aufnahme 2. Arm), 6 fM (= 38 M).
Damit deine Figur später stehen kann, die Füße leicht nach innen drücken, damit eine Rundung entsteht. Dann die Beine nur leicht mit Füllwatte ausstopfen. Du solltest keinesfalls zu viel Füllwatte in die Füße stopfen, sonst kann die Figur nicht stehen.

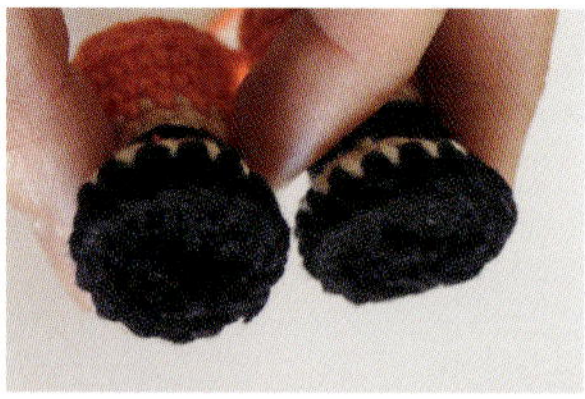

27. Rd: * 2 fM, 2 fM zusammen abmaschen, ab * noch 3x wdh, ** 2 fM zusammen abmaschen, ab ** noch 2x wdh, *** 2 fM, 2 fM zusammen abmaschen, ab *** noch 3x wdh (= 27 M).
28. Rd: * 1 fM, 2 fM zusammen abmaschen, ab * noch 8x wdh (= 18 M).
29. Rd: 18 fM.
Weiter mit Füllwatte ausstopfen.
30. Rd (Ivory): * 1 fM, 2 fM zusammen abmaschen, ab * noch 5x wdh (= 12 M).
31. Rd: * 2 fM, 2 fM zusammen abmaschen, ab * noch 2x wdh (= 9 M).
32.-356. Rd: 9 fM.
Faden lang abschneiden und durchziehen. Weiter mit Füllwatte ausstopfen.

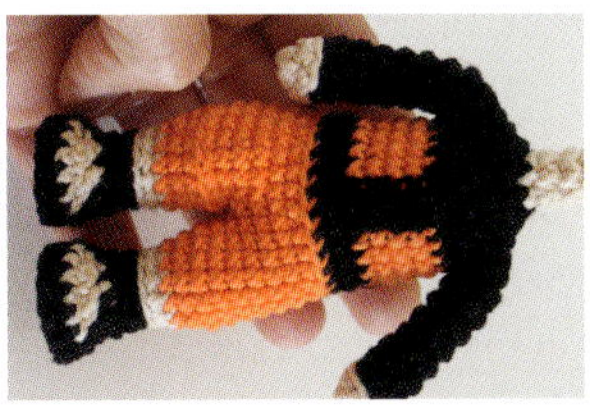

JACKENABSCHLUSS

Stich die Häkelnd an der Rückseite des Körpers ein. Häkle 30 fM mit schwarzem Garn rund um die 20. Rd. Faden abschneiden und durchziehen.

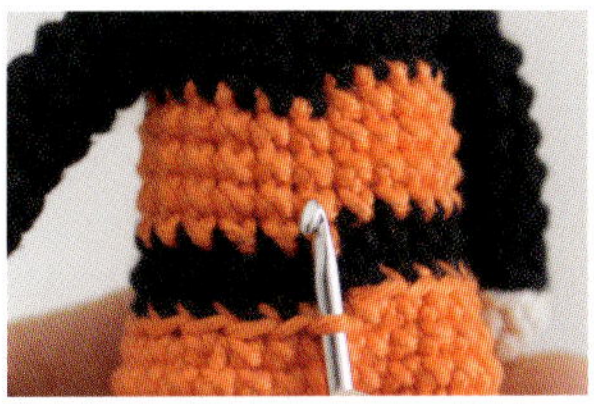

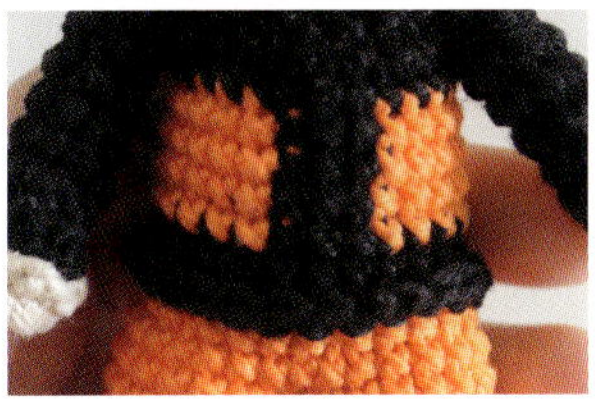

HOSENUMSCHLAG (2x)

In Orange 14 Lm anschl.
1. R: Ab der 2. Lm ab Nd 13 Km häkeln.
Faden lang abschneiden und durchziehen.
Den 2. Umschlag ebenso häkeln.
Positioniere die Hosenumschläge jeweils zwischen der 10. und 11. Rd am Bein und stecke sie mit Sicherheitsnadeln fest. Fädle den Restfaden in die Wollnd und nähe die Umschläge mit den M der Anfangsluftmaschenkette an die Beine. Nähe die Öffnung des Umschlags an der Rückseite des Beines zusammen.

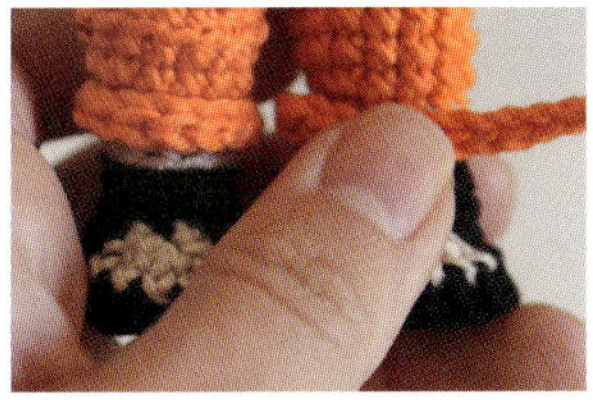

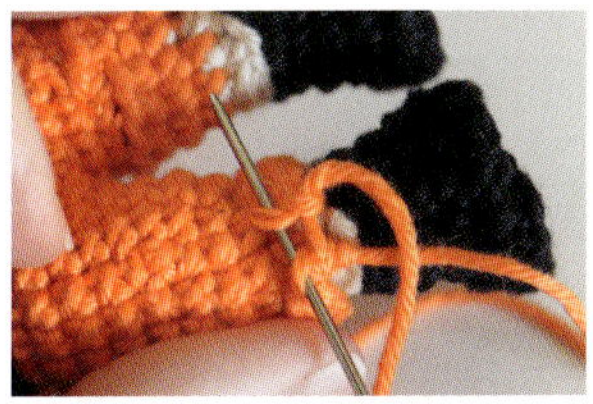

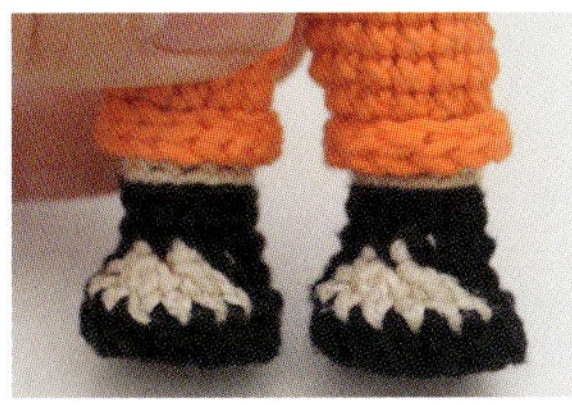

HOSENDEKOBAND

In Weiß 17 Lm anschl.
1. R: Ab der 2. Lm ab Nd 15 Km, 3 Km in dieselbe M, 15 Km auf der anderen Seite der Lm-Kette häkeln.
Faden lang abschneiden und durchziehen.
Sticke mit Stickgarn in Schwarz eine horizontale Linie auf das Hosendekoband. Stecke und nähe das Band an das rechte Bein und schließe die Öffnung an der Rückseite.

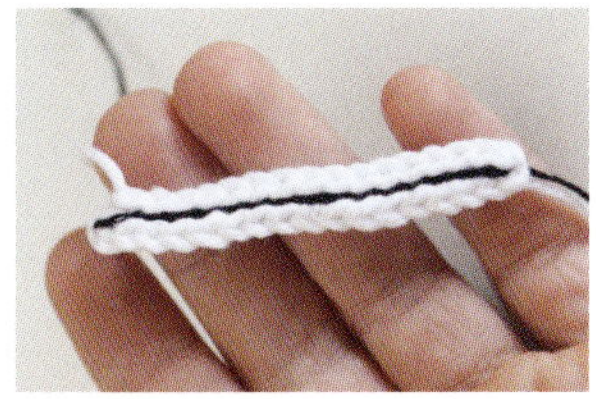

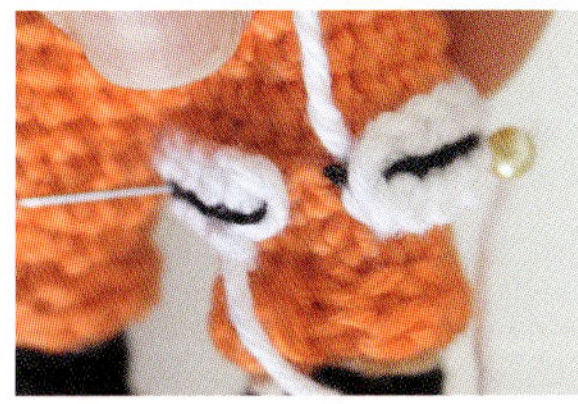

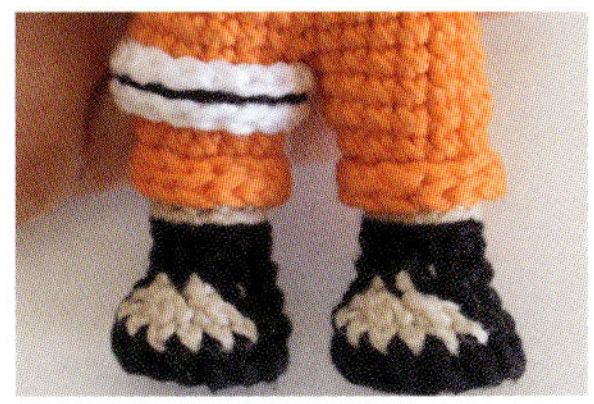

STIRNBAND

In Schwarz 100 Lm anschl.
1. R: Ab der 2. Lm ab Nd 99 Stb häkeln.
Faden abschneiden und durchziehen.

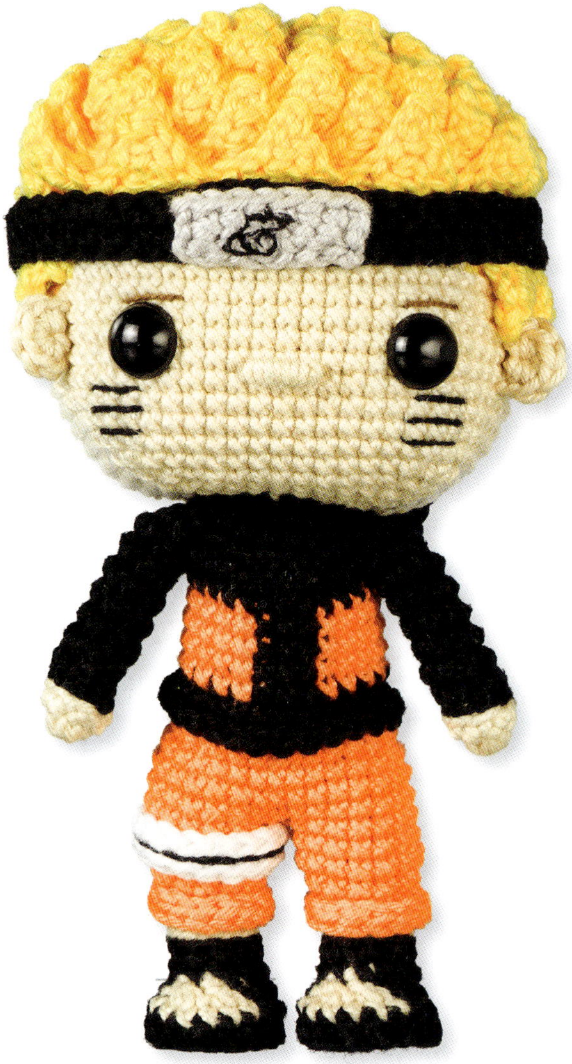

EMBLEM

In Rauchgrau 8 Lm anschl.
1. R: Ab der 2. Lm ab Nd 7 fM häkeln. Wenden.
2. Rd: 1 Lm, 7 fM.
Faden lang abschneiden und durchziehen.

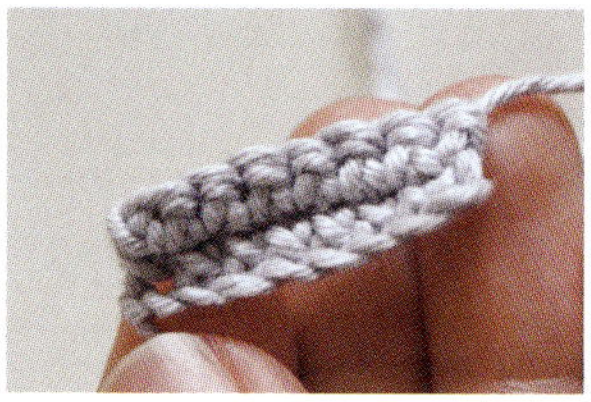

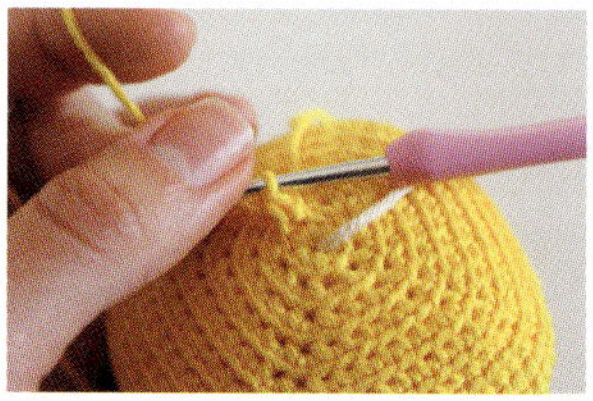

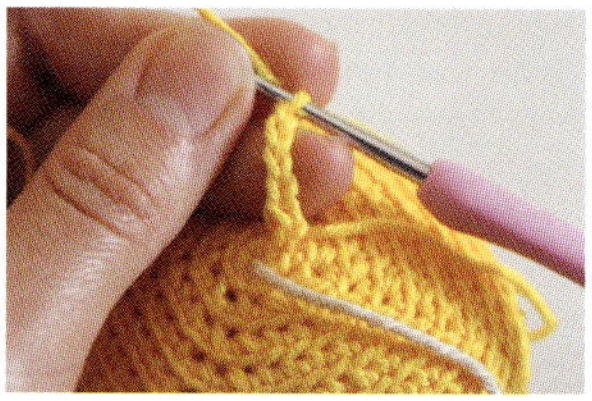

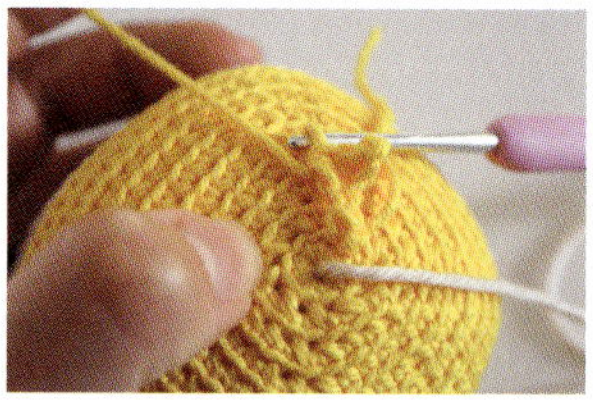

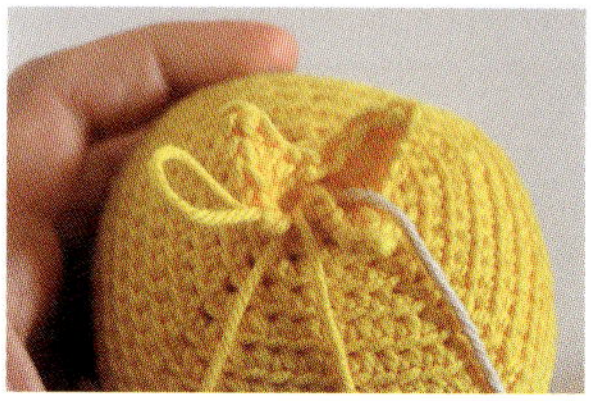

HAARE

In Sonne entlang der freien vorderen M-Glieder des Kopfes in einer Spirale von innen nach außen die Haare häkeln.
* Stich die Häkelnd ein, hole den Faden durch und häkle 1 fM in dieselbe M, um das Garn zu sichern. Weiter 5 Lm, dann ab der 2. Lm ab Nd 1 Km, 1 fM, 1 hStb, 1 Stb. Überspringe 4 M am Kopf und befestige das Dreieck mit 1 Km in die 5. M.
Ab * so oft wdh, bis der Kopf mit dreieckigen Strähnen gefüllt ist.

KOPF FERTIGSTELLEN

Sticke nach der Anleitung von Seite 134 eine Nase in Ivory sowie die Augenbrauen in Braun. Sticke die

Schnurrbarthaare mit Stickgarn in Schwarz zwischen der 29. und 20., der 21. und 22. sowie der 23. und 24. Rd jeweils über 3 fM. Nähe die Ohren an.

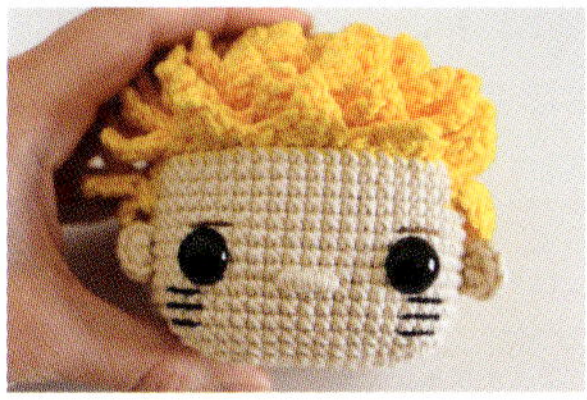

KOPF UND KÖRPER ZUSAMMENFÜGEN

Verbinde Kopf und Körper nach der Anleitung von Seite 135.

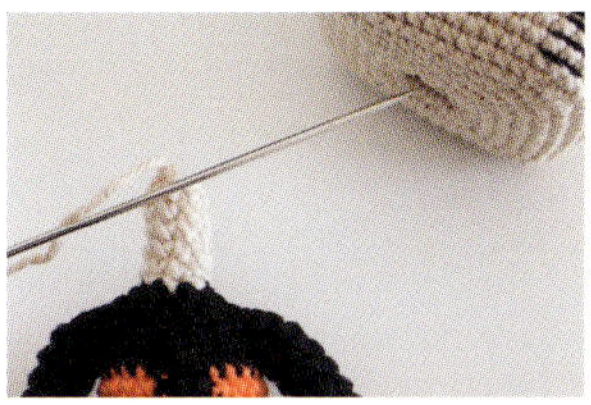

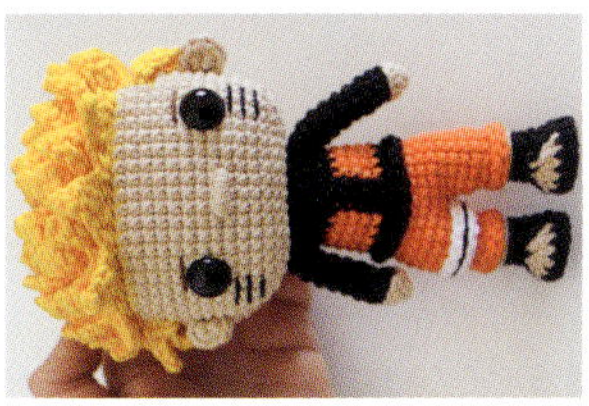

FERTIGSTELLEN

Male das Symbol mit schwarzem Filzstift in die Mitte des Emblems. Bestimme die vordere Mitte des Kopfbands und stecke dort das graue Emblem auf. Nähe durch beide Lagen. Lege das Kopfband um den Kopf und arrangiere ein paar Haarsträhnen so, dass sie unter und über dem Kopfband liegen.

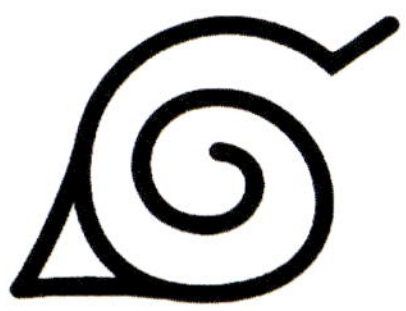

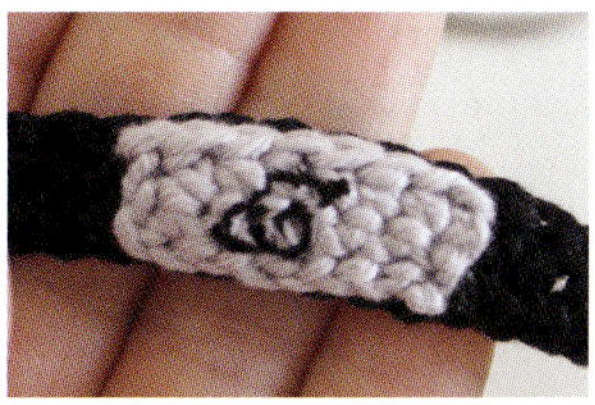

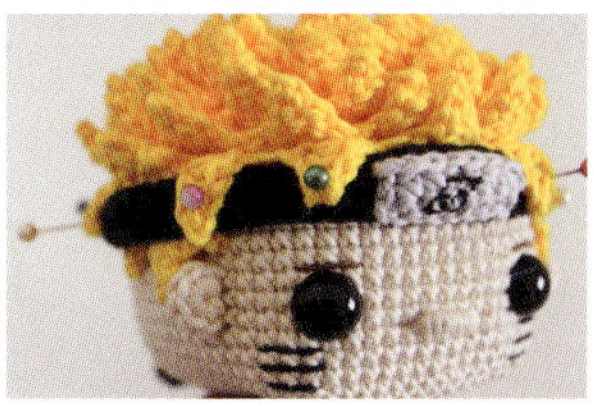

Damit die Haare schön abstehen, kannst du sie nach dem Feststecken noch mit Wasser besprühen. Belasse die Stecknadeln, bis alles komplett getrocknet ist. Entferne danach vorsichtig die Stecknadeln, und du wirst sehen, dass alles genau dort ist, wo du es haben wolltest. So benötigst du keinen Kleber! Alle Fäden vernähen.

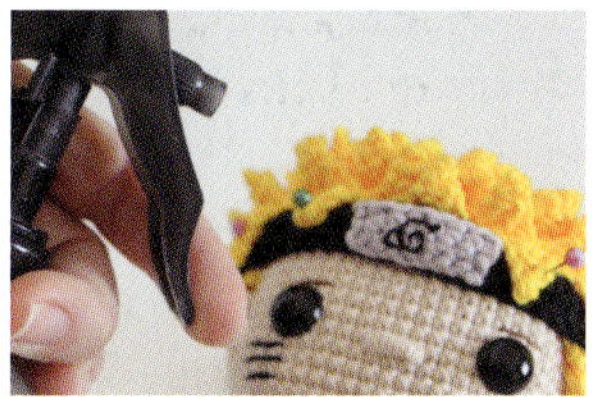

BABY ALIEN

SCHWIERIGKEITSGRAD 2

GRÖSSE

11 cm

MATERIAL

- Schachenmayr Catania (LL 125 m/50 g) in Gelbgrün (Fb 392), Schlamm (Fb 406) und Creme (Fb130), je 50 g
- Häkelnadel 2,5 mm
- 2 Sicherheitsaugen in Schwarz, ø 13 mm
- Maschenmarkierer
- Sekundenkleber
- Füllwatte
- Wollnadel
- Stecknadeln

X-MUSTER

(verschränkte feste Maschen)

Die Figur wurde mit verschränkten fM im X-Muster gehäkelt, d. h. der Faden wird immer von oben (statt von unten) geholt. Selbstverständlich kannst du auch normale fM häkeln.

ANLEITUNG

Zunächst Kopf und Arme häkeln. Dann den Körper häkeln und die Arme aufnehmen. Weitere Details anfertigen. Anschließend den Kopf fertigstellen und mit dem Körper verbinden.

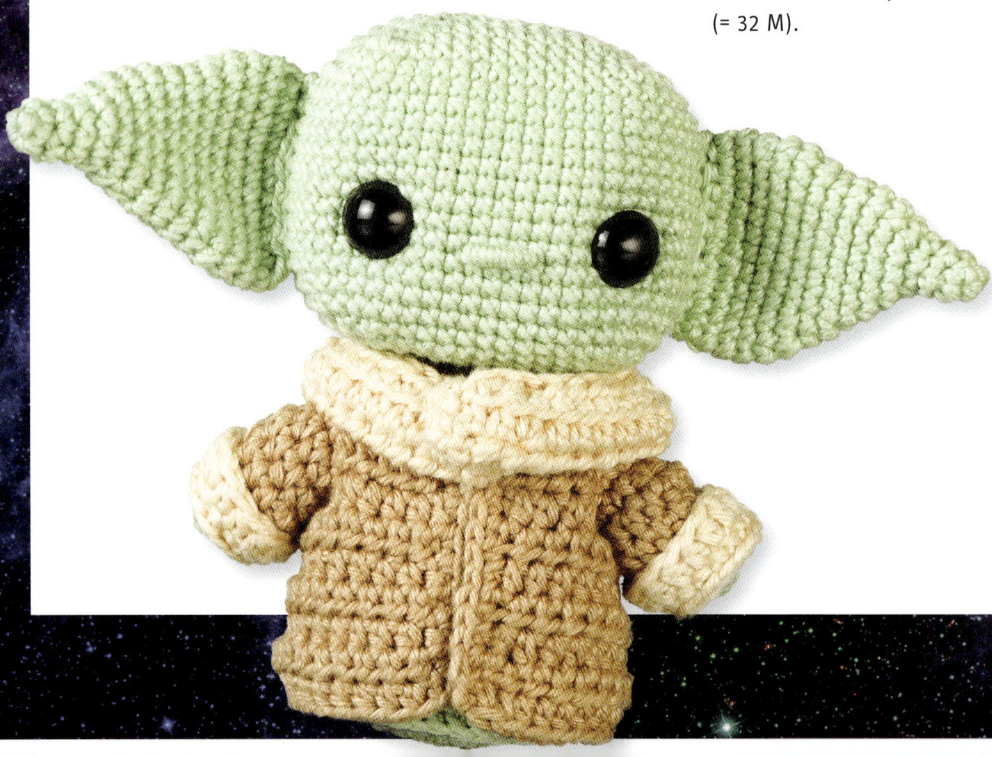

Sofern nicht anders erwähnt, in Spiral-Rd häkeln. Dafür den Beginn jeder Rd mit einem M-Markierer oder Kontrastgarn kennzeichnen.

KOPF

In Gelbgrün einen Magic-Ring anfertigen.

1. Rd: 8 fM in den Ring häkeln (= 8 M).
2. Rd: Jede fM verdoppeln (= 16 M).
3. Rd: * 2 fM verdoppeln, 2 fM, ab * noch 3x wdh (= 24 fM).
4. Rd: 1 fM, 2 fM verdoppeln, * 4 fM, 2 fM verdoppeln, ab * noch 2x wdh, 3 fM (= 32 M).
5. Rd: 2 fM, 2 fM verdoppeln, * 6 fM, 2 fM verdoppeln, ab * noch 2x wdh, 4 fM (= 40 M).
6. Rd: 3 fM, 2 fM verdoppeln, * 8 fM, 2 fM verdoppeln, ab * noch 2x wdh, 5 fM (= 48 M).
7. Rd: 4 fM, 2 fM verdoppeln, * 10 fM, 2 fM verdoppeln, ab * noch 2x wdh, 6 fM (= 56 M).
8. Rd: 5 fM, 2 fM verdoppeln, * 12 fM, 2 fM verdoppeln, ab * noch 2x wdh, 7 fM (= 64 M).

9.–22. Rd: 64 fM.

23. Rd: 5 fM, 2x 2 fM zusammen abmaschen, * 12 fM, 2x 2 fM zusammen abmaschen, ab * noch 2x wdh, 7 fM (= 56 M).
24. Rd: 4 fM, 2x 2 fM zusammen abmaschen, * 10 fM, 2x 2 fM zusammen abmaschen, ab * noch 2x wdh, 6 fM (= 48 M).

Nun die Sicherheitsaugen zwischen der 17. und 18. Rd mit 11 fM Abstand zueinander anbringen.

Den Kopf fest mit Füllwatte ausstopfen. Dafür aus Füllwatte kleine Watteböllchen formen und nach und nach in den Kopf stopfen. Wichtig

ist, dass der Kopf würfelförmig und nicht rund wird.
25. Rd: 3 fM, 2x 2 fM zusammen abmaschen, * 8 fM, 2x 2 fM zusammen abmaschen, ab * noch 2x wdh, 5 fM (= 40 M).
26. Rd: 2 fM, 2x 2 fM zusammen abmaschen, * 6 fM, 2x 2 fM zusammen abmaschen, ab * noch 2x wdh, 4 fM (= 32 M).
27. Rd: 1 fM, 2x 2 fM zusammen abmaschen, * 4 fM, 2x 2 fM zusammen abmaschen, ab * noch 2x wdh, 3 fM (= 24 M).
28. Rd: * 2 fM, 2x 2 fM zusammen abmaschen, ab * noch 3x wdh (= 16 M).
Weiter mit Füllwatte ausstopfen.
29. Rd: * 2 fM, 2 fM zusammen abmaschen, ab * noch 3x wdh (= 12 M).
30.-34. Rd: 12 fM.
Faden lang abschneiden und durchziehen.

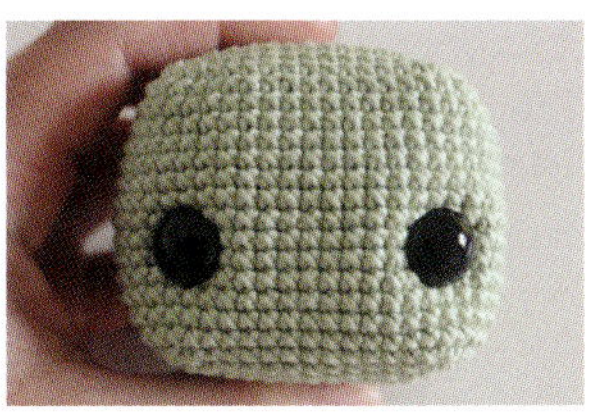

ARM (2x)

In Gelbgrün einen Magic-Ring anfertigen:
1. Rd: 7 fM in den Ring häkeln.
2.-8. Rd: 7 fM.
Faden abschneiden und durchziehen.
Den 2. Arm ebenso häkeln.

KÖRPER

In Gelbgrün einen Magic-Ring anfertigen.
1. Rd: 8 fM in den Ring häkeln.
2. Rd: Jede fM verdoppeln (= 16 M).
3. Rd: * 1 fM, 1 fM verdoppeln, ab * noch 7x wdh (= 24 M).
4. Rd: * 3 fM, 1 fM verdoppeln, ab * noch 5x wdh (= 30 M).
5. Rd: 2 fM, 1 fM verdoppeln, * 4 fM, 1 fM verdoppeln, ab * noch 4x wdh, 2 fM (= 36 M).
6. Rd: In die hinteren M-Glieder 36 fM.
7.-15. Rd: 36 fM.
16. Rd: 2 fM, 2 fM zusammen abmaschen, * 4 fM, 2 fM zusammen abmaschen, ab * noch 4x wdh, 2 fM (= 30 M).
17.-18. Rd: 30 fM.
Damit deine Figur später stehen kann, den Boden leicht nach innen drücken, damit eine Rundung entsteht. Dann den unteren Teil leicht mit Füllwatte ausstopfen, den restlichen Körper fest ausstopfen. Du solltest keinesfalls zu viel Füllwatte in den Boden hineinstopfen, sonst kann die Figur nicht stehen.

TIPP Du kannst auch ein Stück Karton im Durchmesser des Bodens ausschneiden und im Inneren des Körpers ankleben, das macht ihn stabiler.

19. Rd: 9 fM, 7 fM (Aufnahme 1. Arm), 12 fM, 7 fM (Aufnahme 2. Arm), 9 fM (= 44 M).
20. Rd: * 9 fM, 2 fM zusammen abmaschen, ab * noch 3x wdh (= 40 M).
21. Rd: * 2 fM, 2 fM zusammen abmaschen, ab * noch 9x wdh (= 30 M).
22. Rd: * 1 fM, 2 fM zusammen abmaschen, ab * noch 9x wdh (= 20 fM).
23. Rd: 20 fM.
24. Rd: * 3 fM, 2 fM zusammen abmaschen, ab * noch 3x wdh (= 16 M).
25. Rd: * 2 fM, 2 fM zusammen abmaschen, ab * noch 3x wdh (= 12 M).
26. Rd: * 2 fM, 2 fM zusammen abmaschen, ab * noch 2x wdh (= 9 M).
27.-31. Rd: 9 fM.
32. Rd: * 3 fM zusammen abmaschen, ab * noch 2x wdh (= 3 M).
Faden lang abschneiden und durchziehen.

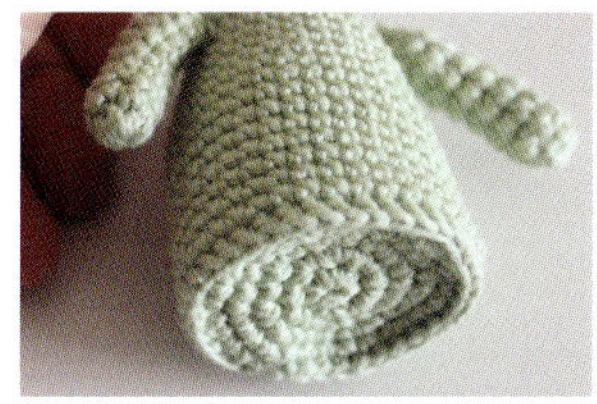

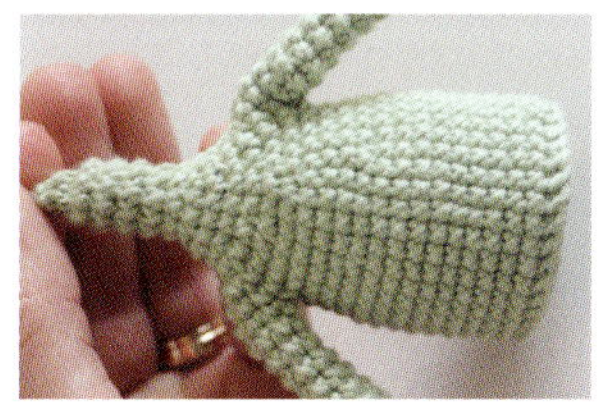

OHR (2x)

In Gelbgrün einen Magic-Ring anfertigen:.
1. Rd: 5 fM in den Ring häkeln.
2. Rd: 5 fM.
3. Rd: 1 fM verdoppeln, 4 fM (= 6 M).
4. Rd: * 1 fM, 1 fM verdoppeln, ab * noch 2x wdh (= 9 M).
5. Rd: * 2 fM, 1 fM verdoppeln, ab * noch 2x wdh (= 12 M).

6. Rd: 2 fM verdoppeln, 9 fM, 1 fM verdoppeln (= 15 M).
7. Rd: 15 fM.
8. Rd: 2 fM verdoppeln, 12 fM, 1 fM verdoppeln (= 18 M).
9. Rd: 18 fM.
10. Rd: 2 fM verdoppeln, * 6 fM, 2 fM verdoppeln, ab * noch 1x wdh (= 24 M).
11.–12. Rd: 24 fM.
13. Rd: 11 fM, 2 fM zusammen abmaschen, 11 fM (= 23 M).
14. Rd: 23 fM.
Falte die Öffnung zusammen und häkle sie mit 10 fM und 1 Km zusammen.

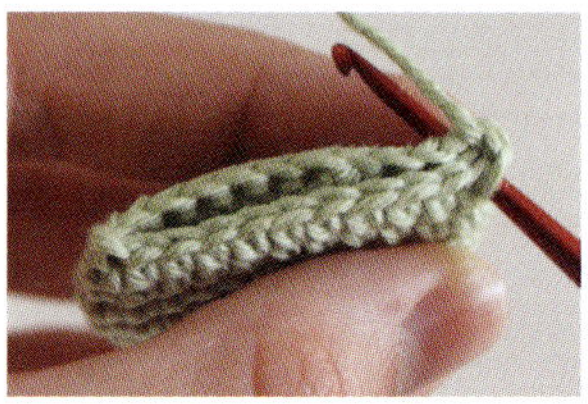

Faden lang abschneiden und durchziehen.
Das 2. Ohr ebenso häkeln.

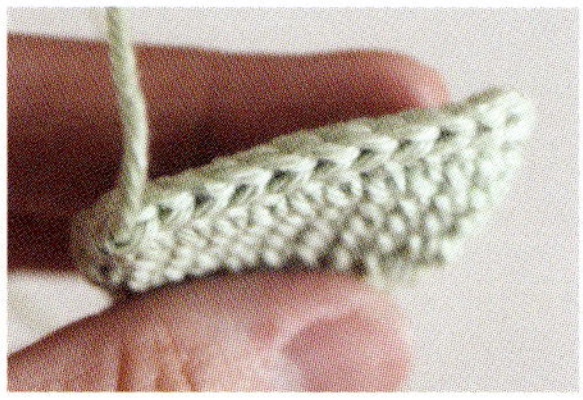

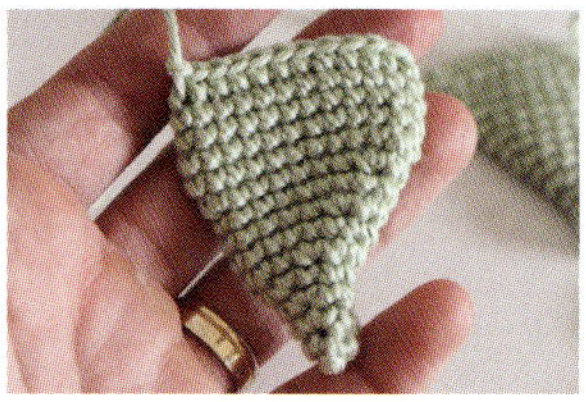

MANTEL

In Schlamm 26 Lm anschl.
1. R: 25 hStb ab der 2. Lm ab Nd häkeln.
Weiter in R häkeln, am Ende jeder R mit 1 Lm wenden.
2. R: 1 hStb verdoppeln, 3 hStb, 6 Lm, 4 hStb überspringen (= Armloch), 2 hStb, 1 hStb verdoppeln, ab * noch 2x wdh, 6 Lm, 4 hStb überspringen (= Armloch), 3 hStb, 1 hStb verdoppeln (= 34 M).
3.–5. R: 34 hStb.
6. R: 7 hStb, 1 hStb verdoppeln, 18 hStb, 1 hStb verdoppeln, 7 hStb (= 36 M).
7. R: 36 hStb.
8. R: * 8 hStb, 1 hStb verdoppeln, ab * noch 3x wdh (= 40 M).
9. R: 40 hStb.
Weiter für die Umrandung 1 Lm häkeln und 10 fM seitlich entlang nach unten arb. Dann an der Oberseite des Umhangs (= Kragen) * 4 fM, 1 fM verdoppeln, ab * noch 4x wdh (= 30 M). An der anderen Seite 10 fM häkeln. Faden abschneiden und durchziehen.

ÄRMEL (2x)

In Schlamm mit der Häkelnd in eine M der Ärmelöffnung einstechen und rundum den Ärmel wie folgt häkeln:
1. Rd: 14 fM.
2.–4. Rd: 14 hStb.
Faden abschneiden und durchziehen.
Den 2. Ärmel ebenso häkeln.

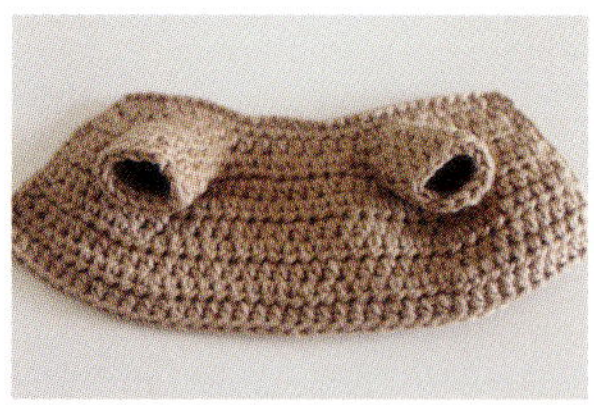

ROLLKRAGEN

In Creme 36 Lm anschl.
1. R: 35 hStb ab der 2. Lm ab Nd häkeln.
Weiter in R häkeln, am Ende jeder R mit 1 Lm wenden.

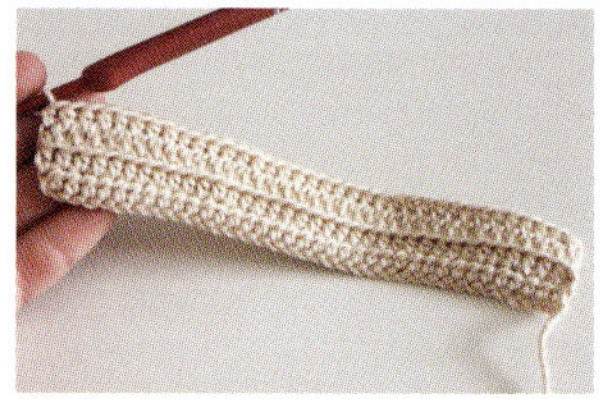

2.–4. R: 35 hStb.
Weiter 1 Lm und dann 4 fM seitlich entlang der kurzen Seite häkeln.

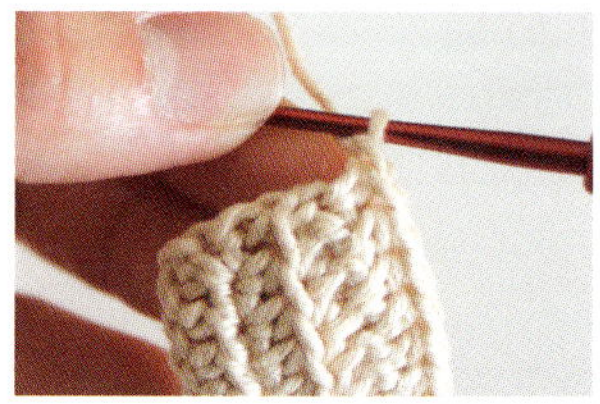

Nun den Rollkragen am Umhang befestigen. Dafür in die 1. fM des Rollkragens und gleichzeitig in die 1. fM des Umhangs einstechen und 1 fM häkeln.

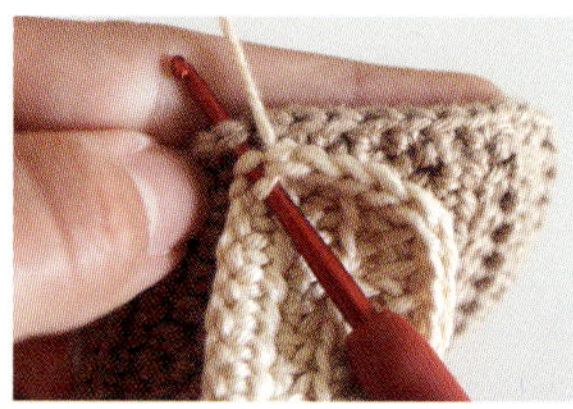

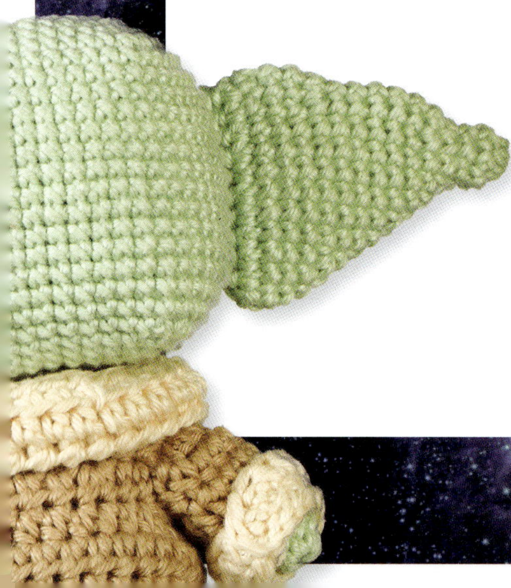

Auf diese Weise Rollkragen und Umhang mit 30 fM zusammenhäkeln, in die restlichen 5 M am Rollkragen 5 fM arb. Noch einmal 1 Lm anschl und an der anderen kurzen Seite 4 fM häkeln.

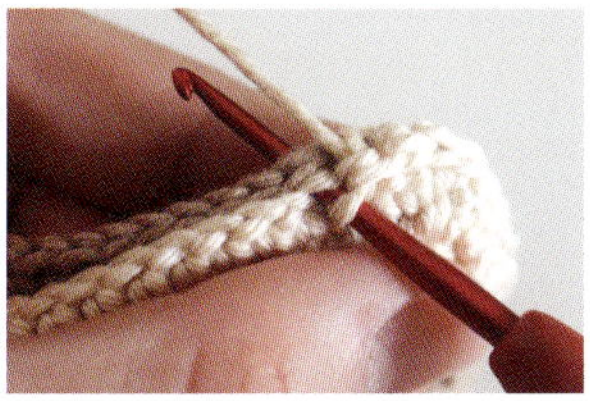

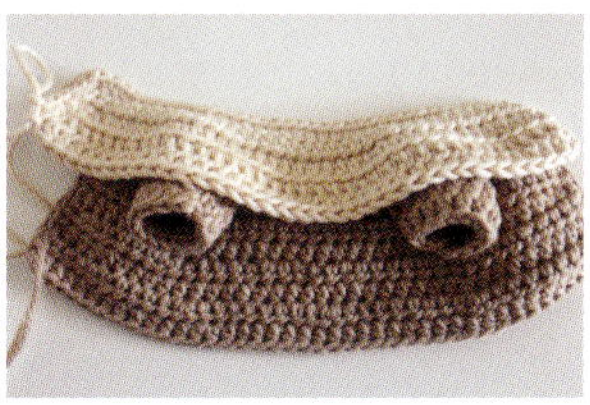

Faden lang abschneiden, durchziehen und in eine Wollnd fädeln. Lege die kurze Seite übereinander und nähe die Öffnung mit dem Restfaden zusammen.

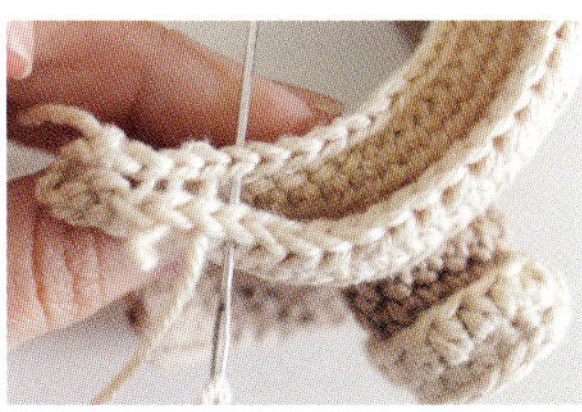

MANSCHETTE (2x)

In Creme 16 Lm anschl.
1. R: 15 hStb an der 2. Lm ab Nd häkeln.
Weiter 1 Lm arb.

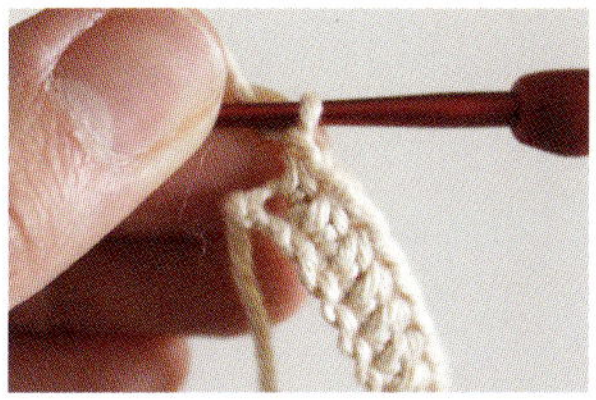

Die Manschette am Ärmel befestigen. Dafür in die 1. M der Manschette und gleichzeitig in die 1. M des Ärmels einstechen und 1 fM häkeln. Auf diese Weise die Manschette rundum mit dem Ärmel zusammenhäkeln.

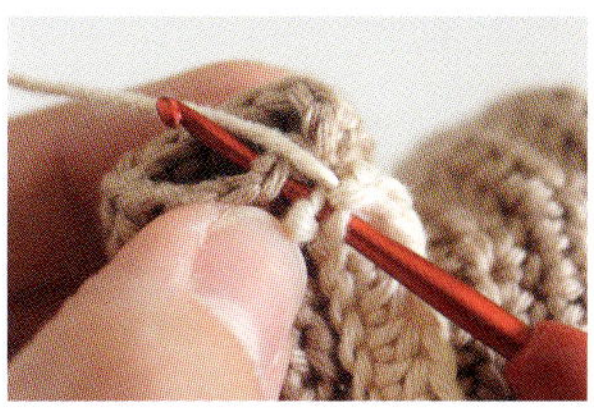

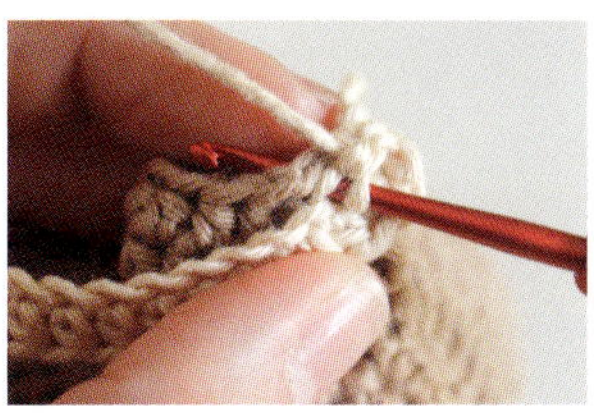

Faden abschneiden, durchziehen und in eine Wollnd fädeln. Mit dem Restfaden die Öffnung der Manschette zusammennähen.

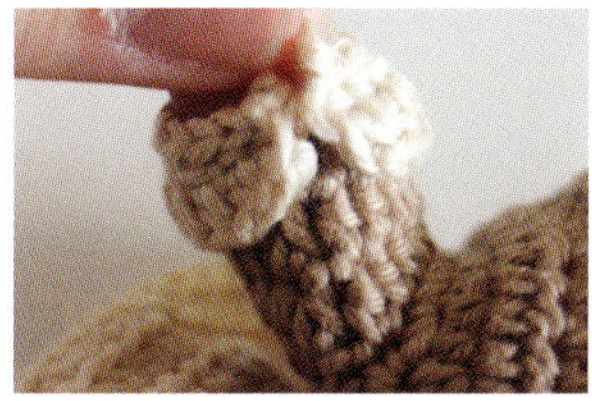

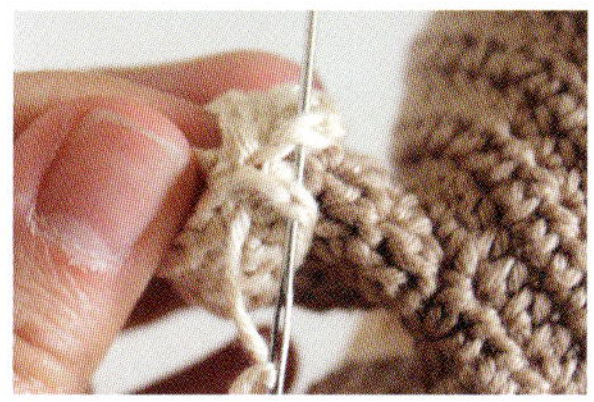

Die 2. Manschette ebenso häkeln und am Mantel befestigen.

KOPF FERTIGSTELLEN

Sticke nach der Anleitung von Seite 134 die Nase in Gelbgrün auf. Nähe die Ohren zwischen der 11. und 20. Rd senkrecht auf Höhe der Augen mit 5 fM Abstand zu den Augen an.

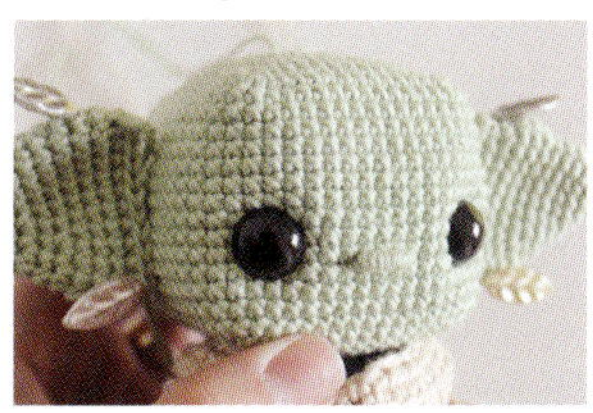

KOPF UND KÖRPER ZUSAMMENFÜGEN

Verbinde Kopf und Körper nach der Anleitung von Seite 135.

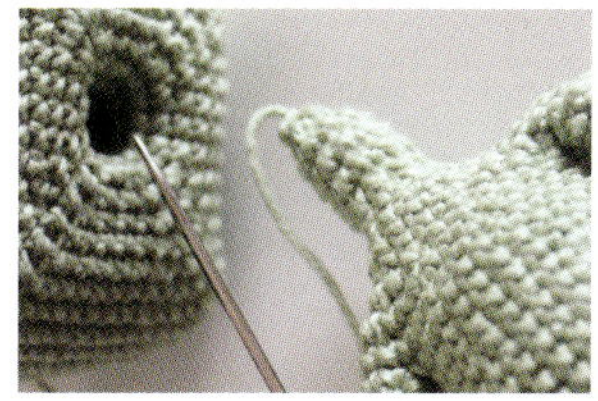

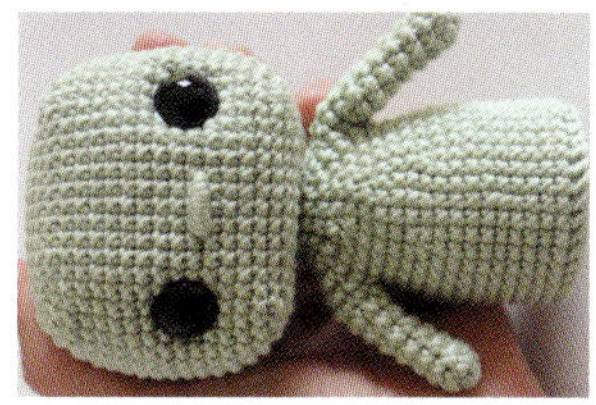

Ziehe dem Alien den Umhang an. Der Teil des Rollkragens, der übersteht, sollte nach vorne und nach oben zeigen. Klebe oder nähe den Mantel zusammen. Alle Fäden vernähen.

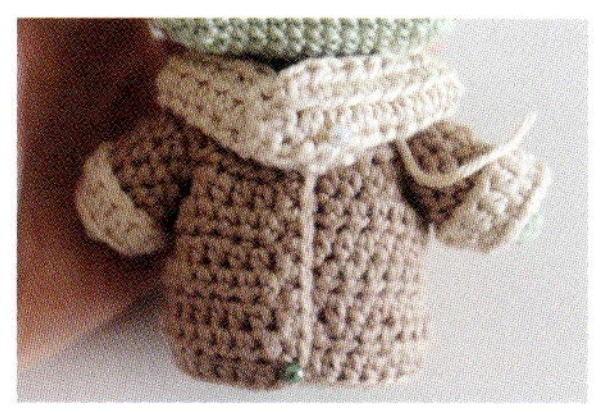

GELBE HELFER

SCHWIERIGKEITSGRAD 1

GRÖSSE

Bob: 8 cm

Kevin: 12,5 cm

Stuart: 10 cm

MATERIAL

- Schachenmayr Catania (LL 125 m/50 g) in Schwarz (Fb 110), Vanille (Fb 403), Rauchgrau (Fb 435), Royal (Fb 201), und Weiß (Fb 106), je 50 g
- Stickgarn in Schwarz
- Häkelnadel 2,25 mm
- 1 Sicherheitsauge in Schwarz, ø 14 mm
- 4 Sicherheitsaugen in Schwarz, ø 11 mm
- 6 Knöpfe in Schwarz, ø 8 mm
- Maschenmarkierer
- Sekundenkleber
- Füllwatte
- Wollnadel
- Stecknadeln
- Feuerzeug

X-MUSTER

(verschränkte feste Maschen)

Die Figur wurde mit verschränkten fM im X-Muster gehäkelt, d. h. der Faden wird immer von oben (statt von unten) geholt. Selbstverständlich kannst du auch normale fM häkeln.

ANLEITUNG

Die Arme, Beine und Taschen sind bei allen drei Helfern gleich, deshalb zunächst alle Arme, Beine und Taschen häkeln. Dann für jede Figur den Körper, die Latzhose und die Augen anfertigen.

Sofern nicht anders erwähnt, in Spiral-Rd häkeln. Dafür den Beginn jeder Rd mit einem M-Markierer oder Kontrastgarn kennzeichnen.

ARM (6x)

In Schwarz einen Magic-Ring anfertigen.

1. Rd: 8 fM in den Ring häkeln.

2. Rd: 8 fM.

3. Rd (Vanille): In die hinteren M-Glieder 8 Km.

4. Rd: In die hinteren M-Glieder 8 fM.

5.–9. Rd: 8 fM.

Falte die Öffnung und häkle sie mit 3 fM zusammen.

Faden lang abschneiden und durchziehen.

Noch 5 weitere Arme ebenso häkeln.

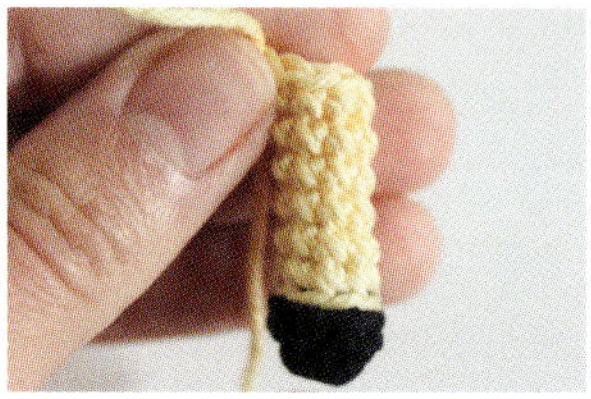

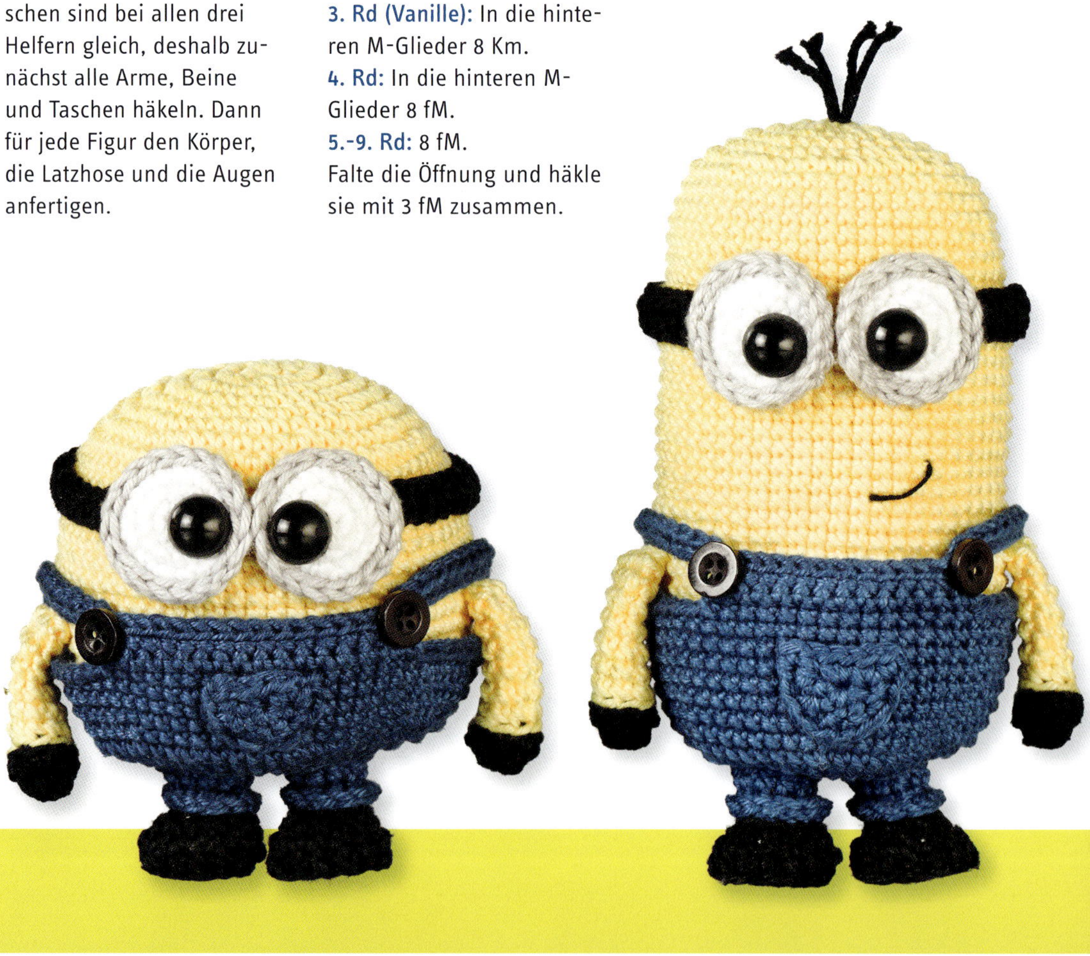

BEIN (6x)

In Schwarz einen Magic-Ring anfertigen.

1. Rd: 6 fM in den Ring häkeln.

2. Rd: Jede fM verdoppeln (= 12 M).

3. Rd: * 3 fM, 1 fM verdoppeln, ab * noch 2x wdh (= 15 M).

4. Rd: 15 Relief-fM von hinten.

5. Rd: 15 fM.

6. Rd: 5 fM, 2x 3 fM zusammen abmaschen, 4 fM (= 11 M).

7. Rd (Royal): In die hinteren M-Glieder 11 fM.

8. Rd: In die hinteren M-Glieder 11 fM.

9. Rd: 11 fM.

Faden lang abschneiden und durchziehen.

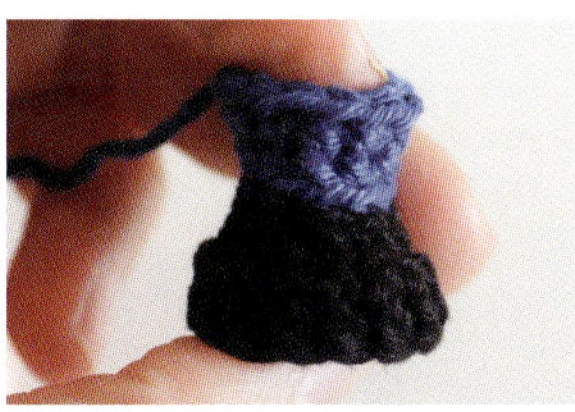

Drehe das Bein und häkle in Royal 11 Km über die vorderen M-Glieder der 8. Rd. Faden abschneiden und durchziehen.

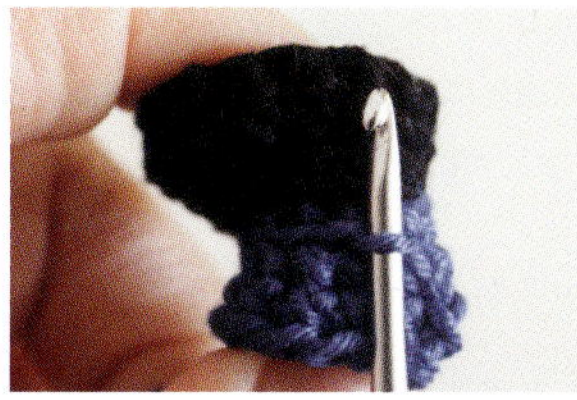

Noch 5 weitere Beine ebenso häkeln.

Damit deine Figur später stehen kann, die Füße leicht nach innen drücken, damit eine Rundung entsteht. Dann die Beine nur leicht mit Füllwatte ausstopfen. Du solltest keinesfalls zu viel Füllwatte in die Füße stopfen, sonst kann die Figur nicht stehen.

Du kannst auch Heißkleber 2-3 mm hoch in die Füße spritzen und warten, bis er vollständig ausgehärtet ist. Die Füße bekommen so mehr Gewicht und deine Figur steht sicher.

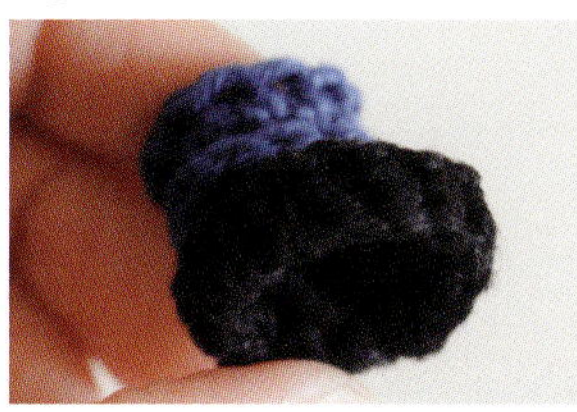

TASCHE (3x)

In Royal einen Magic-Ring anfertigen.

1. Rd: 6 fM in den Ring häkeln, aber den Ring noch nicht zuziehen. Mit 1 Lm wenden.

2. Rd: * 1 fM, 1 fM verdoppeln, ab * noch 2x wdh. (= 9 M).

Für den oberen Abschluss in die Öffnung des Magic-Ring arb: 1 Lm, 2 fM, 1 fM verdoppeln, 2 fM. Faden lang abschneiden und durchziehen.

Den Magic-Ring zuziehen.

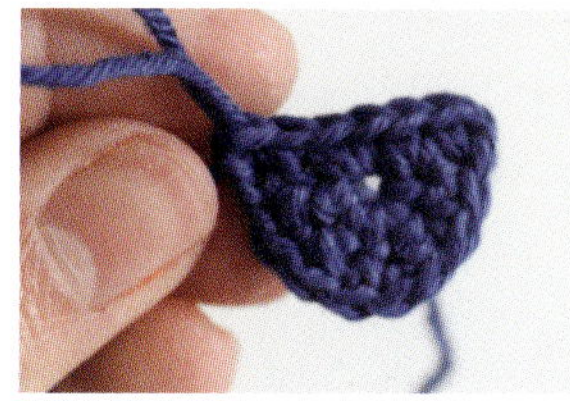

Noch 2 weitere Taschen ebenso häkeln.

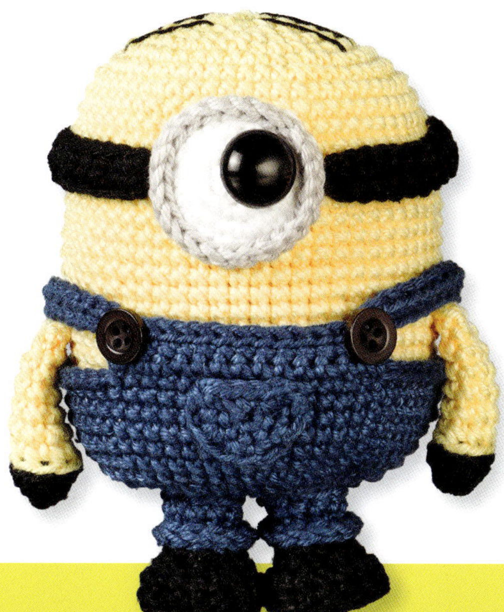

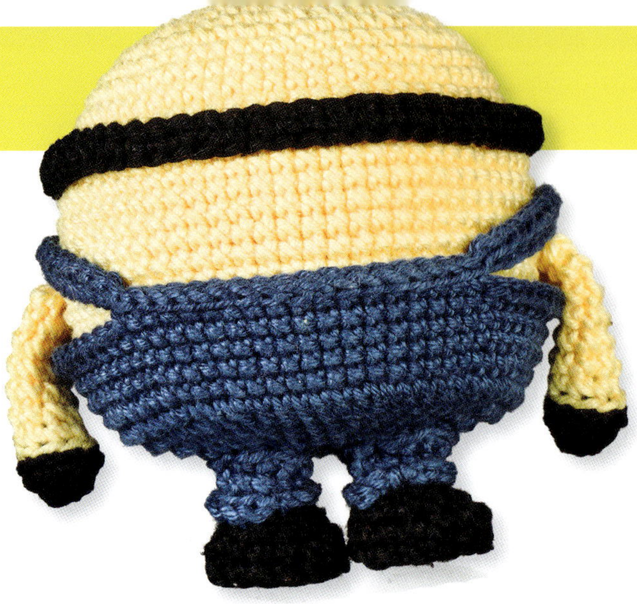

BOB

KÖRPER

In Vanille einen Magic-Ring anfertigen.

1. Rd: 8 fM in den Ring häkeln.

2. Rd: Jede fM verdoppeln (= 16 M).

3. Rd: * 1 fM, 1 fM verdoppeln, ab * noch 7x wdh (= 24 M).

4. Rd: 1 fM, 1 fM verdoppeln, * 2 fM, 1 fM verdoppeln, ab * noch 6x wdh, 1 fM (= 32 M).

5. Rd: * 3 fM, 1 fM verdoppeln, ab * noch 7x wdh (= 40 M).

6. Rd: 2 fM, 1 fM verdoppeln, * 4 fM, 1 fM verdoppeln, ab * noch 6x wdh, 2 fM (= 48 M).

7. Rd: * 5 fM, 1 fM verdoppeln, ab * noch 7x wdh (= 56 M).

8. Rd: 3 fM, 1 fM verdoppeln, * 6 fM, 1 fM verdoppeln, ab * noch 6x wdh, 3 fM (= 64 M).

9.-23. Rd: 64 fM.

Mit Füllwatte ausstopfen.

24. Rd: 3 fM, 2 fM zusammen abmaschen, * 6 fM, 2 fM zusammen abmaschen, ab * noch 6x wdh, 3 fM (= 56 M).

25. Rd: * 5 fM, 2 fM zusammen abmaschen, ab * noch 7x wdh (= 48 M).

26. Rd: 2 fM, 2 fM zusammen abmaschen, * 4 fM, 2 fM zusammen abmaschen, ab * noch 6x wdh, 2 fM (= 40 M).

27. Rd: * 3 fM, 2 fM zusammen abmaschen, ab * noch 7x wdh (= 32 M).

28. Rd: 1 fM, 2 fM zusammen abmaschen, * 2 fM, 2 fM zusammen abmaschen, ab * noch 6x wdh, 1 fM (= 24 M).

Weiter mit Füllwatte ausstopfen.

29. Rd: * 1 fM, 2 fM zusammen abmaschen, ab * noch 7x wdh (= 16 M).

30. Rd: 8 abn (= 8 M).

Faden abschneiden und durchziehen.

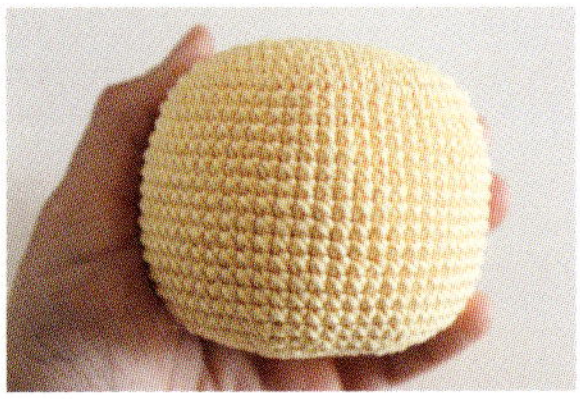

LATZHOSE

In Royal einen Magic-Ring anfertigen.

1. Rd: 8 fM in den Ring häkeln.

2. Rd: Jede fM verdoppeln (= 16 M).

3. Rd: * 1 fM, 1 fM verdoppeln, ab * noch 7x wdh (= 24 M).

4. Rd: 1 fM, 1 fM verdoppeln, * 2 fM, 1 fM verdoppeln, ab * noch 6x wdh, 1 fM (= 32 M).

5. Rd: * 3 fM, 1 fM verdoppeln, ab * noch 7x wdh (= 40 M).

6. Rd: 2 fM, 1 fM verdoppeln, * 4 fM, 1 fM verdoppeln, ab * noch 6x wdh, 2 fM (= 48 M).

7. Rd: * 5 fM, 1 fM verdoppeln, ab * noch 7x wdh (= 56 M).

8. Rd: 3 fM, 1 fM verdoppeln, * 6 fM, 1 fM verdoppeln, ab * noch 6x wdh, 3 fM (= 64 M).

9. Rd: * 15 fM, 1 fM verdoppeln, ab * noch 3x wdh (= 68 M).

10.-12. Rd: 68 fM.

Weiter den Latz in R häkeln. Am Ende jeder R mit 1 Lm wenden.

1.-3. R: 17 fM.

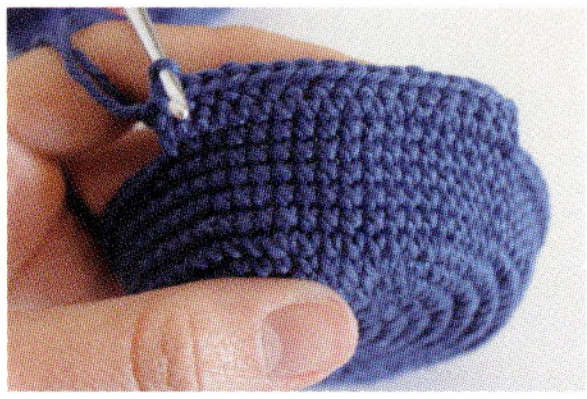

Weiter 18 Lm (1. Träger), 16 M überspringen, 19 fM, 18 Lm (2. Träger), 16 M überspringen und mit 1 Km in die 1. M an der Vorderseite der Latzhose schließen.

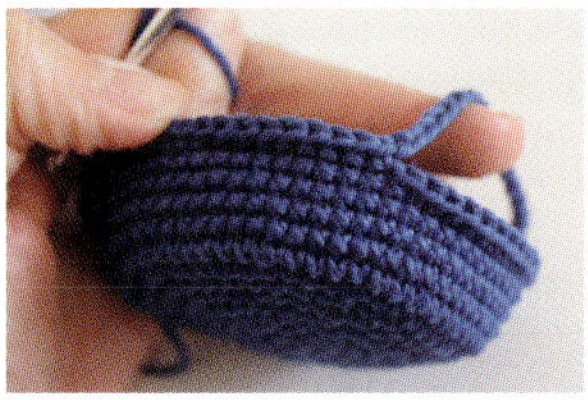

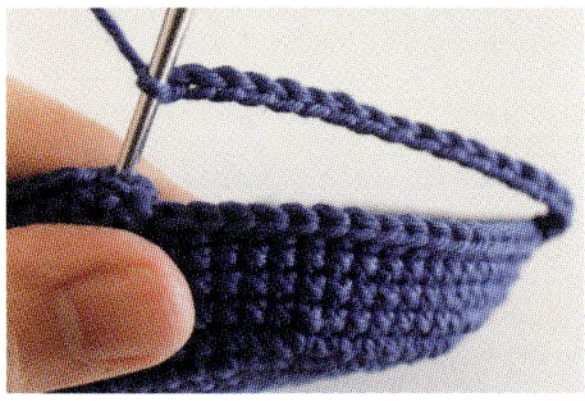

Weiter 17 Km auf den Latz, 18 fM (über den 1. Träger), 19 Km (Rückseite), 18 fM (über den 2. Träger) und mit 1 Km schließen.

Faden abschneiden und durchziehen.

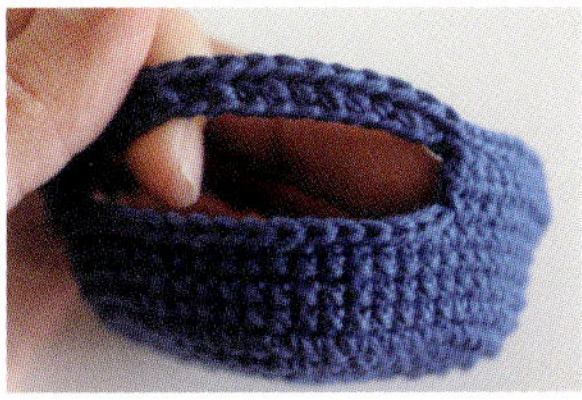

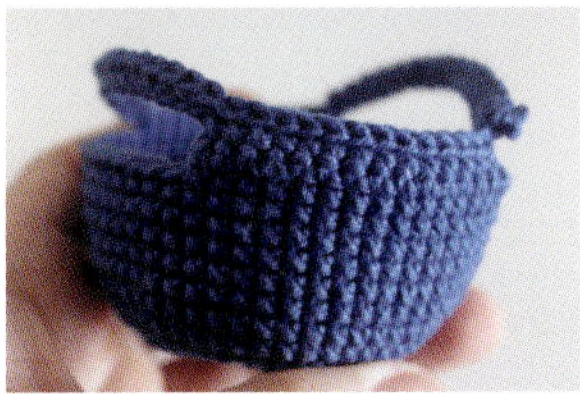

AUGE (2x)

In Weiß einen Magic-Ring anfertigen.

1. Rd: 6 fM in den Ring häkeln.

2. Rd: Jede fM verdoppeln (= 12 M).

3. Rd: * 1 fM, 1 fM verdoppeln, ab * noch 5x wdh (= 18 M).

4. Rd (Rauchgrau): In die vorderen M-Glieder 18 fM.

5. Rd: In die hinteren M-Glieder 18 fM.

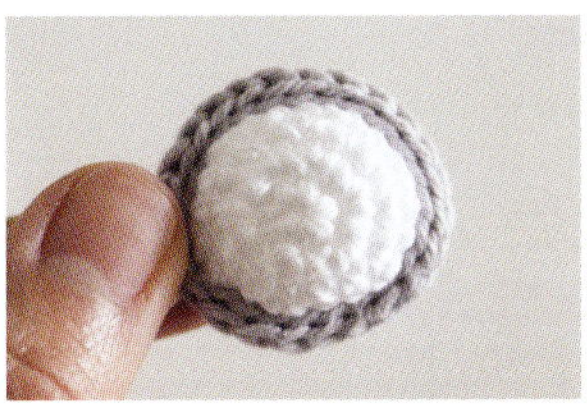

Faden abschneiden und durchziehen.
Das 2. Auge ebenso häkeln.

BAND

In Schwarz 48 Lm anschl.

1. R: Ab der 2. Lm ab Nd 47 fM häkeln.

Faden abschneiden und durchziehen.

FERTIGSTELLEN

Drücke das Vorderteil des 11 mm-Sicherheitsauges durch das gehäkelte Auge, lass die hintere Sicherheitskappe des Auges weg. Stattdessen schmilzt du mit Hilfe des Feuerzeugs die Spitze an und drückst sie mit der Rückseite des Feuerzeugs flach. Lass dir ggf. von einem Erwachsenen helfen.

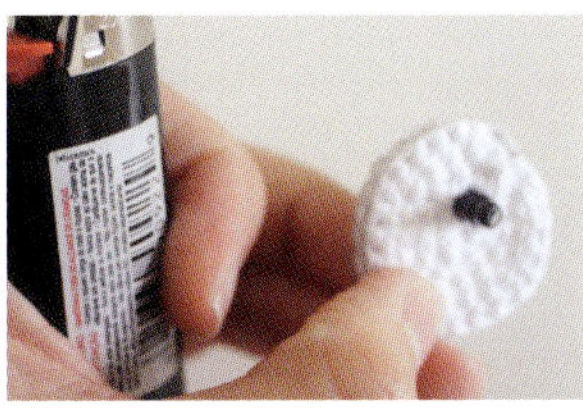

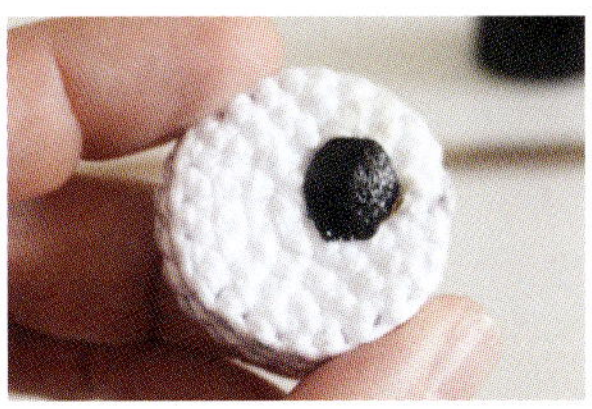

Stelle das 2. Auge ebenso fertig.
Nähe die Arme zwischen der 17. und 18. Rd mit 27 M Abstand zueinander an. Alle Fäden vernähen.

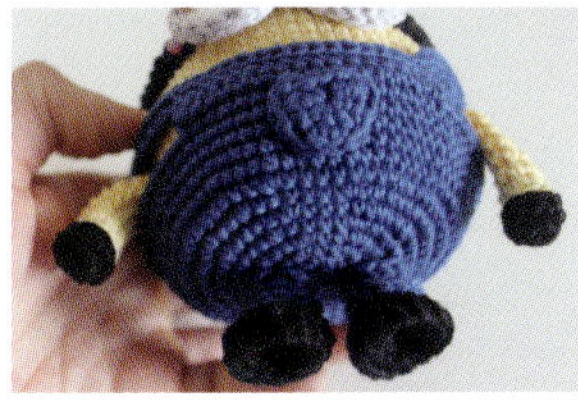

Nähe die Beine zwischen der 2. und 5. Rd an der Basis der Latzhose an. Klebe dann die Augen über die 8. und 14. Rd. Klebe das schwarze Band für die Augen zwischen der 11. und 12. Rd anliegend an die Augen. Nähe die Tasche mittig auf die Latzhose und klebe die Knöpfe zwischen Hosenträger und Hose an.

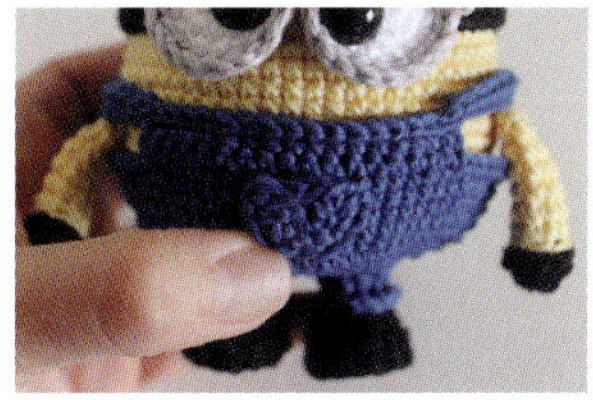

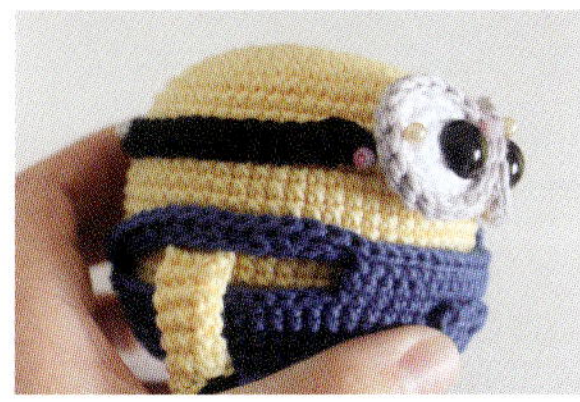

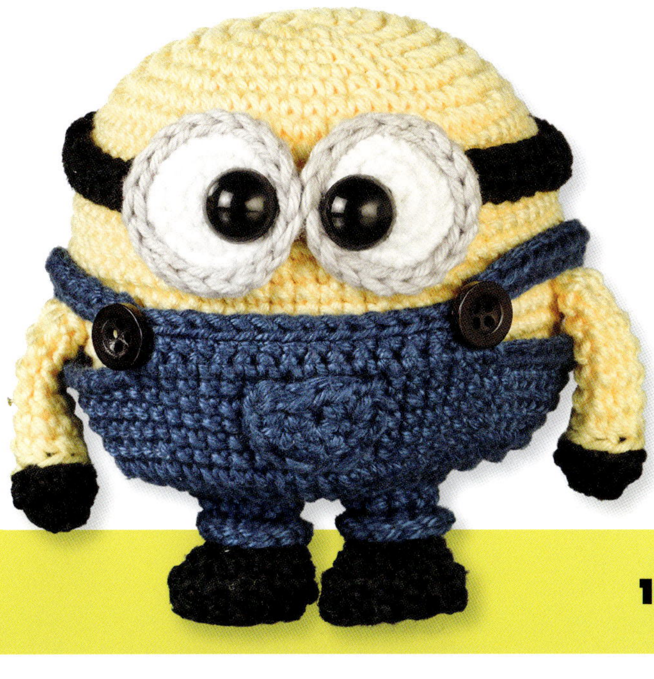

KEVIN

KÖRPER

In Vanille einen Magic-Ring anfertigen.
1. Rd: 8 fM in den Ring häkeln.
2. Rd: Jede fM verdoppeln (= 16 M).
3. Rd: * 1 fM, 1 fM verdoppeln, ab * noch 7x wdh (= 24 M).
4. Rd: 1 fM, 1 fM verdoppeln, * 2 fM, 1 fM verdoppeln, ab * noch 6x wdh, 1 fM (= 32 M).
5. Rd: * 3 fM, 1 fM verdoppeln, ab * noch 7x wdh (= 40 M).
6. Rd: 2 fM, 1 fM verdoppeln, * 4 fM, 1 fM verdoppeln, ab * noch 6x wdh, 2 fM (= 48 M).
7. Rd: * 11 fM, 1 fM verdoppeln, ab * noch 3x wdh (= 52 M).
8.-34. Rd: 52 fM.
Mit Füllwatte ausstopfen.
35. Rd: * 11 fM, 2 fM zusammen abmaschen, ab * noch 3x wdh (= 48 M).
36. Rd: 2 fM, 2 fM zusammen abmaschen, * 4 fM, 2 fM zusammen abmaschen, ab * noch 6x wdh, 2 fM (= 40 M).
37. Rd: * 3 fM, 2 fM zusammen abmaschen, ab * noch 7x wdh (= 32 M).
38. Rd: 1 fM, 2 fM zusammen abmaschen, * 2 fM, 2 fM zusammen abmaschen, ab * noch 6x wdh, 1 fM (= 24 M).
Weiter mit Füllwatte ausstopfen.
39. Rd: * 1 fM, 2 fM zusammen abmaschen, ab * noch 7x wdh (= 16 M).
40. Rd: Immer 2 fM zusammen abmaschen (= 8 M).
Faden abschneiden und durchziehen.

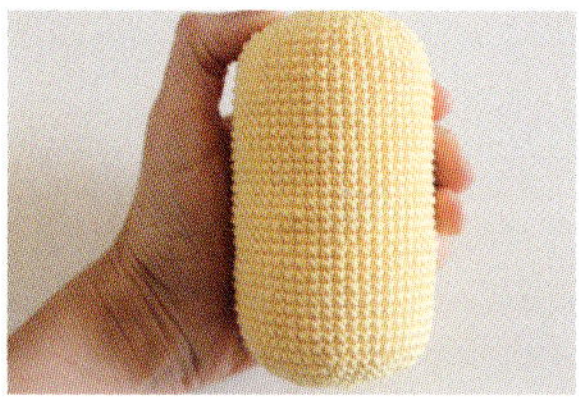

LATZHOSE

In Royal einen Magic-Ring anfertigen.
1. Rd: 8 fM in den Ring häkeln.
2. Rd: Jede fM verdoppeln (= 16 M).
3. Rd: * 1 fM, 1 fM verdoppeln, ab * noch 7x wdh (= 24 M).
4. Rd: 1 fM, 1 fM verdoppeln, * 2 fM, 1 fM verdoppeln, ab * noch 6x wdh, 1 fM (= 32 M).
5. Rd: * 3 fM, 1 fM verdoppeln, ab * noch 7x wdh (= 40 M).
6. Rd: 2 fM, 1 fM verdoppeln, * 4 fM, 1 fM verdoppeln, ab * noch 6x wdh, 2 fM (= 48 M).
7. Rd: * 7 fM, 1 fM verdoppeln, ab * noch 5x wdh (= 54 M).
8.-14. Rd: 54 fM.
Weiter den Latz in R häkeln. Am Ende jeder R mit 1 Lm wenden.
1.-3. R: 14 fM.
Weiter 17 Lm (1. Träger), 14 M überspringen, 12 fM, 17 Lm (2. Träger), 14 M überspringen und mit 1 Km in die 1. M an der Vorderseite der Latzhose schließen. Weiter 14 Km auf den Latz, 17 fM (über den 1. Träger), 12 Km, (Rückseite), 17 fM (über den 2. Träger) und mit 1 Km schließen.
Faden abschneiden und durchziehen.

AUGE (2x)

In Weiß einen Magic-Ring anfertigen.
1. Rd: 6 fM in den Ring häkeln.
2. Rd: Jede fM verdoppeln (= 12 M).
3. Rd: * 1 fM, 1 fM verdoppeln, ab * noch 5x wdh (= 18 M).
4. Rd (Rauchgrau): In die vorderen M-Glieder 18 fM.
5. Rd: In die hinteren M-Glieder 18 fM.
Faden abschneiden und durchziehen.
Das 2. Auge ebenso häkeln.

BAND

In Schwarz 41 Lm anschl.
1. R: Ab der 2. Lm ab Nd 40 hStb häkeln.
Faden abschneiden und durchziehen.

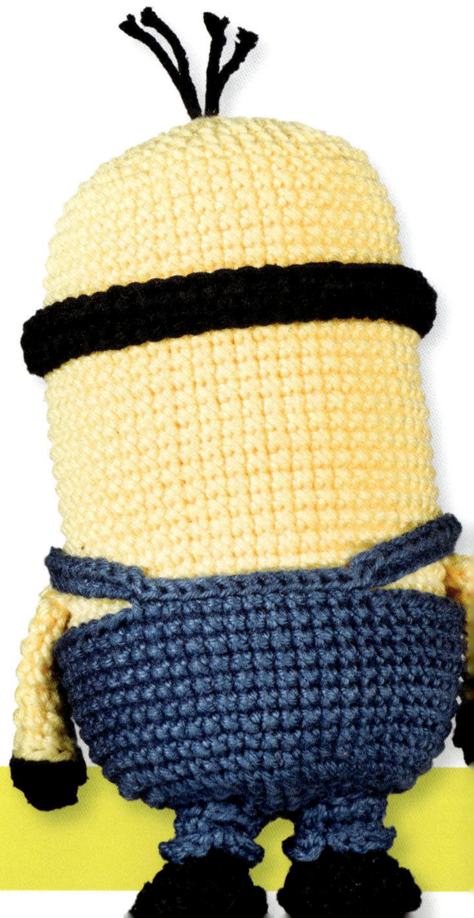

FERTIGSTELLEN

Schneide ein paar 6 cm lange schwarze Fäden zurecht und fädle sie durch den Magic-Ring. Verknote die Fäden und drücke sie mit der Rückseite einer Wollnd in den Kopf.

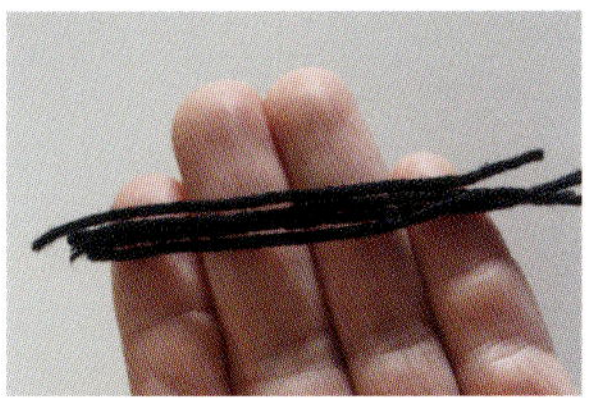

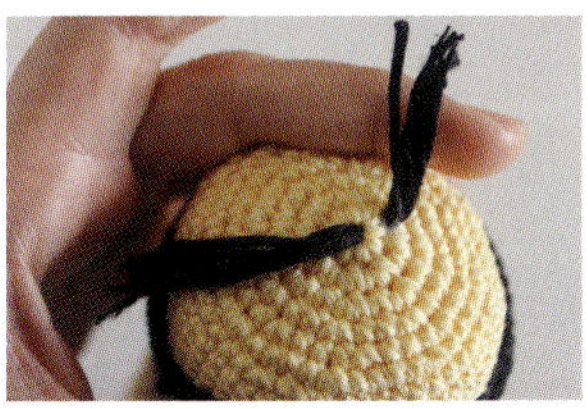

Sticke mit Stickgarn in Schwarz den Mund etwa 5 Rd unterhalb der Augen auf. Verstecke die Garnenden im Körper.

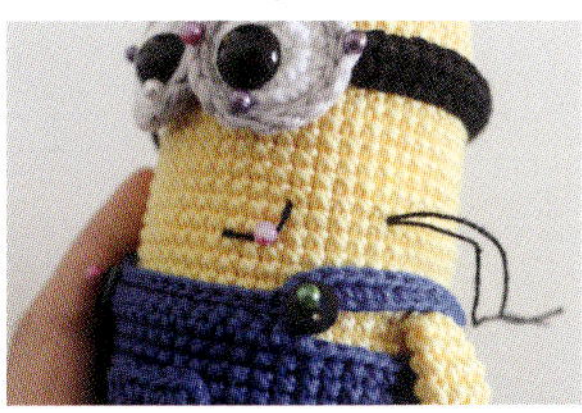

Nähe die Arme zwischen der 28. und 29. Rd mit 21 M Abstand zueinander an.

Nähe die Beine zwischen der 2. und 5. Rd an die Basis der Latzhose. Drücke das Vorderteil des 11 mm-Sicherheitsauges durch das gehäkelte Auge, lass die hintere Sicherheitskappe des Auges weg. Stattdessen schmilzt du mit Hilfe des Feuerzeugs die Spitze an und drückst sie mit der Rückseite des Feuerzeugs flach. Klebe dann das fertige Auge über die 11. bis 19. Rd. Klebe das schwarze Band zwischen die 14. und 16. Rd, anliegend an das Auge.

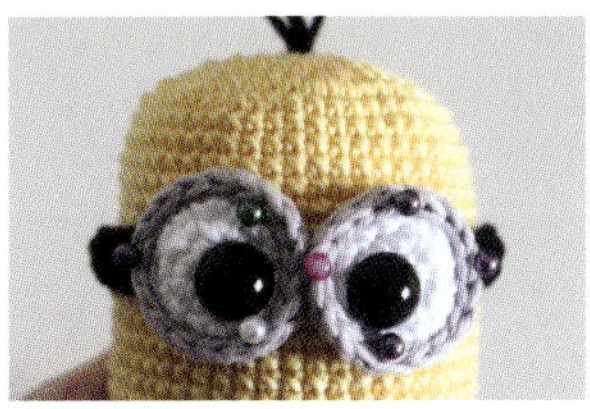

Nähe die Tasche mittig auf die Vorderseite der Latzhose und klebe die Knöpfe zwischen Hosenträger und Hose. Alle Fäden vernähen.

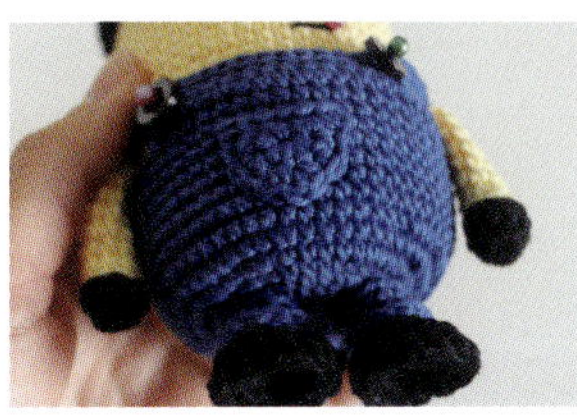

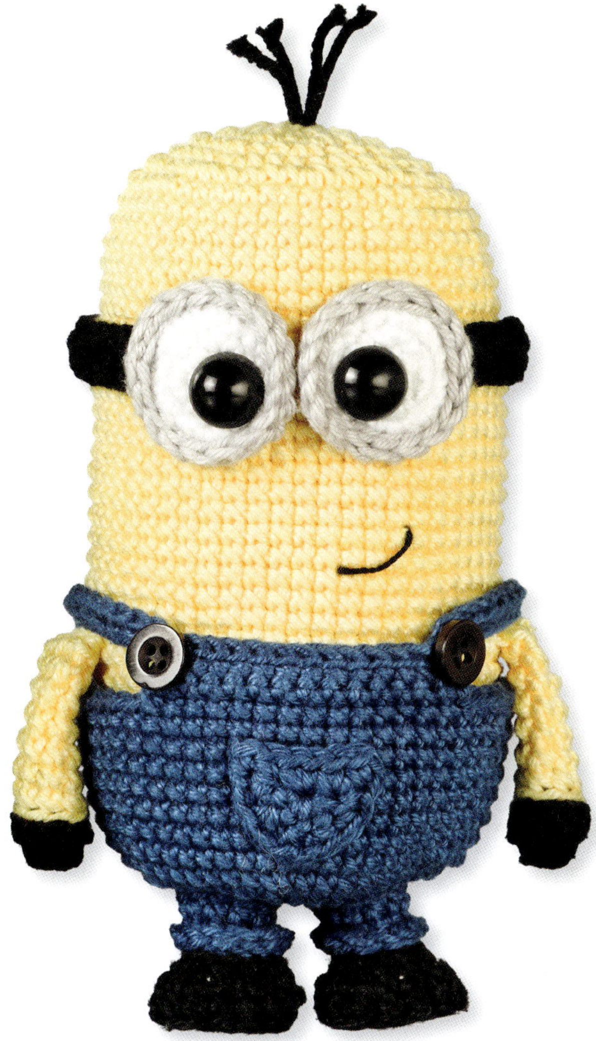

STUART

KÖRPER

In Vanille einen Magic-Ring anfertigen.
1. Rd: 8 fM in den Ring häkeln.
2. Rd: Jede fM verdoppeln (= 16 M).
3. Rd: * 1 fM, 1 fM verdoppeln, ab * noch 7x wdh (= 24 M).
4. Rd: 1 fM, 1 fM verdoppeln, * 2 fM, 1 fM verdoppeln, ab * noch 6x wdh, 1 fM (= 32 M).
5. Rd: * 3 fM, 1 fM verdoppeln, ab * noch 7x wdh (= 40 M).
6. Rd: 2 fM, 1 fM verdoppeln, * 4 fM, 1 fM verdoppeln, ab * noch 6x wdh, 2 fM (= 48 M).

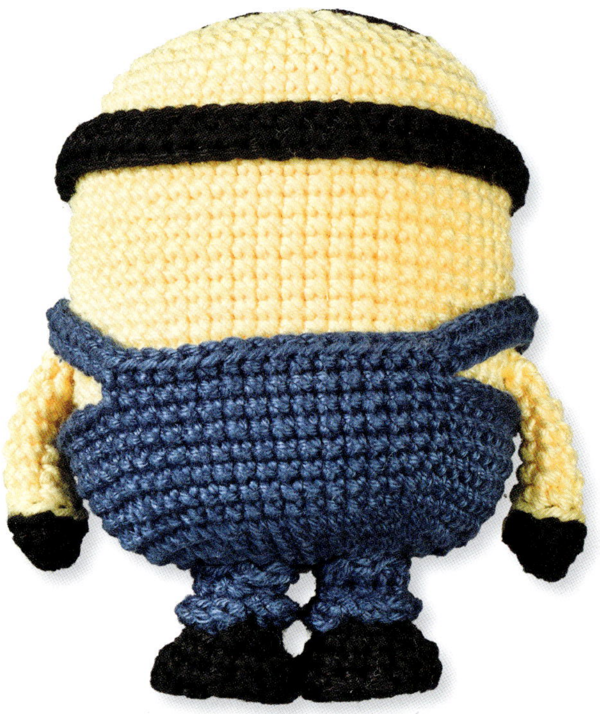

7. Rd: * 5 fM, 1 fM verdoppeln, ab * noch 7x wdh (= 56 M).
8.-26. Rd: 56 fM (19 Runden) (= 56 M).
Mit Füllwatte ausstopfen.
27. Rd: * 5 fM, 2 fM zusammen abmaschen, ab * noch 7x wdh (= 48 M).
28. Rd: 2 fM, 2 fM zusammen abmaschen, * 4 fM, 2 fM zusammen abmaschen, ab * noch 6x wdh, 2 fM (= 40 M).
29. Rd: * 3 fM, 2 fM zusammen abmaschen, ab * noch 7x wdh (= 32 M).
30. Rd: 1 fM, 2 fM zusammen abmaschen, * 2 fM, 2 fM zusammen abmaschen, ab * noch 6x wdh, 1 fM (= 24 M).
Weiter mit Füllwatte ausstopfen.
31. Rd: * 1 fM, 2 fM zusammen abmaschen, ab * noch 7x wdh (= 16 M).
32. Rd: 8 abn (= 8 M).
Faden abschneiden und durchziehen.

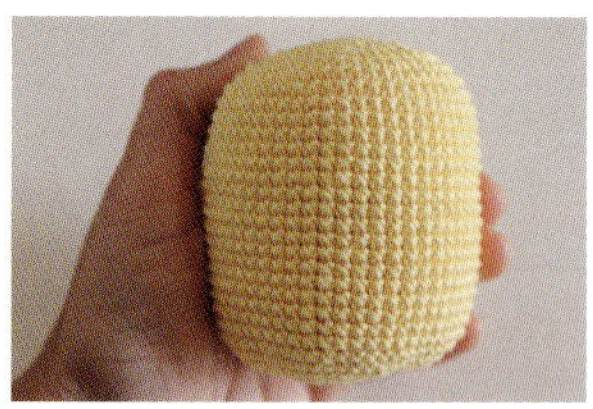

LATZHOSE

In Royal einen Magic-Ring anfertigen.
1. Rd: 8 fM in den Ring häkeln.
2. Rd: Jede fM verdoppeln (= 16 M).
3. Rd: * 1 fM, 1 fM verdoppeln, ab * noch 7x wdh (= 24 M).
4. Rd: 1 fM, 1 fM verdoppeln, * 2 fM, 1 fM verdoppeln, ab * noch 6x wdh, 1 fM (= 32 M).
5. Rd: * 3 fM, 1 fM verdoppeln, ab * noch 7x wdh (= 40 M).
6. Rd: 2 fM, 1 fM verdoppeln, * 4 fM, 1 fM verdoppeln, ab * noch 6x wdh, 2 fM (= 48 M).
7. Rd: * 5 fM, 1 fM verdoppeln, ab * noch 7x wdh (= 56 M).
8. Rd: * 13 fM, 1 fM verdoppeln, ab * noch 3x wdh (= 60 M).
9. Rd: * 8 fM, 2 fM zusammen abmaschen, ab * noch 5x wdh (= 54 M).
10.-12. Rd: 54 fM.
Weiter den Latz in R häkeln. Am Ende jeder R mit 1 Lm wenden.
1.-3. R: 15 fM.

Weiter 17 Lm (1. Träger), 14 M überspringen, 17 fM, 17 Lm 2. Träger), 14 M überspringen und mit 1 Km in die 1. M an der Vorderseite der Latzhose schließen.
Weiter 15 Km auf den Latz, 17 fM (über den 1. Träger), 17 Km, (Rückseite), 17 fM (über den 2. Träger) und mit 1 Km schließen.
Faden abschneiden und durchziehen.

AUGE

In Weiß einen Magic-Ring anfertigen.
1. Rd: 6 fM in den Ring häkeln.
2. Rd: Jede fM verdoppeln (= 12 M).
3. Rd: * 1 fM, 1 fM verdoppeln, ab * noch 5x wdh (= 18 M).
4. Rd: 1 fM, 1 fM verdoppeln, * 2 fM, 1 fM verdoppeln, ab * noch 4x wdh, 1 fM (= 24 M).
5. Rd (Rauchgrau): In die vorderen M-Glieder 24 fM.
6. Rd: In die hinteren M-Glieder 24 fM.
Faden abschneiden und durchziehen.

BAND

In Schwarz 45 Lm anschl.
1. R: Ab der 2. Lm ab Nd 44 hStb häkeln.
Faden lang abschneiden und durchziehen.

FERTIGSTELLEN

Drücke das Vorderteil des 14 mm-Sicherheitsauges durch das gehäkelte Auge, lass die hintere Sicherheitskappe des Auges weg. Stattdessen schmilzt du mit Hilfe des Feuerzeugs die Spitze an und drückst sie mit der Rückseite des Feuerzeugs flach. Lass dir ggf. von einem Erwachsenen helfen. Klebe dann das ganze Auge über die 9. bis 17. Rd. Klebe das schwarze Band zwischen die 12. und 15. Rd, anliegend an dem Auge.

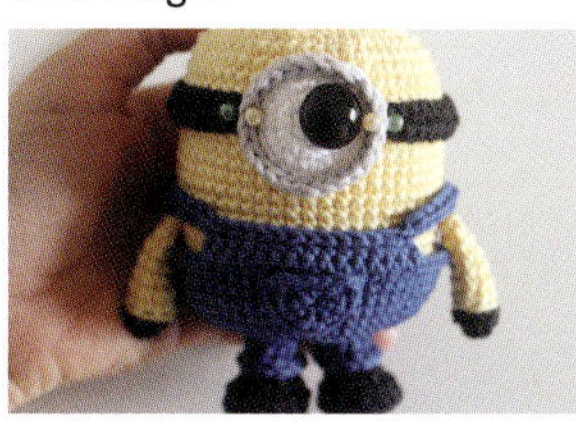

Nähe die Arme zwischen die 23. und 24. Rd mit 22 M Abstand zueinander an.

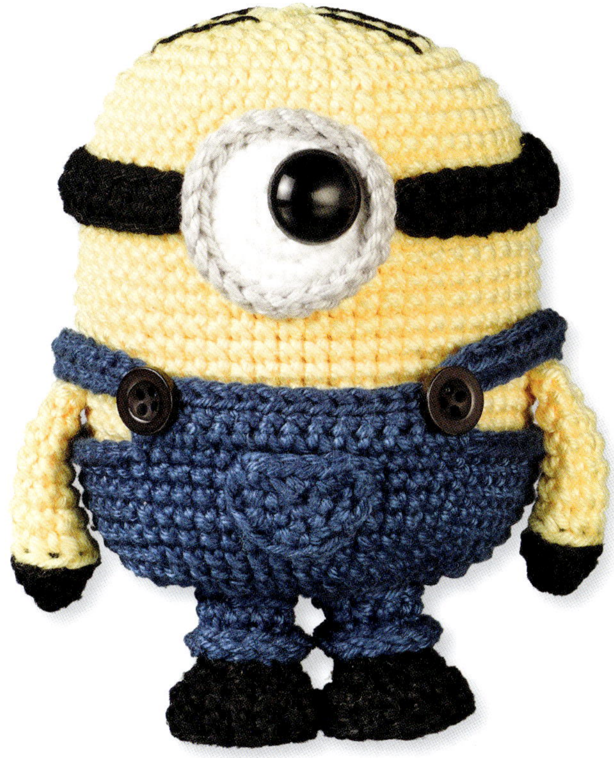

Nähe die Beine über die 2. bis 5. Rd auf die Basis der Latzhose. Nähe die Tasche vorne mittig an die Latzhose. Klebe die Knöpfe zwischen Hosenträger und Hose. Nimm dünnes schwarzes Garn und sticke es horizontal über den Kopf, um so die Haare zu kreieren. Schneide den Faden ab und verstecke den Knoten im Kopf. Alle Fäden vernähen.

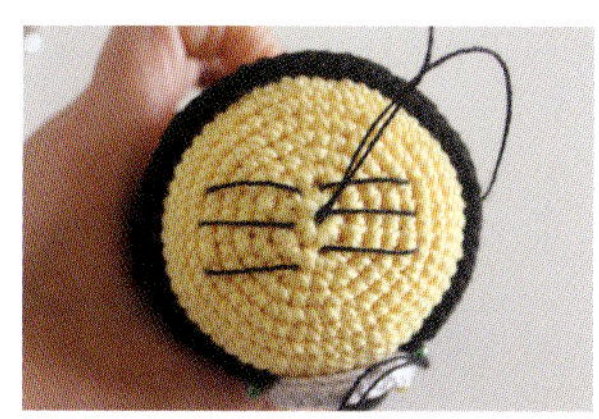

COOLER KLEMPNER

SCHWIERIGKEITSGRAD 2

GRÖSSE
14 cm

MATERIAL

- Schachenmayr Catania (LL 125 m/50 g) in Ivory (Fb 436), Signalrot (Fb 115), Royal (Fb 201) und Kaffee (Fb 162), je 50 g, in Weiß (Fb 106) und Sun-Kissed (Fb 437), Reste
- Stickgarn in Rot
- Häkelnadeln 2,25 mm und 2,5 mm
- 2 Sicherheitsaugen in Schwarz, ø 12 mm
- 2 Knöpfe oder Perlen in Gelb, ø 3-4 mm
- Maschenmarkierer
- Sekundenkleber
- Füllwatte
- Wollnadel
- Stecknadeln
- ggf. Filzstift in Rot

X-MUSTER

(verschränkte feste Maschen)
Die Figur wurde mit verschränkten fM im X-Muster gehäkelt, d. h. der Faden wird immer von oben (statt von unten) geholt. Selbstverständlich kannst du auch normale fM häkeln.

ANLEITUNG

Zunächst Kopf, Nase, Ohren, Arme und Beine häkeln. Dann die Beine verbinden, den Körper häkeln und die Arme aufnehmen. Weitere Details anfertigen. Anschließend den Kopf fertigstellen und mit dem Körper verbinden. Zum Schluss die Haare häkeln, am Kopf arrangieren und festkleben.
Sofern nicht anders erwähnt, in Spiral-Rd häkeln. Dafür den Beginn jeder Rd mit einem M-Markierer oder Kontrastgarn kennzeichnen.

KOPF

In Ivory mit Häkelnd 2,25 mm einen Magic-Ring anfertigen.
1. Rd: 8 fM in den Ring häkeln (= 8 M).
2. Rd: Jede fM verdoppeln (= 16 M).
3. Rd: * 2 fM verdoppeln, 2 fM, ab * noch 3x wdh (= 24 fM).
4. Rd: 1 fM, 2 fM verdoppeln, * 4 fM, 2 fM verdoppeln, ab * noch 2x wdh, 3 fM (= 32 M).
5. Rd: 2 fM, 2 fM verdoppeln, * 6 fM, 2 fM verdoppeln, ab * noch 2x wdh, 4 fM (= 40 M).
6. Rd: 3 fM, 2 fM verdoppeln, * 8 fM, 2 fM verdoppeln, ab * noch 2x wdh, 5 fM (= 48 M).
7. Rd: 4 fM, 2 fM verdoppeln, * 10 fM, 2 fM verdoppeln, ab * noch 2x wdh, 6 fM (= 56 M).
8. Rd: 5 fM, 2 fM verdoppeln, * 12 fM, 2 fM verdoppeln,

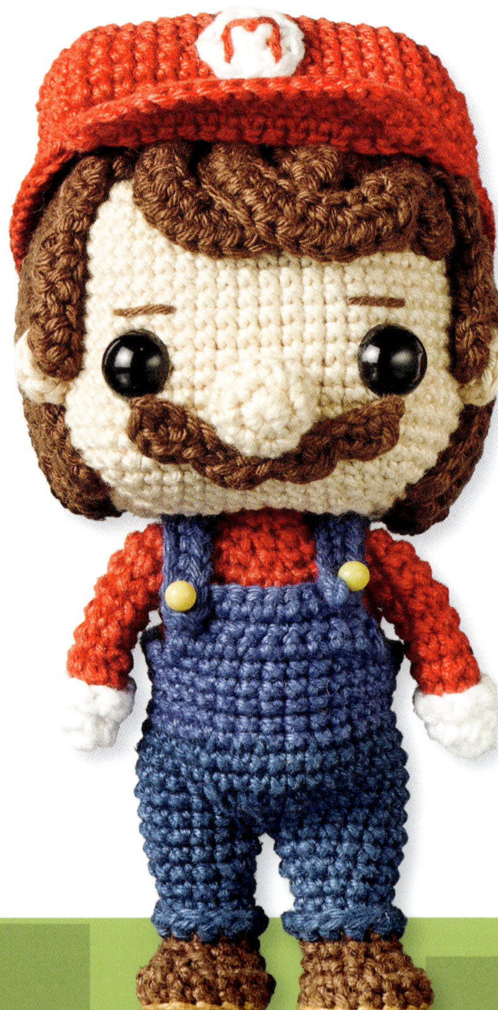

ab * noch 2x wdh, 7 fM (= 64 M).

9.-22. Rd: 64 fM.

23. Rd: 5 fM, 2x 2 fM zusammen abmaschen, * 12 fM, 2x 2 fM zusammen abmaschen, ab * noch 2x wdh, 7 fM (= 56 M).

24. Rd: 4 fM, 2x 2 fM zusammen abmaschen, * 10 fM, 2x 2 fM zusammen abmaschen, ab * noch 2x wdh, 6 fM (= 48 M).

Nun die Sicherheitsaugen zwischen der 17. und 18. Rd mit 11 fM zueinander anbringen.

Den Kopf fest mit Füllwatte ausstopfen. Dafür aus Füllwatte kleine Wattebällchen formen und nach und nach in den Kopf stopfen. Wichtig ist, dass der Kopf würfelförmig und nicht rund wird.

25. Rd: 3 fM, 2x 2 fM zusammen abmaschen, * 8 fM, 2x 2 fM zusammen abmaschen, ab * noch 2x wdh, 5 fM (= 40 M).

26. Rd: 2 fM, 2x 2 fM zusammen abmaschen, * 6 fM, 2x 2 fM zusammen abmaschen, ab * noch 2x wdh, 4 fM (= 32 M).

27. Rd: 1 fM, 2x 2 fM zusammen abmaschen, * 4 fM, 2x 2 fM zusammen abmaschen, ab * noch 2x wdh, 3 fM (= 24 M).

28. Rd: * 2 fM, 2x 2 fM zusammen abmaschen, ab * noch 3x wdh (= 16 M).

Weiter mit Füllwatte ausstopfen.

29. Rd: * 2 fM, 2 fM zusammen abmaschen, ab * noch 3x wdh (= 12 M).

30.-34. Rd: 12 fM.

Faden lang abschneiden und durchziehen.

NASE

In Ivory mit Häkelnd 2,25 mm einen Magic-Ring anfertigen.

1. Rd: 6 fM in den Ring häkeln.

2. Rd: Jede fM verdoppeln (= 12 M).

3. Rd: 12 fM.

4. Rd: * 2 fM, 2 fM zusammen abmaschen, ab * noch 2x wdh (= 9 M).

Faden lang abschneiden und durchziehen.

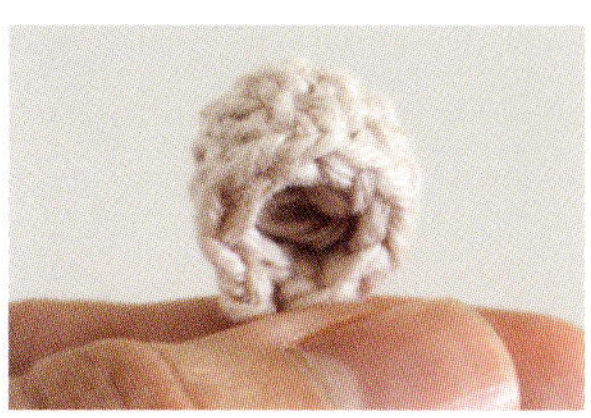

OHR (2x)

In Ivory mit Häkelnd 2,25 mm einen Magic-Ring anfertigen.

1. Rd: 6 fM in den Ring häkeln.

Faden abschneiden und durchziehen.

Das 2. Ohr ebenso häkeln.

SCHNURRBART

In Kaffee mit Häkelnd 2,25 mm 13 Lm anschl.

1. Rd: Ab der 2. Lm * 1 fM, 1 hStb, 1 Lm, 1 Km, ab * noch 3x wdh.

Faden abschneiden und durchziehen.

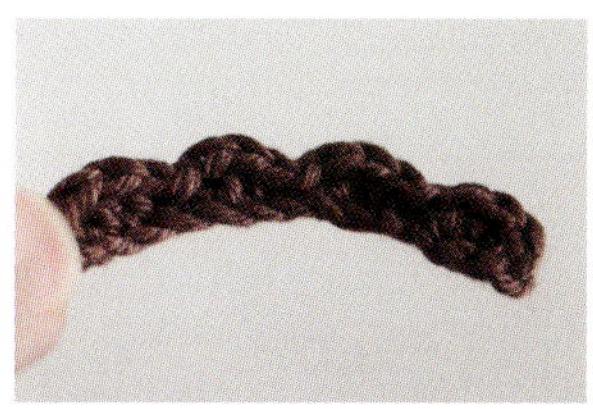

ARM (2x)

In Weiß mit Häkelnd 2,25 mm einen Magic-Ring anfertigen:

1. Rd: 7 fM in den Ring häkeln.

2. Rd: 7 fM.

3. Rd (Signalrot): In die hinteren M-Glieder 7 fM.

4.-8. Rd: 7 fM.

Faden abschneiden und durchziehen.

Für den Abschluss der Ärmel schlinge an einem vorderen M-Glied der 3. Rd an und häkle 7 fM in die vorderen M-Glieder.

Den 2. Arm ebenso häkeln.

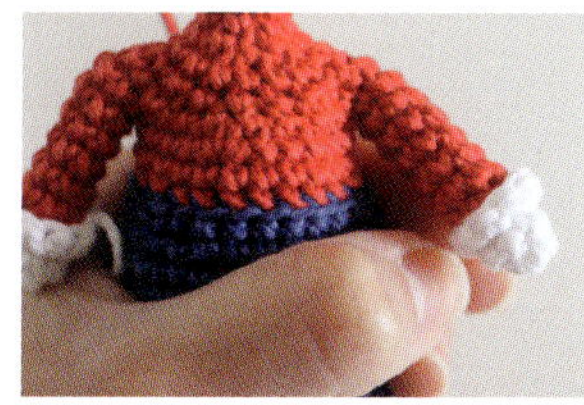

1. BEIN

In Sun-kissed mit Häkelnd 2,25 mm einen Magic-Ring anfertigen.

1. Rd: 6 fM in den Ring häkeln.

2. Rd: Jede fM verdoppeln (= 12 M).

3. Rd: * 3 fM, 1 fM verdoppeln, ab * noch 2x wdh (= 15 M).

4. Rd (Kaffee): 15 Relief-fM von hinten.

5. Rd: 15 fM.

6. Rd: 5 fM, 2x 3 fM zusammen abmaschen, 4 fM (= 11 M).

7. Rd: 11 fM.

8. Rd (Royal): In die hinteren M-Glieder 11 fM.

9. Rd: 11 fM.
10. Rd: 10 fM, 1 fM verdoppeln (= 12 M).
11. Rd: * 3 fM, 1 fM verdoppeln, ab * noch 2x wdh (= 15 M).
12. Rd: 15 fM.

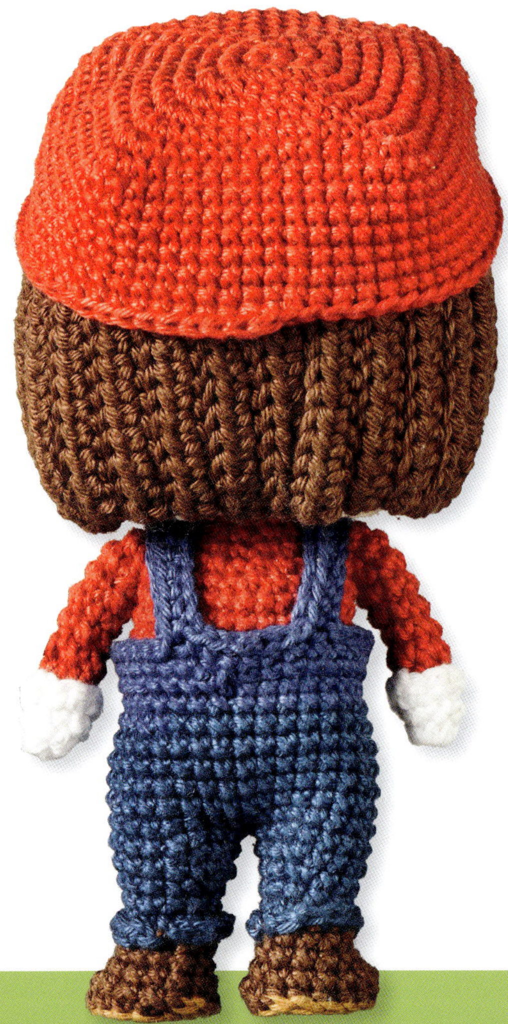

Faden abschneiden und durchziehen.

2. BEIN

Das 2. Bein wie das 1. Bein häkeln, jedoch in der 12. Rd zusätzlich 3 fM häkeln.

Faden nicht abschneiden, sondern in Royal die Beine wie folgt verbinden und weiter den Körper häkeln.

KÖRPER

Verbinde die Beine nach der Anleitung von Seite 133 und wie folgt: Häkle 1 fM in die vorletzte M des 1. Beines. Dies wird nun die 1. fM der nächsten Rd sein, also der neue Rd-Anfang.
13. Rd: 15 fM (Aufnahme 1. Bein), 1 Km in dieselbe M, mit der du die Rd begonnen hast, 15 fM (= 30 M).
14. Rd: 13 fM, 3x 2 fM verdoppeln, 14 fM (= 33 M).
15. Rd: 13 fM, * 1 fM, 1 fM verdoppeln, ab * noch 2x wdh, 14 fM (= 36 M).
16.-17. Rd: 36 fM.
18. Rd: 12 fM, * 1 fM, 2 fM zusammen abmaschen, ab * noch 3x wdh, 12 fM (= 32 M).
19. Rd: 32 fM.

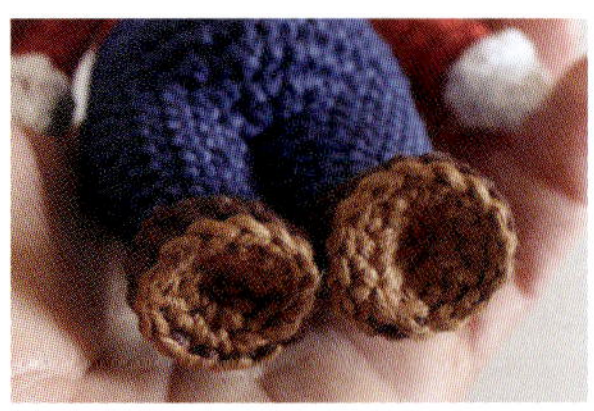

20. Rd (Signalrot): In die hinteren M-Glieder 32 fM.
21.-22. Rd: 32 fM.
23. Rd: * 6 fM, 2 fM zusammen abmaschen, ab * noch 3x wdh (= 28 M).
Damit deine Figur später stehen kann, die Füße leicht nach innen drücken, damit eine Rundung entsteht. Dann die Beine nur leicht mit Füllwatte ausstopfen. Du solltest keinesfalls zu viel Füllwatte in die Füße stopfen, sonst kann die Figur nicht stehen.
24. Rd: 8 fM, 7 fM (Aufnahme Arm), 12 fM, 7 fM (Aufnahme Arm), 8 fM (= 42 M).
25. Rd: * 5 fM, 2 fM zusammen abmaschen, ab * noch 5x wdh (= 36 M).
26. Rd: * 2 fM, 2 fM zusammen abmaschen, ab * noch 8x wdh (= 27 M).
27. Rd: * 1 fM, 2 fM zusammen abmaschen, ab * noch 8x wdh (= 18 M).
28. Rd: * 1 fM, 2 fM zusammen abmaschen, ab * noch 5x wdh(= 12 M).
29. Rd: * 2 fM, 2 fM zusammen abmaschen, ab * noch 2x wdh (= 9 M).
Weiter mit Füllwatte ausstopfen.
30.-34. Rd: 9 fM.
Faden lang abschneiden und durchziehen. Weiter mit Füllwatte ausstopfen.

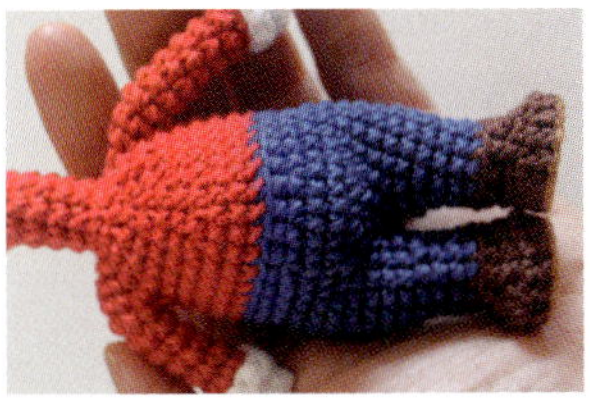

HOSEN-UMSCHLAG (2x)

Stich die Häkelnd 2,25 mm in ein vorderes M-Glied der 8. Rd ein und häkle in Royal 11 fM in die vorderen M-Glieder. Schließe die Rd mit 1 Km.
Faden abschneiden und durchziehen. Verknote beide Restfäden.
Den 2. Umschlag ebenso häkeln.

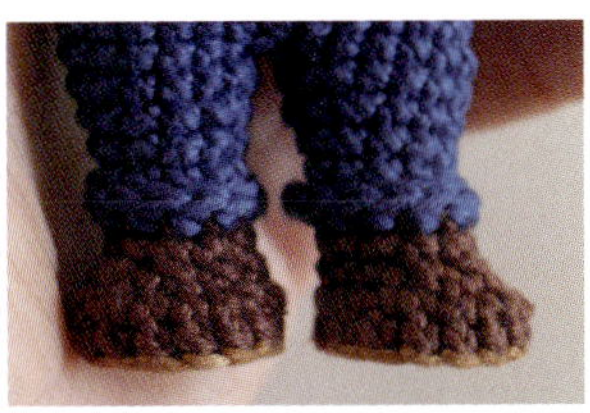

LATZHOSE

Stich mit Häkelnd 2,25 mm an der Rückseite in ein vorderes M-Glied des Körpers ein und häkle weiter in Royal:
1.-2. Rd: 32 fM.
3. Rd: 2 fM, 15 Lm, ab der 2. Lm ab Nd 14 fM (= Hosenträger). Schließe mit 1 Km in die nächste M. Weiter 8 Km, 10 fM.
Weiter den Latz in R häkeln.
4.-5. Rd: 1 Lm, 10 fM.
6. Rd: 1 Lm, 2 fM zusammen abmaschen, 6 fM, 2 fM zusammen abmaschen.
Faden abschneiden und durchziehen.
Stich die Häkelnd 2,25 mm in die 1. M neben der Vorderseite der Latzhose ein und häkle 8 Km, 15 Lm und ab der 2. Lm ab Nd 14 fM (= Hosenträger). Schließe mit 1 Km in die nächste M und häkle zusätzlich 2 Km.
Faden abschneiden und durchziehen.

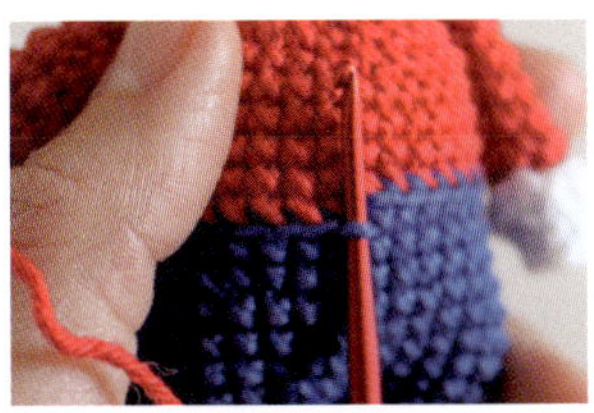

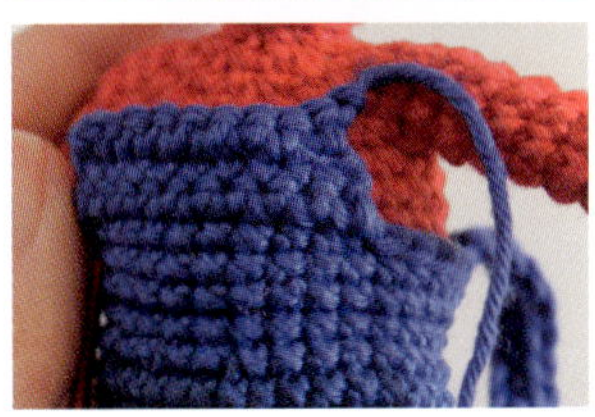

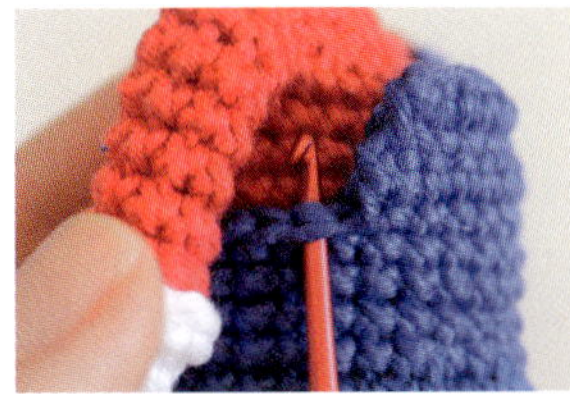

Lege die Hosenträger zum Latz nach vorne. Du kannst sie mit gelben Knöpfen annähen oder ankleben.

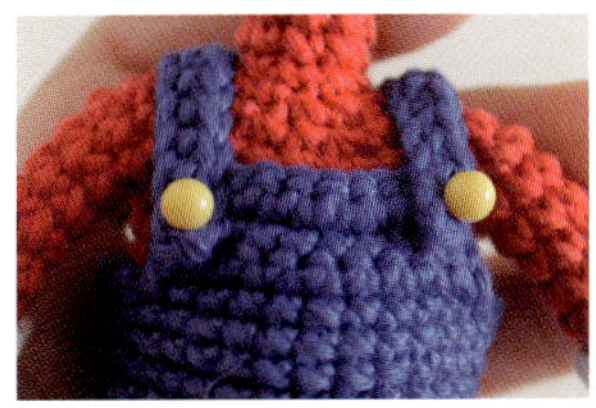

EMBLEM

In Weiß mit Häkelnd 2,25 mm einen Magic-Ring anfertigen.
1. Rd: 6 fM in den Ring häkeln.
2. Rd: Jede fM verdoppeln (= 12 M).
Faden lang abschneiden und durchziehen.

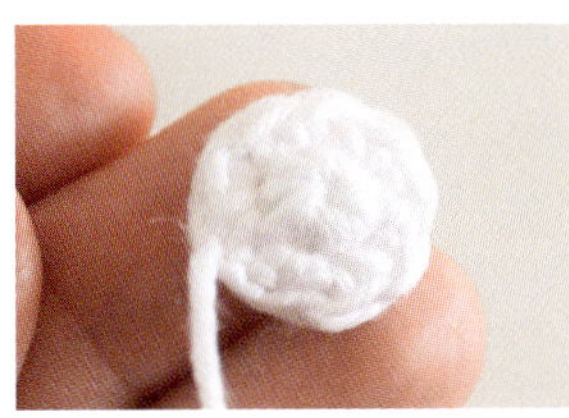

MÜTZE

In Signalrot mit Häkelnd 2,5 mm einen Magic-Ring anfertigen.
1. Rd: 8 fM in in den Ring häkeln.
2. Rd: Jede fM verdoppeln (= 16 M).
3. Rd: * 2 fM verdoppeln, 2 fM, ab * noch 3x wdh (= 24 M).
4. Rd: 1 fM, 2 fM verdoppeln, * 4 fM, 2 fM verdoppeln, ab * noch 2x wdh, 3 fM (= 32 M).
5. Rd: 2 fM, 2 fM verdoppeln, * 6 fM, 2 fM verdoppeln, ab * noch 2x wdh, 4 fM (= 40 M).
6. Rd: 3 fM, 2 fM verdoppeln, * 8 fM, 2 fM verdoppeln, ab * noch 2x wdh, 5 fM (= 48 M).
7. Rd: 4 fM, 2 fM verdoppeln, * 10 fM, 2 fM verdoppeln, ab * noch 2x wdh, 6 fM (= 56 M).
8. Rd: 5 fM, 2 fM verdoppeln, * 12 fM, 2 fM verdoppeln, ab * noch 2x wdh, 7 fM (= 64 M).
9. Rd: 6 fM, 2 fM verdoppeln, * 14 fM, 2 fM verdoppeln, ab * noch 2x wdh, 8 fM (= 72 M).
10.-13. Rd: 72 fM.

14. Rd: 24 fM, 2x 2 fM zusammen abmaschen, 14 fM, 2x 2 fM zusammen abmaschen, 26 fM (= 68 M).
Faden abschneiden und durchziehen.

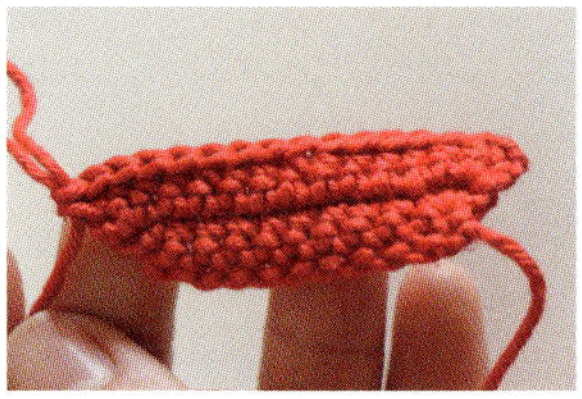

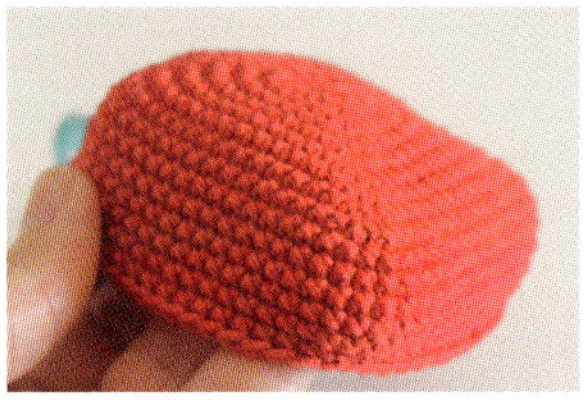

MÜTZENSCHIRM

In Signalrot mit Häkelnd 2,5 mm 11 Lm anschl.
Weiter in R häkeln. Am Ende jeder R mit 1 Lm wenden.
1. Rd: Ab der 2. Lm ab Nd 10 fM (= 10 M).
2. Rd: 1 fM verdoppeln, 8 fM, 1 fM verdoppeln (= 12 M)
3. Rd: 1 fM verdoppeln, 10 fM, 1 fM verdoppeln (= 14 M)
4. Rd: 1 fM verdoppeln, 12 fM, 1 fM verdoppeln (= 16 M).
Weiter rund um den Schirm fM häkeln, in jede Ecke 2 fM in 1 M arb.
Faden lang abschneiden und durchziehen.

KOPF FERTIGSTELLEN

Stopfe etwas Füllwatte in die Nase und nähe diese zwischen der 18. und 20. Rd an.

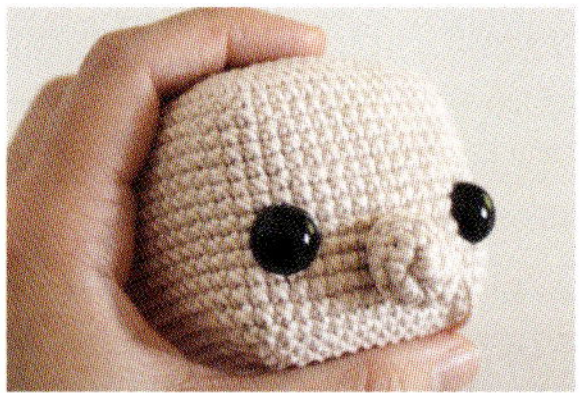

Klebe den Schnurrbart direkt unter die Nase. Sticke die Augenbrauen in Kaffee 1 R oberhalb der Augen über 3 fM. Nähe die Ohren an.

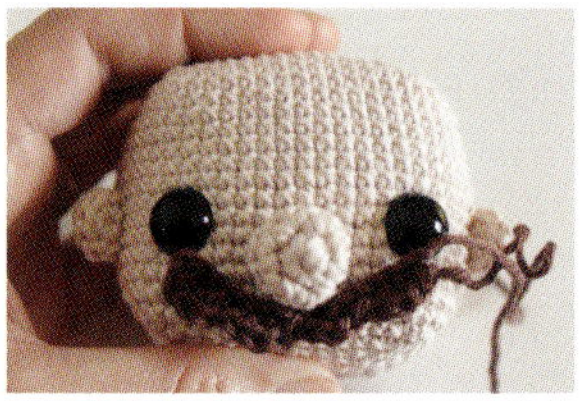

KOPF UND KÖRPER ZUSAMMENFÜGEN

Verbinde Kopf und Körper nach der Anleitung von Seite 135.

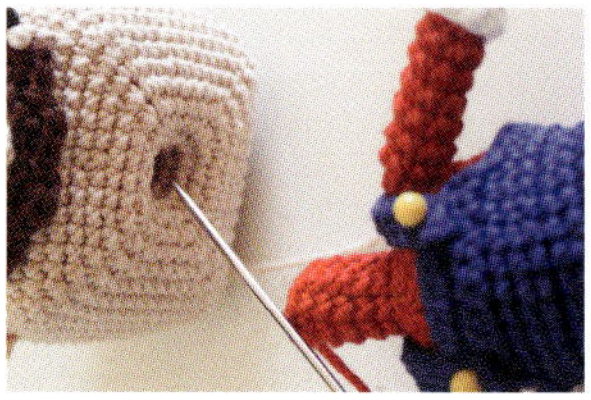

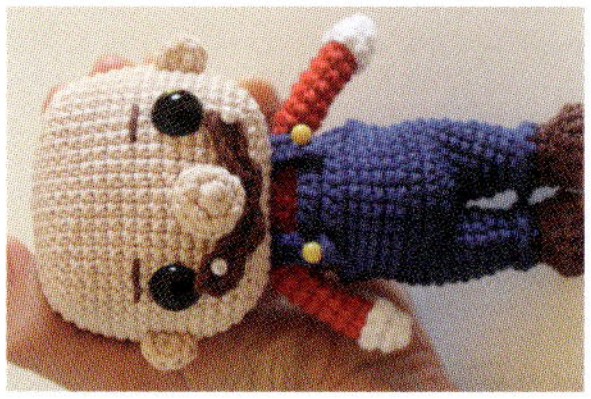

HAARE

In Kaffee mit Häkelnd 2,25 mm einen Magic-Ring anfertigen.
1. Rd: 8 fM in den Ring häkeln.
2. Rd: Jede fM verdoppeln (= 16 M).
3. Rd: * 2 fM verdoppeln, 2 fM, ab * noch 3x wdh (= 24 M).
4. Rd: 1 fM, 2 fM verdoppeln, * 4 fM, 2 fM verdoppeln, ab * noch 2x wdh, 3 fM (= 32 M).
Nun Strähnen rundum in die 32 M der 4. Rd häkeln.

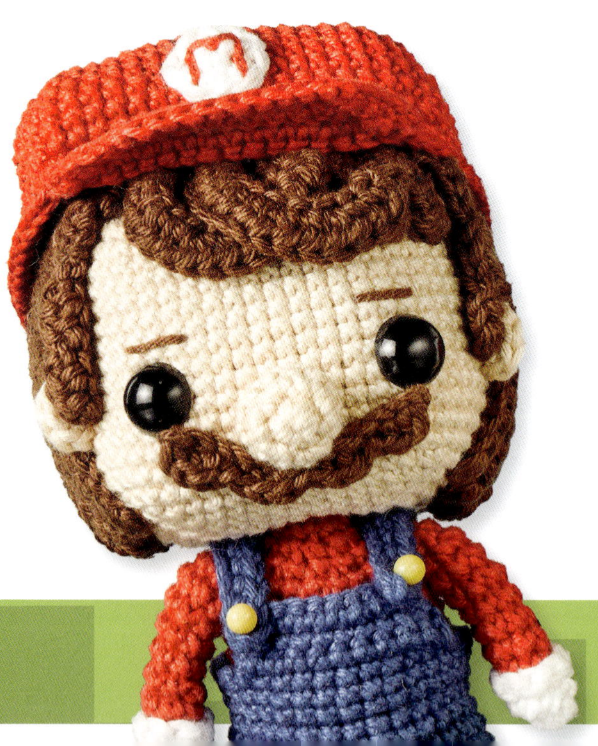

Hinweis: Zur besseren Übersicht wird im Folgenden das Wort „Strähne“ benutzt, obwohl einige Strähnen nur aus 1 fM bestehen, die als Abstand innerhalb der Frisur dienen.

1.–9. Strähne: 17 Lm, 16 hStb ab der 2. Lm, 1 fM in die nächste M.
10. Strähne: 10 Lm, 9 hStb ab der 2. Lm, 1 fM in die nächste M.
11. Strähne: 1 fM.
12. Strähne: 13 Lm, ab der 2. Lm * 1 fM, 1 hStb, 1 Lm, 1 Km, ab * noch 2x wdh, 3 fM, 1 fM in die nächste M.
13. Strähne: 1 fM.
14. Strähne: 7 Lm, 6 hStb ab der 2. Lm, 1 fM in die nächste M.
15. Strähne: 1 fM.
16. Strähne: 8 Lm, 7 hStb ab der 2. Lm, 1 fM in die nächste M.
17. Strähne: 1 fM.
18. Strähne: 8 Lm, 7 hStb ab der 2. Lm, 1 fM in die nächste M.
19. Strähne: 13 Lm, ab der 2. Lm * 1 hStb verdoppeln, 1 hStb, ab * noch 3x wdh, 4 hStb, 1 fM in die nächste M.
20. Strähne: 14 Lm, ab der 2. Lm * 1 hStb verdoppeln, 1 hStb, ab * noch 3x wdh, 5 hStb, 1 fM in die nächste M.
21. Strähne: 1 fM.
22. Strähne: 13 Lm, ab der 2. Lm * 1 fM, 1 hStb, 1 Lm, 1 Km, ab * noch 2x wdh, 3 fM, 1 fM in die nächste M.
23. Strähne: 10 Lm, 9 hStb ab der 2. Lm, 1 fM in die nächste M.
24.–31. Strähne: 17 Lm, 16 hStb ab der 2. Lm, 1 fM in die nächste M.
Schließe die Rd mit 1 Km in die letzte M. Ziehe den Faden durch.

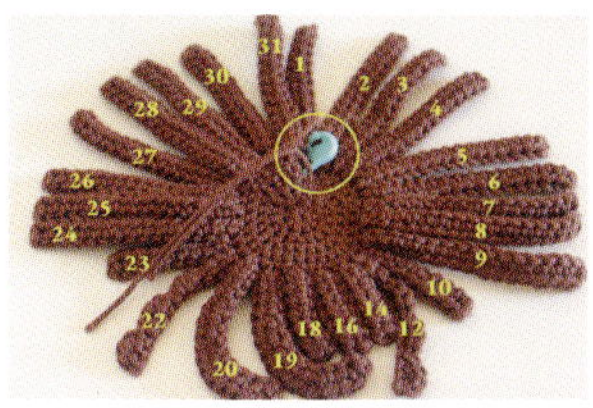

Die linke Seite der Haare sollte nach oben zeigen. Der M-Markierer zeigt dir den Anfang der Strähnen. Er sollte links am Hinterkopf liegen.
Strähne 10 und 23 sind jeweils über den Ohren. Strähne 12 und 22 sind vor den Ohren.

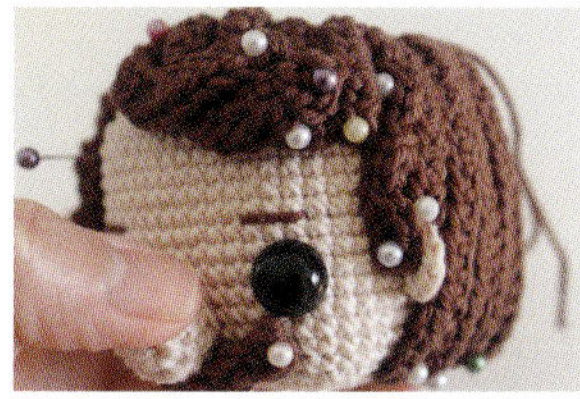

Strähne 1 bis 9 und 24 bis 31 gehen über den Kopf, hinter die Ohren.

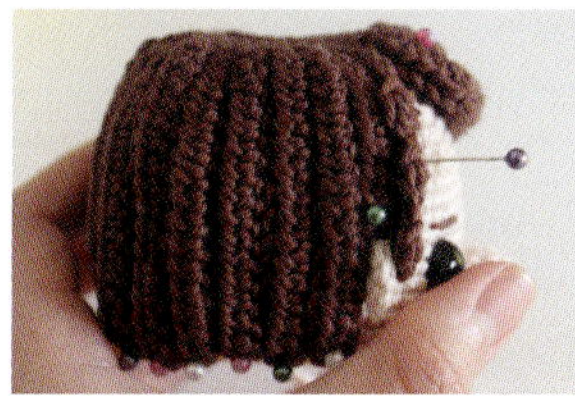

Strähne 14, 16 und 18 werden an die Stirn geklebt.

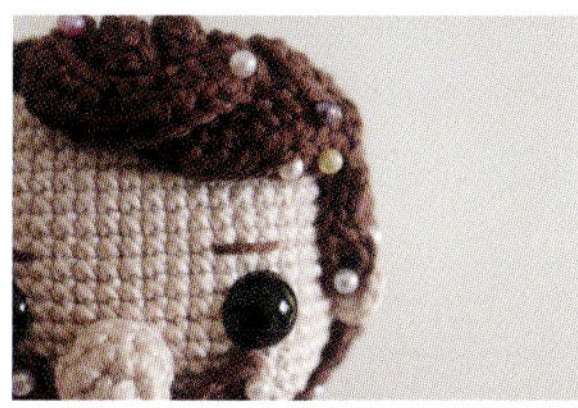

Strähne 19 und 20 hängen locker über.

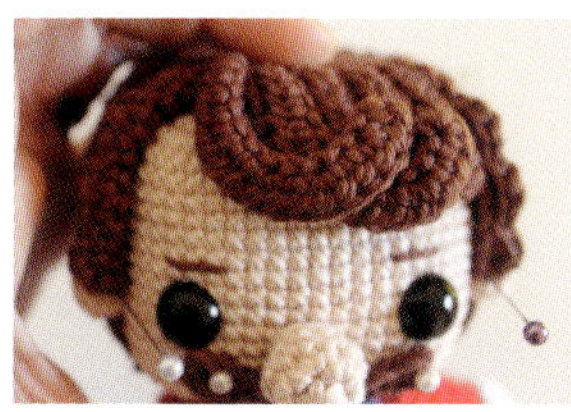

FERTIGSTELLEN

Nähe den Mützenschirm an die Vorderseite der Mütze (ab der 24. M). Der M-Markierer zeigt dir die Rückseite der Mütze. Nähe beide Teile zusammen und vernähe den Restfaden.

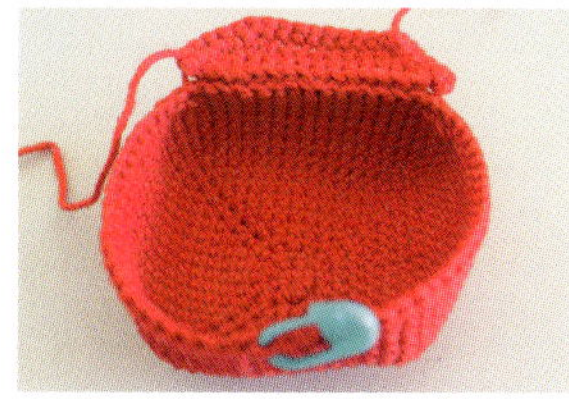

Mit Stickgarn in Rot ein „M“ mit Kettenstich auf das Emblem sticken. Du kannst den Buchstaben M aber auch mit Filzstift in Rot aufzeichnen. Nähe oder klebe das Emblem mittig auf die Vorderseite der Mütze. Alle Fäden vernähen.

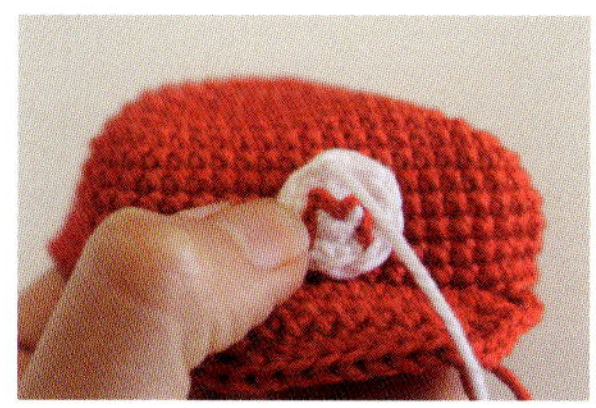

NIEDLICHER PILZKOPF

SCHWIERIGKEITSGRAD 1

GRÖSSE

13 cm

MATERIAL

- Schachenmayr Catania (LL 125 m/50 g) in Ivory (Fb 436), Weiß (Fb 106) und Signalrot (Fb 115), je 50 g, in Sonne (Fb 208), Royal (Fb 201) und Kaffee (Fb 162), Reste
- Stickgarn in Weiß und Schwarz
- Häkelnadel 2,25 mm
- Maschenmarkierer
- Sekundenkleber
- Füllwatte
- Wollnadel
- Stecknadeln

X-MUSTER

(verschränkte feste Maschen)

Die Figur wurde mit verschränkten fM im X-Muster gehäkelt, d. h. der Faden wird immer von oben (statt von unten) geholt. Selbstverständlich kannst du auch normale fM häkeln.

ANLEITUNG

Zunächst Kopf, Arme und Beine häkeln. Dann die Beine verbinden, den Körper häkeln und die Arme aufnehmen. Weitere Details anfertigen. Anschließend den Kopf fertigstellen und mit dem Körper verbinden.

Sofern nicht anders erwähnt, in Spiral-Rd häkeln. Dafür den Beginn jeder Rd mit einem M-Markierer oder Kontrastgarn kennzeichnen.

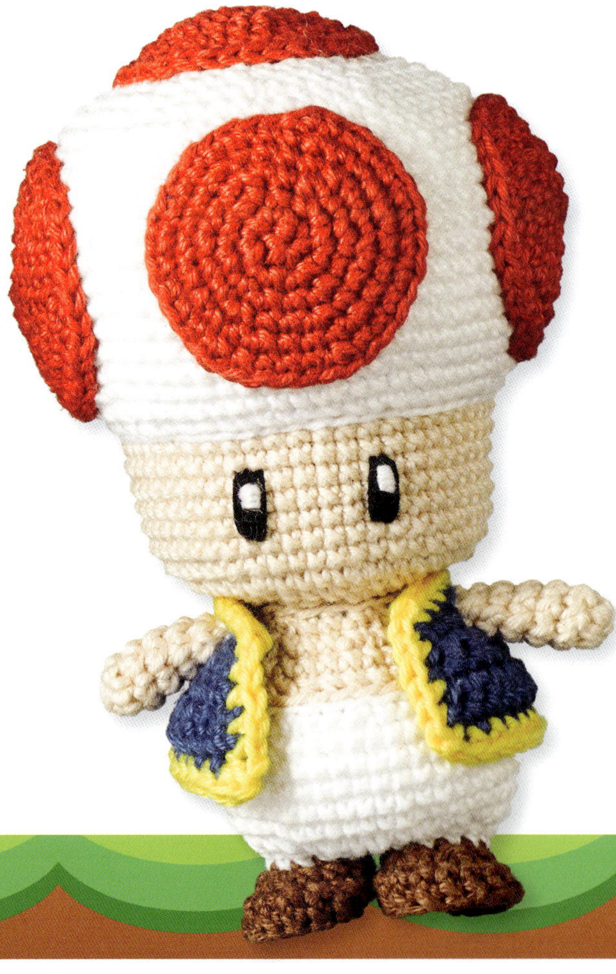

KOPF

In Ivory einen Magic-Ring häkeln.

1. Rd: 8 fM in den Ring häkeln (= 8 M).
2. Rd: Jede fM verdoppeln (= 16 M).
3. Rd: * 1 fM, 1 fM verdoppeln, ab * noch 7x wdh (= 24 M).
4. Rd: 1 fM, 1 fM verdoppeln, * 2 fM, 1 fM verdoppeln, ab * noch 6x wdh, 1 fM (= 32 M).
5. Rd: * 3 fM, 1 fM verdoppeln, ab * noch 7x wdh (= 40 M).
6. Rd: 2 fM, 1 fM verdoppeln, * 4 fM, 1 fM verdoppeln, ab * noch 6x wdh, 2 fM (= 48 M).

7.–13. Rd: 48 fM.

14. Rd (Weiß): In die vorderen M-Glieder 48 Km.
15. Rd: In die hinteren M-Glieder: * 3 fM, 1 fM verdoppeln, ab * noch 11x wdh (= 60 M).
16. Rd: * 9 fM, 1 fM verdoppeln, ab * noch 5x wdh (= 66 M).

17.–27. Rd: 66 fM.

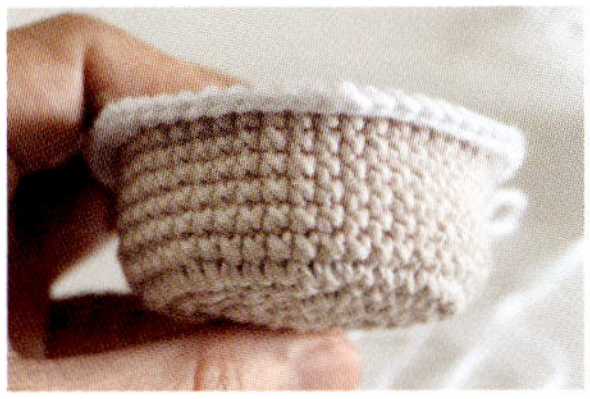

Den Kopf fest mit Füllwatte ausstopfen. Dafür aus Füllwatte kleine Wattebällchen formen und nach und nach in den Kopf stopfen.

28. Rd: * 9 fM, 2 fM zusammen abmaschen, ab * noch 5x wdh (= 60 M).
29. Rd: 60 M.
30. Rd: 4 fM, 2 fM zusammen abmaschen, * 8 fM, 2 fM zusammen abmaschen, ab * noch 4x wdh, 4 fM (= 54 M).
31. Rd: * 4 fM, 2 fM zusammen abmaschen, ab * noch 8x wdh (= 45 M).
32. Rd: * 3 fM, 2 fM zusammen abmaschen, ab * noch 8x wdh (= 36 M).
33. Rd: * 4 fM, 2 fM zusammen abmaschen, ab * noch 5x wdh (= 30 M).
34. Rd: * 3 fM, 2 fM zusammen abmaschen, ab * noch 5x wdh (= 24 M).
35. Rd: * 2 fM, 2 fM zusammen abmaschen, ab * noch 5x wdh (= 18 M).
36. Rd: * 1 fM, 2 fM zusammen abmaschen, ab * noch 5x wdh (= 12 M).
37. Rd: Immer 2 fM zusammen abmaschen (= 6 M).

Faden lang abschneiden und durchziehen. Die Öffnung mit einem umgekehrten Magic-Ring schließen. Weiter mit Füllwatte ausstopfen.

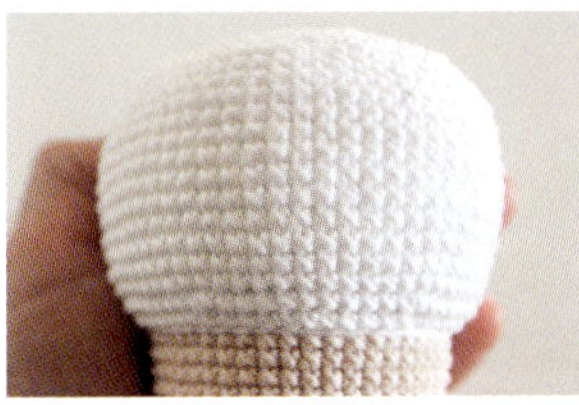

ARM (2x)

In Ivory einen Magic-Ring anfertigen.

1. Rd: 7 fM in den Ring häkeln.
2.-6. Rd: 7 fM.

Häkle weiter 1 Lm und 2 fM um die Öffnung der Arme zu schließen.
Faden lang abschneiden und durchziehen.
Den 2. Arm ebenso häkeln.

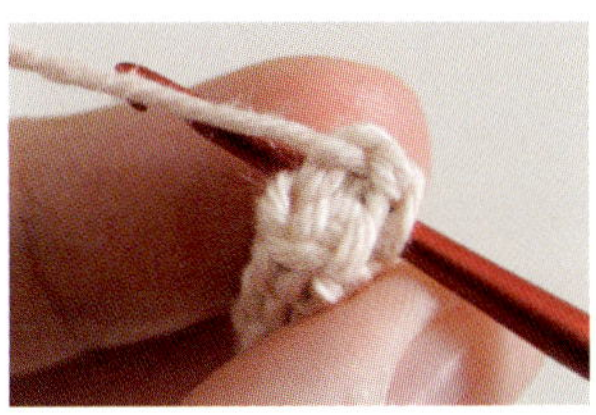

PUNKT (4x)

In Signalrot einen Magic-Ring anfertigen:

1. Rd: 6 fM in den Ring häkeln.
2. Rd: Jede fM verdoppeln (= 12 M).
3. Rd: * 1 fM, 1 fM verdoppeln, ab * noch 5x wdh (= 18 M).
4. Rd: 1 fM, 1 fM verdoppeln, * 2 fM, 1 fM verdoppeln, ab * noch 4x wdh, 1 fM (= 24 M).
5. Rd: * 3 fM, 1 fM verdoppeln, ab * noch 5x wdh (= 30 M).
6. Rd: 2 fM, 1 fM verdoppeln, * 4 fM, 1 fM verdoppeln, ab * noch 4x wdh, 2 fM (= 36 M).

Faden lang abschneiden und durchziehen.
Noch 3 weitere Punkte ebenso häkeln.

TIPP

Damit bei der letzten Rd keine „Treppe“ bleibt und ein schöner Abschluss ensteht, fädle den Restfaden in die Wollnd, überspringe am Ende der letzten Rd 1 fM und stich die Nd in die nächste M ein. Gehe mit der Nd in das hintere M-Glied der M, die du übersprungen hast und ziehe den Faden durch.

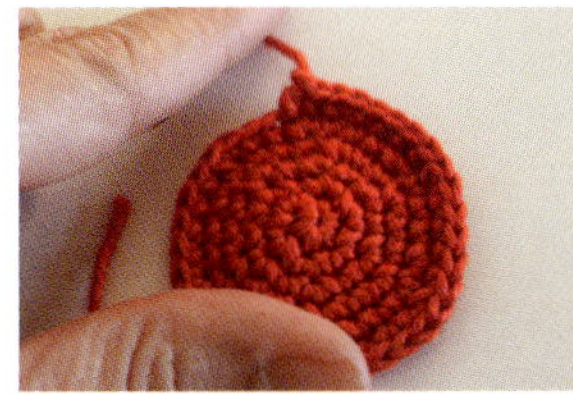

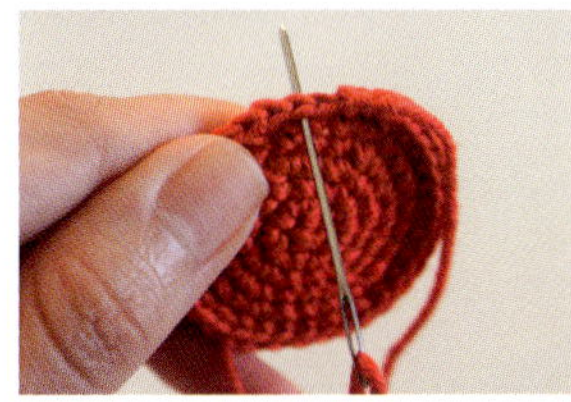

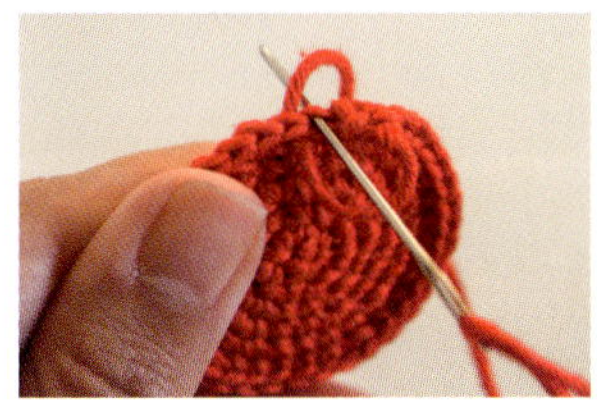

1. BEIN

In Kaffee einen Magic-Ring anfertigen.

1. Rd: 6 fM in den Ring häkeln.
2. Rd: Jede fM verdoppeln (= 12 M).
3. Rd: * 3 fM, 1 fM verdoppeln, ab * noch 2x wdh (= 15 M).
4. Rd: In die hinteren M-Glieder 15 fM.
5. Rd: 15 fM.
6. Rd: 5 fM, 2x 3 fM zusammen abmaschen , 4 fM (= 11 M).

2. BEIN

Das 2. Bein wie das 1. Bein häkeln, jedoch in der 6. Rd zusätzlich 1 fM häkeln.

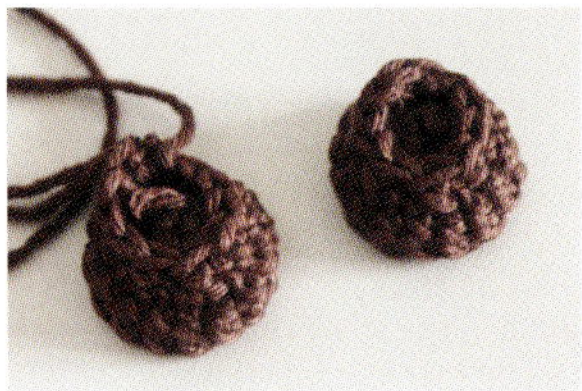

Faden nicht abschneiden, sondern in Weiß die Beine wie folgt verbinden und weiter den Körper häkeln. Wichtig dabei ist, dass beide Beine nach vorne zeigen, wenn du sie verbindest.

KÖRPER

Verbinde die Beine nach der Anleitung von Seite 133 und wie folgt: Häkle 1 fM in die vorletzte M des 1. Beines. Dies wird nun die 1. fM der nächsten Rd sein, also der neue Rd-Anfang.

7. Rd: 11 fM (Aufnahme 1. Bein), 1 Km in dieselbe M, mit der du die Rd begonnen hast, 11 fM (Aufnahme 2. Bein) (= 22 M).

Die Beine etwas mit Füllwatte ausstopfen.

8. Rd: * 1 fM, 1 fM verdoppeln, ab * noch 10x wdh (= 33 M).

9. Rd: 10 fM, * 1 fM, 1 fM verdoppeln, ab * noch 5x wdh, 11 fM (= 39 M).

10.-14. Rd: 39 fM.

15. Rd: 11 fM, * 2 fM, 2 fM zusammen abmaschen, ab * noch 3x wdh, 12 fM (= 35 M).

16. Rd (Ivory): 35 Km.

17. Rd: In die hinteren M-Glieder: * 5 fM, 2 fM zusammen abmaschen, ab * noch 4x wdh (= 30 M).

18. Rd: 30 fM.

19. Rd: * 3 fM, 2 fM zusammen abmaschen, ab * noch 5x wdh (= 24 M).

20. Rd: * 2 fM, 2 fM zusammen abmaschen, ab * noch 5x wdh (= 18 M).

21. Rd: 18 fM.

Faden lang abschneiden und durchziehen. Den Körper mit Füllwatte ausstopfen.

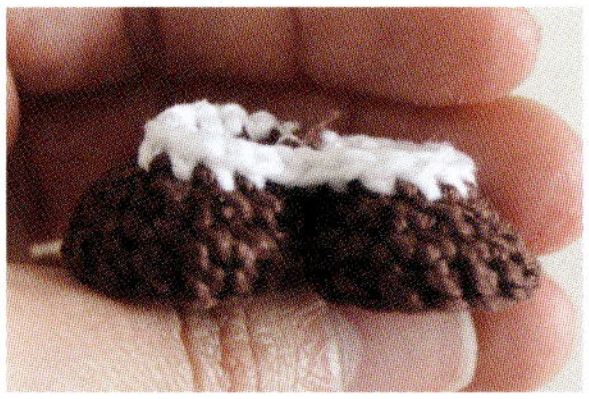

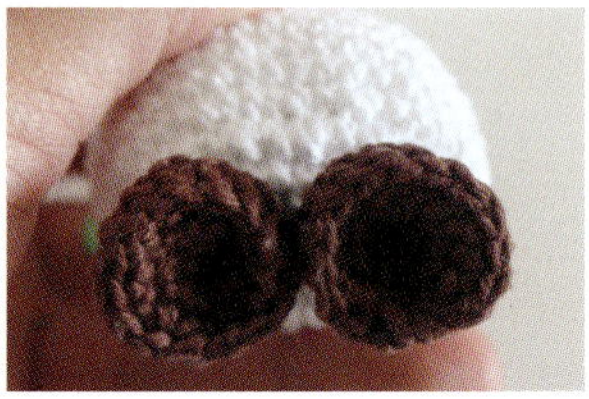

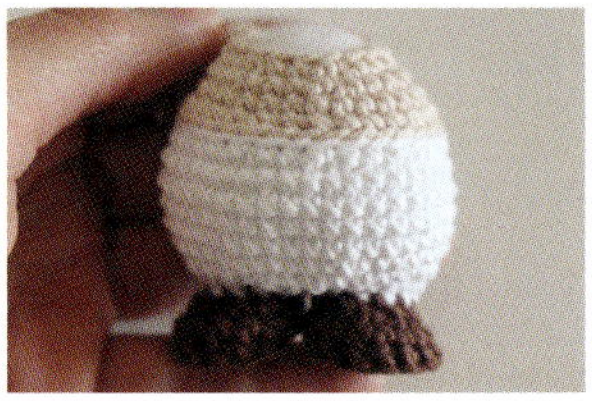

JACKE

In Royal 25 Lm anschl. Weiter in R häkeln. Am Ende jeder R mit 1 Lm wenden.

1. Rd: Ab der 2. Lm ab Nd 3 fM, 5 Lm, 5 fM überspringen, 8 fM, 5 Lm, 5 fM überspringen, 3 fM (= 24 M).

2. Rd: 24 fM.

3. Rd: * 5 fM, 1 fM verdoppeln, ab * noch 3x wdh (= 28 M).

4. Rd: 3 fM, 1 fM verdoppeln, * 6 fM, 1 fM verdoppeln, ab * noch 2x wdh, 3 fM (= 32 M).

5. Rd: * 7 fM, 1 fM verdoppeln, ab * noch 3x wdh (= 36 M).

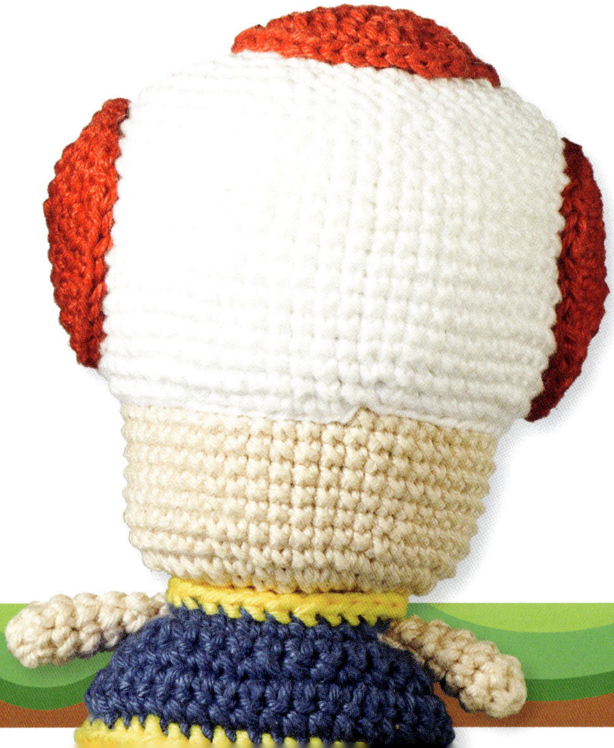

Weiter in Sonne fM rund um die Jacke häkeln. Faden abschneiden und durchziehen.

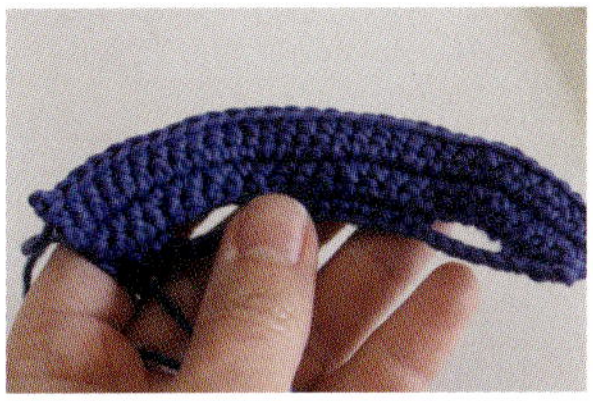

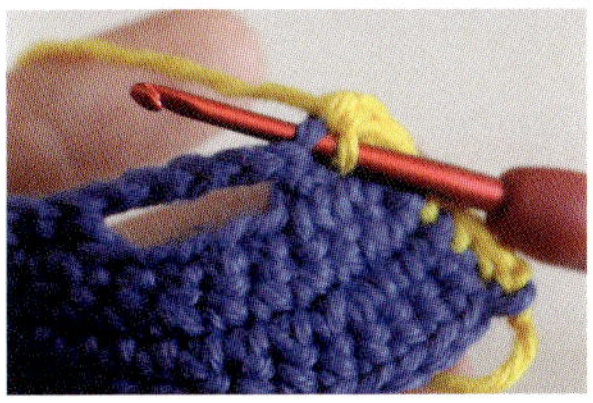

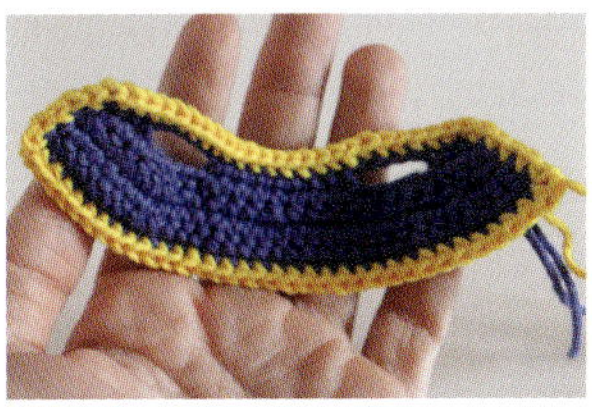

FERTIGSTELLEN

Sticke mit Stickgarn in Schwarz zunächst die Augen auf den Kopf. Dafür die Nd über 3 R mehrfach senkrecht um die M führen. Führe den schwarzen Faden wieder seitlich heraus, wo du begonnen hast, verknote beide Enden und verstecke sie mit Hilfe der Nadelspitze.

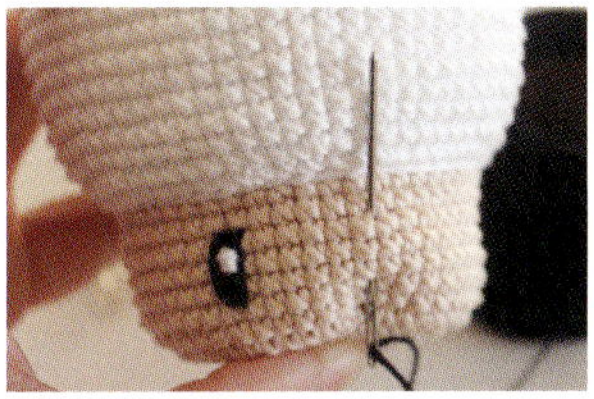

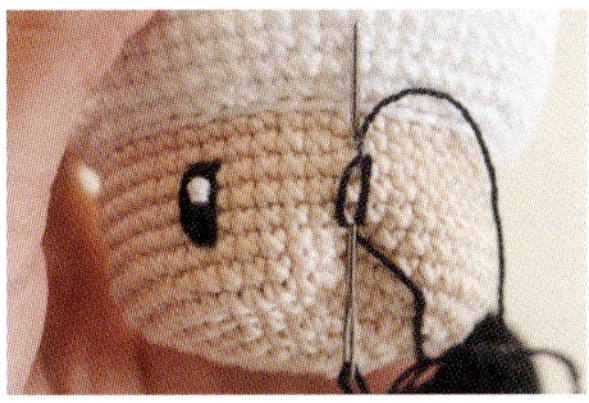

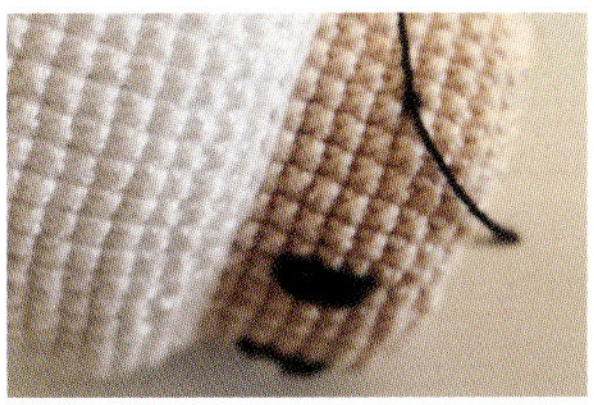

Sticke dann mit weißem Stickgarn drei- bis viermal horizontal über die schwarzen Fäden des Auges. Führe die Enden des Fadens seitlich aus dem Kopf und verstecke sie wie zuvor.

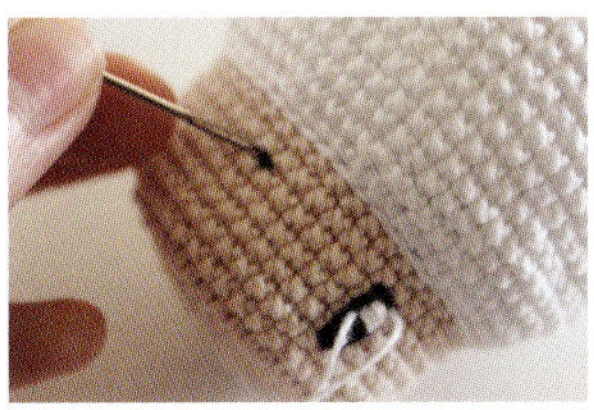

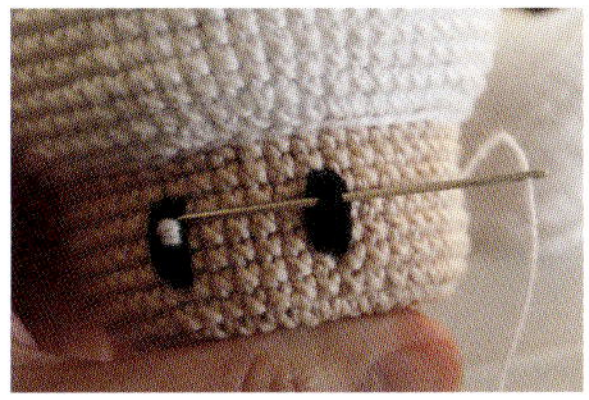

Nähe die Arme seitlich an den Körper und dann den Kopf an den Körper.

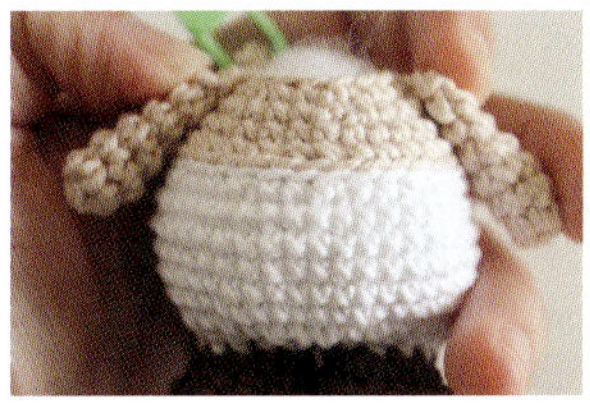

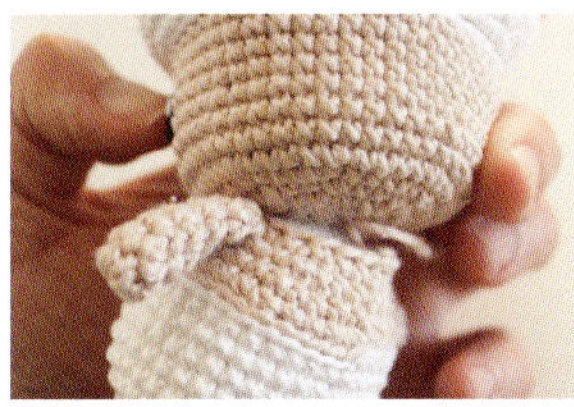

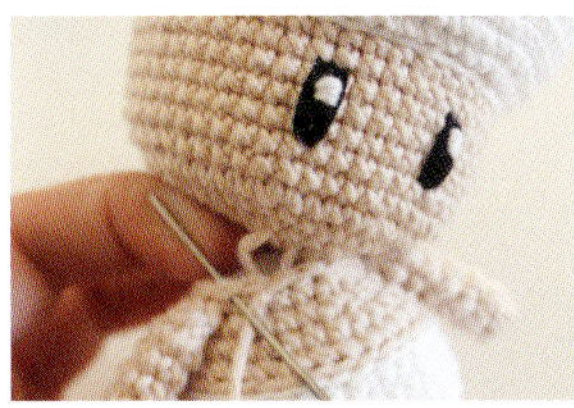

Ziehe der Figur die Jacke an. Damit das untere Ende der Jacke nicht nach außen absteht, stecke es an den Körper des Pilzkopfs und besprühe die Jacke mit Wasser. Belasse die Stecknadeln in Position, bis die Jacke getrocknet ist.

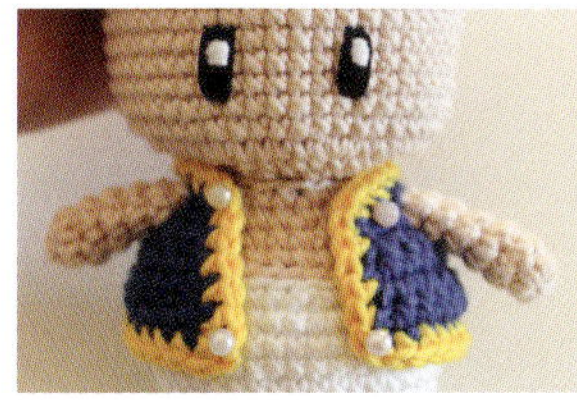

Stecke die roten Punkte an den Kopf des Pilzkopfs: einen Punkt an die Oberseite des Kopfes, einen an die Vorderseite und jeweils einen seitlich und nähe alle roten Punkte an. Alle Fäden vernähen.

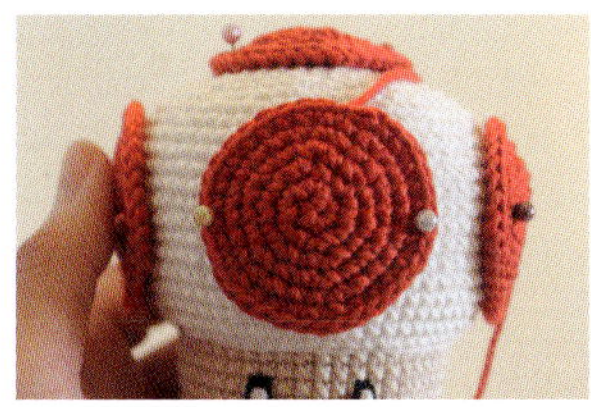

FREUNDLICHER DINO

SCHWIERIGKEITSGRAD 2

GRÖSSE

13 cm

MATERIAL

- Schachenmayr Catania (LL 125 m/50 g) in Greenery (Fb 418), Weiß (Fb 106), Bordeaux (Fb 425) und Orange (Fb 281), je 50 g, in Sonne (Fb 208), Rest
- Stickgarn in Schwarz
- Häkelnadel 2,25 mm
- 2 Sicherheitsaugen in Schwarz, ø 11 mm
- Maschenmarkierer
- Sekundenkleber
- ggf. Heißkleber
- Füllwatte
- Wollnadel
- Stecknadeln
- Feuerzeug

X-MUSTER

(verschränkte feste Maschen)

Die Figur wurde mit verschränkten fM im X-Muster gehäkelt, d. h. der Faden wird immer von oben (statt von unten) geholt. Selbstverständlich kannst du auch normale fM häkeln.

ANLEITUNG

Zunächst Kopf, Nase und Beine häkeln. Dann die Beine verbinden und den Körper häkeln. Weitere Details anfertigen. Zum Schluss alle Teile zusammennähen. Sofern nicht anders erwähnt, in Spiral-Rd häkeln. Dafür den Beginn jeder Rd mit einem M-Markierer oder Kontrastgarn kennzeichnen.

KOPF

Für den 1. Höcker in Greenery einen Magic-Ring anfertigen.

1. Rd: 6 fM in den Ring häkeln.

2. Rd: Jede fM verdoppeln (= 12 M).

3. Rd: * 3 fM, 1 fM verdoppeln, ab * noch 2x wdh (= 15 M).

Faden abschneiden und durchziehen.

Den 2. Höcker ebenso häkeln, jedoch den Faden nicht abschneiden, sondern beide Höcker mit 1 fM verbinden.

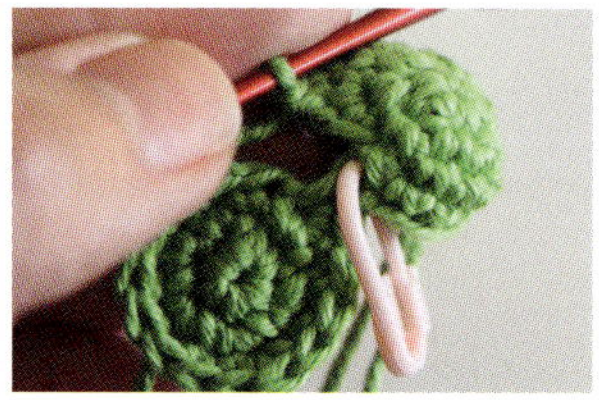

4. Rd: 15 fM (= 1. Höcker), 15 fM (= 2. Höcker) (= 30 M).

5.–9. Rd: 30 fM.

10. Rd: * 4 fM, 1 fM verdoppeln, ab * noch 5x wdh (= 36 M).

11. Rd: * 5 fM, 1 fM verdoppeln, ab * noch 5x wdh (= 42 M).

12.–18. Rd: 42 fM.

19. Rd: * 5 fM, 2 fM zusammen abmaschen, ab * noch 5x wdh (= 36 M).

20. Rd: * 4 fM, 2 fM zusammen abmaschen, ab * noch 5x wdh (= 30 M).

21. Rd: * 3 fM, 2 fM zusammen abmaschen, ab * noch 5x wdh (= 24 M).

22. Rd: * 2 fM, 2 fM zusammen abmaschen, ab * noch 5x wdh (= 18 M).

Faden lang abschneiden und durchziehen.

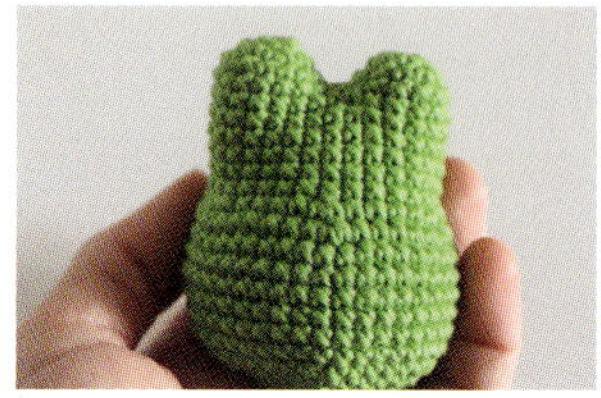

NASE

In Greenery einen Magic-Ring anfertigen.

1. Rd: 6 fM in den Ring häkeln.

2. Rd: Jede fM verdoppeln (= 12 M).

3. Rd: * 1 fM, 1 fM verdoppeln, ab * noch 5x wdh (= 18 M).

4. Rd: 1 fM, 1 fM verdoppeln, * 2 fM, 1 fM verdoppeln, ab * noch 4x wdh, 1 fM (= 24 M).

5. Rd: * 3 fM, 1 fM verdoppeln, ab * noch 5x wdh (= 30 M).

6. Rd: 2 fM, 1 fM verdoppeln, * 4 fM, 1 fM verdoppeln, ab * noch 4x wdh, 2 fM (= 36 M).

7. Rd: * 5 fM, 1 fM verdoppeln, ab * noch 5x wdh (= 42 M).

8.–12. Rd: 42 fM.

13. Rd: * 5 fM, 2 fM zusammen abmaschen, ab * noch 5x wdh (= 36 M).

14. Rd: 2 fM, 2 fM zusammen abmaschen, * 4 fM, 2 fM zusammen abmaschen, ab * noch 4x wdh, 2 fM (= 30 M). Faden lang abschneiden und durchziehen.

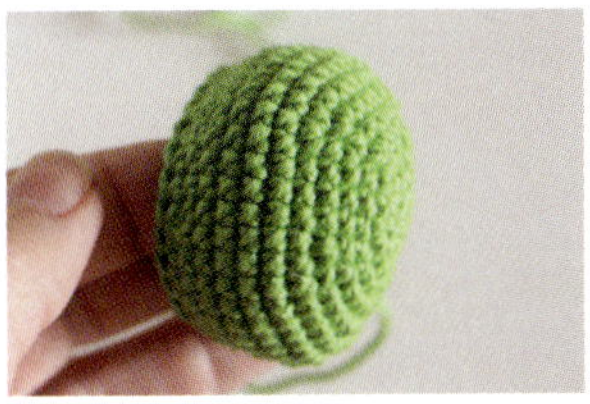

1. BEIN

In Sonne 6 Lm anschl und die Lm-Kette von beiden Seiten wie folgt behäkeln:

1. Rd: Ab der 2. Lm von der Nd aus 4 fM, 3 fM in 1 M, 3 fM, 1 fM verdoppeln (= 12 M).

2. Rd: 1 fM verdoppeln, 3 fM, 1 fM verdoppeln, 1 fM, 1 fM verdoppeln, 3 fM, 1 fM verdoppeln, 1 fM (= 16 M).

3. Rd: 1 fM, 1 fM verdoppeln, 4 fM, 1 fM verdoppeln, 2 fM, 1 fM verdoppeln, 4 fM, 1 fM verdoppeln, 1 fM (= 20 M).

4. Rd (Orange): In die hinteren M-Glieder 6 fM, 8 hStb, 6 fM (= 20 M).

5.-6. Rd: 6 fM, 8 hStb, 6 fM (= 20 M).

Damit deine Figur später stehen kann, spritzt du nun Heißkleber 2-3 mm hoch in die Füße und wartest, bis er vollständig ausgehärtet ist. Die Füße bekommen so mehr Gewicht und deine Figur steht sicher.

7. Rd: 6 fM, 3 fM zusammen abmaschen, 2 fM zusammen abmaschen, 3 fM zusammen abmaschen, 6 fM (= 15 M).

8. Rd (Greenery): In die hinteren M-Glieder 15 fM.

9.-10. Rd: 15 fM.

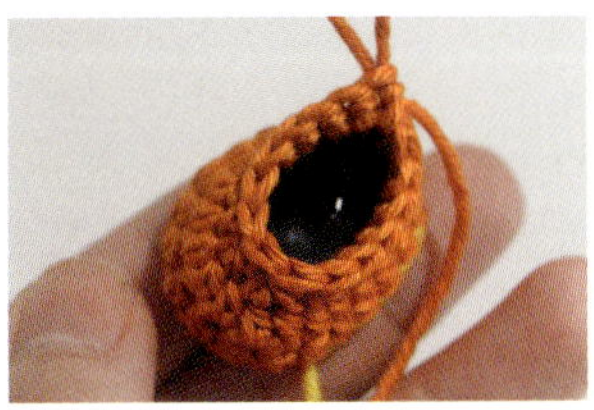

2. BEIN

Das 2. Bein wie das 1. Bein häkeln, jedoch in der 10. Rd zusätzlich 4 fM und 1 Lm häkeln. Faden nicht abschneiden, sondern in Greenery die Beine wie folgt verbinden und weiter den Körper häkeln. Es ist wichtig, dass deine Häkelnd seitlich am Bein endet, sodass beide Füße nach vorne zeigen.

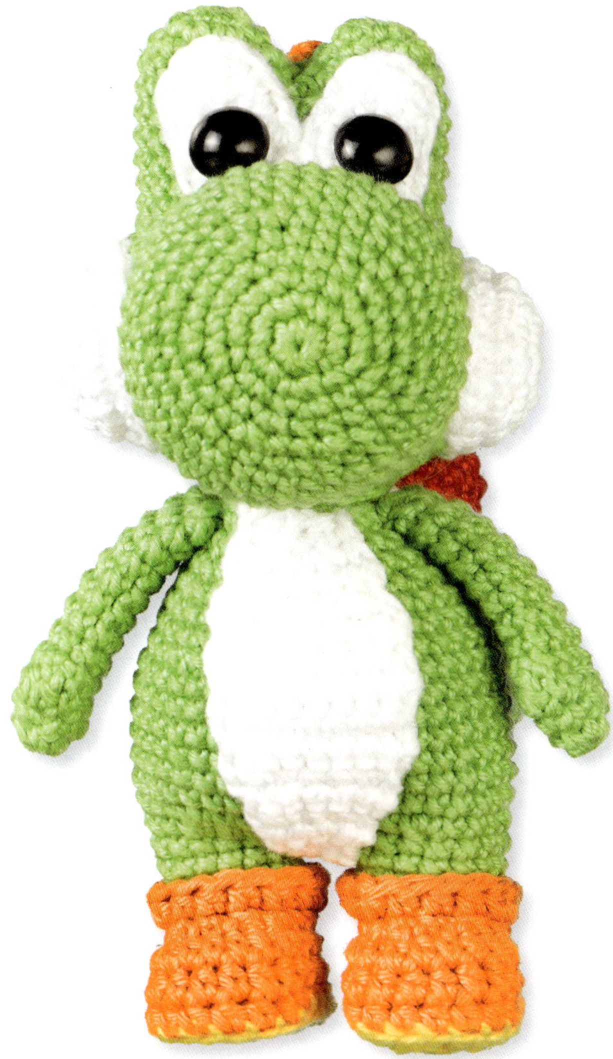

KÖRPER

Verbinde die Beine nach der Anleitung von Seite 133 und wie folgt:

11. Rd: 15 fM, 1 fM in die Lm, 15 fM, 1 fM in die Lm (= 32 M).

12. Rd: * 3 fM, 1 fM verdoppeln, ab * noch 7x wdh (= 40 M).

13. Rd: 15 fM, * 2 fM, 1 fM verdoppeln, ab * noch 2x wdh, 16 fM (= 43 M).

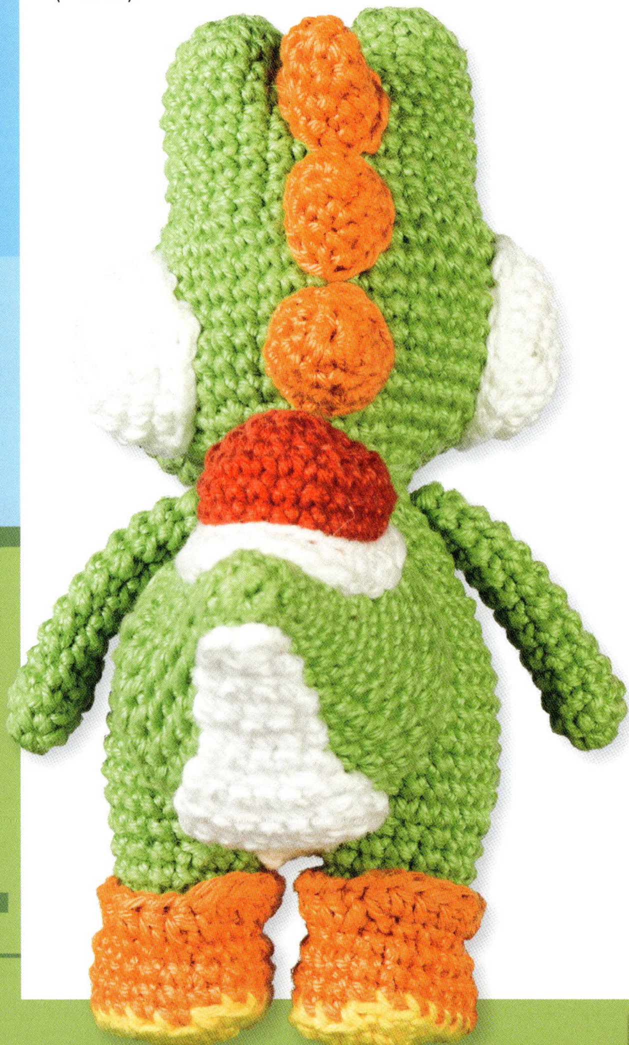

14.-19. Rd: 43 fM.

20. Rd: 15 fM, * 2 fM, 2 fM zusammen abmaschen, ab * noch 2x wdh, 16 fM (= 40 M).

21. Rd: * 8 fM, 2 fM zusammen abmaschen, ab * noch 3x wdh (= 36 M).

22. Rd: 36 fM.

23. Rd: * 4 fM, 2 fM zusammen abmaschen, ab * noch 5x wdh (= 30 M).

24. Rd: 30 fM.

25. Rd: * 3 fM, 2 fM zusammen abmaschen, ab * noch 5x wdh (= 24 M).

26. Rd: * 2 fM, 2 fM zusammen abmaschen, ab * noch 5x wdh (= 18 M).

Faden lang abschneiden und durchziehen.

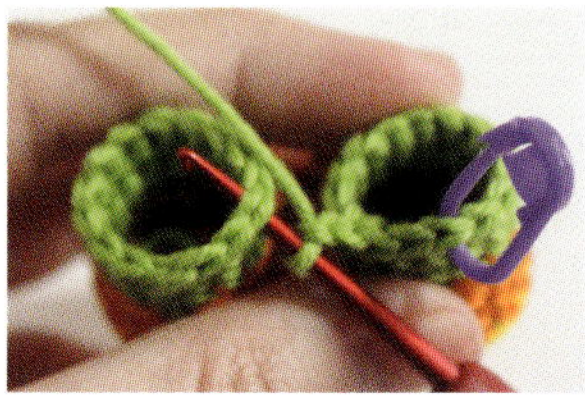

STIEFELRAND

Stich die Häkelnd in das 1. vordere M-Glied der 8. Rd und häkle mit Garn in Orange in jede M 1 hStb (= 15 hStb).

Faden abschneiden und durchziehen.

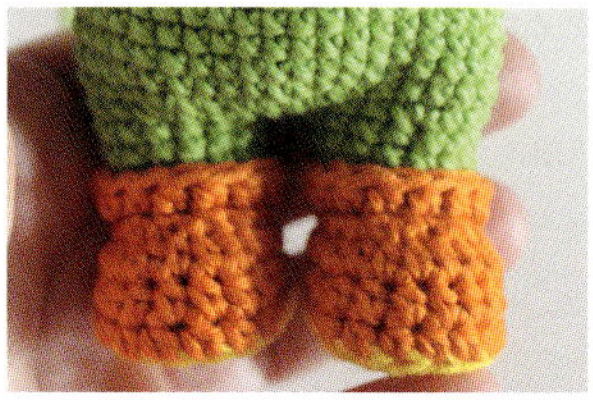

ARM (2x)

In Greenery einen Magic-Ring anfertigen.

1. Rd: 6 fM in den Ring häkeln.

2. Rd: * 1 fM, 1 fM verdoppeln, ab * noch 2x wdh (= 9 M).

3. Rd: 8 fM, 3 hStb in 1 M (= 11 M).

4. Rd: 8 fM, 3 fM zusammen abmaschen (= 9 M).

5.-12. Rd: 9 fM.

Faden abschneiden und durchziehen.

Den 2. Arm ebenso häkeln.

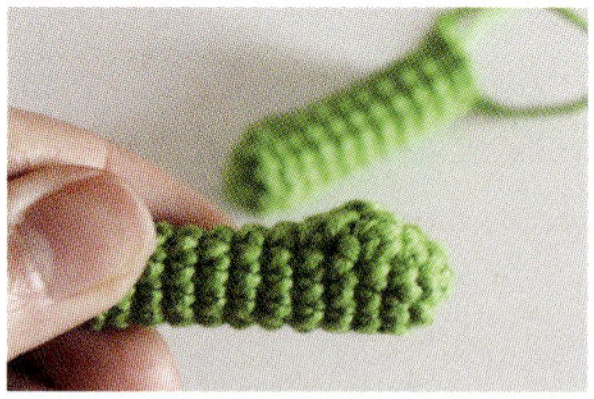

SCHWANZ

In Greenery einen Magic-Ring anfertigen.

1. Rd: 6 fM in den Ring häkeln.

2. Rd: * 1 fM, 1 fM verdoppeln, ab * noch 2x wdh (= 9 M).

3. Rd: 9 fM.

4. Rd: * 2 fM, 1 fM verdoppeln, ab * noch 2x wdh (= 12 M).

5. Rd: 12 fM.

6. Rd: * 3 fM, 1 fM verdoppeln, ab * noch 2x wdh (= 15 M).

7. Rd: * 4 fM, 1 fM verdoppeln, ab * noch 2x wdh (= 18 M).

8. Rd: 18 fM.

9. Rd: * 5 fM, 1 fM verdoppeln, ab * noch 2x wdh (= 21 M).

10. Rd: 6 fM, 1 fM verdoppeln, 6 hStb, 1 hStb verdoppeln, 6 fM, 1 fM verdoppeln (= 24 M).

11. Rd: 7 fM, 1 fM verdoppeln, 7 hStb, 1 hStb verdoppeln, 7 fM, 1 fM verdoppeln (= 27 M).

12. Rd: 8 fM, 1 fM verdoppeln, 8 hStb, 1 hStb verdoppeln, 8 fM, 1 fM verdoppeln (= 30 M).

13. Rd: 8 fM, 14 hStb, 8 fM (= 30 M).

14. Rd: 7 fM, * 1 hStb verdoppeln, 4 fM, ab * noch 2x wdh, 1 hStb verdoppeln, 7 fM (= 34 M).

15.-16. Rd: 7 fM, 20 hStb, 7 fM (= 34 M).

Faden lang abschneiden und durchziehen.

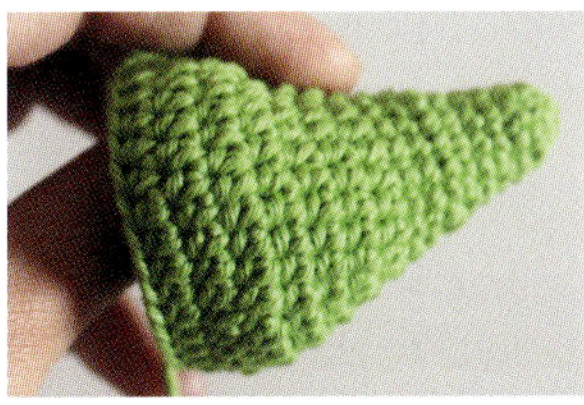

WANGE (2x)

In Weiß einen Magic-Ring anfertigen.

1. Rd: 6 fM in den Ring häkeln.

2. Rd: Jede fM verdoppeln (= 12 M).

3. Rd: * 1 fM, 1 fM verdoppeln, ab * noch 5x wdh (= 18 M).

4. Rd: 1 fM, 1 fM verdoppeln, * 2 fM, 1 fM verdoppeln, ab * noch 4x wdh, 1 fM (= 24 M).

5. Rd: 24 fM.

Faden lang abschneiden und durchziehen.

Die 2. Wange ebenso häkeln.

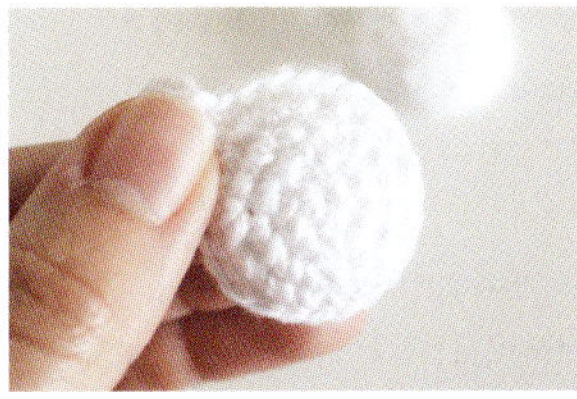

AUGE (2x)

In Weiß 5 Lm anschl und die Lm-Kette von beiden Seiten wie folgt behäkeln:

1. R: Ab der 2. Lm ab Nd 3 fM, 3 fM in 1 M, 3 fM (= 9 M). Mit 1 Lm wenden.

2. R: 3 fM, 3 fM verdoppeln, 3 fM (= 12 M).

Noch 1 Lm häkeln und weiter 3 fM entlang der geraden Seite des Häkelstücks arb. Faden lang abschneiden und durchziehen.

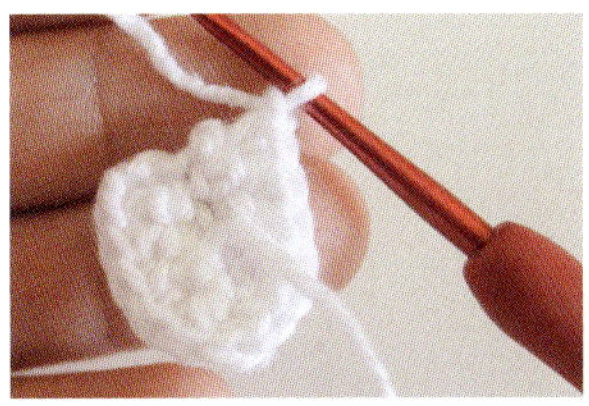

Drücke das Vorderteil des Sicherheitsauges durch das gehäkelte Auge, lass die hintere Sicherheitskappe des Auges weg. Stattdessen schmilzt du mit Hilfe des Feuerzeugs die Spitze an und drückst sie mit der Rückseite des Feuerzeugs flach. Lass dir ggf. von einem Erwachsenen helfen.

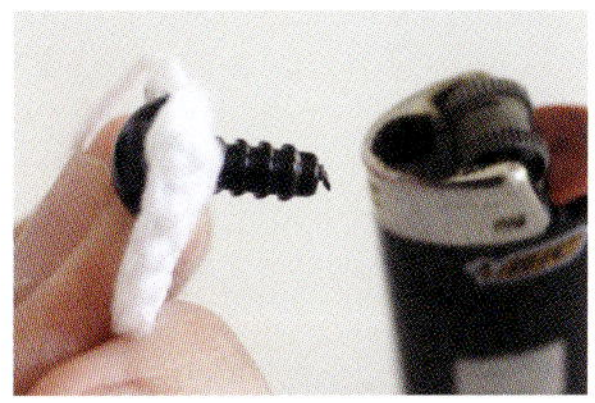

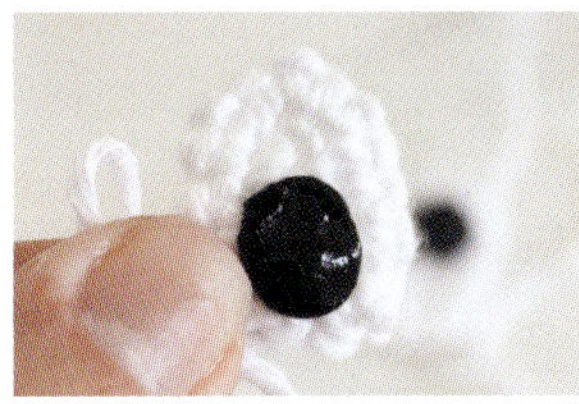

Das 2. Auge ebenso anfertigen.

STACHEL (3x)

In Orange einen Magic-Ring anfertigen.

1. Rd: 6 fM in den Ring häkeln.

2. Rd: * 1 fM, 1 fM verdoppeln, ab * noch 2x wdh (= 9 M).

3. Rd: * 2 fM, 1 fM verdoppeln, ab * noch 2x wdh (= 12 M).

4. Rd: 12 fM.

Faden lang abschneiden und durchziehen.

Noch 2 weitere Stacheln ebenso häkeln.

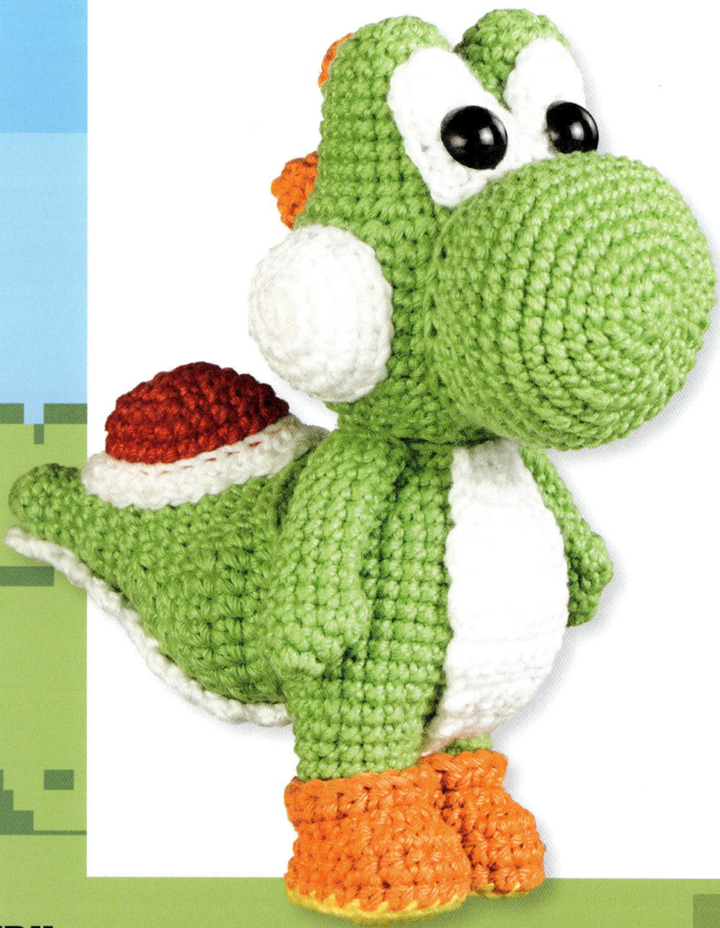

BAUCH

In Weiß 5 Lm anschl. Weiter in R häkeln und jeweils mit 1 Lm wenden.

1. Rd: Ab der 2. Lm ab Nd 4 fM (= 4 M).

2. Rd: 1 fM, 2 fM verdoppeln, 1 fM (= 6 M).

3. Rd: 6 fM.

4. Rd: 1 fM, 1 fM verdoppeln, 2 fM, 1 fM verdoppeln, 1 fM (= 8 M).

5.-9. Rd: 8 fM.

10. Rd: 1 fM, 2 fM zusammen abmaschen, 2 fM, 2 fM zusammen abmaschen, 1 fM (= 6 M).

11. Rd: 6 fM.

12. Rd: 1 fM, 2x 2 fM zusammen abmaschen, 1 fM (= 4 M).

13. Rd: 4 fM.

14. Rd: 1 fM, 2 fM zusammen abmaschen, 1 fM (= 3 M).

15.-18. Rd: 3 fM.

19. Rd: 1 fM, 1 fM verdoppeln, 1 fM (= 4 M).

20. Rd: 1 fM, 2 fM verdoppeln, 1 fM (= 6 M).

21. Rd: 6 fM.

22. Rd: 1 fM, 1 fM verdoppeln, 2 fM, 1 fM verdoppeln, 1 fM (= 8 M).

23.-25. Rd: 8 fM.

26. Rd: 1 fM, 2 fM zusammen abmaschen, 2 fM, 2 fM zusammen abmaschen, 1 fM (= 6 M).

27. Rd: 6 fM.

28. Rd: 1 fM, 2x 2 fM zusammen abmaschen, 1 fM (= 4 M).

29.-32. Rd: 4 fM.

33. Rd: 1 fM, 2 fM zusammen abmaschen, 1 fM (= 3 M).

34.-35. Rd: 3 fM.

36. Rd: 1 fM, 2 fM zusammen abmaschen (= 2 M).

Faden lang abschneiden und durchziehen.

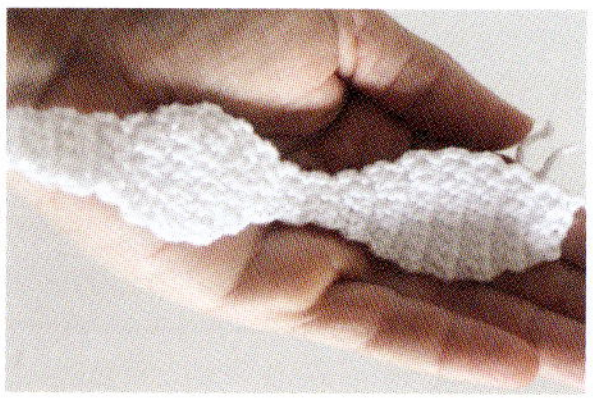

PANZER

In Bordeaux einen Magic-Ring anfertigen.

1. Rd: 6 fM in den Ring häkeln.

2. Rd: Jede fM verdoppeln (= 12 M).

3. Rd: * 1 fM, 1 fM verdoppeln, ab * noch 5x wdh (= 18 M).

4. Rd: 1 fM, 1 fM verdoppeln, * 2 fM, 1 fM verdoppeln, ab * noch 4x wdh, 1 fM (= 24 M).

5.-6. Rd: 24 fM.

7. Rd (Weiß): In die vorderen M-Glieder 24 Km.
8. Rd: In die hinteren M-Glieder * 3 fM, 1 fM verdoppeln, ab * noch 5x wdh (= 30 M).
Faden lang abschneiden und durchziehen.

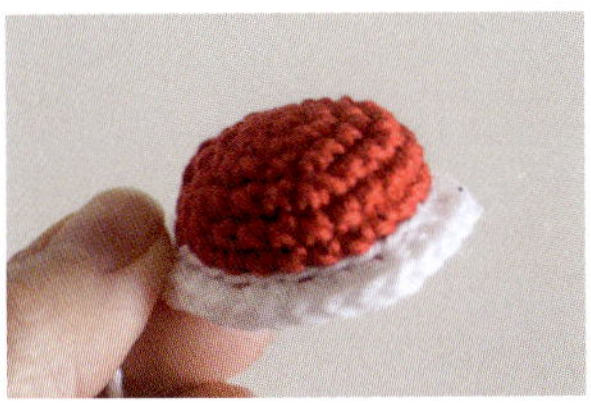

FERTIGSTELLEN

Wenn du die Körperteile annähen möchtest, fixiere sie vorher mit Stecknadeln und nähe sie dann erst an. Nähe den Kopf an den Körper, und den Schwanz an die Rückseite des Körpers. Wichtig ist dabei, dass der Teil mit den hStb nach unten zeigt, um die Schwanzbiegung zu formen.

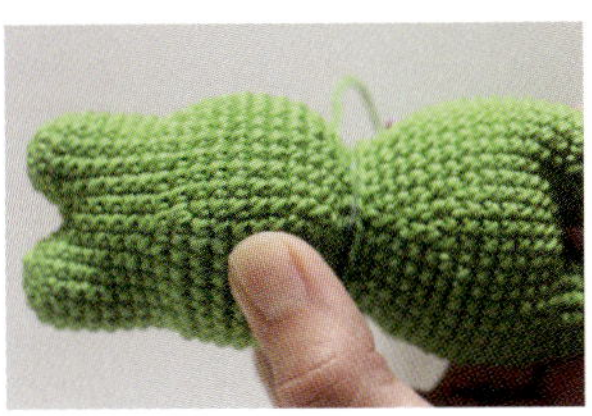

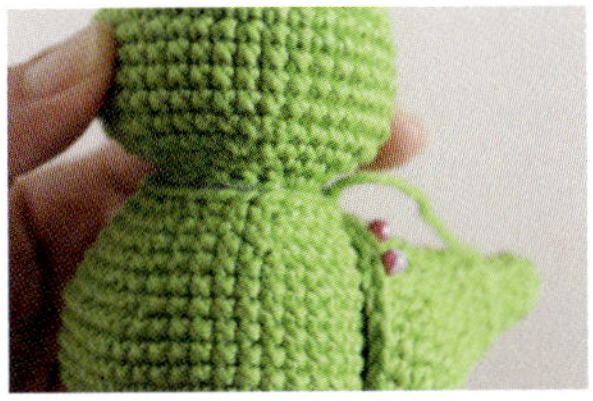

Nähe die Nase an die Vorderseite des Gesichts und die 3 Stacheln untereinander an die Rückseite des Kopfes.

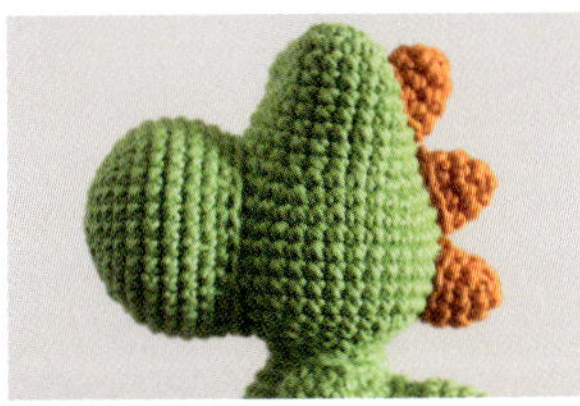

Nähe die Arme jeweils seitlich zwischen der 31. und 32. Rd an den Körper.

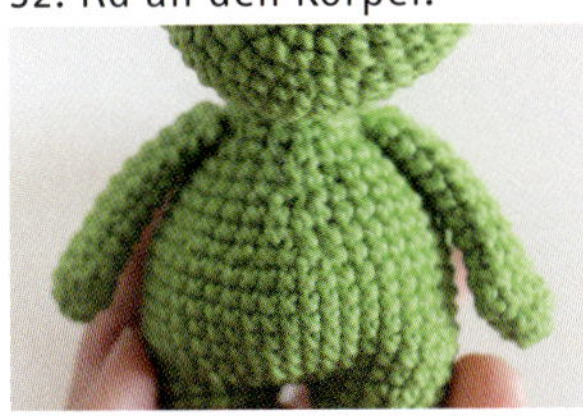

Nähe den Panzer oberhalb des Schwanzes an.

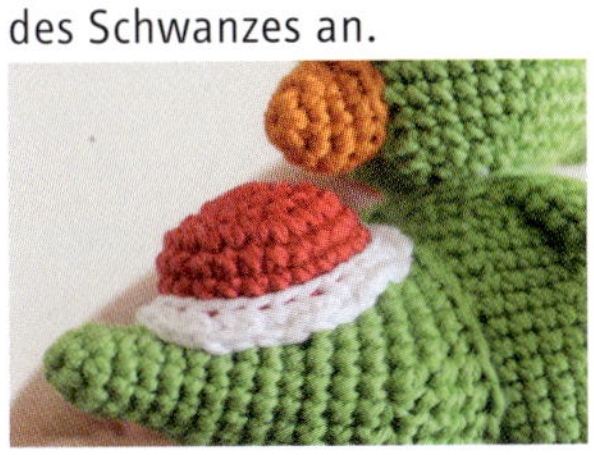

Fixiere den weißen Bauch mit Stecknadeln am Körper. Wichtig ist, dass der schmale Teil (= 36. R) unter der Schwanzspitze liegt. Klebe den Bauch mit Heißkleber an den Körper.

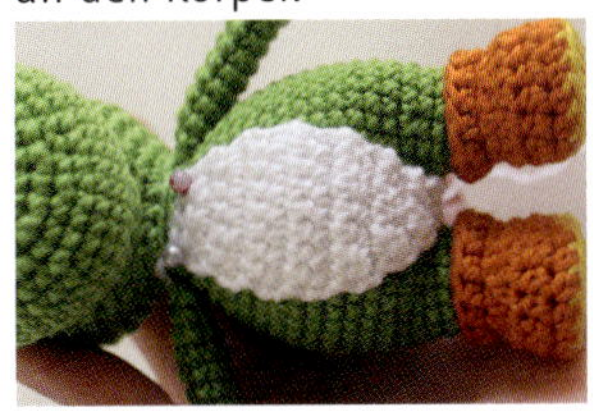

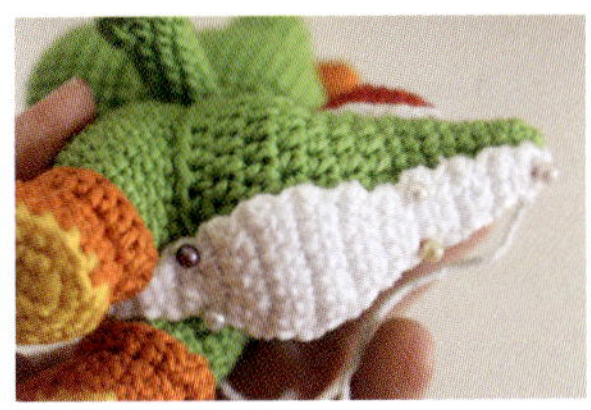

Nähe die Wangen jeweils seitlich an den Kopf und stopfe etwas Füllwatte hinein, bevor du die Öffnung ganz schließt.

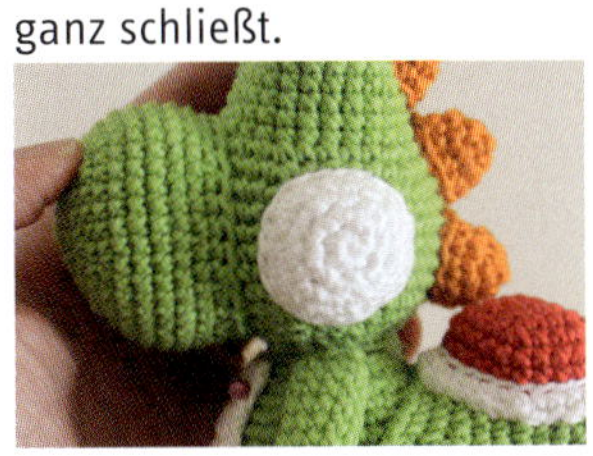

Nähe die Augen in das Gesicht. Alle Fäden vernähen.

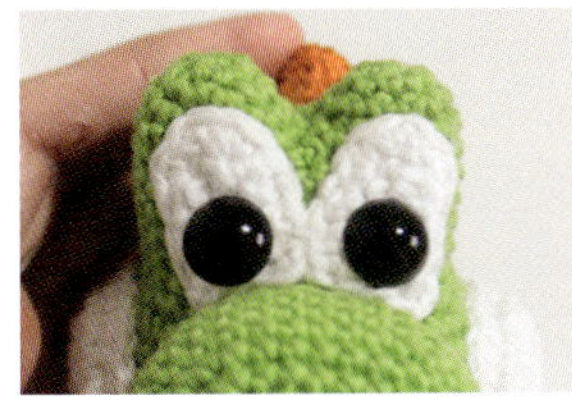

GRUNDANLEITUNGEN

DER MAGIC-RING

1 Den Faden von rechts einmal um den Zeigefinger und weiter einmal um den Daumen der linken Hand wickeln. Zwischen Daumen und Zeigefinger ist der Faden gespannt.

2 Mit der Häkelnadel unter den Faden am Daumen stechen und den Faden, der zum Zeigefinger führt, als Schlaufe durchziehen.

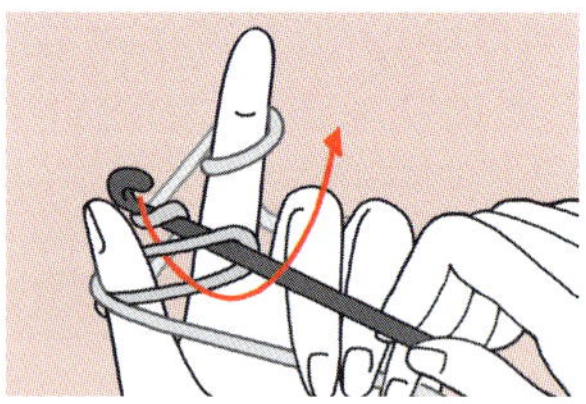

3 Aus der Schlaufe 1 Luftmasche häkeln.

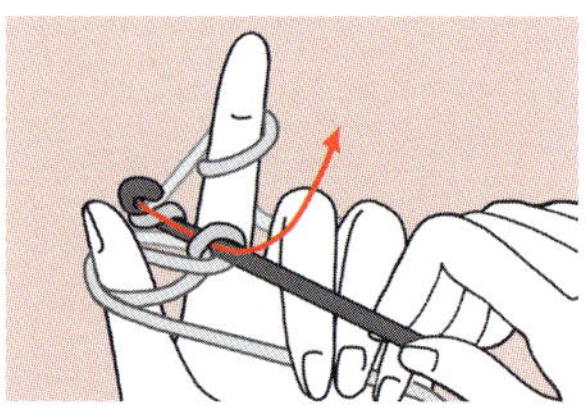

4 Um feste Maschen in den Magic-Ring zu häkeln, den Faden erneut als Schlaufe durchziehen …

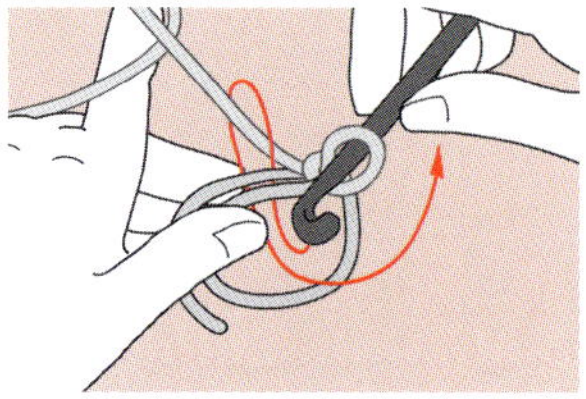

5 … und aus beiden Schlaufen 1 feste Masche häkeln. Werden Stäbchen in den Ring gehäkelt, aus der Schlaufe 3 Luftmaschen häkeln und anschließend die benötigte Anzahl der Stäbchen in den Ring arbeiten.

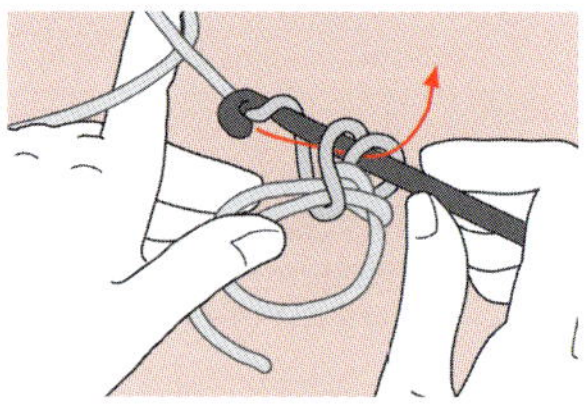

6 Hast du die benötigte Anzahl an Maschen gehäkelt, am losen Faden ziehen, um den Ring zusammenzuziehen. Danach den Magic-Ring mit 1 Kettmasche schließen.

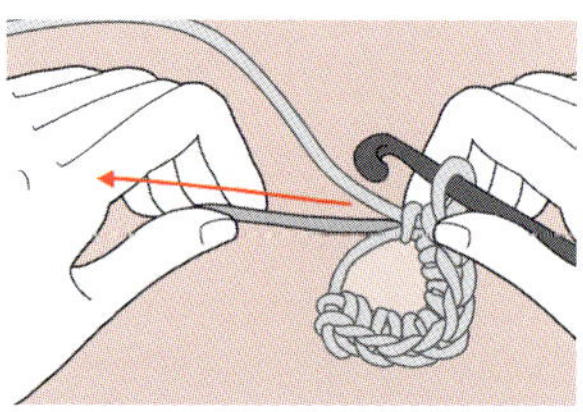

LUFTMASCHEN ANSCHLAGEN

Bevor du mit dem Häkeln beginnst, bilde eine Anfangsschlinge.

1 Klemme den Faden zwischen kleinen und Ringfinger und führe ihn hinter dem Mittelfinger entlang. Nun den Faden um den Zeigefinger legen …

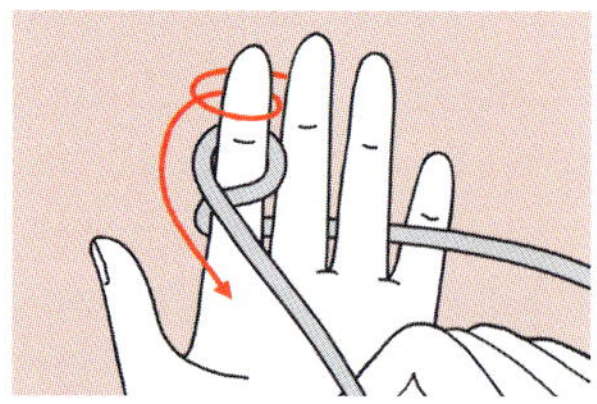

2 … und um den Daumen schlingen. Das Fadenende liegt in der Hand.

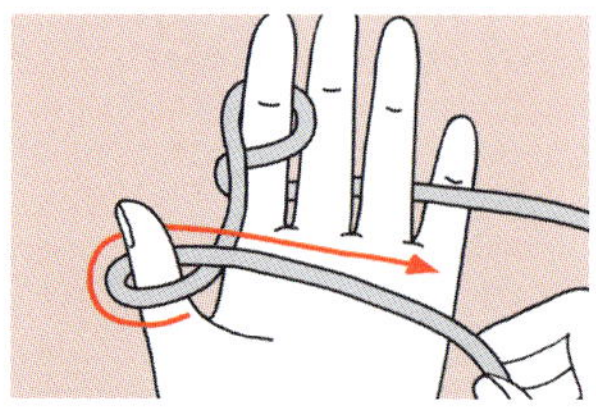

3 Nun nimmst du die Nadel und holst den Faden vom Zeigefinger durch die Daumenschlinge. Dann den Daumen aus der Schlinge nehmen.

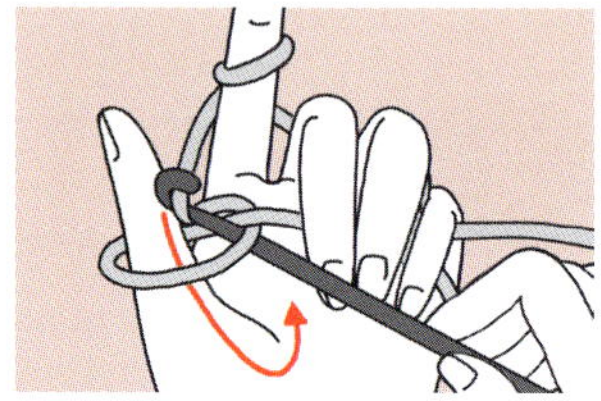

4 Schiebe den Daumen unter das Fadenende, das du mit dem Mittel-, Ring- und dem kleinen Finger festhältst

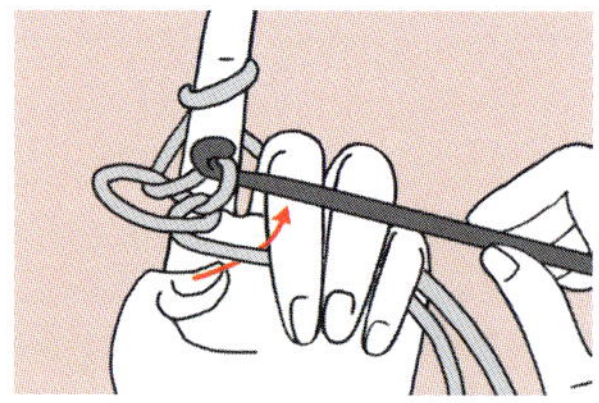

5 Dann Daumen und Zeigefinger spreizen und die Anfangsschlinge auf der Nadel festziehen. Sie sollte beweglich auf der Nadel liegen, jedoch nicht herunterrutschen.

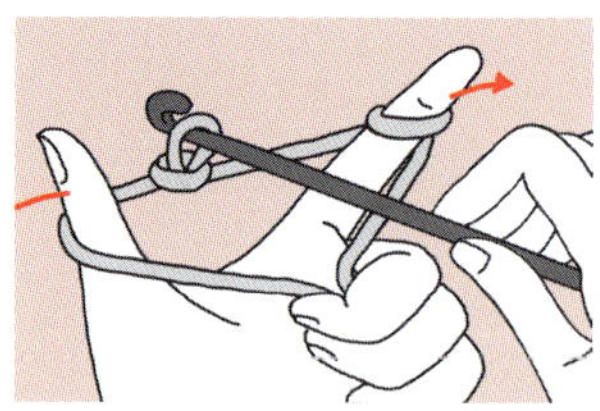

6 Um nun weitere Luftmaschen anzuschlagen, holst du mit der Nadel den Faden, der vom Zeigefinger kommt, und ziehst ihn durch die Schlinge auf der Nadel. So entsteht eine Luftmaschenkette.

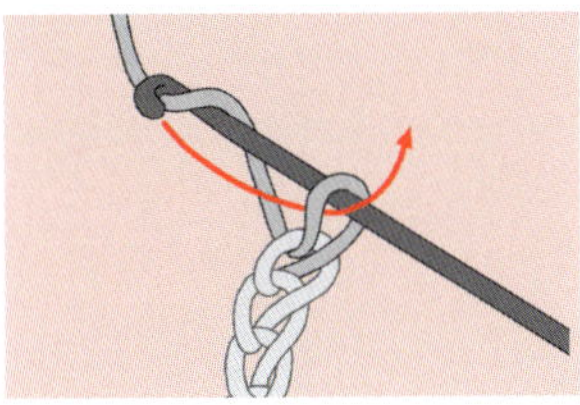

KETTMASCHEN

Die Nadel in die folgende Masche stechen und das Garn um die Nadel legen. Dann das Garn durch beide Umschläge auf der Nadel ziehen.

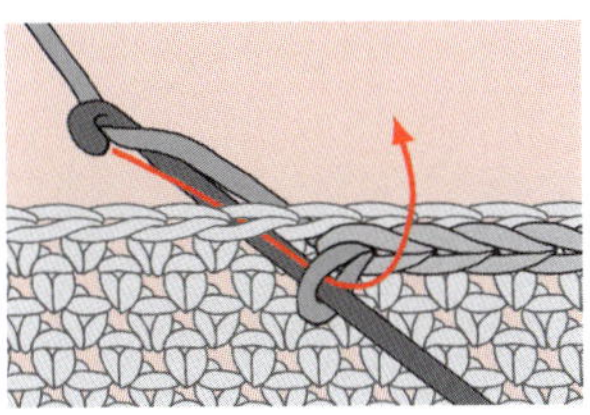

FESTE MASCHEN

1 Stich mit der Häkelnadel in die zweite Luftmasche von der Nadel aus ein und hole den Faden, indem du ihn von hinten nach vorne mit der Nadel erfasst …

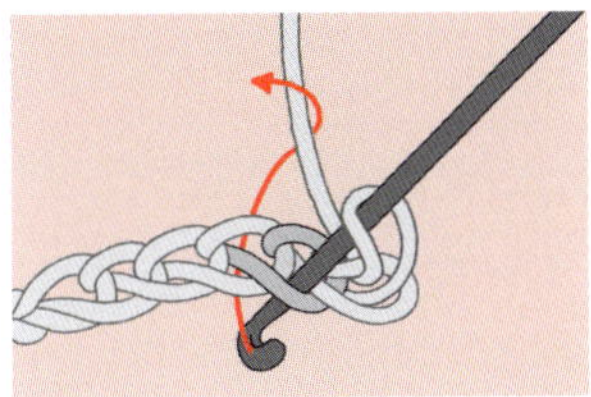

2 … und ihn durch die Luftmasche ziehst. Jetzt liegen 2 Schlingen auf der Nadel.

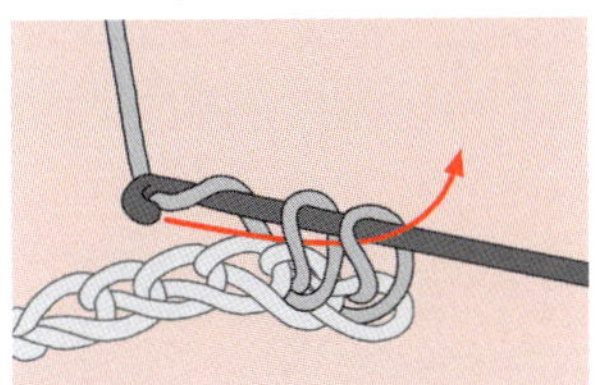

3 Hole nun noch einmal den Faden (von hinten nach vorne) und ziehe ihn durch beide Schlingen.

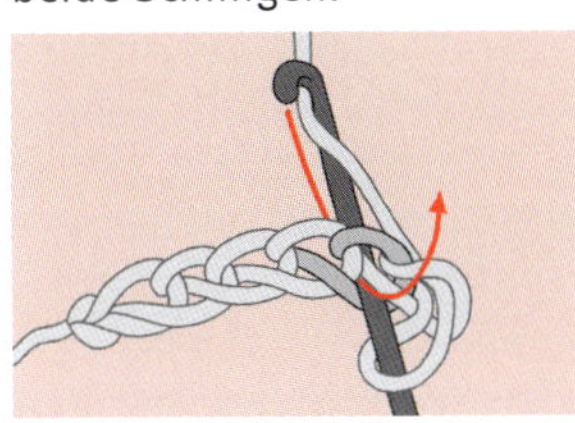

4 Stich in die nächste Luftmasche und wiederhole die Schritte.

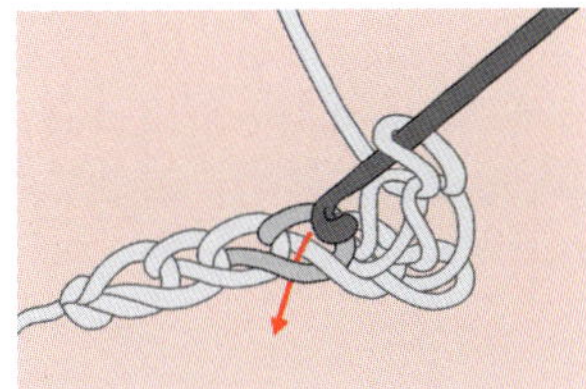

5 Werden feste Maschen in Reihen gehäkelt, muss die Arbeit nach jeder Reihe gewendet werden. Am Reihenanfang immer zunächst 1 Wende-Luftmasche häkeln. Dann in die nächste Masche der vorangegangenen Reihe einstechen und weiter feste Maschen häkeln.

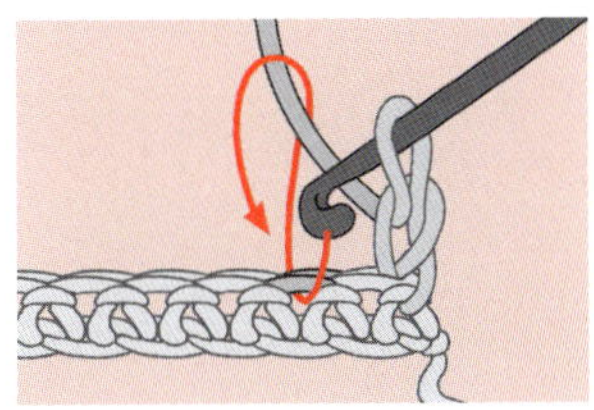

X-MUSTER
(verschränkte feste Maschen)

1 Stich mit der Häkelnadel in die Masche ein und hole den Faden, indem du ihn von vorn nach hinten (bzw. von oben nach unten) mit der Nadel erfasst und ihn durch die Luftmasche ziehst.

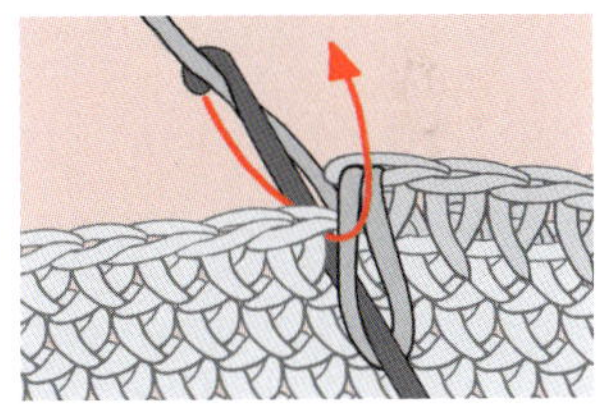

2 Jetzt liegen 2 Schlingen auf der Nadel. Hole noch einmal den Faden, diesmal von hinten nach vorn …

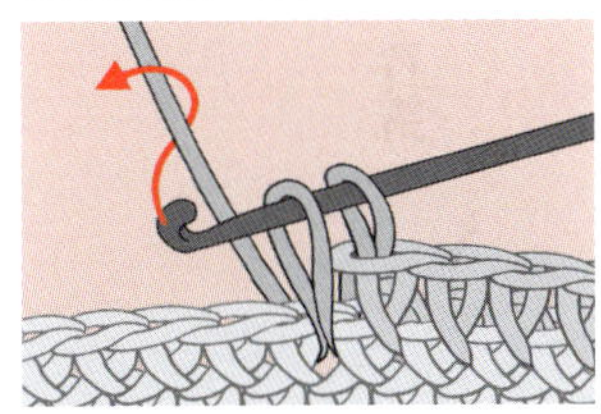

3 … und ziehe ihn durch beide Schlingen.

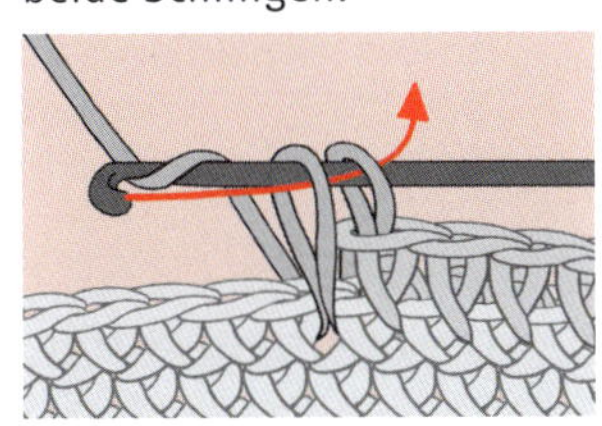

STÄBCHEN

1 Um ein Stäbchen zu häkeln, den Faden um die Nadel legen und in die nächste Masche der Vorreihe einstechen. Nun den Faden durch die Masche holen. Es liegen 3 Schlingen auf der Nadel.

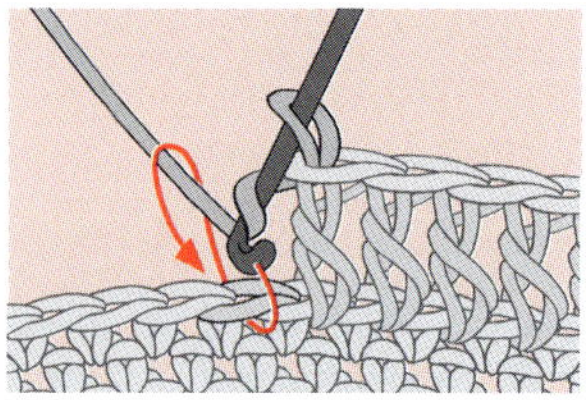

2 Den Faden holen und durch 2 der 3 Schlingen ziehen.

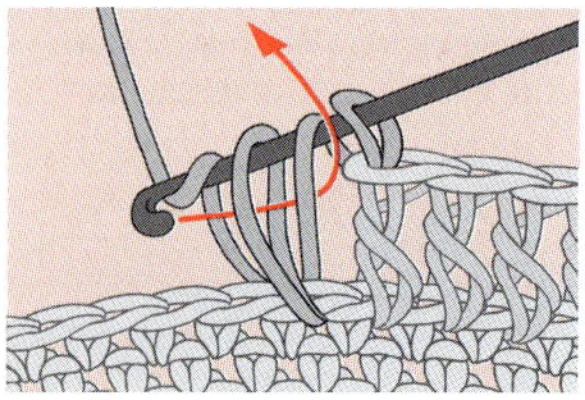

3 Es liegen jetzt 2 Schlingen auf der Nadel. Nun den Faden wieder holen und durch die beiden Schlingen ziehen.

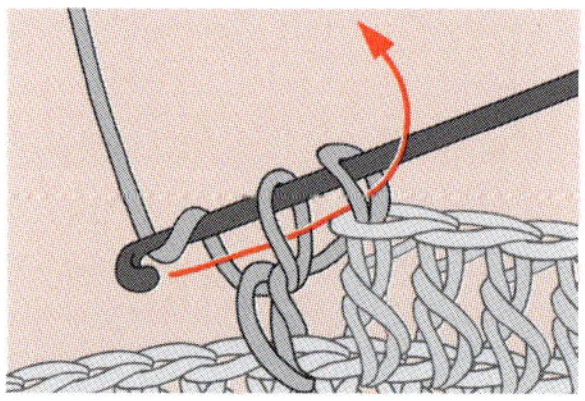

HALBE STÄBCHEN

1 Für ein halbes Stäbchen zunächst den Faden einmal um die Nadel schlingen, dann in die nächste Masche einstechen und den Faden durchholen.

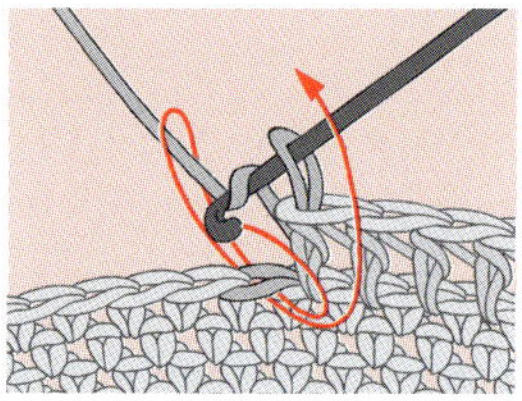

2 Es liegen nun 3 Schlingen auf der Nadel. Den Faden erneut holen und durch alle 3 Schlingen ziehen.

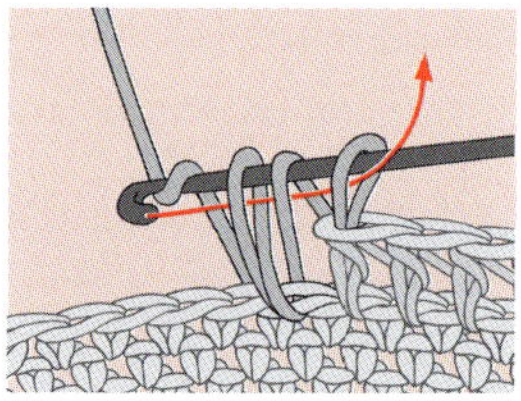

SPIRALRUNDEN

1 Den Magic-Ring mit 1 Kettmasche schließen. Dazu den Faden durch die erste Masche holen …

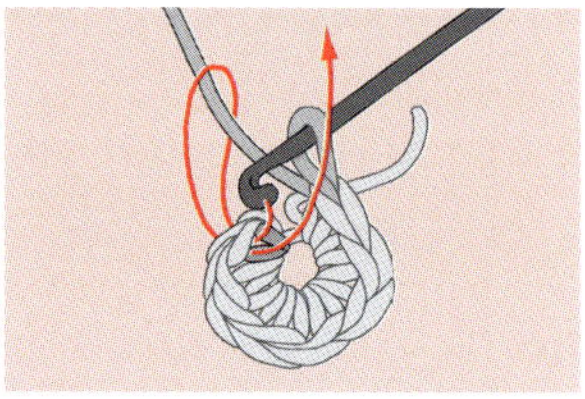

2 … und durch die Masche auf der Nadel ziehen. Nun ist der Ring geschlossen. Um den Rundenanfang sichtbar zu machen, zunächst zwischen die erste und die letzte Masche der ersten Runden einen Kontrastfaden legen.

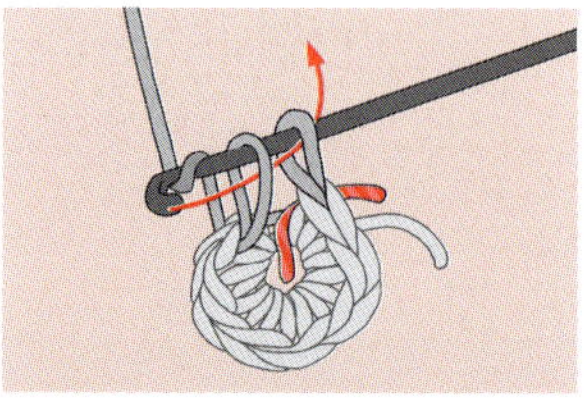

Hinweis: Es empfiehlt sich, in regelmäßigen Abständen weitere Kontrastfäden einzulegen. Dies erleichtert das Abzählen der Runden.

MASCHEN VERDOPPELN

Sollen einzelne Maschen zugenommen werden, wird eine bereits gehäkelte Masche „verdoppelt", d. h. In die Einstichstelle der zuletzt gehäkelten Masche wird eine 2. Masche gehäkelt.
Alle Arten von Maschen können so zugenommen werden. Diese Zunahme kann in Runden und in Reihen erfolgen. Die Maschenzahl vergrößert sich um 1 Masche.

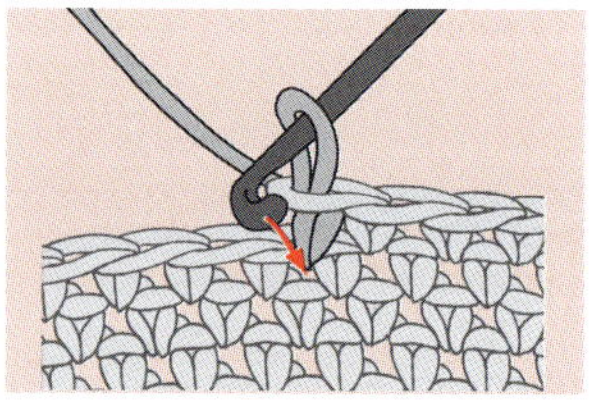

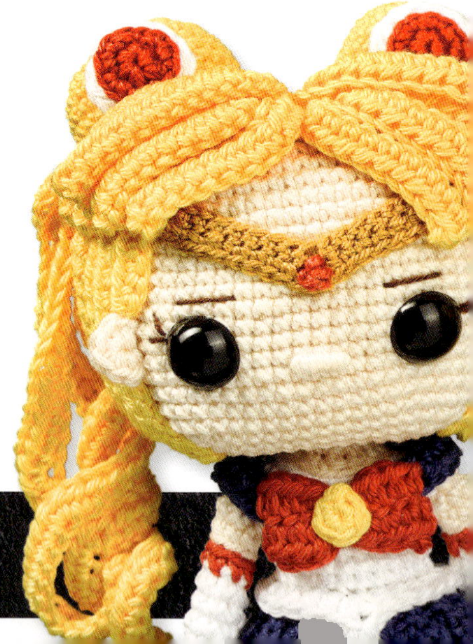

2 FESTE MASCHEN ZUSAMMEN ABMASCHEN

1 Soll 1 feste Masche abgenommen werden, für 2 feste Masche je 1 Schlinge auf die Nadel holen.

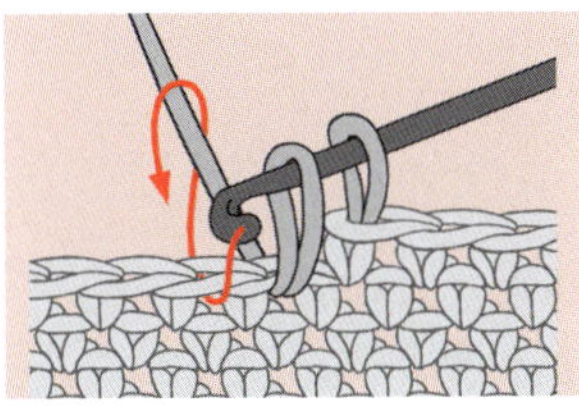

2 Anschließend den Faden holen und durch alle auf der Nadel befindlichen Schlingen ziehen. Die Maschenzahl verringert sich um 1 Masche.

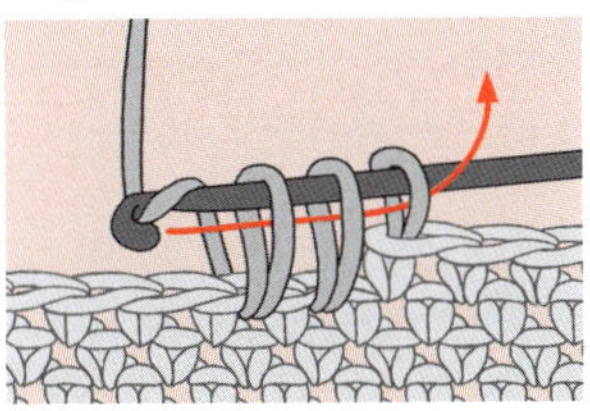

3 FESTE MASCHEN ZUSAMMEN ABMASCHEN

Nacheinander in die vorderen Maschenglieder von 3 Maschen einstechen. Faden holen und durch diese 3 Schlingen ziehen. Faden erneut holen und die letzten beiden Schlingen auf der Nadel abmaschen.

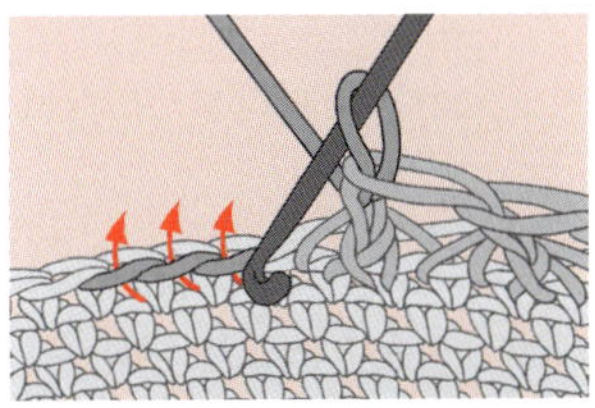

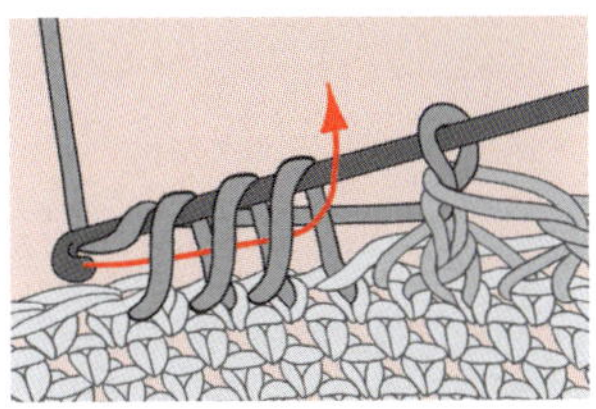

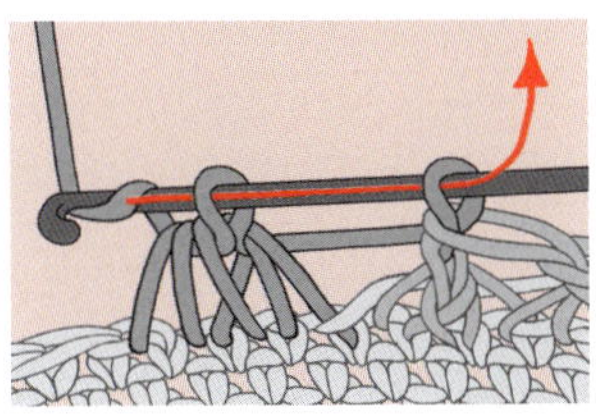

DREI STÄBCHEN ZUSAMMEN ABMASCHEN

Für ein Stäbchen * 1 Umschlag auf die Nadel nehmen, in die Masche einstechen und den Faden durchholen. Den Faden erneut holen und durch 2 Schlaufen ziehen. Ab * noch 2x wiederholen, dabei immer in dieselbe Masche einstechen. Zum Schluss den Faden holen und durch die vier Schlaufen auf der Nadel ziehen.

FARBWECHSEL

Um für ein Streifenmuster die Farbe zu wechseln, bei der letzten festen Masche der Vorreihe den Faden der alten Farbe mit einem Umschlag durchholen, sodass 2 Schlingen auf der Nadel liegen. Diese beiden Schlingen mit dem Garn in der neuen Farbe abmaschen. Die letzte feste Masche ist so komplett in der alten Farbe gehäkelt, die Schlinge auf der Nadel hat bereits die neue Farbe.

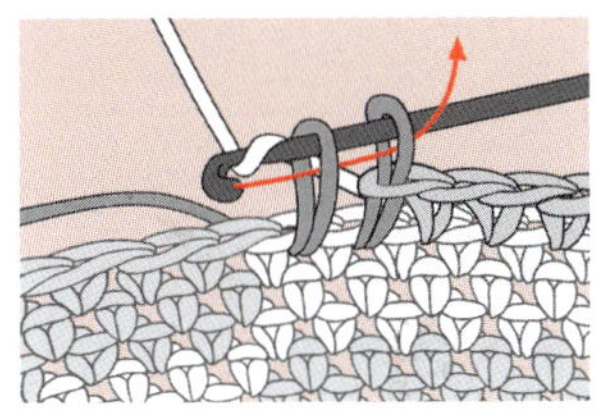

TEILE BEENDEN UND ZUSAMMENNÄHEN

Zum Beenden den Faden abschneiden – dabei das Ende immer etwas länger lassen –, durch die Schlinge ziehen und vernähen bzw. zum Annähen des Teiles verwenden.

KETTENSTICH

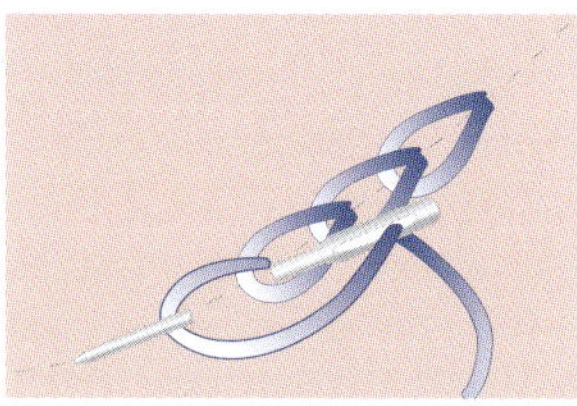

KNÖTCHENSTICH

An der Stelle, an der das Knötchen liegen soll, ausstechen. Den Faden zwei- bis dreimal um die Nadel wickeln und knapp neben der Ausstichstelle wieder einstechen. Die Wicklungen um die Nadel gleichmäßig locker anziehen, sodass diese an der Einstichstelle auf dem Stoff liegen. Dann den Faden durch die Wicklungen ziehen und das Knötchen vorsichtig anziehen.

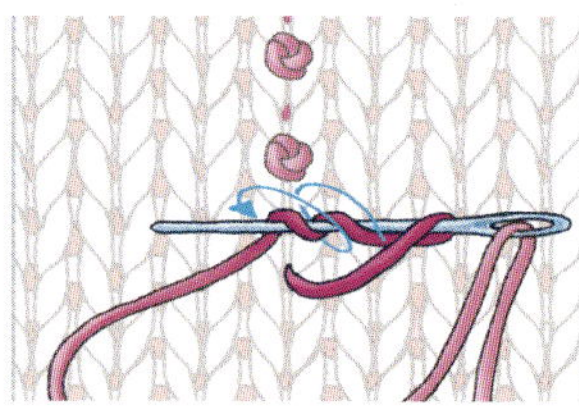

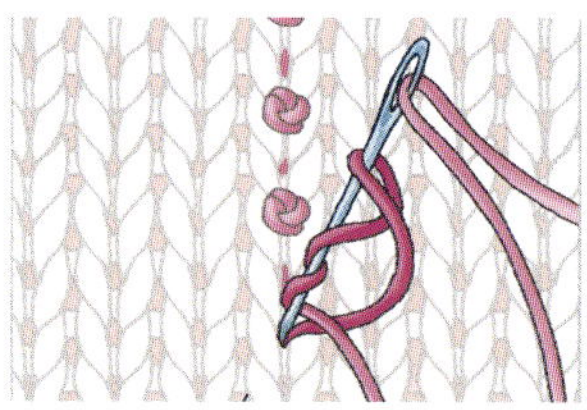

WIE DER KOPF SCHÖN WÜRFELFÖRMIG WIRD

Wenn deine Maschen nicht in einer Linie liegen, keine Angst, häkle weiter bis zur 22. Runde. Die Zunahmen in den Ecken der 8. Runde sind rot gekennzeichnet.

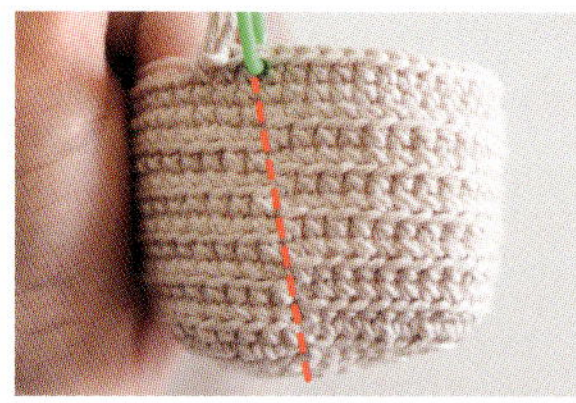

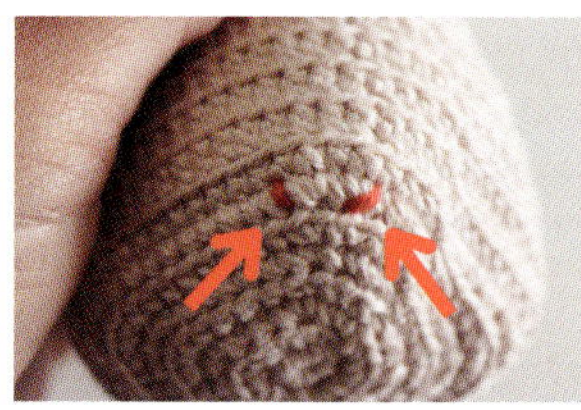

In der 23. Runde beginnen wir mit den Abnahmen. Es ist sehr wichtig, dass deine Abnahmen in einer Linie mit den Zunahmen der 8. Runde liegen.

Vielleicht verzieht sich die Form, wenn du die Sequenz in der 23. Runde (5 feste Maschen, 2x 2 feste Maschem zusammen abmaschen ...) häkelst und die Abnahmen liegen nicht in einer Linie mit den Zunahmen. In meinem Fall zieht sich die Form nach links.

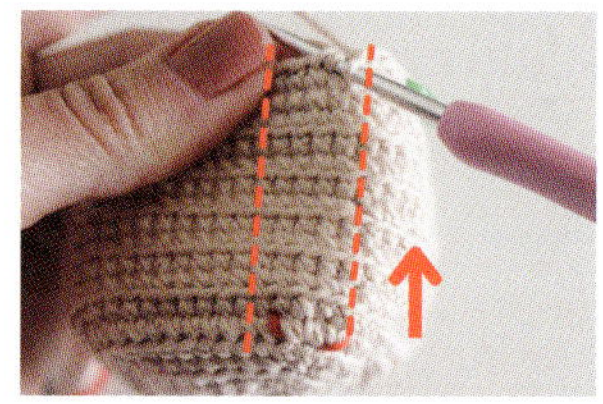

Also häkle ich und passe wie folgt an:
4 feste Maschen, 2x 2 fM zusammen abmaschen,
* 12 feste Maschen, 2x 2 feste Maschen zusammen abmaschen, ab * noch 2x wiederholen, 8 feste Maschen (= 56 Maschen).
Die gesamte Maschenzahl der Runde verändert sich nicht.

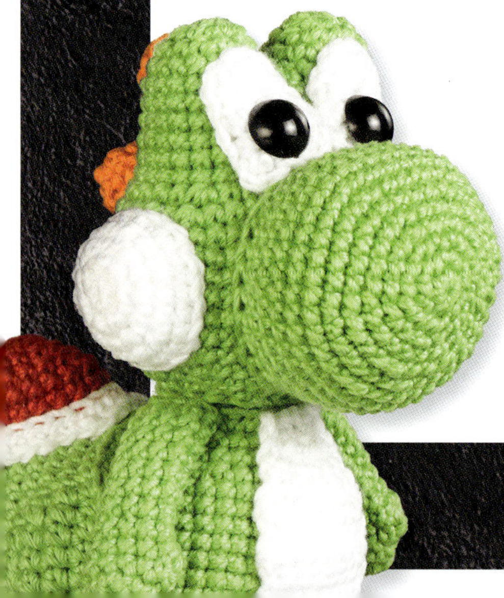

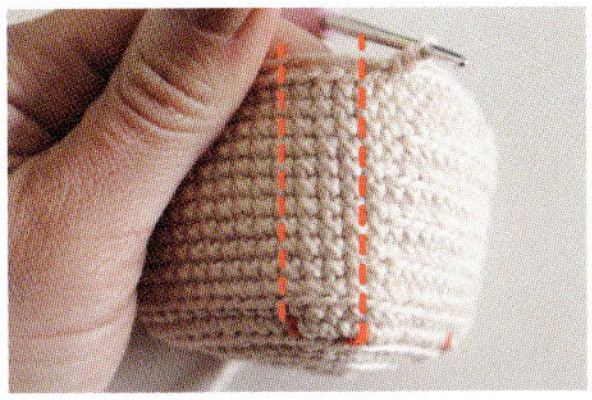

Wenn es sich nach rechts verdreht:
6 feste Maschen, 2x 2 feste Maschen zusammen abmaschen, * 12 feste Maschen, 2x 2 feste Maschen zusammen abmaschen, ab * noch 2x wiederholen, 6 feste Maschen (= 56 Maschen).
Mit dieser Maschenanpassung wirkst du der Verdrehung entgegen und die Abnahmen bzw. Zunahmen liegen in einer Linie.

KOPF RICHTIG AUSSTOPFEN

Den Kopf fest mit Füllwatte ausstopfen. Dafür aus Füllwatte kleine Wattebällchen formen und nach und nach in den Kopf stopfen. Wichtig ist, dass der Kopf würfelförmig und nicht rund wird.

WIE DEINE FIGUR STEHEN KANN: MIT FÜLLWATTE

Damit deine Figur später stehen kann, die Füße leicht nach innen drücken, damit eine Rundung entsteht. Dann die Beine nur leicht mit Füllwatte ausstopfen. Du solltest keinesfalls zu viel Füllwatte in die Füße stopfen, sonst kann die Figur nicht stehen.

WIE DEINE FIGUR STEHEN KANN: MIT HEISSKLEBER

Bei einigen Figuren empfehle ich, die Füße mit Heißkleber aufzufüllen. Hierbei bleibt der Boden der Füße gerade und der Heißkleber wird 2-3 mm hoch in die Füße gespritzt. Anschließend den Kleber vollständig austrocknen lassen und dann die Beine leicht mit Füllwatte ausstopfen.

DIE BEINE VERBINDEN UND DEN KÖRPER HÄKELN

Das 1. Bild zeigt das 1. Bein mit dem Maschenmarkierer in der 1. Masche der letzten Runde.

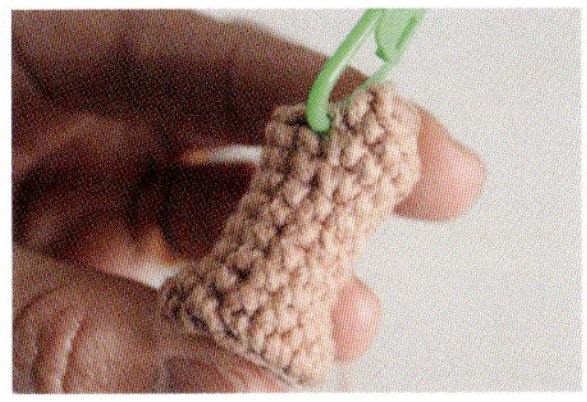

Nachdem du zusätzlich 3 feste Maschen am 2. Bein gehäkelt hast, sollte das 2. Bein so aussehen.

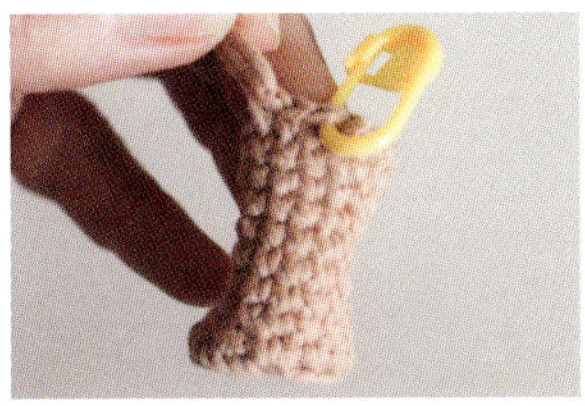

Verbinde die Beine mit 1 festen Masche in die vorletzte Masche des 1. Beins. Dies wird nun die 1. feste Masche der nächsten Runde sein, es ist also der neue Rundenanfang. Achte darauf, dass der Maschenmarkierer genau in der Mitte des Körpers liegt.

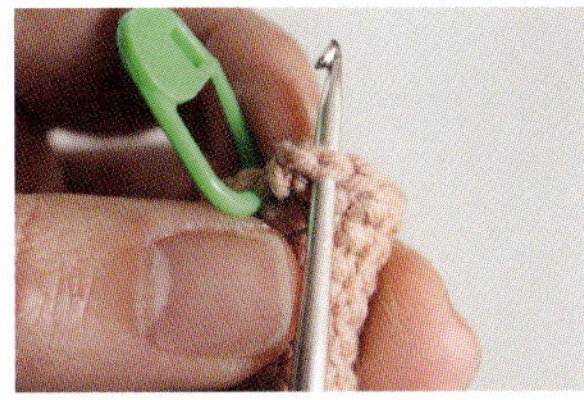

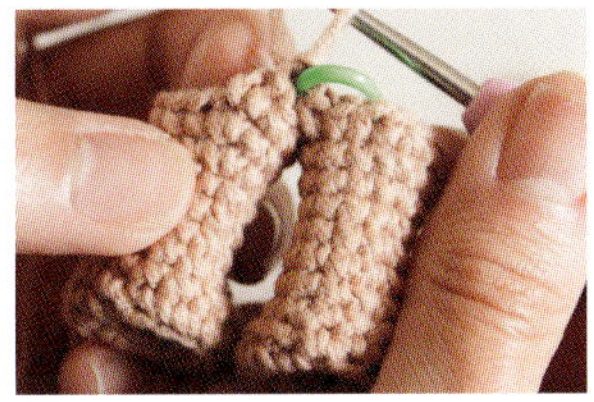

In der folgenden Runde machst du 1 Kettmasche in dieselbe Masche, mit der du die Runde begonnen hast, ignoriere diese Kettmasche in der Rundenzählung. In der nächsten Runde überspringst du die Kettmasche. So wird der Körper symmetrisch.

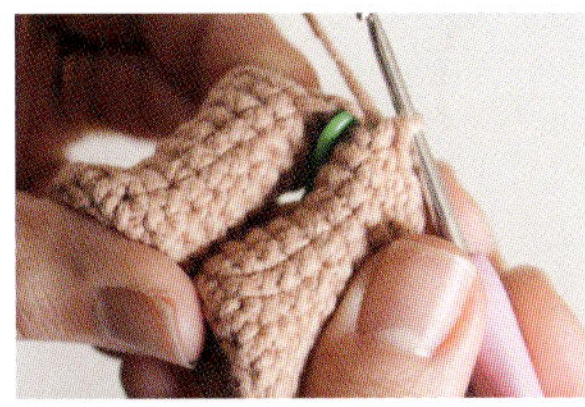

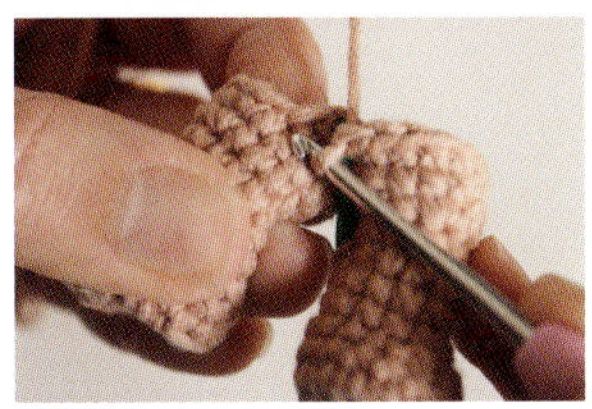

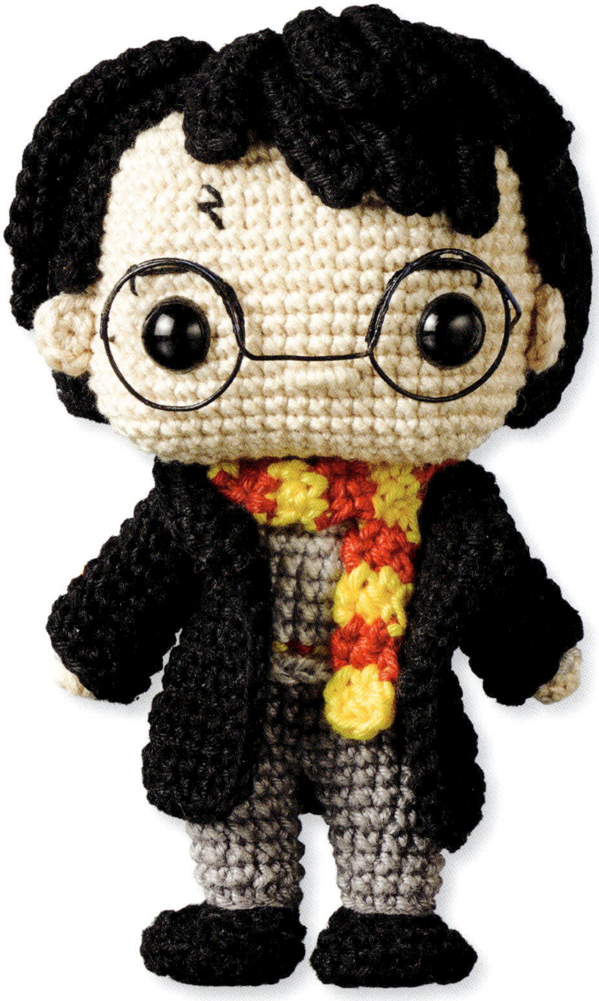

ARME AUFNEHMEN

Wenn der Oberkörper fast fertiggestellt ist, nimmst du auch die Maschen der Arme mit hinzu.

KOPF FERTIG-STELLEN

Sticke die Nase in der Farbe des Kopfes mit 2 horizontalen Stichen über 3 feste Maschen in die 18. Runde des Kopfes. Die Nase sollte beidseitig 3 feste Maschen Abstand zu den Augen haben. Dann wickelst du den Faden mehrmals vertikal über beide Stränge und vernähst den Faden.

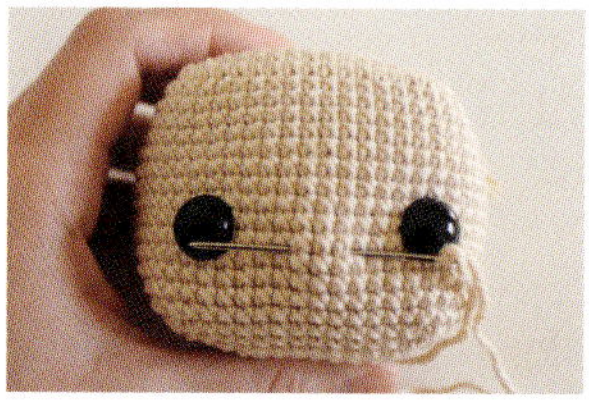

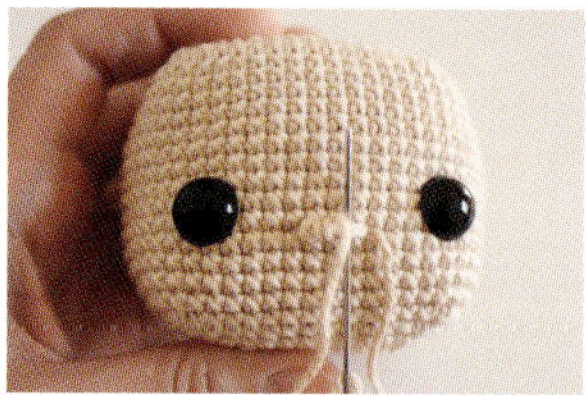

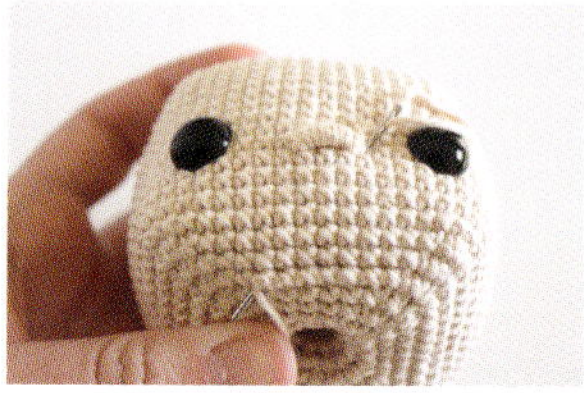

Sticke mit der Farbe für die Augenbrauen 1 Reihe oberhalb der Augen über eine Breite von 3 festen Maschen die Augenbrauen. Die Wimpern rechts und links der Augen mit kleinen Stichen andeuten.

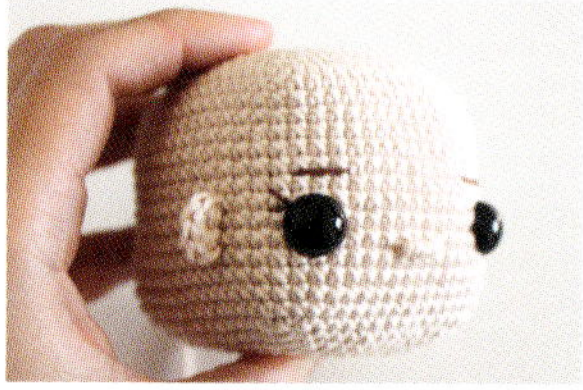

Nähe die Ohren zwischen der 17. und 18. Runde senkrecht auf Höhe der Augen mit 4 festen Maschen Abstand zu den Augen an.

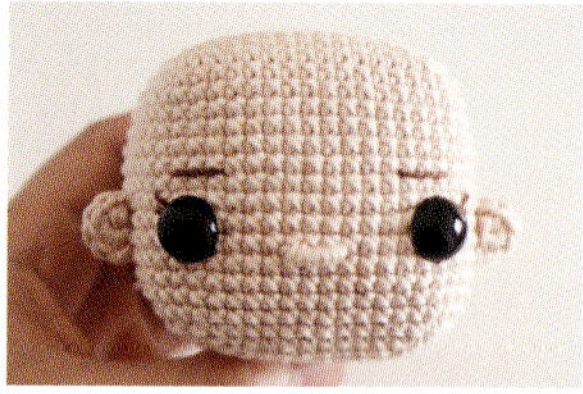

KOPF UND KÖRPER ZUSAMMENFÜGEN

Drücke den Hals in den Kopf, nimm dazu die Rückseite einer Häkelnadel oder eines Kugelschreibers zu Hilfe. Fädle das Fadenende des Kopfes und des Halses in eine Wollnadel und stich mit beiden Fäden in den Kopf und komm in der Mitte des Magic-Rings wieder heraus. Ziehe an beiden Fäden, sodass der Kopf schön am Körper abschließt, verknote die Fäden gut und schneide den Rest ab. Dadurch bleibt der Kopf beweglich.

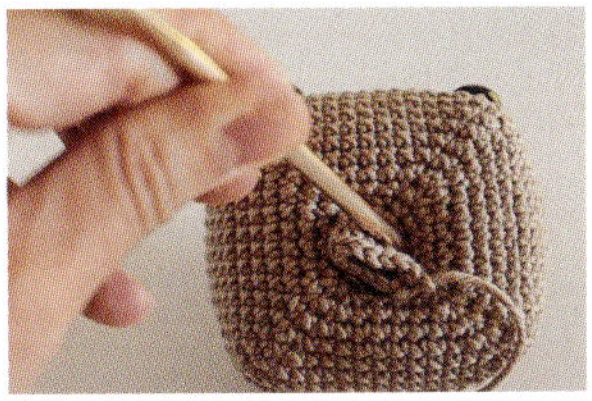

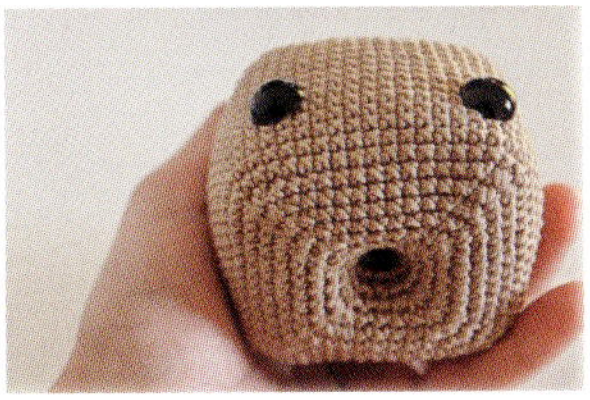

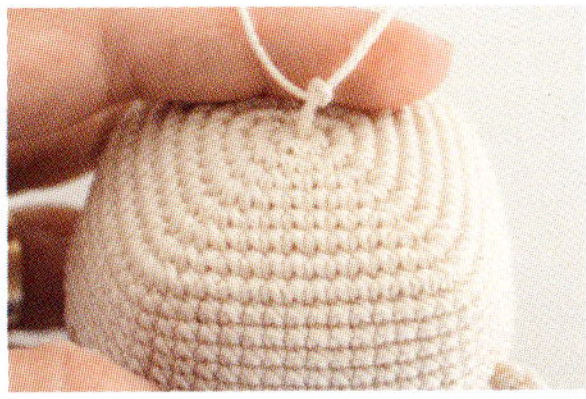

TIPP

Wenn dein Kopf fest auf dem Körper sitzen soll, nimm einen Papier-Trinkhalm, kürze ihn auf ca. 5 cm und schiebe ihn vor dem Zusammenfügen von Hals und Körper in den Hals.

ABKÜRZUNGEN

anschl = anschlagen

arb = arbeiten

DStb = Doppelstäbchen

Fb = Farbe(n)

fM = feste Masche(n)

Häkelnd = Häkelnadel

hStb = halbe(s) Stäbchen

Km = Kettmasche(n)

LL = Lauflänge

Lm = Luftmasche(n)

M = Masche(n)

Nd = Nadel(n)

R = Reihe(n)

Rd = Runde(n)

Rdm = Randmasche(n)

Stb = Stäbchen

wdh = wiederholen

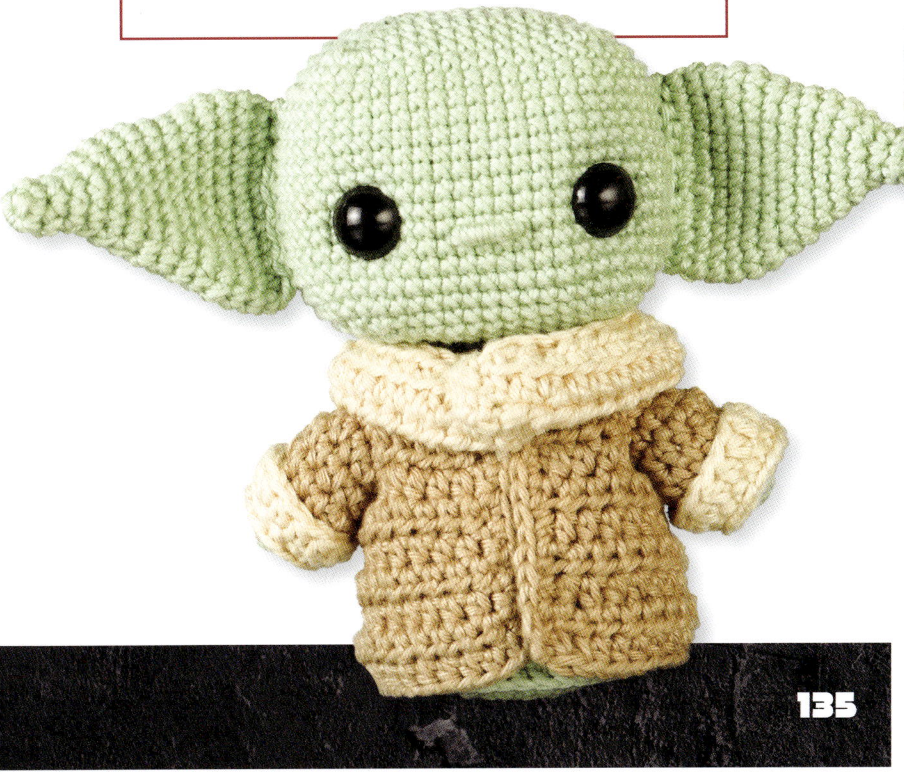

BUCHEMPFEHLUNGEN FÜR DICH

Noch mehr kreative Bücher zum gleichen Thema gesucht?

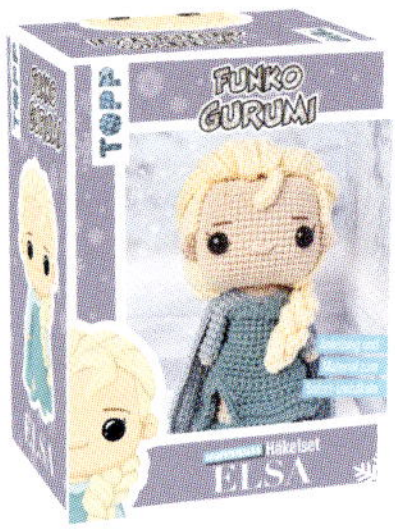

GTIN 4007742185060

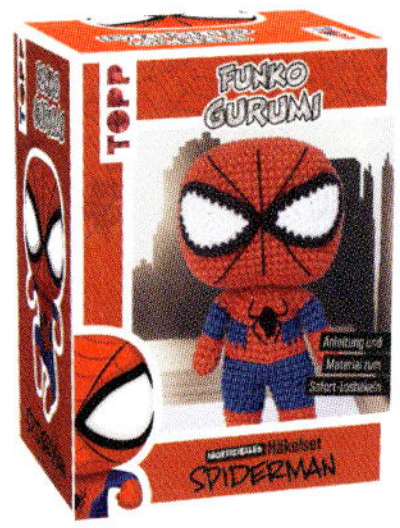

GTIN 4007742185046

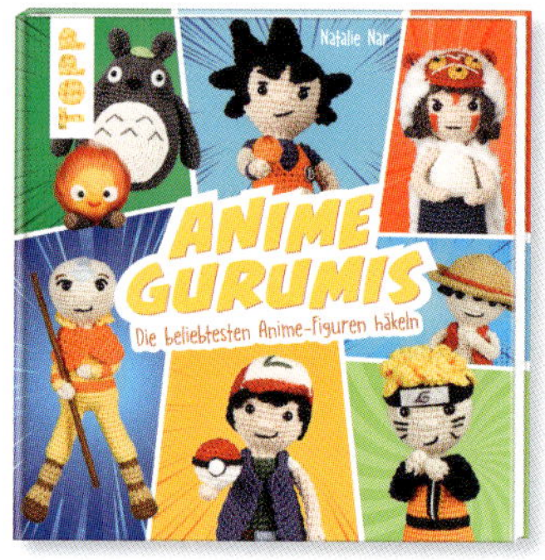

ISBN 978-3-7358-7054-4

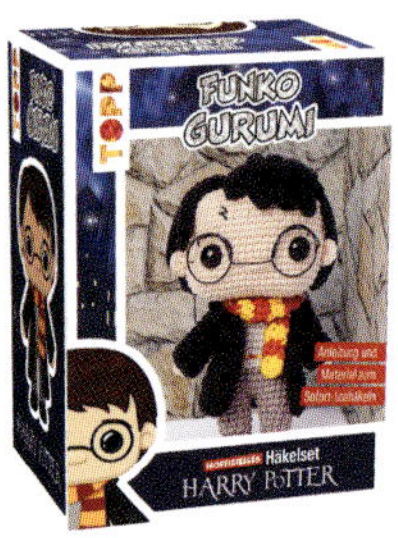

GTIN 4007742185039

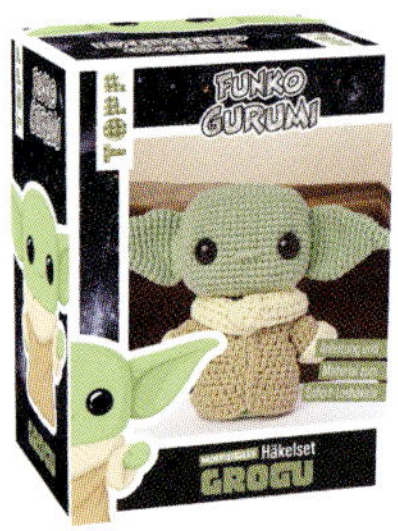

GTIN 4007742185053

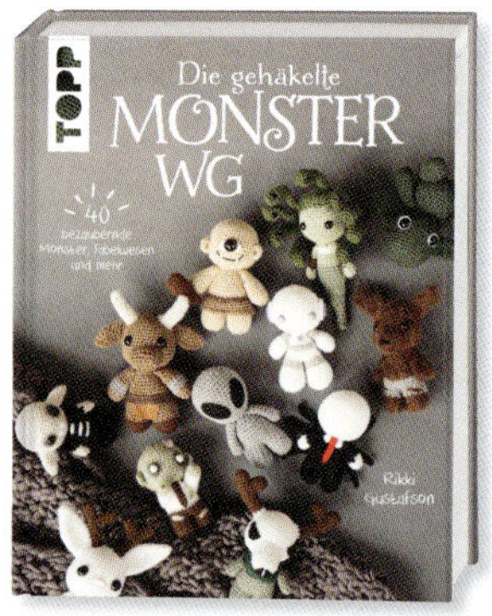

ISBN 978-3-7358-7071-1

Noch mehr Kreativ-Bücher findest du auf www.TOPP-kreativ.de

ENTDECKE ...

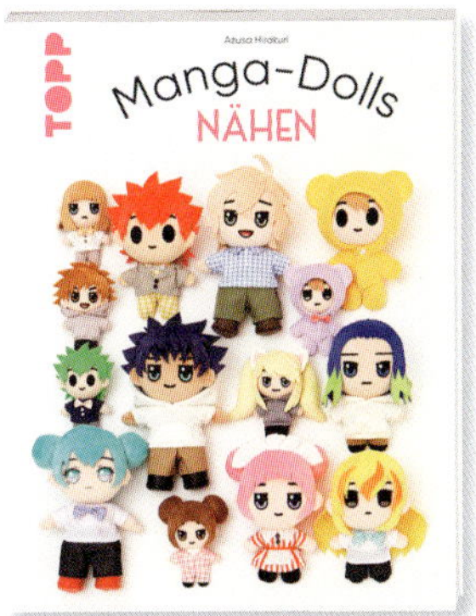

ISBN 978-3-7358-7078-0

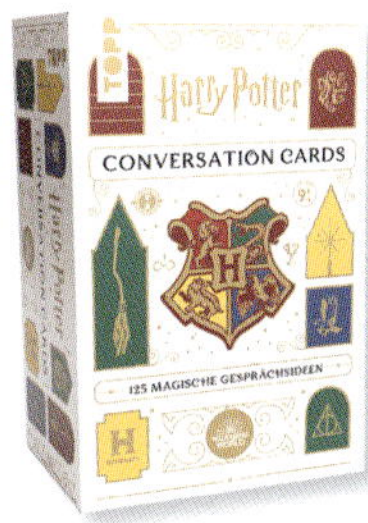

ISBN 978-3-7358-5150-5

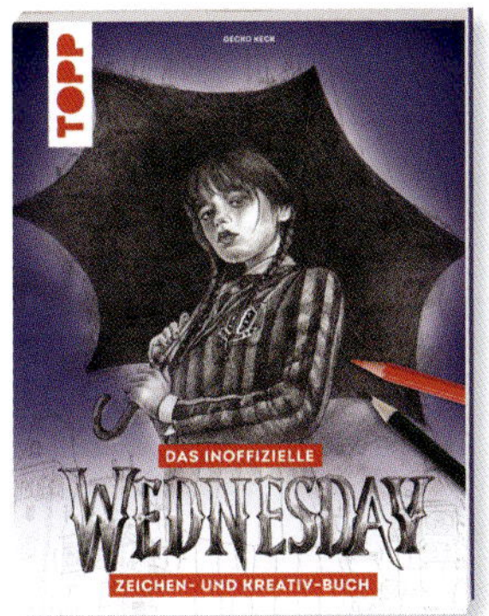

ISBN 978-3-7358-5188-8

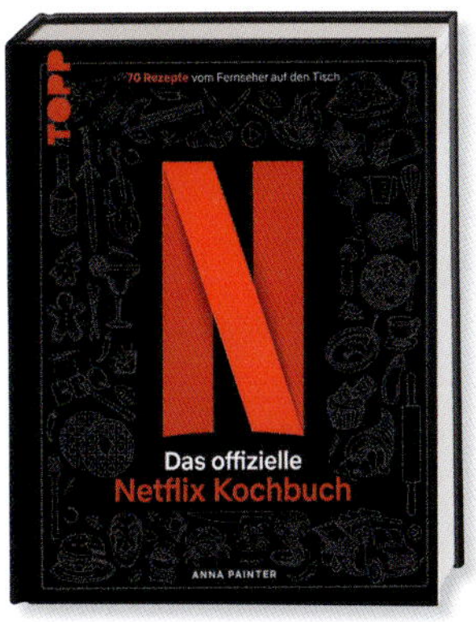

ISBN 978-3-7358-5174-1

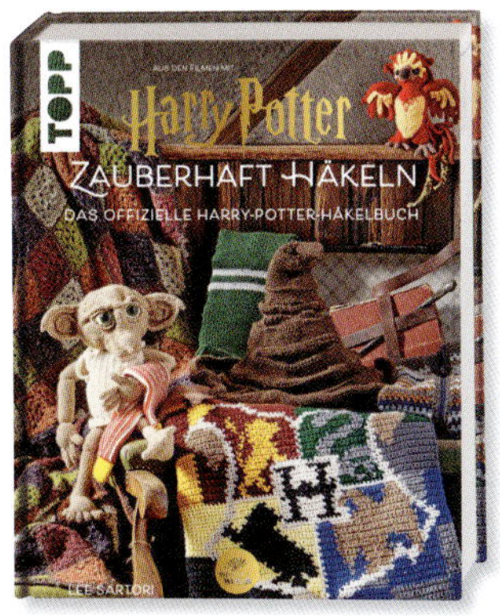

ISBN 978-3-7724-4866-9

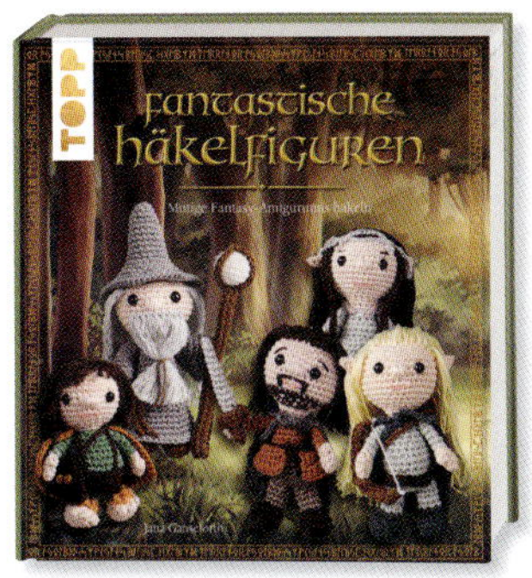

ISBN 978-3-7358-7024-7

#TOPPprojekt

Die eigene Kreativität zeigen: TOPPprojekt mit anderen Kreativen teilen und Teil der Gemeinschaft werden.

DIY-begeistert und auf Instagram? Dann unbedingt mitmachen! Hier gibt's Tipps und Feedback zu den eigenen Projekten. Außerdem verlosen wir jeden Monat ein Überraschungspaket. Um am Gewinnspiel teilzunehmen, einfach ein Bild vom Kreativ-Projekt aus unseren Büchern mit #TOPPprojekt posten und unserem Account @frechverlag folgen. Mehr Infos auf TOPP-kreativ.de/TOPPprojekt

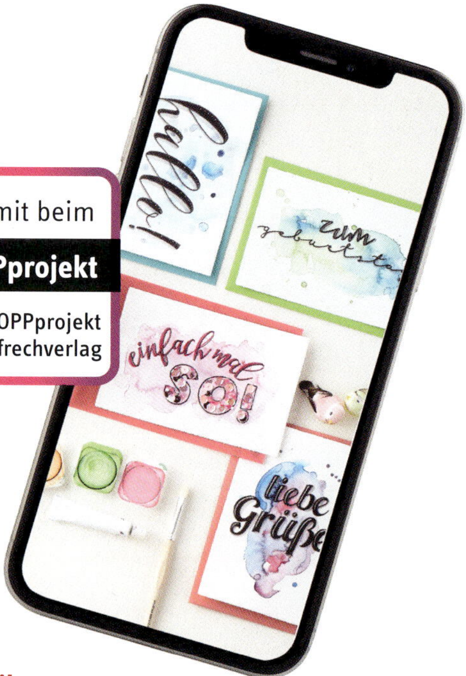

Webseite
Auf TOPP-kreativ.de gibt es ein riesiges Angebot von über 1.000 Kreativbüchern, Sets und mehr zu entdecken.

Newsletter
Immer als Erstes von unseren Neuheiten und Sonderaktionen erfahren: TOPP-kreativ.de/newsletter

Instagram
@frechverlag

Pinterest
pinterest.com/frechverlag

Facebook
facebook.com/frechverlag

DigiBib
Hier gibt es zusätzlich zu einigen unserer Bücher digitale Extras, wie Video-Tutorials, Plotter-Dateien, Vorlagen, Übungsblätter und vieles mehr. Einfach im Impressum eines TOPP-Buchs nachschauen, ob dort ein Code vorhanden ist, und exklusive Inhalte freischalten. TOPP-kreativ.de/digibib

Youtube
youtube.com/frechverlag

WER WIR SIND, WIE WIR ARBEITEN, WAS WIR LIEBEN ...

Mehr über uns und unsere Arbeit und immer mit den neuesten Informationen versorgt schnell und einfach auf Instagram, Facebook und Pinterest.

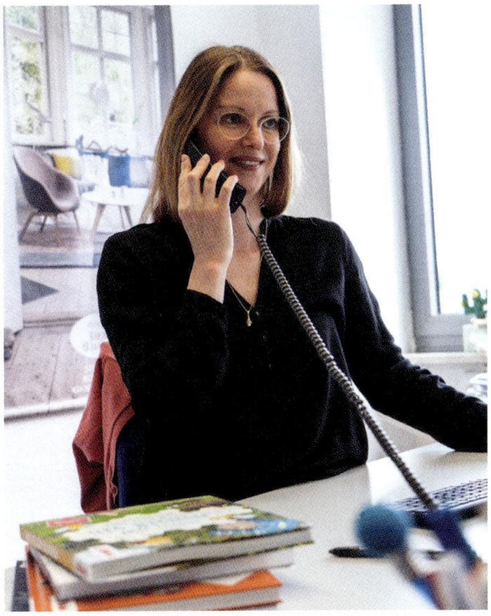

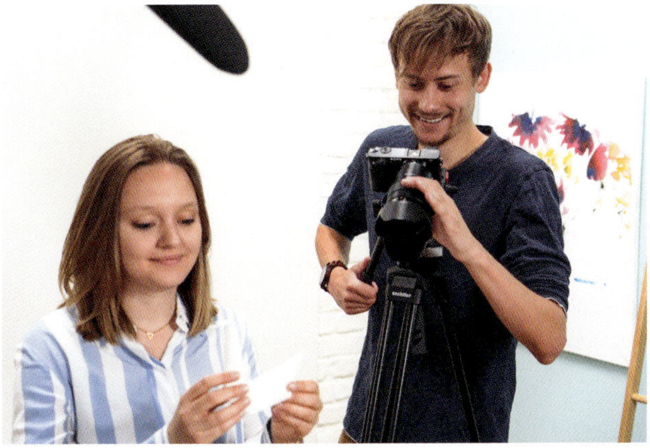

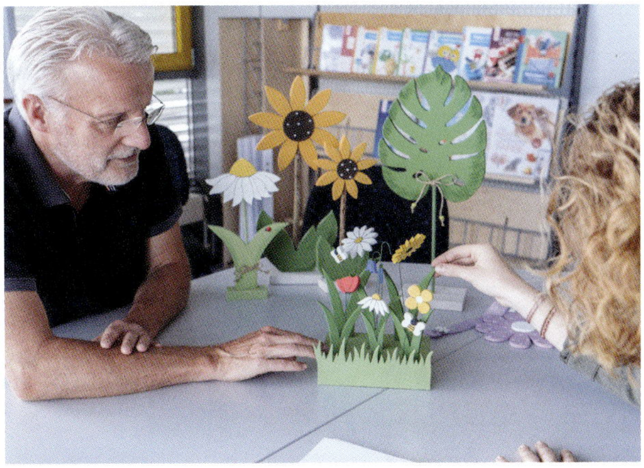

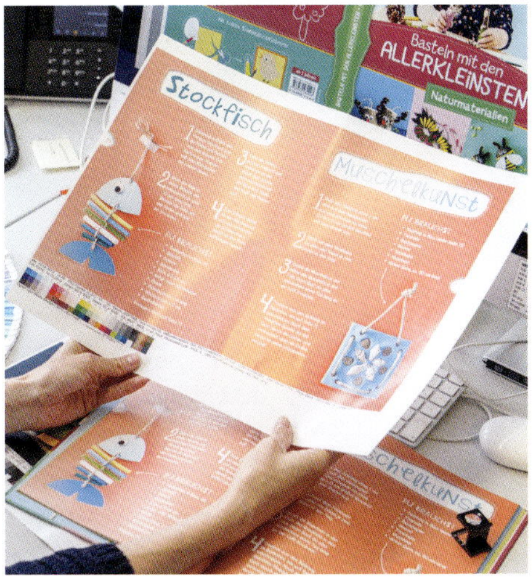

Alle News, alle Infos und alle Links findest du auf www.TOPP-kreativ.de

IMPRESSUM

DER CODE FÜR DEN DOWNLOAD DER VIDEOS LAUTET: **55430**

ANLEITUNGEN: Bianca Santos

FOTOS: frechverlag GmbH, 70839 Gerlingen, Bianca Santos (Schrittfotos), lichtpunkt, Michael Ruder, Stuttgart (alle übrigen)

PRODUKTMANAGEMENT: Lisa Braunert

LEKTORAT: Petra Puster

COVER: Lena Schmitt

LAYOUT: Petra Theilfarth

DRUCK: GPS Group GmbH

2. Auflage 2024

ISBN 978-3-7358-7098-8 • Best.-Nr. 27098

MIX Papier | Fördert gute Waldnutzung FSC® C118234

Penguin Random House Verlagsgruppe FSC® N001967

SERVICE-HOTLINE

Haben Sie Fragen oder gibt es ein Problem? Wir helfen Ihnen gern. Rufen Sie uns an oder schreiben Sie eine E-Mail.

Telefon:
07 11 / 12 37 57 20*

*normale Telefongebühren

E-Mail:
hilfe@frechverlag.de

Weitere Informationen zum Verlag und zu unserem gesamten Programm finden Sie unter:
www.topp-kreativ.de

AUTORIN

Als Kind hat sich Bianca schon immer für verschiedene Handwerke und Künste interessiert. Sie wagte sich an Schriftzüge, Stricken, Nähen und Sticken, aber von allen faszinierte sie das Häkeln am meisten. Ihre Begeisterung für Kunst diente ihr viele Jahre lang als Hobby, während sie in Vollzeit für die brasilianische Luftwaffe arbeitete, wo sie auch als Englischlehrerin für die Luftfahrt tätig war. Ihre Leidenschaft für die Kunst und das Unterrichten ermutigte sie, ihre Kreativität und ihr Wissen unter dem Namen „Crocheniacs“ mit der Häkelgemeinschaft zu teilen.

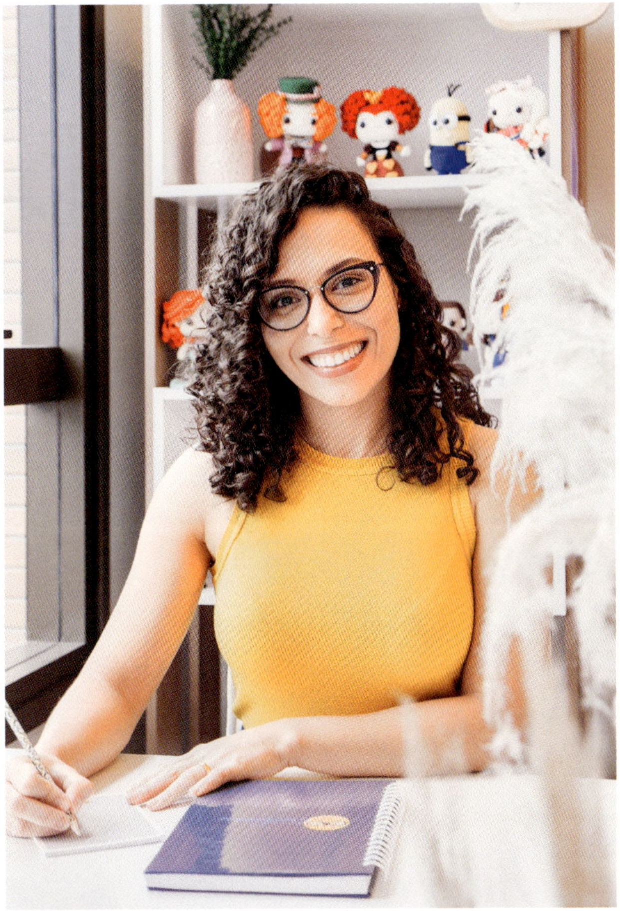